# Public Affairs und Politikmanagement

herausgegeben vom

Deutschen Institut für Public Affairs
(Potsdam/Berlin)

Band 1

LIT

Marco Althaus, Michael Geffken,
Sven Rawe (Hg.)

# Handlexikon Public Affairs

Marco Althaus, Michael Geffken,
Sven Rawe (Hg.)

# HANDLEXIKON
# PUBLIC AFFAIRS

LIT

Umschlagbild: Foto: Frank Georg Nürnberger, event-photo.biz

Dieses Buch wurde gefördert aus Mitteln der Accenture Stiftung, Kronberg /Ts.

**Bibliografische Information Der Deutschen Bibliothek**
Die Deutsche Bibliothek verzeichnet diese Publikation in der Deutschen Nationalbibliografie; detaillierte bibliografische Daten sind im Internet über http://dnb.ddb.de abrufbar.

ISBN 3-8258-8144-x

© LIT VERLAG Münster 2005
Grevener Str./Fresnostr. 2   48159 Münster
Tel. 0251–62 03 20   Fax 0251–23 19 72
e-Mail: lit@lit-verlag.de   http://www.lit-verlag.de

# Inhalt

Über die Reihe Public Affairs
und Politikmanagement ............... 7

Vorwort: Das DIPA-Referenzwerk
für eine junge Diziplin ................ 9

## ABSCHNITT EINS

**Analyse, Recherche,**
**Informationsmanagement**

Einführung................................. 12
Arenaanalyse, Umfeldanalyse.... 13
Entscheidungsanalyse ............... 16
Evaluation................................. 19
Fallstudie .................................. 22
Fokusgruppe ............................. 27
Frühaufklärung.......................... 29
Gegnerbeobachtung,
Konkurrenzanalyse.................... 32
Medienbeobachtung,
Resonanzanalyse ....................... 35
Monitoring................................ 39
Policy Cycle .............................. 40
Polifikfeldanalyse ..................... 42
Politisches Audit ....................... 44
Qualitative
Meinungsforschung.................... 45
Quantitative
Meinungsforschung.................... 48
Recherche .................................. 51
Targeting.................................... 54
Wissensmanagement .................. 60

## ABSCHNITT ZWEI

**Politikmanagement**

Einführung.................................. 64
Fraktionsmanagement ................ 65
Governance ............................... 69
Parlamentarische Verfahren ....... 70
Parteienfinanzierung ................. 77
Parteimanagement ..................... 81
Politische Steuerung................... 86
Public-Private Partnership.......... 88
Regierungsverfahren................... 92
Verwaltungspolitik .................... 94

## ABSCHNITT DREI

**Politische Kommunikation**

Einführung................................. 98
Agenda-Setting........................... 99
E-Partizipation ......................... 101
Event Marketing....................... 102
Inszenierung ............................ 105
Investigative Recherche,
Investigativer Journalismus ...... 109
Issues Management................... 111
Kampagne/Campaigning........... 114
Kommunikationsberatung ........ 120
Krisenmanagement ................... 121
Mobilisierung........................... 123
Negativkampagne ..................... 127
Öffentliche Meinung................. 132
Online Relations ...................... 134
Personalisierung/
Personifizierung........................ 136
Politische Psychologie ............. 139

Politisches Marketing .............. 142
Politische Werbung ................. 144
Public Relations ....................... 147
Rede ......................................... 150
Redenschreiben und
Ghostwriting ........................... 152
Regierungskommunikation ...... 154
Reputation .............................. 158
Risikokommunikation ............. 160
Skandal ................................... 162
Spin .......................................... 165
Symbolische Politik ................. 166
Unternehmenskommunikation 169
Verbandskommunikation ........ 172

ABSCHNITT VIER

Interessenrepräsentation

Einführung .............................. 176
Anhörung ................................. 177
EU-Angelegenheiten/
European Affairs ...................... 180
Fundraising .............................. 183
Grassroots Lobbying ................ 186
Interessengruppen ................... 188
Lobbying .................................. 191
Lobbyist ................................... 195
Netzwerk .................................. 196
NGO-Management .................... 200
Parteispenden .......................... 202
Public Interest Group .............. 208
Recht und Lobbying ................. 211
Regulierungsmanagement/
Regulatory Affairs .................... 214
Strategische Allianzen ............. 217
Umweltpolitische
Angelegenheiten/
Environmental Affairs ............. 220

Unternehmensrepräsentanz ...... 223
Verband .................................... 225
Verbandsmanagement .............. 227
Verbraucherpolitische
Angelegenheiten/
Consumer Affairs ..................... 230

ABSCHNITT FÜNF

Strategie, Führung und Ethik

Einführung ............................... 234
Corporate Citizenship .............. 235
Corporate Governance .............. 238
Corporate Social
Responsibility .......................... 240
Ethik und Politik ...................... 243
Ethik und Wirtschaft ................ 247
Korporatismus .......................... 251
Korruption ................................ 253
Planspiel ................................... 255
Politische Führung ................... 257
Professionalisierung ................. 258
Public Affairs ........................... 262
Public Policy ............................ 267
Stakeholder Management ......... 269
Strategische Politikberatung ..... 273
Strategische Spiele ................... 275
Think Tank ............................... 279
Verhaltensregeln ...................... 282
Wissenschaftliche
Politikberatung ......................... 284

ANHANG

Autoren .................................... 287
Register ..................................... 292

# Über die Reihe
# Public Affairs und Politikmanagement

Public Affairs ist das strategische Management von Entscheidungsprozessen an der Schnittstelle zwischen Politik, Wirtschaft und
Gesellschaft. Public Affairs organisiert die externen Beziehungen
einer Organisation, vor allem zu Regierungen, Parlamenten, Behörden, Gemeinden sowie Verbänden und Institutionen – und zur
Gesellschaft selbst. Public Affairs heißt Vertretung und Vermittlung
von Unternehmens-, Mitarbeiter- und Mitglieder-Interessen im
politischen Kontext, direkt durch Lobbying von Entscheidungsträgern und indirekt über Meinungsbildner und Medien.

Politikmanagement oder politisches Management ist der Resonanzboden der Public Affairs im staatlichen und staatsnahen Sektor:
Darunter verstehen wir das Management politischer Prozesse und
politischer Institutionen durch die vom Bürger Gewählten und
diejenigen, die gewählt werden wollen. Dazu gehört weit mehr als
Regierungs-, Verwaltungs- und Parlamentslehre oder PR für Politiker. Kommunikation und Organisation bilden die beiden gleich
starken Säulen, auf denen die demokratische Praxis des Politikmanagements ruht.

„Public Affairs und Politikmanagement" sind auch die zwei Säulen
dieser Fachbuchreihe. Diese dient dem Praktiker als Referenz, dem
Wissenschaftler als Forschungsbasis, dem Dozenten, Studenten
und Trainee als Lern- und Lehrmittel. Unser Veröffentlichungspro-
gramm spiegelt die Ziele unseres Instituts:

Public Affairs als politische Beratung der Wirtschaft und
gesellschaftlicher Organisationen als Profession weiter zu entwickeln, um legitimen Interessen besseres Gehör zu ermöglichen;

eine Gemeinschaft des Lernens von Studierenden, Lehrenden und Praktikern zu formen, die die kritische Reflexion über politische Prozesse in der Demokratie fördert, und dabei erfahrene Praktiker in ihrer persönlichen und beruflichen Fortentwicklung als Führungskräfte zu fördern, die die Reflexion über ihre Verantwortung in der Demokratie ernst nehmen;

die nächste Generation politischer Fach- und Führungskräfte zu rekrutieren, sie umfassend und vielseitig nach internationalen Standards auszubilden und sie auf die aktive Mitgestaltung und nachhaltige Karrieren als Manager, Berater und Kommunikatoren für die Politik und ihr Umfeld vorzubereiten;

die Kollegialität und den Respekt vor der Integrität des politischen Konkurrenten zu fördern;

als überparteiliches, nicht interessenabhängiges Zentrum Ressourcen der Bildung und Beratung bereitzustellen, um den Zugang zur Politik, zur bürgerschaftlichen Partizipation und zur wirksamen Interessenvertretung für unterrepräsentierte Gruppen und Nonprofit-Organisationen zu erweitern;

ethische und berufliche Standards im politischen Management zu entwickeln und zu fördern; dazu gehören Respekt vor der Verfassung und dem Staat als Gemeinschaft der Bürger, Transparenz, sorgsamer Umgang mit Interessenkonflikten und bei aller Streitbarkeit und Konfliktfähigkeit das konsequente Bemühen um Fairness im politischen Wettbewerb der Interessen;

zu einer politischen Kultur beizutragen, die die Leistung von Politikern und politisch Tätigen respektiert und honoriert, aber von ihnen auch einfordert, demokratische Grundregeln zu erhalten und zu verteidigen.

Auf dieser Grundlage hofft das Deutsche Institut für Public Affairs, den Aus- und Weiterbildungsstandard der jungen Disziplin nachhaltig zu heben und einen aktiven Beitrag zur interdisziplinären Forschung zu leisten.

# Das DIPA-Referenzwerk
# für eine junge Disziplin

Public Affairs bearbeitet eine komplexe Agenda. Die junge
Disziplin speist ihr Wissen aus vielen Quellen. Dieses Handlexikon hat das Ziel, durch Überblicksartikel die Teilbereiche
zu beschreiben, die das Deutsche Institut für Public Affairs
(DIPA) als zentral für die Aus- und Weiterbildung erachtet:

- **Analyse, Recherche, Informationsmanagement.** Die
  qualitativen und quantitativen Tools, Fertigkeiten und
  Fähigkeiten erfordern einen methodischen Einsatz,
  wenn sie strategisch sinnvoll zum Tragen kommen sollen. In diesem Abschnitt führt das Handlexikon in
  zentrale Begriffe und Analysemethoden ein.

- **Politikmanagement.** Eine Einführung in die betriebliche Steuerung politischer Ressourcen. Das Management in staatlichen Institutionen durch die Gewählten
  und diejenigen, die gewählt werden wollen, setzt die
  Kenntnis von Regeln und Strukturen voraus.

- **Politische Kommunikation.** Wer verändern will, muss
  vermitteln und überzeugen. In diesem Abschnitt sind
  Begriffe zu finden, die mit der Darstellungs- und Per-
  suasionsleistung der Public Affairs verbunden sind.

- **Interessenrepräsentation.** Kern der Public Affairs ist
  die Organisation und Artikulation von Interessen in

einer demokratisch verfassten, pluralistischen Gesellschaft. Akteure, Verfahren und Kontext des direkten und indirekten Lobbying sowie der zugehörigen Tätigkeiten stehen im Mittelpunkt dieses Abschnitts.

■ **Politische Strategie, Führung und Ethik.** Strategisches Denken zu ermöglichen und in einem konfliktreichen Umfeld strategisch und zugleich wertegebunden ethisch richtig zu führen, legitimiert den Beitrag der Public Affairs zur Wertschöpfung und Effektivität von Unternehmen und Organisationen. In diesem Abschnitt geht das Handlexikon auf die zentralen Konzepte und Theorien ein, die für ein umfassendes Public-Affairs-Programm die Grundlage sind.

Viele Fachbegriffe in den Public Affairs sind wie Zahnräder: Nur zusammen bilden sie eine beachtenswerte Mechanik. Darum ist die ausführliche Erläuterung im Kontext so wichtig. Die fachliche Vorbereitung von Briefings, Kundengesprächen, Präsentationen, Pressekonferenzen, Parlamentarischen Abenden, Verhandlungen und Teambesprechungen erfordert oft die präzise Klärung von Begriffen, insbesondere von international gebräuchlichen, aber im Deutschen nicht gängigen Vokabeln. Das Handlexikon soll dabei unterstützen, die wichtigen Termini künftig schneller zu erschließen. Denn Fachsprache ist ein Entscheidungswerkzeug.

Wir hoffen, das Handlexikon findet einen festen Platz im Geschäftsalltag: In Konzernstäben und Repräsentanzen, Verbandsgeschäftsstellen, Agenturen und Kanzleien, Regierungs– und Parlamentsbüros, Partei– und Gewerkschaftszentralen, Think Tanks und Redaktionen. Auch für die wissenschaftliche Politikberatung, für Weiterbildung und akademisches Studium ist das Handlexikon Public Affairs ein unentbehrlicher Begleiter. Zum einen, um Sicherheit für den Umgang mit dem Fachjargon der professionellen Berater und Manager zu erhalten. Zum anderen, um einen Beitrag zur wissenschaftlichen Erforschung und kritischen Begleitung der wachsenden Professionalisierung zu leisten und nicht zuletzt den Wissenskanon — den „professional body of knowledge" — systematisch weiter zu entwickeln.

Den Autoren und Mitarbeitern dieses Handlexikons sind wir zu mehr Dank verpflichtet, als wir hier ausdrücken können: Dr. Vazrik Bazil, Vito Cecere, Hans-Joachim Fuhrmann, Dr. Hans-Dieter Gärtner, Prof. Dr. Michael Haller, Michael Hosang, Klaus-Peter Johanssen, Dr. Jörg Karenfort, Dr. Georg Kleemann, Dr. Susanne Knorre, Matthias Koch, Dr. Peter Köppl, Heiko Kretschmer, Dr. Joachim Lang, Manuel Lianos, Dominik Meier, Dr. Henk Erik Meier, Raphael Menez, Uwe Mommert, Ulrike Propach, Dr. Juliana Raupp, Alexander Ross, Christian Roth, Prof. Dr. Stefan Schaltegger, Prof. Dr. Josef Schmid, Klaus-Peter Schöppner, Stephanie Springer, Dr. Jürgen Schulz, Priv.-Doz. Dr. Elke Schwinger, Ulrich Sollmann, Priv.-Doz. Dr. Rudolf Speth, Prof. Dr. Jean-Paul Thommen, Dr. Ralf Tils, Dr. Eva Traut-Mattausch, Dagmar Wiebusch, Udo Zolleis und Dr. Wolf-Dieter Zumpfort.

Unser Dank gilt überdies der Accenture Stiftung, Kronberg im Taunus, aus deren Mitteln die Publikation dieses Buches gefördert wurde.

Potsdam und Berlin, im Dezember 2004

Dr. Marco Althaus    Michael Geffken    Sven Rawe

# Analyse, Recherche, Informationsmanagement

Qualitative und quantitative Tools, Fertigkeiten und Fähigkeiten erfordern einen methodischen Einsatz, wenn sie strategisch sinnvoll zum Tragen kommen sollen. Auf den Grundfertigkeiten der wissenschaftlichen Analyse bauen zahlreiche Anwendungen in der Praxis.

In diesem Abschnitt geht es vorrangig um die in der Bewertung und Kanalisierung politischer Informationen in der Praxis bedeutsamen Methoden. Public-Affairs-Manager müssen als Auftraggeber gezielt wissenschaftliche Dienstleistungen nachfragen und die Auswertung in strategische und taktische Empfehlungen übersetzen können.

Dazu gehören die strategische Sozialforschung und die Analyse der öffentlichen Meinungsdynamik mit ihren Akteuren, Themen und medialen Resonanzkörpern; die politische Recherche, die von der journalistischen Recherchemethode bis zur Gegnerbeobachtung reicht; schließlich die Politikfeldanalyse in ihrem Methodenpluralismus, wobei der Fokus auf dem Zustandekommen und den Bedingungen politischer Entscheidungen und Handlungen liegt.

# Arenaanalyse / Umfeldanalyse

Jedes Unternehmen, jeder →Verband und jedes Projekt ist mit seinem sozio-politischen Umfeld vielfältig vernetzt und von den Prozessen in diesem Umfeld direkt abhängig.

Dieses Umfeld, dass im internationalen Fachvokabular der Public Affairs als Arena bezeichnet wird, bestimmt über weite Bereiche über die Erfolgsaussichten bzw. die Realisierbarkeit der Ziele.

So sind die Verbindungen zwischen einem Unternehmen und seinen Wirtschaftsmärkten weitgehend bekannt, mannigfach gestaltbar und unterliegen daher auch weitgehend der Steuerung des Unternehmens. Denn für die monetär bewertbaren Unternehmensmärkte (*market environment*) – Produktion, Absatz, Kapital, Mitarbeiter – existieren ausgefeilte Instrumente und Managementtechniken.

**Nicht-kommerzielles Umfeld.** Doch anders verhält es sich mit dem nicht direkt monetär bewertbaren Unternehmensumfeld (*non-market environment*), also mit den aufgefächerten Beziehungen zur Gesellschaft im Allgemeinen und dem politischen System im Speziellen.

Besonders dieses nicht-kommerzielle Umfeld kann jedoch massive Auswirkungen auf das Unternehmen, den Verband oder ein Projekt haben: auf die Planungssicherheit, die Glaubwürdigkeit und Akzeptanz, die Wirtschaftlichkeit und damit auf den generellen Erfolg. Und da Public Affairs dem Wesen nach als der Prozess zu verstehen ist, durch den eine Organisation ihre Beziehungen zu jenen politischen und gesellschaftlichen Gruppen und Themen steuert, die das Umfeld der Organisation sowie ihre Aktivitäten bestimmen, stellt die Arenaanalyse ein zentrales Tätigkeitsfeld der Public Affairs dar.

**Direkte und indirekte Wirkungen.** Dem zu Grunde liegt die Erkenntnis, dass die Interessen jedes Unternehmens und Verbandes direkte und indirekte Auswirkungen auf viele gesellschaftliche und politische Bereiche haben.

Man spricht dabei von einem *public policy impact*, der geplant aber auch ungeplant auftreten kann, jedenfalls aber von den externen *Anspruchsgruppen* oder *Stakeholdern* (→Stakeholder-Management) beobachtet, kritisiert, eingefordert oder verhindert wird (zum Beispiel: Auswirkungen von Infrastrukturbauten oder Unternehmensschließungen, Folgen der Gentechnologie, etc.).

Aus der Finanzwirtschaft ist der Begriff *Audit* im Sinne der externen Überprüfung interner Finanzdaten bekannt und Umwelt-Audits sind ein üblicher Fachbegriff, der die Vorgangsweise der Folgenabschätzung eines Projektes beschreibt.

Solche Audit-Verfahren zur Überprüfung und genauen Bestimmung relevanter Sachverhalte werden dazu eingesetzt, Sicherheit über teils unbekannte, teils riskante Projektverläufe zu erhalten.

Im Bereich des Umfeldmanagements von Unternehmen wird daher manchmal auch der Begriff des →*Politischen Audit* verwendet.

Gemeint ist damit die Analyse (a) des gesellschaftspolitischen Umfeldes und (b) der Wirkungszusammenhänge zwischen einem Unternehmen und seinem Umfeld.

Die Arena eines Unternehmens, Verbandes oder Projektes besteht im Kern aus der virtuellen Vernetzung aller relevanten Stakeholder, deren jeweilige Interessen und Erwartungen am Thema (*Issue*, →*Issues Management*) zu einem gegebenen Zeitpunkt und den daraus ableitbaren Risiken.

Die Umlegung dieses Audit-Gedankens für die Zwecke des Public-Affairs-Management bedeutet daher:

**Stakeholder-Analyse**: Die Stakeholder-Analyse wird seit den 1980er Jahren in den USA entwickelt, primär als Studium des Verhaltens jener Anspruchsgruppen und Personen, die das eigene Handeln beeinflussen können oder vom eigenen Handeln beeinflusst werden.

Hier interessiert deren (entgegengesetztes) Interesse beziehungsweise deren Möglichkeit, die Beziehung zu Entscheidungsträgern zu stören. Operativ heißt das, Inventur über alle relevanten gesellschaftlichen Anspruchsgruppen sowie deren Erwartungen gegenüber Unternehmen oder Projekt sowie die Auswertung von deren Möglichkeiten, um Zielerreichung oder den Projektverlauf zu stören.

**Issues-Analyse**: Die Issues-Analyse, Vorbedingung des →Issues Management, wird seit den 1960er Jahren im Bereich des Studiums der Entwicklung von politischen Inhalten entwickelt (→Politikfeldforschung).

Hier interessiert, wie sich Themen über einen *Zeitverlauf* entwickeln.

Jeder Stakeholder wird von seinem Eigeninteresse bestimmt, das sich meist als bewusst gewählte Position betreffend möglicher Entwicklungsszenarien manifestiert (zum Beispiel der erwartbare, auch medial ausgeführte massive Widerspruch der Gewerkschaft gegen eine Werkschließung). Solche Positionen stellen immer eine Balance zwischen Einstellungen und Werten auf der einen und wahrgenommenen Fakten und Informationen auf der anderen Seite dar. Hier interessiert also: Welche Anliegen bewegen die relevanten Anspruchsgruppen? Welche kritischen Fragen werden sich wie entwickeln, mit welchen Auswirkungen auf das Unternehmen? Können potenziell gefährliche Issues gesteuert werden?

Darauf basiert die *Risiko-Analyse*, also die Identifikation der Gefahren, Risiken, Unwägbarkeiten und Chancen und die daraus ableitbare *Prioritätensetzung* in Bezug auf Wirkung und Eintrittswahrscheinlichkeit.

**Zeit-Analyse**: Der formale Ablauf der *Entscheidung* (zum Beispiel Gesetzgebung) oder der *Thematik* (Erscheinung von Studien, Kongresse zum Thema) bestimmt gemeinsam mit den informellen Prozessen (Sitzungsverläufe, Abhängigkeiten) den Verlauf. Auch dieser zentrale Aspekt findet Eingang in die Arenaanalyse, da sie wesentlich bestimmen, welche Optionen der Gestaltungsmöglichkeit es gibt.

**Analyse der Arena-Grenzen**: Das durch diesen Analyseprozess bestimmte Unternehmensumfeld gehorcht keinen fixen Grenzen. Jeder Stakeholder kann durch seine Aktivität seinerseits weitere, vorher unberücksichtige Stakeholder, auf den Plan rufen. Auch der Zeit-Faktor kann durch Stakeholder geändert werden (verschobene Entscheidungen).

Das perfekte, umfassende, verlässlich eingegrenzte Unternehmensumfeld ist nicht darstellbar. Eine probate, explizite Einschätzung muss als Arbeitsgrundlage reichen.

Die Arena-Analyse erlaubt es, im Umfeld des Unternehmens oder der Organisation die themenbezogenen *Befürworter* und *Gegner* zu iden-tifizieren, die genaue Interessenlage zu klären und die relevante *Zeitachse* zu bestimmen. Diese Umfeldanalyse geht im professionellen Public-Affairs-Managements jedweder Aktivität in Richtung Ausübung von Einfluss und Steuerung voraus. Diese *Vorarbeiten* sind zeitintensiv und mitunter auch ressourcenintensiv. Sie geben aber jedenfalls deutlich mehr Sicherheit als die vom Zufall und mangelnder Information bestimmte Vorgehensweise. Idealtypisch resultieren aus der Arena-Analyse Informationen über das Umfeld von jener Qualität, die ein besseres Einschätzen der Faktoren sowie des eigenen Handlungsspielraumes ermöglichen.

PETER KÖPPL

Peter Köppl (2003). Power Lobbying. Das Praxishandbuch der Public Affairs. Linde, Wien. Rinus van Schendelen (2002). Machiavelli in Brussels. The Art of Lobbying the EU. Amsterdam University Press, Amsterdam.

## Checkliste für Arenaanalyse

| Frage | Analyse | Umsetzen |
|---|---|---|
| **Wer agiert?** | Unternehmen (intern) | Organisation optimieren |
| **Warum?** | Risiken, Chancen | Strategieauswahl |
| **Wofür?** | Handlungsspielraum | Ziele bestimmen |
| **Gegenüber wem?** | Relevante Akteure im Umfeld definieren | Kontaktaufbau, Beziehungen herstellen |
| **Wo?** | Relevanter Bereich | Koalitionen formen |
| **Inhalt?** | Issues, Entscheidungen | Verhandeln, Abgleich |
| **Wann?** | Zeitachse und Entwicklung | Terminisierung |
| **Wie?** | Methoden, Techniken | Lobbying, o.ä. |
| **Welches Ergebnis?** | Prozesse evaluieren | Learnings ableiten |

**Bestimmung der Handlungsspielräume** (zu Arenaanalyse)

| Ist das Umfeld... | Günstig | Ungünstig | Unbestimmbar |
|---|---|---|---|
| ...dann heißt das für den Handlungsspielraum: | | | |
| **Allgemeine Strategie** | Status quo halten | Situation verändern | Einzelfaktoren beeinflussen |
| **Stakeholder-Management** | Unterstützung sichern | Unentschiedene ansprechen; Gegner trennen | Verhandeln; Argumentation |
| **Issues-Management** | Thema vorantreiben, andere Themen blockieren | Issue verändern; Verluste kompensieren | Issue zum Positiven verändern |
| **Beeinflussung Entscheidungsfindung** | Tempo steigern | Verzögern | Abwarten |
| **Management der Arena-Grenzen** | Innerhalb der Grenzen halten | Umfeld erweitern, Grenzen ausdehnen | Abwarten |

# Entscheidungsanalyse

Die Entscheidungsanalyse ist eine Methode der Politik- und Managementberatung, um praktische Entscheidungshilfen zu bieten und das Risiko von Fehlentscheidungen zu senken.

Sie verhindert Routine an den falschen Stellen, typische Denkfallen, Trugschlüsse, das flüchtige Übersehen von Alternativen, Rückkopplungen und Auswirkungen. Sie ermöglicht einen professionellen Umgang mit *Zufall und Erfolgswahrscheinlichkeiten*, geht also über eine normale *Kosten-Nutzen-Analyse* hinaus.

Ihr Ziel ist es, rational eine Entscheidung für die bestmögliche unter gefundenen *Lösungsalternativen* für ein Problem zu finden. Sie ist dann sinnvoll, wenn unter unsicheren Bedingungen entschieden werden muss (*hohes Risiko*), viele Faktoren zu berücksichtigen sind (*hohe Informationsdichte*), wenn von der Entscheidung sehr viel abhängt (große Tragweite, hoher Rechtfertigungsdruck), und wenn die Entscheidung nach einem bestimmten Modell in formale Einzelschritte zerlegt werden kann (*Modellierbarkeit*).

Zunächst in den Wirtschaftswissenschaften (u.a. Operations Research) und in der Sozialpsychologie eingeführt, spielt die E. seit ca. 30 Jahren auch in der amerikanischen →Politikfeldanalyse und Ausbildung für →Public Policy eine große Rolle. Sie steht in engem Zusammenhang mit *Wahrscheinlichkeitsrechnung* und der *Spieltheorie* (→Strategische Spiele). Seit einigen Jahren beschäftigt sich die Politikberatung im deutschsprachigen Raum mit E.

**Einzelschritte.** In der E. werden zunächst die *Ziele* und *Kriterien* formuliert, dann die *Alternativen* bewertet. Die einzelnen Schritte sind: Strukturieren des komplexen Problems mit Blick auf die tatsächlichen Auslöser und Hebelwirkungen (Technik: Einflussdiagramme, Entscheidungsbäume, Konsequenz-Matrix), Suche nach zusätzlichen Alternativen (→Recherche, Kreativtechniken), Erfassen und Abschätzen aller möglichen Konsequenzen dieser Alternativen, Ermitteln von Gewichtungsfaktoren, Nutzwerten und Wahrscheinlichkeiten (Quantitative und qualitative Verfahren, z.B. Sensibilitätsanalyse mit graphischen Tools wie z.B. Tornadodiagrammen, Strategie-Matrix), wenn möglich Simulation mehrerer Entscheidungsalternativen, um Auswirkungen zu testen (z.B. in einem →Planspiel) und damit die *Robustheit* der bevorzugten Entscheidung zu überprüfen.

**Experten.** Im Prinzip ist die E. eine schnelle Papier-und-Bleistift-Methode für Entscheidungsträger, die unter Zeitdruck mit wenig Informationen auskommen müssen. Nicht für jede Entscheidung lohnt der Aufwand, externe Hilfen einzubinden. Trainings, →Fallstudien sowie →Planspiele ermöglichen die gezielte Weiterbildung. Inzwischen gibt es aber für eine Vielzahl von Teammodellen, Expertenangeboten (Entscheidungsanalysten) und computergestützten „Decision Support Systems" (Software u.a. Adele, AliahThink, Analytica, Banxia Decision Explorer, Criterium Decision Plus, Decision Maker, Decision Pro, Decision Tools Suite für MS Excel, Hauschild Decision, WinGhost). Diese arbeiten ähnlich wie eine PC-Tabellenkalkulation, haben aber eine andere Oberfläche.

Zu den Fachverbänden gehören die European Association for Decision Making (www.eadm.org), die amerikanische Society for Judgement and Decision Making (www.sjdm.org) und die Decision Analysis Society (www.informs.org/society/da).

**Bedeutung und Hintergrund.** Politische Entscheidungen sind aus verschiedenen Gründen schwierig, und in der „Kunst des Kompromisses" ist der erstbeste Kompromiss ist nicht unbedingt der beste Kompromiss. Zur Schwierigkeit gehören *Interessenkonflikte* und *konkurrierende Ziele*, eine zu große Fülle von Informationen unterschiedlicher Qualität, aber auch das Problem, dass Unsicherheit über künftige Ereignisse (*Zufall*) und die Entscheidungen anderer Akteure (→Strategie) besteht. Insbesondere die Abwägung politischer Güter ist heikel, da neben *sachlichen* auch *emotionale* und *legitimatorische* Fragen bedacht werden müssen (→Ethik), da nicht jeder Zweck die Mittel heiligt. Entscheidungsträger stehen oft vor dem Paradox, dass sie Schlechtes tun müssen, um Gutes zu erreichen; oder auf Gutes zu verzichten, um auch Schlechtes zu verhindern. Zwar weiß jeder politische Akteur, dass es theoretisch besser ist, vor einer Entscheidung deren Folgen zu analysieren, als später vorhersehbare und vermeidbare Fehler mit hohem Aufwand zu reparieren. Dies widerspricht aber vielfach der politischen Praxis, schon allein durch den Druck der →Öffentlichen Meinung und der Kommunikationspraxis des →Agenda-Setting, aber auch durch die begrenzte Beeinflussbarkeit vieler Faktoren. Zudem gilt in der Politik der bewährte „*Instinkt*" nach wie vor als sicherer als die meisten Expertenvorlagen (während Manager in der Wirtschaft dazu neigen, ihre eigene Rationalität völlig überzubewerten). Der Vorwurf „*handwerklicher Fehler*" an Regierungen oder Interessenvertreter wiegt inzwischen jedoch genauso schwer wie der Vorwurf, mit Entscheidungen zu lange zu warten. Kurzfristige Popularität kostet etwas später vielleicht doch die Wiederwahl, kurzsichtiges Durchsetzen von Sonderinteressen kostet später vielleicht doch Glaubwürdigkeit.

Die Psychologie weiß: *Komplexität* erzeugt Unsicherheit und Angst. Selbst erfahrene Entscheidungsträgern blenden das Komplizierte, Unberechenbare und Undurchschaubare aus. Sie arbeiten vorrangig mit dem *Ausschnitt der Wirklichkeit*, den sie schon kennen, verlassen sich auf *Routine* (oft bürokratische Verfahren) und *Intuition* (meist nur ein diffuses Bauchgefühl). Hinzu

kommen das *Delegieren*, das *Aussitzen*, das Festhalten an früheren Fehlentscheidungen wegen bereits getätigter Investitionen oder Zusagen.

Diese Entscheidungswege können rational sein, müssen es aber nicht. Die falsche Abschätzung von Prioritäten und Nutzen, Herumdoktern an Symptomen, der Wald, den man vor lauter Bäumen nicht sieht, das *lineare Weiterdenken* einer Gegenwart, die sich aber sehr sprunghaft ändern kann: Das sind die Fehler, die die Entscheidungsanalyse zurückzudrängen versucht. Sie leistet damit einen wichtigen Beitrag zur Strategiefähigkeit. Die E. erreicht mehr *Kontrolle* über ein Problem, weil sie *implizite Ziele* zu expliziten macht, den Weg dahin in *operative Einzelschritte* zerlegt, systematisch entscheidungsrelevante Informationen aufbereitet, und die *Transparenz* und Nachvollziehbarkeit erhöht. E. strebt nicht absolutes Wissen an, sondern – überspitzt gesagt – den optimalen Einsatz des vorhandenen Halbwissens. Sie beschäftigt sich auch mit →Wissensmanagement, da mehr Wissen auch mehr Entscheidungsmöglichkeiten bringt. Aber sie akzeptiert die begrenzten Möglichkeiten von Entscheidungsträgern, auf Faktenbasis frei zu entscheiden und sich von sozialen, kulturellen und persönlichen Kriterien zu lösen; und dass Entscheidungsträger sich nicht immer sicher sind, sondern zweifeln. Die Lösung ist, weder Gefühl noch Sinnen zu trauen, sondern den *Zweifel als Chance* zu sehen. Zweifel, Risiko und das Durchdenken von Konsequenzen sind zwar quälend, eröffnen aber die Möglichkeit, Unsicherheit bei Entscheidungen so klein wie möglich zu halten. Zugleich macht die Entscheidungsanalyse klar, dass Menschen, Institutionen und Ereignisse nur begrenzt manipulierbar sind, dass jedes Handeln von anderen mit beeinflusst wird, und das Ziel nicht die perfekte, sondern die ausreichende Lösung eines Problems sein darf.

MARCO ALTHAUS

Dietrich Dörner (2003). Die Logik des Misslingens. Strategisches Denken in komplexen Situationen. Rowohlt. Reinbek bei Hamburg. Peter Dörsam (2001). Grundlagen der Entscheidungstheorie anschaulich dargestellt. PD-Verlag, Heidenau. Matthias Nöllke (2002). Entscheidungen treffen. Schnell, sicher, richtig. Haufe Taschenguide 51. Haufe, Freiburg. Helmut Jungermann, Rüdiger Pfister, Katrin Fischer (1998). Die Psychologie der Entscheidung. Spektrum-Verlag, Heidelberg. Franz Eisenführ, Martin Weber (1999). Rationales Entscheiden. Springer-Verlag, Berlin/Heidelberg. John Hammond, Ralph Keeney, Howard Raiffa (2002). Erfolgreiche entscheiden klüger. Walhalla, Regensburg. Gero von Randow (2004) Das Ziegenproblem. Denken in Wahrscheinlichkeiten. Rowohlt, Reinbek bei Hamburg. Deborah Stone (2002). Policy Paradox: The Art of Political Decision Making. Norton, New York.

# Evaluation

**1. Probleme der Evaluation.** Was hat eine bestimmte Maßnahme bewirkt? Hat sich der Einsatz der Mittel gelohnt, sind die Ausgaben gerechtfertigt? Wurden die Ziele erreicht? Diese Fragen können mit Hilfe einer Evaluation beantwortet werden. Im Arbeitsalltag werden zur Beantwortung dieser Fragen häufig die *Intuition* und die eigene Erfahrung zu Rate gezogen. Tatsächlich bezeichnet Evaluation im weiteren Sinne lediglich die Festsetzung des Wertes einer Sache oder einer Handlung. Die intuitive, auf Erfahrung basierende Bewertung des eigenen Tuns stellt in diesem Sinne eine Form der *Alltagsevaluation* dar.

Um die oben genannten Fragen jedoch auch für Dritte, etwa Geldgeber, nachvollziehbar zu beantworten, reicht diese Form der Alltagsevaluation nicht aus. Nur eine systematische Evaluation kann hier Aufschluss geben. Zu einer solchen systematischen Evaluation gehört die mit wissenschaftlichen Methoden durchgeführte *Messung und Bewertung* von Produkten, Prozessen und Programmen. In der politischen Praxis wird diese Form der methodisch gestützten Evaluation zwar eingesetzt, ihre Möglichkeiten werden jedoch noch längst nicht ausgeschöpft.

Geht man von einer der Professionalisierung der politischen Kommunikation aus, wird systematische Evaluation immer wichtiger. Denn der *Legitimationsdruck* gegenüber Auftrag- und Geldgebern nimmt unter den Bedingungen eines zunehmend härteren, mitunter globalen Wettbewerbs zu. Darüber hinaus gilt: Ohne systematische Evaluation der durchgeführten Maßnahmen und Projekte ist auch kein systematischer *Erkenntnisgewinn* über die Gründe des Erfolgs oder Misserfolgs dieser Maßnahmen und Projekte möglich. Wird das Erreichen der vorab festgelegten Ziele nicht überprüft, ist Misserfolg ausgeschlossen.

Damit ist ein Grundproblem der Evaluation angesprochen: Eine Evaluation kann eben auch Gründe für das Scheitern bestimmter Maßnahmen oder ihre *Wirkungslosigkeit* aufzeigen. Vielfach wird deshalb ganz auf Evaluation verzichtet, oder die Ergebnisoffenheit der Evaluation – eine der Grundvoraussetzungen für jede ernsthafte Bewertung – ist nicht gegeben. Damit Evaluation nicht zu einer *„Pseudo-Evaluation"* wird, muss der Evaluator über hinreichende sozialwissenschaftliche *Methodenkenntnisse* verfügen und darüber hinaus in einer Position sein, in der er vom Auftraggeber der Evaluation als Experte anerkannt wird. Deshalb ist es sinnvoll, die Dienste von unabhängigen externen Evaluatoren in Anspruch zu nehmen.

Der Erfolg einer Evaluation hängt darüber hinaus von den verfügbaren Ressourcen ab. In Befragungen wird immer wieder angegeben, auf Evaluation werde aus Geldmangel verzichtet. Um diesem Problem zuvorzukommen, sind bereits im Vorfeld mindestens zehn bis fünfzehn Prozent des Projektbudgets bzw. des Kommunikationsetats für Evaluation zu reservieren.

**2. Zeitpunkt und Ablauf.** Abhängig vom Zeitpunkt der Evaluation ist zwischen prozessbegleitender (formativer) und ergebnisbewertender (summativer) Evaluation zu unterscheiden.

Ziel der *formativen Evaluation* ist die kontinuierliche Überprüfung des laufenden Prozesses: Sind die gewählten Instrumente geeignet um das gesetzte Ziel zu erreichen? Werden die Mittel sinnvoll eingesetzt? Verlaufen die Arbeitsabläufe reibungslos? Wird die Zeitplanung eingehalten? Während einer formativen Evaluation sind Anpassungen und fortwährende Verbesserungen möglich. Die *summative Evaluation* steht am Ende eines zeitlich

begrenzten Projekts und bewertet abschließend den Erfolg der durchgeführten Maßnahmen. Die Ergebnisse dieser Erfolgskontrolle fließen wiederum in die Konzeption neuer Projekte ein. Formative und summative Evaluation ergänzen einander: Im Idealfall findet im Rahmen der *Situationsanalyse* als dem ersten Schritt eines strategisch geplanten Prozesses eine Evaluation der *Ausgangssituation* statt. Auf dieser Basis wird die Konzeption erstellt. Der Prozess wird mit Hilfe der formativen Evaluation kontinuierlich überprüft. Abschließend wird eine summative Evaluation durchgeführt, die als Vergleich mit der Situationsanalyse angelegt ist.

Bei einer systematischen Evaluation handelt es sich um eine Form der angewandten *Sozialforschung*. Deshalb weist der formale Ablauf einer Evaluation zahlreiche Ähnlichkeiten mit dem Ablauf empirischer Sozialforschung auf: Zunächst wird das Erkenntnisziel der Evaluation festgelegt und der Zeitpunkt der Evaluation bestimmt. Auf dieser Grundlage erfolgt die Bestimmung und Begründung der gewählten Untersuchungsmethoden. Anschließend werden die Untersuchungseinheiten festgelegt, d.h. die Frage beantwortet: Wer oder was genau wird analysiert? Es folgt die Messung, d.h. die Erhebung der Daten, und in einem nächsten Schritt die Auswertung und Interpretation der Befunde. Abschließend werden die Ergebnisse der Evaluation in Form eines *Evaluationsberichts* dargestellt. In der Praxis überschneiden sich die einzelnen Phasen oft, gleichzeitig können größere zeitliche Abständen zwischen den einzelnen Phasen liegen. Das liegt daran, dass vor allem bei umfangreichen Evaluationen mehrere Personen an verschiedenen Orten mit der Evaluation befasst sind.

**3. Ziele und Verfahren.** Die Zielformulierung ist die Grundlage jeder Erfolgsmessung: Ohne eine Formulierung überprüfbarer Ziele lassen sich auch keine Aussagen darüber machen, ob diese erreicht worden sind oder nicht. Zielformulierungen wie „ein verbessertes Image" müssen deshalb konkretisiert werden, damit sie einer Evaluation zugänglich sind.

Im Hinblick auf die Evaluation von Kommunikationsmaßnahmen unterscheiden der amerikanische Kommunikationsforscher Scott Cutlip und seine Mitarbeiter drei Ebenen, auf denen Ziele gemessen werden können: 1) die Ebene des Output, 2) die Ebene des Outgrowth, und 3) die Ebene des Outcome.

**Output.** Auf der Ebene des *Output* geht es um die *Eigenschaften* der eingesetzten Kommunikationsmittel und –Maßnahmen. Sind die Botschaften und Maßnahmen dem Ziel angemessen? Welche Qualität besitzen die Kommunikationsmittel? Um die Ziele auf der Ebene des Output zu überprüfen, können beispielsweise Lesbarkeitstests für Broschüren oder Akzeptanztests für Plakate eingesetzt werden.

**Outgrowth.** Auf der Ebene des *Outgrowth* wird die *Reichweite* und *Wahrnehmung* der Botschaften und Maßnahmen überprüft. Die Reichweite lässt sich ermitteln, indem die Anzahl der Personen, die zu einer bestimmten Veranstaltung kommen oder die Auflage der Zeitungen, in denen Veranstaltungsankündigungen abgedruckt wurden, gezählt werden. *Mediennutzungsstudien* geben Aufschluss über die Wahrnehmung bestimmter Kommunikationsangebote in den Massenmedien. Auch die *Medienresonanzanalyse*, das traditionelle Verfahren für die summative Evaluation der Pressearbeit nach einer bestimmten Kampagne, ist auf der Ebene des Outgrowth anzusiedeln. Um herauszufinden, inwieweit die Medienberichterstattung tatsächlich auf den Einfluss der Pressearbeit zurückzuführen ist, reicht es jedoch nicht aus, nur die Medienberichterstattung auszuwerten. Die Berichterstattung muss darüber hinaus mit den ausgesendeten Pressemitteilungen abgeglichen werden *(Input-Output-Analyse)*. Auf diese Weise kann herausgefunden werden, welche Pressemitteilungen mit größerer Wahrscheinlichkeit übernommen werden und inwiefern diese Pressemitteilungen durch die Journalisten bearbeitet und verändert werden.

**Outcome.** Auf der Ebene des *Outcome* schließlich wird die *Wirkung* der Maßnahmen und Botschaften bei den anvisierten Zielgruppen untersucht. Wirkungen von Kommunikationskampagnen lassen sich als Veränderungen in den Bereichen Wissen, Einstellungen und Verhalten unter dem Einfluss von Kommunikation nachweisen. Durch Befragungen der Zielgruppe können Veränderungen von Wissen und Einstellungen ermittelt werden. Änderungen des Verhaltens können etwa durch Markstudien, Beobachtungen sowie ebenfalls durch Befragungen nachvollzogen werden. Um kausale Aussagen über die Wirkung bestimmter Maßnahmen machen zu können, ist ein *Pretest-Posttest-Design* erforderlich. Dabei wird das Wissen, die Einstellungen oder das Verhalten der Zielgruppe zweimal untersucht: einmal vor und einmal nach der Implementation der Maßnahme. Unter bestimmten Umständen kann es erforderlich sein, zusätzlich eine Kontrollgruppe zu befragen, um Untersuchungseffekte auszuschließen.

JULIANA RAUPP

Jürgen Bortz, Nicole Döring (2003). Forschungsmethoden und Evaluation für Human- und Sozialwissenschaftler. Berlin u.a.: Springer (3., überarb. Auflage). Scott Cutlip, Allen Center, Glen Broom (2000). Effective Public Relations. Upper Saddle River: Prentice Hall (8., überarb. Auflage). Heinrich Wottawa, Heike Thierau (2003). Lehrbuch Evaluation. Bern u.a.: Verlag Hans Huber (3., überarb. Auflage).

# Fallstudie

In Analysen und Recherchen für Public-Affairs-Themen spielen Fallstudien eine relevante Rolle. Obwohl sich Fallstudien in den Sozialwissenschaften einer großen und wachsenden Verbreitung erfreuen, ist der wissenschaftliche Status von Fallstudien immer noch umstritten. Die Advokaten von Fallstudienansätzen heben als Vorteile dieses Untersuchungsansatzes hervor, dass Fallstudien die Untersuchung relevanter Phänomene vor dem Hintergrund realer Kontexte sowie den ganzheitlichen Zugriff auf *Handlungs- und Bedeutungskomplexe* erlaubten.

Als weitere Stärke von Fallstudienansätzen wird angeführt, dass diese Ansätze flexibel auf Besonderheiten des Untersuchungsgegenstandes reagieren könnten, *Tiefenanalysen* möglich machten und ein breites Spektrum an Daten und Quellen erschließen könnten.

Trotz dieser behaupteten Vorteile wird der wissenschaftliche Status und Ertrag von Fallstudien und Fallstudienansätzen immer noch angezweifelt.

Ursächlich für die *defensive Position* der Fallstudienforschung ist, dass sich diese Forschung zunächst ohne eine extensive Reflexion ihrer wissenschaftstheoretischen Grundlagen etabliert hat. Daher existiert auch kein *verbindlicher Methodenkanon* für Fallstudien.

Gemeinsame Klammer des Begriffs der Fallstudienforschung ist daher primär die Tatsache, dass die Untersuchungen auf einer begrenzten Anzahl von Untersuchungsfällen beruhen.

Darüber hinaus ist die Fallstudienforschung selbst durch einen Grundlagenstreit über ein „verstehendes" oder ein „erklärendes" Leitbild geprägt.

Die soziologische Fallstudienforschung hat sich zunächst durch eine offensive *Ablehnung des empirisch-analytischen Wissenschaftsideals*, das auf Hypothesenüberprüfung ausgerichtet ist, etabliert. Die Klassiker dieser „verstehenden" bzw. *interpretativen Strömung* haben postuliert, dass die soziale Realität auf Grund der Relevanz subjektiver Deutungen und Wahrnehmungen der Akteure nicht in der selben Weise verstanden und untersucht werden könne wie die natürliche Umwelt. Die soziale Realität werde durch den Versuch, sie in *messbare Variablen* zu zerlegen, nur unzulässig reduziert. Variablensoziologische Arbeiten kreierten primär letztlich irrelevante Forschungsartefakte. Die klassischen „verstehenden" Ansätze haben verlangt, dass sich der Forscher möglichst unvoreingenommen, d.h. ohne theoretische Annahmen, seinem Untersuchungsgegenstand nähern und Konzepte und Kategorien nur anhand des im Feld erhobenen Datenmaterials entwickeln dürfte. Das existierende Bedeutungsgewebe und die Handlungsmuster des sozialen Feldes könne nur über ein interpretierendes Vorgehen erschlossen werden. Ergebnis dieses Fallstudienansatzes sollen daher idealerweise *„dichte Beschreibungen"* des Untersuchungsfeld sein.

Im Unterschied zu dieser dezidiert *antipositivistischen Haltung* hat sich allerdings im Mainstream der interpretativen Sozialwissenschaft die Einsicht etabliert, dass auch verstehende Sozial- und Fallstudienforschung als ein methodisch kontrolliertes Fremdverstehen von alltagsweltlichen Handlungsmustern realisiert werden muss.

Ein solcher interpretativer Forschungsansatz ist auch für die ➜Politikfeldforschung (Policy-Forschung) von Relevanz, da der Erfolg vieler politischer Programme von Deutungen und Interpretationen der betroffenen Akteure abhängt.

Ungeachtet der Versuche der interpretativen Fallstudienforschung, ihr Vorgehen stärker zu reflektieren und zu systematisieren, hat die empirisch-analytische Kritik ihre Vorbehalte gegen die Fallstudienforschung aufrechterhalten. In Folge des Siegeszuges der analytischen Wissenschaftstheorie, die sich dem Ideal einer deduktiv vorgehenden und hypothesenüberprüfenden Forschung verschrieben hat, sind Fallstudienansätze vorübergehend aus dem sozialwissenschaftlichen Mainstream zu Gunsten „härterer", vor allem großzahliger, quantifizierender und statistisch operierender Ansätze verdrängt worden. Fallstudien wurde bestenfalls der Status vorwissenschaftlicher Sondierungsarbeiten eingeräumt.

Der Hauptvorwurf gegen die Fallstudienforschung besteht darin, dass die geringen Fallzahlen die Untersuchungen anfällig machen für unreflektierte oder willkürliche Auswahlentscheidungen *(selection bias)*.

Damit besteht die Gefahr der Auswahl nicht-repräsentativer Fälle, so dass auf der Basis *untypischer Muster unzulässige Verallgemeinerungen* formuliert werden. Kleinzahlige Untersuchungen werfen auch beträchtliche Probleme bei der Gewichtung von kausalen Zusammenhängen auf. Schließlich sind kleinzahlige Untersuchungen weit anfälliger für *Messfehler*, die in einem großen Datensatz weniger stark ins Gewicht fallen. Dieses Problem wird umso größer, je mehr die Fallstudie auf qualitativen Erhebungen basiert und von subjektiven Einschätzung und der individuellen Kompetenz des Forschers abhängt. Insgesamt stellt sich selbst bei hervorragenden Fallstudien immer die Frage, inwieweit die

23

Untersuchungsergebnisse „verallgemeinerbar" sind und für weitere Fälle gelten.

Diese gewichtigen Einwände werfen die Frage auf, warum sich in der Policy- und Evaluationsforschung, die sich gerade nicht durch einen offenen Antipositivismus auszeichnet, Fallstudien einer wachsenden Beliebtheit erfreuen.

Der einfache Grund ist, dass auch und gerade die angewandte Policy-Forschung auf die Untersuchung relevanter Phänomene nicht verzichten kann, auch wenn diese nur in geringen Fallzahlen vorliegen. Die Policy-Forschung hat es gewöhnlich mit vielschichtigen gesellschaftlichen Makrophänomenen, d.h. komplexen Strukturen wie etwa „Arbeitsmarktregimen" oder „Bildungssystemen" oder komplexen Prozessen wie z.B. politischen Entscheidungsprozessen oder organisatorischen Veränderungsprozessen, zu tun.

Die spezifischen Merkmale solcher *sozialen Makrophänomene* bestehen in einer hohen Anzahl potenziell relevanter Einflussfaktoren, die auf vielfältige Weise miteinander interagieren. Komplexe gesellschaftliche Strukturen oder Prozesse stellen in der Regel eine sehr spezifische, zumeist einzigartige Konfiguration vieler Variablen dar. Vergleichbare Untersuchungsobjekte liegen daher kaum vor, so dass statistische Verfahren der Hypothesenüberprüfung nicht angewandt werden können.

Dieses typische Problem der kleinen Zahl hat in der (länder)vergleichenden Politikforschung, der *Komparatistik*,

zur Entwicklung einer Reihe analytischer Fallstudienansätze geführt. Gemeinsam ist diesen Ansätzen der Versuch, auf der Basis theoretischer Erwägung *strukturierte Fallvergleiche* zu realisieren und aus diesen kausale Schlüsse abzuleiten. Unter der Orientierung an konkurrierenden theoretischen Hypothesen wird gezielt nach *kritischer Evidenz* gesucht.

Um die Logik dieses Vorgehens zu illustrieren, sei auf eine typische aktuelle Fragestellung der vergleichenden Politikforschung kurz eingegangen. Eine zentrale Frage der Globalisierung ist die nach den Anpassungsreaktionen der nationalen politischen Ökonomien der entwickelten Industriestaaten auf die Herausforderungen der Globalisierung. Während ein Teil der Globalisierungsliteratur die entwickelten Industriestaaten vor vergleichbaren Herausforderungen sieht, geht die politische Ökonomie davon aus, dass die nationalen Ökonomien jeweils sehr unterschiedliche Konfigurationen einer Reihe von Variablen darstellen, die für komparative Vorteile einzelner Volkswirtschaften entscheidend sind. Der Begriff der „Deutschland AG" versucht letztlich das „nationale Produktionsregime" als eine solche komplexe Konfiguration zu erfassen. Diese Konfiguration beruhte traditionell auf dem Zusammenwirken von Unternehmensführung, organisierten Belegschaften, Großbanken sowie Kommunen, Ländern und Bund. Die Unternehmensführungen waren weitgehend unabhängig vom Kapitalmarkt und konnten in Kooperation mit den anderen Akteuren Expansionsstrategien verfolgen, die hohe Beschäftigungszahlen garantierten. Eine zentrale These der politischen Ökonomie besagt nun, dass im Zuge der Globalisierung diese institutionelle Konfiguration vermutlich stärker unter Druck kommt als die liberalkapitalistischen Systeme der USA und Großbritanniens. Gleichzeitig wird die „Deutschland AG" aber vermutlich nur schleppend in der Lage sein, sich den veränderten Wettbewerbsparametern anzupassen.

Ersichtlich ist eine solche Hypothese dafür prädestiniert, mit Hilfe eines vergleichenden Fallstudiendesigns bearbeitet zu werden. Für die analytische Fallstudienforschung reicht es aber nicht aus, schlicht nachzuweisen, dass die Anpassungsreaktionen der Industrienationen auf die Globalisierungsherausforderungen tatsächlich in liberalkapitalistischen und korporatistischen Systemen unterschiedlich ausfallen. Diese Unterschiede müssen sich auch kausal auf die erklärenden Variablen in einer Weise zurückführen lassen, die mit den theoretischen Annahmen des Forschers konsistent ist.

Solche Vergleiche der Effekte unterschiedlicher institutioneller Rahmenbedingungen müssen freilich nicht auf Länder als Untersuchungsfälle beschränkt bleiben.

Klassische verwaltungspolitische Fragen und die Evaluationsforschung richten ihr Interesse häufig auf die Effekte unterschiedlicher Rahmenbedingungen auf die *Performanz von Verwaltungen* und können bzw. sollten daher auch mit Hilfe vergleichender Fallstudienansätze, die Kontrollobjekte berücksichtigen, bearbeitet werden

(„Arbeiten Verwaltungen, in denen neue Steuerungsinstrumente implementiert wurden, wirklich effizienter?"; „Führt Bürokratieabbau tatsächlich zu Standortvorteilen?", „Haben unterschiedliche Verwaltungskulturen in Ost und West Einfluss auf den Gesetzesvollzug?"). Auch hier gilt es, nicht an dem Befund festzuhalten, dass möglicherweise weniger „bürokratisierte" Regionen Standortvorteile aufweisen, es muss auch plausibel nachgewiesen werden, dass diese Standortvorteile aus dem geringeren Bürokratieaufwand resultieren, wobei der Forscher vor dem Problem steht, einen solchen eigenständigen kausalen Effekt überzeugend nachzuweisen.

Inzwischen hat sich in der Policy-Forschung die Einsicht durchgesetzt, dass Fallstudien nicht bloß ein Ersatz für statistische Verfahren sind, sondern der Gegenstandsbereich und das Untersuchungsinteresse der Policy-Forschung konfigurative Fallstudien favorisiert. Vor allem die angewandte Policy-Forschung ist nicht vorrangig an der Aufstellung möglichst allgemeiner Theorien über abstrakte Zusammenhänge zwischen zwei Variablen interessiert. Das spezifische Erkenntnisinteresse richtet sich primär darauf, *Zusammenhänge* innerhalb eines konkreten sozialen Systems zu erfassen (z.B.: „Warum ist das Gesundheitssystem so schwer reformierbar?"), einen bestimmten *Prozessablauf* zu erklären („Warum scheiterte der Veränderungsprozess in einer bestimmten Organisation?") oder die *Realisierbarkeit* spezifischer Politikoptionen abzuschätzen („Welche Bildungsreformen können im komplexen System der föderalen Bildungspolitik mit welchem politischen Aufwand und mit welchen Zeithorizont tatsächlich realisiert werden?").

Ziel ist es somit,

- das interessierende soziale Makrophänomen durch Identifikation der an seinem Zustandekommen beteiligten Prozesse und Interdependenzen zu erklären,
- kritische Faktoren/Variablen zu identifizieren und
- auf dieser Basis empirisch begründete Gestaltungsempfehlungen geben zu können.

Für die Formulierung ihrer Erklärungen greifen die analytischen Fallstudienansätze in der Regel auf unterschiedliche sozialwissenschaftliche Erklärungsansätze, *Partialtheorien*, zurück, die für ihren Untersuchungsgegenstand relevant erscheinen. Gute Fallstudien setzen somit eine solide *theoretische Vorbildung* des Forschers voraus. Besonders hilfreich ist der Rückgriff auf konkurrierende Theorien, da sich auf diese Weise gezielter nach „kritischer Evidenz" suchen lässt. Für die wenigsten relevanten politischen und sozialen Phänomene existieren jedoch umfassende und empirisch gestützte sozialwissenschaftliche Theorien. Das bedeutet einerseits, dass der Erfolg auch der analytischen Fallstudienforschung in hohem Maße von der Kreativität, der Kompetenz und dem Geschick des einzelnen Forschers bzw. Forschungsteams abhängig bleibt. Andererseits wird damit noch einmal deutlich, dass die Fallstudienforschung dem Forscher keinen allgemeinverbindlichen Methodenkanon bereitstellt.

Das ist besonders misslich für den *anwendungsorientierten Forscher.* Diesem wird zumeist empfohlen, möglichst auf unterschiedliche Datenquellen, d.h. sowohl auf quantitative Indikatoren als auch auf qualitativen „Daten" zurückzugreifen, um die von ihm behaupteten Zusammenhänge durch Beobachtungen auf verschiedenen Erhebungsebenen abzustützen.

Ansonsten verweist auch die anwendungsbezogene Literatur meistens nur auf das breite Spektrum der quantitativen und qualitativen Sozialforschung.

Zweifelsohne sollte der Fallstudienforscher einen Methodenmix anwenden. Dies ist freilich in der anwendungsorientierten Forschung, beispielsweise Organisationsuntersuchungen und Evaluationsstudien seit langem gang und gebe.

Dessen ungeachtet dürfte für Fallstudien im Bereich der Policy-Forschung charakteristisch sein, dass leitfadengestützten Experteninterviews in allen Erhebungsdesigns eine zentrale Rolle zukommt.

Während die Fallstudienforschung ein relativ offener Untersuchungsansatz bleibt, hat das General Accounting Office (1990) zumindest für die Evaluationsforschung eine Reihe von *Empfehlungen für die Fallauswahl* formuliert.

So sollten *Extremfälle* ausgewählt werden, wenn Ursachen für große Varianzen im Zentrum des Interesses stehen. An Musterbeispielen sollen dagegen Erfolgsfaktoren ermittelt werden. Der *kritische Fall* weist auf spezifische Probleme hin. Der *typische Fall* versucht dagegen, normale Wirkungsketten zu beschreiben. *Illustrative Fälle* und spektakuläre *Spezialfälle* sollen Chancen und Probleme von Programmen eindrücklich herausarbeiten.

**HENK ERIK MEIER**

United States General Accounting Office (1990). Case Study Evaluations, Washington. Robert Yin (2003). Case Study Research, London et al.: Sage. Ders. (2002) Applications of Case Study Research, London et al.: Sage. Uwe Flick (2002). Qualitative Sozialforschung: Eine Einführung, Hamburg: Rowohlt. Renate Mayntz (2002) (Hg.). Akteure - Mechanismen – Modelle, Frankfurt am Main, New York: Campus. Philip Mayring (2002). Einführung in die qualitative Sozialforschung. Beltz, Weinheim.

# Fokusgruppe

Die Fokusgruppe(ndiskussion) – oft auch als Gruppendiskussion bezeichnet – ist eine Datenerhebungsmethode der empirischen Sozialforschung, speziell der Markt- und der Meinungsforschung. In den Public Affairs dient sie zur Analyse von Themen und ihrer Dynamik in der ➔öffentlichen Meinung (vgl. auch ➔Issues Management). Als Methode zur Erhebung von *Primärdaten* kann sie speziell auf *individuelle Informationsbedürfnisse* der Auftraggeber zugeschnitten werden.

Die Fokusgruppe gehört zu den qualitativ orientierten Befragungsmethoden. Diese Methoden zielen primär auf die Erzeugung und Sammlung qualitativer und weniger auf die Erzeugung und Sammlung quantitativer Informationen ab.

Bei den qualitativ orientierten Befragungsmethoden unterscheidet man zwischen dem *Tiefeninterview* und der Fokusgruppe. Beide Methoden sind im Vergleich zu quantitativ ausgerichteten Befragungsmethoden auf eine begrenzte und daher nicht repräsentative Zahl von Befragten ausgerichtet. Fragen und Antwortmöglichkeiten sind flexibel gestaltet; sie können sich bei verschieden Befragten bzw. Gruppen deutlich voneinander unterscheiden.

**Einsatzfelder.** Gruppendiskussionen sind insbesondere für die Umfrageforschung wichtig, da sie häufig im *Vorfeld von weiterführenden Untersuchungen* eingesetzt werden. Vom Forscher *nicht beachtete Aspekte* eines Themas können durch eine Gruppendiskussion zum Vorschein kommen, oder es kann *Grundlagenwissen* für eine anstehende Untersuchung zu gewonnen werden. In der Forschung wird unterschieden zwischen vermittelnder und ermittelnder Gruppendiskussion.

Bei der *vermittelnden* Gruppendiskussion stehen gruppendynamische Prozesse im Vordergrund, die die Teilnehmenden zu einer bestimmten und für sie relevanten Einsicht führen sollen. *Ermittelnde* Gruppendiskussionen hingegen versuchen Meinungen und Einstellungen zu ergründen.

**Durchführung.** Eine Fokusgruppe besteht aus einer geringen Anzahl von Personen (meist 6-10) mit gemeinsamen Interessen oder anderen für den Untersuchungsgegenstand relevanten *gemeinsamen Merkmalen*. Diese Testpersonen haben sich noch nie zuvor gesehen und diskutieren unter Anleitung eines *Moderators* über ein bestimmtes Thema.

27

Während bei Tiefeninterviews ein tiefes, eher auf das Individuum bezogenes Verständnis von Verhaltensweisen, Meinungen und Einstellungen angestrebt wird, zielt man bei der Gruppendiskussion darauf ab, einen möglichst umfassenden Überblick über Meinungen und Einstellungen einer Personengruppe zu erhalten. Bei gut strukturierten und moderierten Fokusgruppen führt die Gruppensituation dazu, dass sich die Teilnehmer wechselseitig zu detaillierten und spontanen Äußerungen anregen können.

**Teilnehmerauswahl.** Beim *Auswahlverfahren* ist darauf zu achten, dass möglichst viele Personen aus dem gewünschten Personenkreis zur Auswahl stehen. Erfahrungsgemäß ist höchstens jeder Fünfte der Angesprochenen bereit, an einer Gruppendiskussion teilzunehmen, der Prozentsatz der trotz Zusage nicht zum vereinbarten Termin erscheinenden Personen ist hoch. Dies ist bei der Festlegung der *Teilnehmerzahl* zu bedenken.

Grundsätzlich gilt: Je mehr Zeit Mitgliedern einer Personengruppe zur Verfügung steht (z.B. Rentnern oder Arbeitslosen), desto höher ist die Bereitschaft, an einer Gruppendiskussion teilzunehmen. Dieses Phänomen kann zu *Verzerrungen* bei der Gruppenzusammensetzung führen.

Überhaupt ist bei der Auswahl der Teilnehmer einer Gruppendiskussion darauf zu achten, dass die Gruppe weder zu homogen, noch zu inhomogen zusammengesetzt ist. Bei zu großer *Homogenität* (z.B. beim Alter) wird eine Diskussion leicht spannungslos – und damit wenig ergiebig für die Auswertung. Bei zu großer *Inhomogenität* (z.B. bei der sozialen Herkunft) überstrahlen sachfremde Diskussionselemente leicht das eigentlich zu diskutierende Thema.

**Moderator.** Der *Moderator* hat die Aufgabe, die Diskussion zu strukturieren und zielgerichtet in Gang zu halten. Hierbei sollte er besonders auf gruppendynamische Aspekte achten. So muss er, um einen möglichst breiten Überblick über die Meinungen in der Gruppe zu erhalten, einerseits besonders aktive Gesprächsteilnehmer bremsen, andererseits passive Teilnehmer ermutigen. Daher ist bei der Organisation von Fokusgruppen darauf zu achten, dass der Moderator nicht nur über Fachkompetenz, sondern auch über große soziale und kommunikative Fähigkeiten verfügt.

Zu Problemen bei Gruppendiskussionen kann es führen, wenn einzelne Meinungsführer den Diskussionsprozess bestimmen. In solchen Fällen wagen es oft einzelne Gruppenmitglieder nicht, eine abweichende Meinung zu vertreten. Hier ist die Fähigkeit des Moderators gefragt, solche Mechanismen zu verhindern. Unbedingt vermeiden muss der Moderator eigene Meinungsäußerungen und Kommentierungen; auch diese beeinflussen die Diskussion und verzerren die Ergebnisse.

**Dokumentation.** Die Diskussion kann entweder schriftlich durch einen *Protokollanten* oder via *Tonband-/ Videoaufnahme* erfasst werden. Die *Auswertung* des gewonnenen Datenmaterials ist wegen des Materialumfangs sowie der Sprunghaftigkeit und

Unübersichtlichkeit mancher Diskussionsabläufe oft schwierig. Aussagen müssen häufig im Kontext des Diskussionsverlaufs interpretiert und ggfs. relativiert werden.

**Online-Fokusgruppen.** Gruppendiskussionen lassen sich via Internet auch *online* durchführen. Bei Diskussionen, die über Chats, Email-Kommunikation, Weblogs bzw. Instant-Messaging-Techniken hinausgehen, kommen *audiovisuelle Hilfsmittel* wie Headsets und Webcams zum Einsatz. Dabei können sich die Teilnehmer z.B. von ihrem PC aus in den Webserver des Moderators einloggen. Zu den Vorteilen der Online-Fokusgruppe gehört die Zurückdrängung ungewollter Interaktionseffekte durch die physische Anwesenheit anderer. Auch müssen die Teilnehmer sich nicht in eine für sie ungewohnte Umgebung begeben. Insgesamt ist der Aufwand, an einer audiovisuell gestützten Online-Gruppendiskussion teilzunehmen, wesentlich geringer als bei der Teilnahme an einer Offline-Gruppendiskussion. Insbesondere der Anfahrtsweg mit all seinen möglichen Problemen (Entfernung, Wetter, Zeitaufwand) entfällt.

Ein eindeutiger Nachteil der Online-Fokusgruppe ist es, dass die zur Teilnahme notwendige Hardware meist nicht im Lieferumfang von standardkonfigurierten PCs enthalten ist. Es ist daher schwierig, eine genügend große Anzahl von Diskussionsteilnehmern zu rekrutieren, die die Voraussetzungen für eine Teilnahme erfüllen. Ein inhaltlicher Nachteil ist, dass sich aufgrund der distanzierten Interaktionssituation erwünschte gruppendynamische Prozesse nicht in dem Ausmaß entstehen, wie sie sich bei Offline-Gruppendiskussionen ergeben.

**MICHAEL GEFFKEN**

Gaby Kepper (2000). Methoden der qualitativen Marktforschung, in: Christian Homburg, Andreas Herrmann. Marktforschung. Methoden – Anwendungen – Praxisbeispiele. Wiesbaden. Christian Homburg, Harley Krohmer (2003). Marketingmanagement. Strategie – Instrumente – Umsetzung – Unternehmensführung. Wiesbaden. Tim Görts (2001). Gruppendiskussionen. Ein Vergleich von Online- und Offline-Focus-Groups, in: Axel Theobald, Marcus Dreyer, Thomas Starsetzki (Hrsg.), Online-Marktforschung. Theoretische Grundlagen und praktische Erfahrungen. Wiesbaden.

# Frühaufklärung

Die Konstituierung eines Systems der Frühaufklärung für eine Organisation (Unternehmen, Verband, Partei etc.) ist eine zentrale Aufgabe der Public Affairs.

Frühaufklärung ist eine spezielle Art von *Informationssystem*, das auf die frühzeitige Definition und Identifikation *risikobehafteter oder konfliktärer Themen (Issues)* in der internen und externen Kommunikation und der damit verbundenen Beziehung zu den relevanten Stakeholdern zielt. Ein derartiges System dient dazu, rechtzeitig *präventive Maßnahmen* ergreifen zu können, um einem möglichen Risiko entgegenzuwirken. In der Literatur wird zwischen *Frühwarnsystem, Früherkennungssystem* und dem Konzept der *strategischen Frühaufklärung* unterschieden. Demnach handelt es sich bei Frühwarnsystemen um *operative Informationssysteme*, die zunächst nur einseitig *latente* Bedrohungen anzeigen. Sie bedienen sich primär der *quantitativen Analyse* (z. B. Kennzahlen aus dem Rechnungswesen) und beziehen das *Umfeld* nicht explizit mit ein. Basiert das Informationssystem auf quantitativer wie qualitativer Analyse, berücksichtigt es das externe Umfeld und signalisiert neben potenziellen Bedrohungen auch potenzielle Chancen, wird es als (eher strategisches) Früherkennungssystem bezeichnet.

**Schwache Signale.** Noch umfassender stellt sich der jüngste Ansatz der strategischen Frühaufklärung dar, der auf dem *Konzept der Schwachen Signale* von Ansoff basiert.

Im Vergleich zur Früherkennung erfordert die Frühaufklärung eine weitaus umfangreichere Beobachtung aller denkbaren (und undenkbaren) Umweltbeziehungen der Organisation zur Entdeckung der Vorboten möglicher künftiger Risiken oder Chancen (= Schwache Signale).

Ansoff geht davon aus, dass sich Veränderungen (Irritationen), die nachhaltige Folgen für eine Organisation haben können, immer durch schwache Signale ankündigen, die meist jedoch übersehen werden.

**Wahrnehmungsprobleme.** Grund dafür ist das typische *Wahrnehmungsproblem* von Organisationen, das es im Rahmen der Frühaufklärung zu lösen gilt. Allerdings stellt eine optimale strategische Frühaufklärung eine hohe Herausforderung dar. Die Datenerhebung erfordert die Ansiedlung der ausführenden Stelle auf höchster Organisationsebene, die enorme Datenmenge und -vielfalt stellt hohe Anforderungen an die Auswertung (Kosten, Zeit) und Nutzbarmachung der Informationen, da die gegebenen Prognosemöglichkeiten und Aussagen über zukünftige Entwicklungen etliche Unsicherheiten und Diskontinuitäten in sich bergen.

**Indikatoren.** Zur Realisierung einer effektiven Frühaufklärung bedarf es der Bestimmung von *Beobachtungsfeldern* und entsprechender *Indikatoren*, die bei bestimmten Veränderungen zukünftigen Einfluss auf die Organisation ankündigen können. Die *Betriebswirtschaftslehre* beschäftigt sich seit etwa 15 Jahren mit der Entwicklung von Frühwarnsystemen, die zunächst primär auf internen ökonomischen Kennzahlen basierten. Neben diesen *ökonomischen Kennzahlen* wurden im Laufe der Zeit in zunehmendem Maße auch Entwicklungen im politischen, juristischen oder gesellschaftlichen Umfeld einer Organisation, die klassischer Weise zu dem Handlungsfeld der Public Affairs zählen, in derartige Informationssysteme integriert.

Aufgrund der steigenden *Komplexität, Turbulenz* und Unvorhersagbarkeit der verschiedenen Umfelder einer Organisation sind diese Entwicklungen von hoher strategischer Bedeutung und erfordern eine professionelle Herangehensweise. Sowohl interne als auch externe Issues, Strukturen, Prozesse und Stakeholder müssen erfasst, systematisiert und analysiert werden.

**Inside-out, Outside-in.** Prinzipiell lassen sich zwei Perspektiven der strategischen Frühaufklärung unterscheiden: die *inside-out-* und die *outside-in*-Perspektive. Ausgangspunkt für Erstere ist ein spezifisches Unternehmensinteresse.

Es wird untersucht, welche Risiken oder Chancen die Umsetzung dieses Interesses bergen könnte. Aus der outside-in-Perspektive werden beispielsweise gesellschaftliche Entwicklungen verfolgt und auf mögliche Signale hin untersucht.

Dies verdeutlicht, dass die Inhalte/Informationen für ein System der Frühaufklärung durch die aktive Themensuche sowie die präzise Auswahl und Beobachtung der für das eigene Anliegen wichtigen Themenbereiche und Stakeholder generiert werden.

**Scanning und Monitoring.** Nicht nur im Bereich der Public Affairs hat sich für diesen Vorgang der Begriff des →*Issues Management* etabliert. Durch den Einsatz der Instrumente *Scanning* und →*Monitoring* werden relevante Themen identifiziert, kontinuierlich beobachtet und hinsichtlich ihrer künftigen Einwirkungspotenziale analysiert.

*Scanning* bedeutet die permanente und ungerichtete Beobachtung von Themen. Dabei ist darauf zu achten, dass der Blick nicht zu eingeschränkt auf fachspezifische Themen gerichtet wird. Extern gilt es alle Bereiche der öffentlichen Meinung nach Tendenzen und Stimmungen zu „scannen", die möglicherweise die Organisation beeinflussen könnten. Zugleich muss das „offene Ohr" auch nach innen gerichtet werden, da auch hier Entwicklungen möglich sind, die einer Organisation

schaden oder nutzen können. Durch Scanning identifizierte prekäre oder interessante Themen werden in der Folge durch Monitoring kontinuierlich beobachtet.

→*Monitoring* beinhaltet die zeitnahe systematische Sammlung aller Informationen, die im Zusammenhang mit der entsprechenden Thematik verfügbar sind. Die Informationsgewinnung erfolgt beispielsweise durch quantitative und qualitative Medienanalysen, Analysen von →Netzwerken, Teilnahme an oder Organisation von Veranstaltungen (Fachtagungen, Verbandstreffen, Parlamentarische Abende, Konferenzen etc.), durch informelle Gespräche mit der politischen Arbeitsebene (Ministerialbürokratie, Fachreferenten der Fraktionen, Mitarbeiter von MdB, MdL) aber auch im Rahmen der internen Kommunikation.

Zur Analyse und Operationalisierung der gewonnenen Informationen empfiehlt sich der Einsatz von *Datenbanken*. Auf diese Art und Weise werden Informationen strukturiert und zugänglich gemacht sowie das kontinuierliche Monitoring gesteuert.

**SVEN RAWE**

Igor Ansoff (1976). „Managing Surprise and Discontinuity: Strategic Response to Weak Signals. Die Bewältigung von Überraschungen - Strategische Reaktionen auf schwache Signale". Zeitschrift für betriebswirtschaftliche Forschung, 28: 128-152. Diana Ingenhoff (2004). Corporate Issues Management in multinationalen Unternehmen. VS. Wiesbaden. Michael Kuhn et al. (2003). Chefsache Issues Management. Beobachtung, Analyse und Beeinflussung öffentlicher Kommunikation. FAZ, Frankfurt a.M. Franz Liebl (1996). Strategische Frühaufklärung: Trends, Issues, Stakeholders, München et al.: Oldenbourg 1996. Holger M. Sepp (1996). Strategische Frühaufklärung. DUV, Wiesbaden. Ulrich Steeger (2004). Corporate Diplomacy. The Strategy for a Volatile, Fragmented Business Environment, Chichester: John Wiley & Sons. Matthias Winter, Ulrich Steeger (1998). Managing Outside Pressure. Strategies for Proventing Corporate Disasters, Chichester: John Wiley & Sons.

# Gegnerbeobachtung / Konkurrenzanalyse

Gegnerbeobachtung und politische Konkurrenzanalyse sind Grundelemente politischer Planung, insbesondere von ➜Kampagnen und der Vorhabenplanung in allen konfrontativ-konkurriend angelegten Situationen. Sie bilden zusammen mit Meinungsforschung und der Entwicklung von Kommunikationslinien ein *Dreieck der politischen Strategieplanung*.

Besondere Bedeutung haben Gegnerbeobachtung und Konkurrenzanalyse seit den Neunziger Jahren in Wahlkämpfen; inzwischen gehören sie – mit der *Stakeholder-Analyse* – auch zum Instrumentarium der Public Affairs.

Aus dem amerikanischen Politikjargon wird auch der Begriff *Opposition Research („Oppo")* übernommen. In den USA spielt die direkte Auseinandersetzung mit dem Gegenkandidaten für ein Amt oder Mandat durch die starke Personalisierung traditionell eine größere Rolle als in den stärker durch Parteiorganisationen geprägten europäischen politischen Systemen. Im kommerziellen Bereich der Konzerne ist dagegen die *Competitive Intelligence* das wesensnahe Thema.

**Unterschiedliche Schwerpunkte.** *Gegnerbeobachtung* bezieht sich vorrangig auf die kontinuierliche Beobachtung und Auswertung medialer Aktivitäten, während *Konkurrenzanalyse* stärker auf Hintergründe, Profile, Programmatik und Organisationsstruktur eines politischen Gegners abzielt.

Beide dienen dazu, Informationen über den politischen Konkurrenten, die für die eigenen strategischen Planungen von Interesse und Bedeutung sind, zu gewinnen und auszuwerten.

Gelingt dies, dann wirken sie wie ein *politischer Seismograf*: Sie spüren frühzeitig Entwicklungen und Vorhaben, aber auch Konflikte und Widersprüche auf der anderen Seite auf und befähigen somit das eigene Team zur schnellen Reaktion im Sinne einer Entwicklung von Kommunikationslinien und –instrumenten.

Außerhalb von Wahlkämpfen liegt der Schwerpunkt auf der Analyse mittelfristiger Entwicklungen. Schnelle Reaktion tritt dem gegenüber in den Hintergrund, wenn das Ziel z.B. in Regierungsverantwortung stärker darin liegt, die politische Agenda zu bestimmen, anstatt sich über Gebühr mit der Opposition zu beschäftigen.

**Geschwindigkeit.** Der Fokus auf *schnelle Verfügbarkeit* hat auch die Erwartungen an die Archiv- und Dokumentationsarbeit in politischen Stäben und Parteizentralen verändert und erhöht. Recherchen in Internet, externen und internen Datenbanken, Dienstleistungen der Medienbeobachtung, aber auch die Verfügbarkeit von Mobiltelefonen, SMS, Email und mobilen Online-Verbindungen haben das Tempo deutlich erhöht.

Traditionell hat die Presse- und Rundfunkauswertung in den Pressestellen dominiert (➔Medienbeobachtung und Resonanzanalyse). Dieser Bereich ist deutlich erweitert und aus dem unmittelbaren Pressebereich in den Planungsbereich ausgelagert worden.

**Historisches Vorbild.** Erstmals etablierte die SPD-Wahlkampfzentrale „Kampa" 1997/98 einen eigenen Arbeitsbereich, der sich ausnahmslos mit der Beobachtung der Konkurrenz befasste und mit einem guten Dutzend Mitarbeitern aus Parteireferenten und zusätzlichen, akademisch qualifizierten Kampagnenhelfern eine der personalintensivsten Abteilungen bildete.

So war über den Zeitraum eines Jahres eine kontinuierliche Arbeit in diesem Bereich möglich. Informationen aus erster Hand, Live-Beobachtung, Mitverfolgung von Terminankündigungen, Erstellung von Negativ-Bilanzen und Aufbereitung von Material für ausgesuchte Wahlkreise verdeutlichten das Potenzial.

Dieses Beispiel ist von allen Parteien aufmerksam registriert und nachgebildet worden, obwohl damit ein erheblicher personeller, technischer, organisatorischer und finanzieller Aufwand verbunden ist. Doch *Live-Beobachtung, Schnellanalyse* und *Sofortreaktion ("Rapid Response")* durch spezielle Teams auch in der Nacht gelten in Bundestagswahlkämpfen inzwischen als Standard.

**Durchführung.** Wichtig ist zunächst das Setzen von *Prioritäten* im Rahmen von Situationsanalyse und Zieldefinition. Der Kreis der wirklich relevanten Mitbewerber sollte eng auf realistische Hauptkonkurrenz eingegrenzt werden.

Weiter gilt es, den Empfänger und die Funktionsweise zu bestimmen. Die Ergebnisse sind im Sinne einer konkreten *Zulieferung, Entscheidungsvorbereitung* und Beratung zu allererst an die Wahlkampfleitung bzw. politische Entscheidungsträger adressiert. Erkenntnisse über die Konkurrenz können auch als Argumentationsmaterial für andere Organisationseinheiten interessant und nützlich sein.

**Ethische Fragen.** Gegnerbeobachtung und Konkurrenzanalyse unterliegen nach wie vor dem verbreiteten Klischee, sie dienten nur der Vorbereitung einer Schlammschlacht und Angriffs- bzw. ➔Negativkampagnen; von Feindüberwachung, Spionage oder Schnüffelei, Schmutzkampagnen, Wildwest- oder Stasi-Methoden ist schnell die Rede.

Die Realität sieht zumeist nüchterner aus. Gegnerbeobachtung und Konkurrenzanalyse werden zunehmend auch von den Medien schlicht als *professionelles Handwerk* verstanden, das der journalistischen ➔Recherche, teilweise sogar der ➔investigativen Recherche im Journalismus artverwandt ist; politische Konkurrenten verstehen die Aufgabe sportlich.

Dennoch laufen Gegnerbeobachtung und Konkurrenzanalyse Gefahr, Grenzen der ➔Ethik zu verletzen und selbst zum ➔Skandal zu werden. Kritisch ist vor allem der *Persönlichkeitsschutz* des Einzelnen. Zwar beziehen Politiker häufig das Private und Familiäre in ihre mediale Selbstdarstellung mit ein, Angriffe darauf sind aber heikel. Für den politischen Diskurs sind diese Fragen in aller Regel auch irrelevant.

Eine allzu aggressive Gegnerbeobachtung kann hier bleibende Schäden hinterlassen und das *politische Klima* vergiften.

**Wahrheit, Verifizierbarkeit, Relevanz.** Das Augenmerk der Gegnerbeobachtung sollte sich deshalb auf die Recherche von Informationen und Materialien richten, die drei Kriterien erfüllen: Sie sollten der *Wahrheit* entsprechen und jederzeit *verifizierbar* sein; sie sollten öffentliche, *allgemein zugängliche* Informationen sein; und schließlich sollten sie politische *Relevanz* besitzen.

**Grundregeln.** Bei der systematischen Beobachtung der Konkurrenz sollten folgende Grundregeln strikt beachtet werden.

- *Verantwortlichkeiten regeln:* Die Konkurrenzbeobachtung benötigt einen festen Platz und eine klare Aufgabenzuschreibung im Team.
- *Analyse zurückliegender Kampagnen.* Die Analyse gehört nicht nur zur Einschätzung der eigenen Lage, sondern macht auch die Ausgangssituation für die Gegenseite deutlich.
- *Argumente und Konflikte herausarbeiten:* Dabei sind Profil bildende Schwerpunktthemen der Konkurrenz zu verdeutlichen und deren Stellenwert auf der aktuellen Agenda zu beachten.
- *Verhalten von potenziellen Unterstützergruppen, Verbänden, Gewerkschaften etc.* Aktivitäten, Dialoge, Konflikte der Konkurrenz mit Meinungsführern und wichtigen Multiplikatoren im Auge behalten.
- *Konzentration auf die Hauptkonkurrenten.* Besonderes Augenmerk auf

dessen zentrale Botschaften legen.
- *Berücksichtigung überregionaler Fakten.* Programmprofile, allgemeine Kampagnenstrategien, Personen, Prominente, Konflikte.
- *Überschaubarkeit schaffen.* Szenarien der Gegenseite in einem „Drehbuch" mit verschiedenen Phasen zusammenfassen.
- *Auflistung der wichtigsten Kritikmuster und Argumente gegen die eigene Seite.* Workshops mit Rollenspielen helfen, mögliche Angriffslinien der anderen Seite zu simulieren.
- *Kontinuierliche Beobachtung von Veranstaltungen und Aktionen der Konkurrenz.*
- *Seriöses Personalprofil.* Dossiers, die die politische Persönlichkeit, Hintergrund, Ämter und Wirken aufführen, dienen unter anderem den eigenen Sprechern und Botschaftern zur Vorbereitung auf die direkte Diskussion und Debatte.

Wird nach diesem Grundmuster das auszuwertende Material ausgewählt, so kann man umfangreiche Kenntnis über den Konkurrenten gewinnen, ohne dabei in *Grauzonen* zu gelangen, die ethisch nicht mit dem demokratischen Wettstreit zu vereinbaren sind.

**Szenarien-Planung.** Eine Ahnung davon zu haben, welche Strategie die Gegenseite verfolgt, welche Themen in den Vordergrund gestellt, welche Botschaften kommuniziert werden sollen, hilft dem Kampagnenteam, die eigenen Aktivitäten vorausschauend zu planen. Mit der Frage, wo der politische Konkurrent programmatisch, strategisch und organisatorisch steht, sollte man sich daher möglichst zu Beginn der Kampagne eingehend befassen.

So entsteht ein *„Drehbuch der anderen Seite"*, das Informationen über die Konkurrenz in einen überprüfbaren Zusammenhang stellt. Kontinuierliche Fortschreibung ist dabei wichtig.

Eine klar strukturierte Gliederung entlang einer *Zeitschiene* ist ein Hilfsmittel, das zur Systematisierung beiträgt. Neben Planungen und Aktivitäten der Konkurrenz sollte dabei auch auf *Schwachstellen* geachtet sowie *Kontroversen, Widersprüche* und *Konflikte auf der Gegenseite* herausgearbeitet werden.

Schließlich empfiehlt es sich, das Drehbuch an den Ergebnissen der *Meinungsforschung* zu spiegeln.

**Veranstaltungsbeobachtung.** Die Teilnahme an Veranstaltungen der politischen Konkurrenz – *Parteitage, Wahlkampfauftritte, Kongresse, Fachtagungen, Pressekonferenzen* – gehört zu den Kernaufgaben der Gegnerbeobachtung. Es dient primär dazu, eigene Eindrücke aus dem Innenleben der Gegenseite zu gewinnen – möglichst direkt und ungeschminkt.

Besonders gut eignen sich dafür Besuche von Parteitagen. Dort versammelt sich nicht nur die Prominenz, werden Debatten geführt und Programme verabschiedet, es findet auch immer ein Geschehen am Rande solcher Veranstaltungen statt.

Parteitage sind wie Verwandtschaftstreffen. Man kann dort beobachten, in welcher Verfassung sich eine Partei befindet, wie es der Familie wirklich geht. Orts- und Kreisverbände, Arbeits-

gemeinschaften, Foren und Initiativen präsentieren sich und gewähren einen Einblick in ihre Arbeit. Die Anwesenheit von Ausstellern – etwa Unternehmen, Verbände und Unterstützergruppen – lassen Rückschlüsse zu über das momentane Ansehen einer Partei und ihre Konjunktur bei potenziellen Förderern. Überdies kann man auf Parteitagen *Atmosphäre* schnuppern und *Stimmungen* bei Delegierten, Gästen und Journalisten aufgreifen.

**Dokumentation.** Ein unabdingbares Betätigungsfeld der Gegnerbeobachtung ist die Dokumentierung von Aktivitäten, Aussagen, Widersprüchen, Konflikten der anderen Seite. *Zitatensammlungen* und *Negativ-Bilanzen* der Konkurrenz sind die geläufigsten Informations- und *Argumentationshilfen* für den Wahlkampf.

Voraussetzung für die Erstellung von brauchbaren Dokumentationen sind die richtigen Informationsquellen und ein sortiertes *Archiv*. Dazu gehören Parlamentshandbücher und –protokolle, Reden, Initiativen, Abstimmungsverhalten, Anwesenheitslisten, aus denen Schlüsse über die An- und Abwesenheit des Konkurrenten im Parlament gezogen werden, die Homepages des Gegners.

VITO CECERE

35

# Medienbeobachtung / Resonanzanalyse

Medienbeobachtung gehört zu den Grundanforderungen professioneller Kommunikationsarbeit. Meist ist diese Aufgabe, wenn sie systematisch und umfassend geschehen soll, nur mit *externen Dienstleistern* (Medienbeobachtern) zu meistern, da der Umfang der zu beobachtenden Medien nicht intern abzubilden ist. Grundsätzlich richtet sich das beobachtete Medienprogramm nach der *Kommunikationsaufgabe*. Hier sollte vor allem darauf geachtet werden, dass die zielgruppenrelevanten Medien in der Beobachtung integriert sind.

Medienbeobachter bieten in den meisten Fällen die Beobachtung aller Mediengattungen (Print, TV, Internet und Nachrichtenagenturen) an. Für die Recherche zurückliegender Zeiträume (jüngere und ältere Vergangenheit) werden oft *Datenbanken* wie *LexisNexis* oder *Genios* verwendet.

Grundsätzlich liefert die Medienbeobachtung *Originalartikel* (*Clippings*), die auf einem Blatt aufgeklebt sind. Die Originalartikel werden meist mit umfangreichen Informationen zum Medium ergänzt, in dem der Artikel erschienen ist. Grundanforderung hier sind Verbreitungsinformationen (Auflagen, Reichweiten usw.), Adressinformationen (Standort des Verlags und der Redaktion). Nützlich sind auch Angaben zum Verbreitungsgebiet des Mediums sowie zur Position des Artikels und eine Seitenangabe. Optima-

lerweise können diese Informationen vom Medienbeobachter auch als Datenbank geliefert werden, dies erleichtert eine spätere *Resonanzanalyse*.

Aussagekräftige Ergebnisse in der Medienbeobachtung entstehen aus klaren Fragestellungen. Der Informationsbedarf sollte klar beschrieben werden. Grob kann man diese Zielsetzung in zwei Bereiche teilen:

**Informationsbedürfnis,** die Suche nach Informationen in den Medien:

Hier werden meist *Früh-Liefer-Services* angeboten, die eine frühe Belieferung (bis 8.30 Uhr) mit Informationen ermöglichen. Die wichtigsten deutschen Printmedien, TV-Sendungen und Online-Publikationen werden früh morgens ausgewertet und als Artikelzusammenstellung geliefert. In den letzten Jahren hat sich hier die *elektronische Belieferung* (gescannter Originalartikel) durchgesetzt.

Häufig ist der produzierte Umfang von Artikeln zu groß, um diesen ungefiltert weiter zu geben. Eine redaktionelle Zusammenfassung der Artikel (Gruppierung, Auswahl der wichtigsten Artikel, Inhaltsverzeichnisse usw.) gibt dem Pressespiegel Struktur. Die Präsentation der Artikel erfolgt dann als *Pressespiegel* oder *Dossier* über die aktuelle Medienresonanz. Auch in diesem Bereich hat sich die *digitale Präsentation* durchgesetzt.

**Resonanzbetrachtung,** die Suche nach der Resonanz von Kommunikationsmaßnahmen, Themen, Personen usw: Die Resonanzbetrachtung erfordert meist ein sehr *breites Beobachtungsspektrum* aus lokalen, regionalen und überregionalen Medien. Die großen Medienbeobachter bieten dazu auch ausgefallene Fach- und Spezialmedien an. Auch die Beobachtung der elektronischen Medien (TV, Internet und Nachrichtenagenturen) muss für diese Aufgabe breiter angelegt werden. Wichtig ist, dass die Schwerpunktmedien der angestrebten Zielgruppe in der Beobachtung enthalten sind.

Die Ergebnisse der Resonanzbetrachtung sind oft sehr umfangreich, so dass weitergehende Erkenntnisse nur in Verbindung mit einer Medienresonanzanalyse gewonnen werden können.

Für optimale Ergebnisse in der Resonanzbetrachtung ist ein klar formuliertes *Suchprofil* notwendig. Nur wer klar erklären kann, was er warum sucht, bekommt optimale Ergebnisse. Sollen wirklich alle Erwähnungen des gesuchten Begriffes geliefert werden oder gibt es eine inhaltliche Schwelle, die erfüllt sein muss? Hier spielt die individuelle Beratung durch den Medienbeobachter eine wichtige Rolle.

**Medienresonanzanalyse.** Die Medienresonanzanalyse verdichtet eine umfangreiche Presseresonanz so, dass übergreifende Schlüsse gezogen werden können. Durch die *Quantifizierung* der Presseresonanz können Trends erkannt und *Benchmarks* für die eigene Arbeit entwickelt werden. Die Anforderungen von Medienresonanzanalysen machen oft den Einsatz von Dienstleistern notwendig.

Hier gibt es verschiedene Anbietergruppen: (1) Medienbeobachter, die sowohl die Beobachtung, als auch die Analyse anbieten; (2) Medienanalyse-Unternehmen, die sich auf die Analyse spezialisiert haben; (3) Kommunikationsberater, die neben der Beratung auch die Bewertung der Medienresonanz anbieten

Die Medienresonanzanalyse ist ein *Früherkennungssystem*, wohin sich die Berichterstattung entwickelt (➔Frühaufklärung). Da die Medienberichterstattung meist eine wichtige Grundlage für den Meinungsbildungsprozess ist, kann hier auch von einem Frühwarnsystem für Meinungsveränderungen gesprochen werden. Meinungsbilder sollten jedoch generell mit den Mitteln der Markt- und Meinungsforschung erhoben werden.

Die Analyse der Medienresonanz kann in verschiedenen Kategorien erfolgen:

- *quantitativ:* Erhebung von Verbreitungsdaten, Werbewerten usw.
- *qualitativ:* die inhaltliche Analyse, also die Suche nach Botschaften, Bewertungen usw.

Das einfachste ist die quantifizierte Darstellung der Berichterstattung zu einem *Thema*. Diese kann meist noch sehr einfach gegliedert werden (z.B. nach *Bundesländern, Medienarten* oder *Nielsengebieten*). Komplizierter sind inhaltliche Fragestellungen, diese bedürfen meist noch weiterer Analyseschritte.

*Clippings* spiegeln die allgemeine Berichterstattung wieder.

**Anforderungen an Medienresonanzanalysen.** Grundlage für zuverlässige

Analyseergebnisse sind die vorhandenen Mediendaten. Diese müssen aktuell sein und stetig die tatsächliche Situation widerspiegeln.

Optimalerweise liegen auch Daten über die *Leserschaft* und das *Medienutzungsverhalten* vor. Werden diese verknüpft, kann man Prognosen über die wahrscheinliche Wirkung in speziellen Zielgruppen stellen.

Nur Originalbelege bieten eine valide Analysegrundlage. Ein Artikel ist eine Mischung aus *Layout, Bildern, Position* auf der Seite und anderen Umgebungsdaten, die ein Gesamtbild ergeben. Eine reine Analyse des Textes ist deshalb nicht ausreichend.

Um Original-Artikel zu analysieren, ist eine *Codierung durch Menschen* unumgänglich. Auch die Analyse von Botschaften und die Bewertung des Artikels bezogen auf ein Zielsystem sind nur durch Menschen zuverlässig zu leisten.

Die Auswertung von *Audiovisuellen/ Audio Clippings* erfolgt grundsätzlich genau wie die der Printmeldungen. Es gibt hier keine prinzipiellen Unterschiede in der Systematik.

Wichtig ist eine systematische Herangehensweise mit einer gleich bleibenden, repräsentativen Basis *(Medienprogramm).*

Für optimale Erfolge im Bereich der Evaluation muss ein klares Zielsystem formuliert werden, das folgende Anforderungen erfüllt: Ziele müssen *spezifisch, messbar, realistisch, terminiert* (kurz: „smart") sein. Außerdem müssen diese Ziele aus den Unternehmenszielen abgeleitet sein und damit von der Unternehmensleitung kommen. Ein so geartetes Zielsystem kann alle möglichen Aspekte beinhalten (auch die, dass keine Berichterstattung gewünscht wird). Es beinhaltet den eigentlichen Kommunikationsauftrag in einer vereinfachten, quantifizierten Form.

Abgeleitet aus dem Zielsystem werden pro Artikel meist mehrere *Indizes* vergeben (Codierung). Diese Indizes können sich auf verschiedene qualitative und quantitative Aspekte des Artikels beziehen.

Oft werden die erfassten Indizes auch in Formeln zusammengefasst und mit Reichweitendaten oder Anzeigepreisäquivalenten multipliziert.

So entsteht dann ein *Indexwert pro Artikel*, der diverse Aspekte des Artikels beinhaltet.

Mögliche Artikelaspekte sind:
- Zielgruppenrelevanz des Mediums
- Tonalität des Artikels
- Wahrnehmungs-/Awareness-Aspekte
- Alleinstellung im Artikel
- Bildpräsenz / Logopräsenz

Professionelle Analysen ohne EDV-Unterstützung sind generell nicht denkbar. Die Strukturierung erfolgt aufgrund von Gruppierungen und anderen Attributen (Mediengattungen, Bundesländer usw.). Hiefür bedarf es meist individuell entwickelter Datenbanken, die diese Aufgabe erfüllen.

**Evaluation.** Was spricht eigentlich gegen Evaluation und was dafür? Am besten hat es Barbara Baerns in Ihrem Buch „PR-Erfolgskontrolle" (Frankfurt am Main 1997, IMK) beschrieben: „Warum wird in der Öffentlichkeitsarbeit nicht evaluiert? Warum führen nach den eigenen Angaben so wenige

Öffentlichkeitsarbeiter auf die eine oder andere Weise Erfolgskontrollen durch? Warum betreiben nur einzelne Situationsanalysen, was eine Voraussetzung vernünftiger Planung und Zielformulierung wäre?

Wo keine Ziele formuliert worden sind, erscheint aus der ex-post-Perspektive alles Denkbare als Erfolg. Auf Sand gebaute Informationsruinen auch."

**UWE MOMMERT**

Barbara Baerns (Hrsg.) (1997). PR-Erfolgskontrolle. IMK, Frankfurt am Main. Nanette A. Besson (2004). Strategische PR-Evaluation. VS, Wiesbaden. Ralf Hering, Bernd Schuppener, Mark Sommerhalder (2004). Die Communication Scorecard. Haupt, Bern.

# Monitoring

Erfolgreiche Public Affairs Arbeit setzt voraus, dass eine Organisation die *Issues (➔Issue Management)* und ➔*Stakeholder* kennt, die Einfluss auf ihre Ziele und Tätigkeit haben können. In diesem Zusammenhang spielt Monitoring eine zentrale Rolle. Es bezeichnet die kontinuierliche und zielgerichtete Beobachtung und *Aufarbeitung* eines Issues oder der Aktivitäten von Stakeholdern.

Monitoring liefert die entscheidenden Informationen, um das strategische Vorgehen oder Verhalten einer Organisation hinsichtlich eines bestimmten Themas oder Anliegens zu entwickeln, mögliche *Bündnispartner* sowie *Gegner* darzustellen und die zielgenaue Ansprache der geeigneten Stakeholder sicher zu stellen. Es liefert die Informationen, um Fragen nach handelnden Akteuren, deren inhaltlicher *Positionierung* sowie *Durchsetzungsstärke* zu beantworten.

Umgesetzt wird Monitoring in zwei – parallel ablaufenden – Schritten: der Informationsbeschaffung und der Informationsaufarbeitung.

**Informationsbeschaffung.** Neben der klassischen ➔Medienbeobachtung (Printmedien, TV- und Hörfunk) und -auswertung (z.B. ➔Resonanzanalyse) erfolgt die Beobachtung und Auswertung von

- Webseiten und Publikationen von Institutionen und Organisationen (EU, Bundestag, Bundesrat, Ministerien, Länderparlamente und –ministerien, ausführende Verwaltungsbehörden, Verbände, Nicht-Regierungsorganisation, Unternehmen etc.);
- Newslettern, Diskussionsforen, Mailinglisten, Weblogs („Blogs");
- Kostenpflichtigen und frei zugänglichen Datenbanken (z.B. DIP, GESTA);
- wissenschaftlichen Veröffentlichungen.

Insbesondere im Bereich der Beobachtung von Internetseiten ist der Einsatz von *intelligenten Informationsagenten* sinnvoll. Dazu werden die zu durchsuchenden Quellen und Suchbegriffe festgelegt, die der Agenten dann eigenständig und regelmäßig durchsucht.

Besondere Bedeutung kommt im Rahmen des Monitoring darüber hinaus der *persönlichen Kontaktaufnahme zu Entscheidungsträgern* in Politik und Verwaltung oder anderen beteiligten Akteuren zu.

Eine weitere Quelle für Informationen aus erster Hand sind *Veranstaltungen* (z.B. Fachgespräche, Symposien, Tagungen, Konferenzen). Bei einem Gesetzgebungsverfahren kommt dem Monitoring die Aufgabe zu, u.a. die beteiligten Ministerien, Ausschüsse in Bundestag und Bundesrat zu beobachten. Hierfür ist eine solide Kenntnis der *Gesetzgebungsverfahren* sowie der darin eingebundenen Akteure und ihrer (vorgegebenen) Interaktionen erforderlich. Hohe Relevanz besitzt hierbei ein entsprechender *Termindienst*, der rechtzeitig auf anstehende Ereignisse hinweist und so beispielsweise auf die damit verbundene mögliche Medienberichterstattung oder Aktivitäten von beteiligten Akteuren aufmerksam macht. Diese Aufzählung verdeutlicht, dass im Rahmen des Monitoring eine Vielzahl von Quellen zu berücksichtigen und je nach Gegenstand eine z.T. kaum überschaubare Informationsmenge zu bewältigen ist. Deshalb müssen Schwerpunkte gesetzt und wichtige Quellen und Informationen herausgefiltert werden. Zu diesem Zweck werden die gewonnenen Informationen in einer Stakeholder-orientierten *Datenbank* aufgenommen und um eigene Aktivitäten und Anliegen ergänzt. Sinnvoll ist dabei auch die Erstellung von *Chronologien*, anhand derer gesamthafte Themenentwicklungen, aber auch die Positionsveränderungen von einzelnen Stakeholdern, ablesbar sind.

Bei einer entsprechenden Struktur der Datenbank und der damit geleisteten Aufbereitung der Informationen besteht dann jederzeit die Möglichkeit einen – an den jeweiligen Bedürfnissen ausgerichteten – Status abzufragen, um darauf aufbauend die eigenen Handlungsoptionen realistisch einschätzen zu können.

SVEN RAWE

# Policy Cycle

Mit Hilfe des Konzepts des Policy-Cycle strukturiert die →Politikfeldanalyse ihren Untersuchungsgegenstand in zeitlicher Hinsicht. Dabei wird zwischen den folgenden Phasen unterschieden: *Thematisierung, Problemdefinition, Agenda-Gestaltung, Politikformulierung, Entscheidung, Politikimplementation, Evaluation, Termination, Politikneuformulierung.* Auf diese Weise hat die Politikfeldanalyse die analytische Perspektive gegenüber der traditionellen Politikwissenschaft erheblich ausgeweitet, da sich diese vornehmlich mit dem formalen Entscheidungsprozess in Regierung und Parlament beschäftigt – also mit *Polity* und *Politics* – hat. Zugleich wird auf diese Weise deutlich, dass im Verlauf politischer Diskussions- und Entscheidungsprozesse die Beteiligung und Bedeutung der politischen Akteure erheblich variiert. In der ersten Phase des Zyklus nehmen die Medien, die großen Verbände und die Parteien ein Thema auf und definieren es als politisches Problem. Dabei handelt es sich um einen komplexen Prozess der *Selektion*, da zum einen das politische System nicht für alle Fragen zuständig ist und zum anderen hier schon häufig ein erste politisch-institutionelle *Kanalisierung* und sachliche *Typisierung* vorgenommen wird.

So hat z.B. die Überlegung, das Toll-Collect-Mautsystem einzuführen, eine ganze Reihe von Implikationen: Aus dem öffentlichen Gut des Autobahnsystems wird tendenziell ein privates, statt Straßenbau als primäre Problemlösung tritt eine Technik der Gebührenerfassung auf und das Projekt erhält zusätzliche zur verkehrs- eine industriepolitische Eigenschaft. Auf diese Weise erfolgt eine spezifische *Mobilisierung eines „Bias"* (engl. für Tendenz, Neigung), der für den weiteren Verlauf des Policy-Cycles bedeutsam ist.

In der Phase der Politikformulierung und Entscheidung dominiert in Deutschland die Regierung, die Parteien und das Parlament spielen ebenfalls noch eine wichtige Rolle. Danach kommt die Verwaltung zum Zuge; sie setzt die getroffenen Entscheidungen um, wobei ihr beachtliche *Implementationsspielräume* zukommen (➜Verwaltungspolitik). Je nach Problemlage und Politikstrukturen kann auch eine Umsetzung weitgehend außerhalb der staatlichen Bürokratien erfolgen, etwa in weiten Teilen der Sozialen Dienste findet Politik in ➜Netzwerken statt, in denen den Wohlfahrtsverbänden ein

zentrale Rolle zukommt. Unter dem Gesichtspunkt der Interessenvermittlung kann man hier ebenfalls von ➜Korporatismus sprechen. Schließlich erfolgt nach einer gewissen Zeit eine *Rückkopplung* meist in Form einer ➜Evaluation, um die *Wirkung* der Policy zu ermitteln. Dabei kann das ursprüngliche Problem erfolgreich bewältigt worden sein, was eine Beendigung nahe legt, oder aber es sind erhebliche Defizite aufgetreten, was zu einem Nachsteuern oder sogar zu einer Politikneuformulierung führen kann. Bei einer Evaluation spielen vielfach Experten aus der Wissenschaft oder aus privaten Beratungsinstituten eine wichtige Rolle; gelegentlich führt ein massives Scheitern eines politischen Programms auch zu einem ➜Skandal, der dann von den Medien thematisiert wird.

Bei allen Vorzügen, die das Konzept des Policy Cycle ausweist, bleibt es aber ein analytisches Konstrukt, das in der Wirklichkeit nicht so *schablonenartig* und rational abläuft. Die Prozesse gehen vielfach *unscharf* ineinander über, machen Sprünge vor- und rückwärts und entsprechen manchmal sogar dem sogenannten *Garbage-Can-*Modell. Dieses heißt so, um das zufällige Durcheinander eines Mülltonneninhalts zu verbildlichen. Dabei suchen sich Lösungen ihre Probleme bzw. bestehen politische Problemlösungen und komplexe Entscheidungen aus vier weitgehend unabhängigen Strömen:

- den Problemen (in der je spezifisch thematisierten Form),
- sachlichen Lösungsvorschlägen,
- Akteuren, die neben der Problemlö-

sung auch Macht- und mikropolitische Strategien verfolgen,

- situativen und institutionellen Bedingungen, unter denen Entscheidungen gefällt werden.

Gerade in Zeiten von umkämpften Reformen, die unter dem Druck der Medienpräsenz, bei begrenztem Wissen und in aller Eile zustande kommen, kommt es zu solchen überraschenden Entscheidungen, die dann permanent nachgebessert werden müssen und für erhebliche *Irritation* sorgen.

JOSEF SCHMID

Roger Cobb, Jennie-Keith Ross, Marc Howard Ross (1976). „Agenda Building as a Comparative Political Process". APSR 1: 126-138. Adrienne Windhoff-Héritier (1997). Policy-Analyse. Eine Einführung. Frankfurt. John W. Kingdon (1995). Agendas, Alternatives and Public Policies. New York. Klaus Schubert, Nils Bandelow (Hg.) (2003). Lehrbuch der Politikfeldanalyse. Oldenbourg, München.

# Politikfeldanalyse

## Policy-Analyse / Politikfeldforschung

Die Politikfeldanalyse beschäftigt sich mit der Analyse *materieller Politikbereiche* wie der Arbeitsmarkt-, Sozial-, Umwelt- oder Finanzpolitik.

In dieser Teildisziplin geht es weniger um die formale Dimension von Politik, d.h. die grundlegenden Verfahrensregelungen, Institutionen und Normen (*polity*); es geht ebenfalls weniger um die prozessuale Dimension von Politik, d.h. die Entscheidungsprozesse und Konfliktaustragungen (*politics*). Vielmehr steht die *inhaltliche Dimension von Politik*, d.h. die *Problemverarbeitung und Aufgabenerfüllung* durch das politisch-administrative System in Form von staatlichen Programmen und Instrumente (*policy*) im Vordergrund.

Dazu werden die *Entstehungsbedingungen* politischer Programme, ihrer Beschaffenheit und ihre *Umsetzung* und *Wirkung* analysiert (➔Policy Cycle). Politikfeldanalyse grenzt damit an die Verwaltungs- sowie die Implementations- und Evaluationsforschung an. Zugleich bildet sie einen anwendungsorientierten Zweig der Politikwissenschaft.

**Nominale Klassifizierung.** Eine grundlegende Vorgehensweise stellt die Bestimmung von Policies dar. Verbreitet ist eine *Klassifizierung* nach nominalen – meist institutionellen – Kriterien. Demnach ist Gesundheitspolitik dasjenige Feld, das vom Gesundheitsministerium und den darauf bezogenen politischen Akteuren bearbeitet wird.

Allerdings ist hierbei zu beachten, dass trotz gleichen Sprachgebrauchs Veränderungen über die Zeit und im internationalen Vergleich auftreten können. So ist etwa die Ausdifferenzierung der Gesundheits- aus der (allgemeinen) Sozialpolitik erst in den 1960er Jahren erfolgt.

Als *Instrumente* stehen v.a. Recht, Geld und Organisation zur Verfügung, die wiederum je nach Politikfeld in unterschiedlichem Maße zum Einsatz gelangen.

**Regulativ, distributiv, redistributiv.**
Eine stärker analytische Unterscheidung klassifiziert nach der Wirkung in *regulative, distributive und redistributive Policies*; dabei weisen diese unterschiedliche Grade und Formen des politischen Konflikts auf, was Lowi auf die These „Policy determines Politics" gebracht hat.

In ähnlicher Weise lässt sich ein Zusammenhang zwischen den politischen Rahmenbedingungen und den Klassen von Policies herstellen:

- Fragmentierte Input-Strukturen und integriertes Entscheidungssystem: *regulative Politik*
- Fragmentierte Input-Strukturen und fragmentiertes Entscheidungssystem: *distributive Politik*
- Integrierte Input-Strukturen und integriertes Entscheidungssystem: *redistributive Politik.*

In struktureller Hinsicht lassen sich Politikfelder als →Netzwerke erfassen, in denen Interessen vermittelt, politische Entscheidungen getroffen und implementiert werden.

Wichtige Dimensionen bilden dabei

- *Akteure*
- *Funktionen*
- *Strukturen*
- *Institutionalisierung (Art und Grad)*
- *Verhaltensregeln*
- *Machtverhältnisse*
- *Akteursstrategien*

Demnach können Politiknetzwerke mehr oder weniger stark geschlossen oder zentralisiert sein oder durch eher konfliktorische oder kooperative Strategien gekennzeichnet sein.

Typische Verhaltensmuster der politischen Akteure bei der Problemlösung können sich als Politikstile perpetuieren, wobei eine hier weniger die Charakteristika von gesamten politischen Systemen als von spezifischen Politikfeldern gemeint ist.

Insofern zeigen z.B. die jüngsten Reformen in der Rentenpolitik ein übergreifende Tendenz zur Ergänzung der bisherigen (beitrags- oder steuerfinanzierten) Systeme durch Elemente der Kapitaldeckung – freilich häufig ergänzt durch national spezifische Formen der Institutionalisierung und sozialen Ausgleichsmechanismen. In jüngerer Zeit sind verstärkt Aspekte des *Lernens* und die Rolle des *Wissens* thematisiert worden.

Dazu wird von *Belief Systems, Policy Paradigmen* und *Wissenskoalitionen* ausgegangen, in denen sich Grundüberzeugungen und Weltbilder verfestigt haben, die die kognitive Struktur eines Politikfelds markieren.

Der Paradigmenwechsel in der Ökonomie vom Keynesianismus zum Monetarismus ist ein gutes Beispiel hierfür: Damit hat sich das wirtschaftspolitische Leitbild nachhaltig verändert und die Relevanz von Faktoren wie Haushaltsdefizit oder Geldwertstabilität entsprechend verschoben – ohne dass sich dabei Interessen- und Machtpositionen verändert haben müssen.

Bei solchen Lernprozessen entstehen neue Prioritäten, kausale Annahmen und *„kognitive Landkarten",* durch die sich dann auch Veränderungen in der Politikgestaltung ergeben. Neue *„windows of opportunity"* öffnen sich etwa dadurch, dass *strukturelle Restriktionen* und politische Ressourcen in einen neuen Interpretationszusammenhang gestellt werden und zu neuen politikstrategischen Optionen führen. Die Karriere von *Kommissionen* – etwa die Benchmarking-Gruppe im Bündnis für Arbeit, die Hartz-Kommission in der Arbeitsmarktpolitik und die Rürup-Kommission in der sozialen Sicherung – sind teilweise ebenfalls Versuche der Mobilisierung solcher Wissensbestände in den politischen Entscheidungsprozessen. Anzumerken ist in diesem Zusammenhang jedoch, dass der deutsche Kontext zu erheblichen Modifikationen des Ansatzes führt, weil hierzulande die Parteien die Politik viel stärker strukturieren als in den USA und die institutionellen *Vetopositionen* der Akteure sehr hoch sind. Insofern relativiert sich die eingangs getroffene Abgrenzung von politics und polity wieder.

Insgesamt betrachtet stellt die Politikfeldanalyse keine eigene, in sich geschlossene Theorie dar; sie verfügt über eine Reihe von Konzepten und Analysewerkzeugen und greift vielfach auf andere Ansätze zurück, die sich mit der Analyse materieller Politiken beschäftigen. Sie verbindet dabei ein Interesse an *Theorien mittlerer Reichweite* mit einer *pragmatischen Problemlösungsorientierung* – was gelegentlich in *Reformeuphorie* und *Technokratie* überschwappen kann. Zugleich zeigen die vorliegenden Ergebnisse, das Politik einen Unterschied machen kann und somit *kein sozioökonomischer Determinismus* vorherrscht.

JOSEF SCHMID

Freeman, Garry P. (1985). "National Styles and Policy Sectors: Explaining Structures Variation". Journal of Public Policy 5: 467-490. Héritier, Adrienne (Hg.) (1993). Policy-Analyse. Kritik und Neuorientierung, PVS-Sonderheft 24, Opladen. Jansen, Dorothea/Schubert, Klaus (1995), Netzwerke und Politikproduktion: Konzepte, Methoden, Perspektiven, Marburg. Kingdon, John, W. (1995). Agendas, Alternatives and Public Policies, New York. Schubert, Klaus / Bandelow, Nilz (Hg.) (2003). Lehrbuch der Politikfeldanalyse. München. Windhoff-Héritier, Adrienne (1997). Policy-Analyse. Eine Einführung. Frankfurt, New York.

# Politisches Audit

Ursprünglich bezeichnete das englische Wort *Audit* die *Rechnungsprüfung*. Inzwischen findet das Instrument Audit vor allem im Bereich des unternehmerischen *Qualitätsmanagements* und zur Gewährleistung von *Umweltstandards* („Öko-Audit") Anwendung. Der Begriff des politischen Audits hat sich von der unternehmerischen Bedeutung gelöst und beschreibt die Schaffung der Ausgangsbasis für eine künftige Entscheidungsfindung im politischen Feld. Das politische Audit steht somit primär am Anfang der Zusammenarbeit mit einer Organisation, die sich im politischen Feld positionieren möchte.

Beim politischen Audit handelt es sich um ein relativ neues Analyseinstrument. Es klärt den *politischen, rechtlichen, administrativen und medialen Rahmen* in den für die Organisation relevanten Feldern. Das Ziel besteht darin, den *Handlungsspielraum* der Organisation im politischen Feld zu beschreiben, mögliche *Verbündete und Gegner* zu erkennen und künftige Entwicklungen zu antizipieren. Gleichzeitig werden die dem politischen Feld immanente Handlungslogik, der Institutionenaufbau und Entscheidungsprozesse offen gelegt und die Frage nach den Möglichkeiten des Handelns beantwortet.

Die *politische Logik* ist nicht statisch. Akteure, Themen, Machtstrukturen und Praktiken ändern sich teilweise mit erheblicher Geschwindigkeit. Vor diesem Hintergrund bietet ein umfassendes politisches Audit zu Beginn einer Zusammenarbeit mit der Kundenorganisation das notwendige Rüstzeug, um neue Handlungsoptionen rechtzeitig zu erkennen und optimal für die jeweils anvisierten Ziele zu nutzen. Das politische Audit schafft die Voraussetzungen für eine flexible und kontinuierliche Anpassung der Strategie an sich ständig ändernde Rahmenbedingungen.

Das politische Audit bildet die Grundlage des →Monitoring. Es steckt das Terrain für den künftigen *Handlungsbedarf* ab und identifiziert die relevanten Themenfelder, Akteure und Strukturen, die künftiger Beobachtung bedürfen. Erst auf dieser Grundlage

werden eine fundierte Abwägung von *Chancen und Risiken* und – als nächster Schritt – eine erfolgreiche Strategieentwicklung möglich.

Das Politische Audit hilft, Handlungsoptionen zu realisieren, neue Themen zu besetzen oder adäquat auf *Krisensituationen* zu reagieren. Das politische Audit arbeitet nicht mit Checklisten wie im Managementbereich. Stattdessen spielen neben *Analysen, Meinungsumfragen* und *Hintergrundstudien* vor allem Anhörungen und Gespräche mit relevanten Ansprechpartnern und Stakeholdergruppen (→Stakeholder-Management) eine entscheidende Rolle, um die politische Logik des für die Organisation relevanten Felds zu erkennen.

Der Umfang des Audits hängt vom bereits vorhandenen Wissen der Organisation ab.

DOMINIK MEIER

Pierre Bourdieu (2001). Das politische Feld. Zur Kritik der politischen Vernunft, UVK Verlagsgesellschaft, Konstanz. Dominik Meier / Constanze Miller (2003), Anforderungen an die politische Kommunikation von morgen, in: Max von Bismarck (Hrsg.), Marke D, Opladen. Dagmar Wiebusch (2002). Public Affairs Agenda. Politikkommunikation als Erfolgsfaktor, Hg. Gregor Schönborn. Neuwied. Hans-Dieter Zollondz (Hg.) (2001), Lexikon Qualitätsmanagement. Handbuch des modernen Managements auf der Basis des Qualitätsmanagements, München.

# Qualitative Meinungsforschung

**Verfahren.** Qualitative Meinungsforschung bedient sich *nicht-standardisierter* oder *teilstandardisierter Erhebungs- und Auswertungsverfahren.*

Das Spektrum der Befragungsformen reicht von *narrativen Interviews*, bei denen der Befragte frei erzählt, bis hin zu teilstandardisierten *Leitfadenge-*

*sprächen* mit weitgehend vorgegebenem Gesprächsverlauf.

Eine in der politischen Kommunikation häufig eingesetzte Form der qualitativen Meinungsforschung ist die *Expertenbefragung.* In der Marktforschung und zunehmend in der Politikkforschung werden darüber hinaus →*Fokusgruppen* zu einem vorgegebenen Thema durchgeführt. Dabei geht dem Gespräch zumeist ein bestimmter *Stimulus* voraus, z.B. ein Film, den die Teilnehmer gemeinsam sehen, eine Anzeige, die vorgelegt wird, oder eine Situation, die allen Teilnehmern bekannt ist.

In der Fokusgruppe geht es dann darum, *Reaktionen* und *Interpretationen* in relativ offener Form zu erheben, um Rückschlüsse auf die Stärke von sozialen Normen und Orientierungen zu erhalten.

Die *Befragung* erfolgt in der qualitativen Meinungsforschung meistens mündlich, der Regelfall ist das *face-to-face-Interview.* Manchmal werden teilstandardisierte Befragungen jedoch auch als Telefoninterviews durchgeführt. Gemeinsam ist allen Verfahren der qualitativen Meinungsforschung, dass der Interviewer auf den Befragten eingeht und das Gespräch dadurch eine relativ *offene Struktur* erhält.

Doch obwohl sich die Gesprächssituation dadurch scheinbar dem normalen Alltagsgespräch annähert, handelt es sich bei qualitativen Befragungen um asymmetrische, künstlich hergestellte soziale Beziehungen. Die Gesprächspartner dienen vorwiegend als Informationslieferanten, und die Interviewer haben immer die Zweckorientierung des Gesprächs im Blick.

**Ablauf.** Die Auswahl der Befragten erfolgt nicht unter dem Gesichtspunkt der Repräsentativität, sondern wird theoretisch und forschungspraktisch begründet und unterscheidet sich je nach Untersuchungsinteresse. Um etwa Führungskräfte im Kommunikationsmanagement zu befragen, können die Interviewpartner danach ausgewählt werden, welche formale Position sie in verschiedenen Organisationen einnehmen *(Positionsansatz).* Alternativ dazu können die Befragten nach dem Schneeballprinzip ausgewählt werden: ein Kommunikationsexperte schlägt weitere Experten vor *(Reputationsansatz).*

Die Durchführung qualitativer Interviews stellt an den Interviewer besondere Anforderungen. Denn es gibt keine allgemeinen Rezepte für den Aufbau und die Durchführung einer qualitativen Befragung. Zum einen wird ein *neutrales Verhalten* gefordert, auf der anderen Seite ist ein gewisses Maß an feed-back erforderlich. Darüber hinaus kann ein *unerwünschter „Lerneffekt"* eintreten, wenn ein Interviewer zum gleichen Thema mehrere qualitative Interviews durchführt. Während bei quantitativen Befragungen von vornherein eine bestimmte Anzahl zu Befragender festgelegt wird, hängt es in der qualitativen Meinungsforschung vom Erkenntnisinteresse ab, wie viele Interviews geführt werden. In jedem Fall gilt es, den Zeitpunkt zu erkennen, an dem eine ausreichende *Sättigung* eintritt, d.h. den Moment, an dem genügend Informationen über den zu ermittelnden Sachverhalt gesammelt worden sind. Die **Auswertungsverfahren** der qualitativen Meinungsforschung sind in der Regel mehrstufig. Nach einer ersten intensiven Sichtung des Rohmaterials – der Aufzeichnungen und wörtlichen Transkriptionen der Interviews – werden Kategorien für die Auswertung gebildet *(induktive Kategorienbildung)*.

Im nächsten Schritt werden einzelne Interviewpassagen den jeweiligen Kategorien zugeordnet. Dabei können die Kategorien verfeinert werden. Anschließend wird das gesamte Material kodiert, d.h. den Kategorien zugeordnet. Dabei wird die Fülle des Materials reduziert.

An dieser Stelle ist eine *Quantifizierung* des Materials möglich und sinnvoll, z.B. die Auszählung bestimmter Aussagen, die in eine bestimmte Antwortkategorie fallen. Bei der Aufbereitung des Materials werden aber immer wieder einzelne Interviewpassagen wörtlich wiedergegeben und vertiefend interpretiert.

Da in der qualitativen Meinungsforschung zumeist große Datenmengen anfallen, ist eine *computergestützte Auswertung* empfehlenswert. Hierzu sind verschiedene Programme auf dem Markt erhältlich.

Die Grenzen zwischen quantitativer und qualitativer Sozialforschung verwischen zunehmend. Sprachen noch vor einigen Jahren die Vertreter einer quantitativen und einer qualitativen Sozialforschung eine jeweils andere Sprache, so haben zwischenzeitlich längst Annäherungsprozesse auf beiden Seiten stattgefunden. Quantitativ und qualitativ sind nicht mehr als Gegensätze zu denken, sondern vielmehr als Endpunkte auf einem Kontinuum verschiedener Standardisierungsgrade. Die Methode muss der Fragestellung angemessen sein.

**Einsatzmöglichkeiten.** Im Unterschied zu repräsentativen Umfragen können mit den Mitteln der qualitativen Meinungsforschung keine allgemeingültigen Aussagen über eine bestimmte Gruppe von Befragten gemacht werden.

Diesem Nachteil stehen mehrere Vorteile gegenüber: Qualitative Interviews können auch dann durchgeführt werden, wenn über den Sachverhalt, über den etwas in Erfahrung gebracht werden soll, noch wenig bekannt ist.

Sie sind dazu geeignet, Meinungen zu kritischen oder gesellschaftlich problematischen Themen zu ermitteln, die durch standardisierte Befragungen so nicht erhoben werden können. Und schließlich können auf dem Weg der qualitativen Meinungsforschung Dinge ans Licht kommen, an die der Forscher vorher gar nicht gedacht hat.

Im Einzelnen werden nicht-standardisierte Formen der Meinungsforschung eingesetzt für:

• Exploration neuer bzw. unzureichend bekannter Sachverhalte
• Voruntersuchung für standardisierte Befragungen
• Identifikation neuer Zielgruppen
• Ermittlung von Expertenwissen
• Offenlegung impliziten Wissens und unbewusster Orientierungen
• Identifikation von Kommunikationsbedürfnissen
• Motivation für Wähler- und Verbraucherentscheidungen

- Einfluss der veröffentlichten Meinung (Medienberichterstattung) auf Meinungen der Zielgruppen
- Feedback auf Kommunikationsmaßnahmen.

JULIANA RAUPP

Uwe Flick (2002). Qualitative Sozialforschung. Eine Einführung. Reinbek bei Hamburg: Rowohlt (6., überarbeitete u. erweiterte Neuausgabe). Ulrike Froschauer, Manfred Lueger (2003). Das qualitative Interview. Zur Praxis interpretativer Analyse sozialer Systeme. Wien: WUV (UTB für Wissenschaft). Peter Loos, Burkhard Schäffer (2001). Das Gruppendiskussionsverfahren. Theoretische Grundlagen und empirische Anwendung. Opladen: Leske + Budrich.

# Quantitative Meinungsforschung

Als Quantitative Meinungsforschung bezeichnet man den Teilbereich der empirischen Sozialforschung, der sich mit Einstellung und Bewertung unterschiedlichster Objekte durch die Gesellschaft oder einzelner Teile befasst. Sie wird in der Regel als *repräsentative* Meinungsforschung verstanden. Ihr Hauptziel ist es, die Meinungen der Bevölkerung zu bestimmten Themenbereichen durch Befragungen repräsentativ ausgewählter *Stichproben* zu ermittelten. Da i.d.R. nur ein Bruchteil der Grundgesamtheit – zumeist weniger als 0,1% – befragt wird, sind die erhobenen Befunde nur innerhalb einer statistischen Bandbreite gesichert. Dazu ist es erforderlich, dass bestimmte Regeln bezüglich Befragungsmethode, Fragebogenkonzept, Stichprobenauswahl sowie Gewichtung und Auswertung eingehalten werden.

Repräsentative *Demoskopie (Griechisch: Volksbeschau)* nehmen die Bürger vor allem in Form politischer Umfragen wahr. Da ihre Auftraggeber oftmals eine zielgerichtete *Intention mit der Veröffentlichung* verfolgen, steht die politische Meinungsforschung häufig im Widerstreit zwischen *Demagogie* (so das Urteil ihrer Kritiker) und

angewandter Demokratie (so das Urteil der Wissenschaftler und Institute). Über die Qualität von Umfragen entscheidet die die Vorgehensweise bei der Konzeption: 1. die Befragungsmethode, 2. die Stichprobenziehung, 3. der Fragebogen.

**1. Befragungsmethode.** Damit ist die Art der Befragung gemeint, wobei jede Methode spezifische Vor- bzw. Nachteile aufweist.

*Persönlich-mündliche Interviews* haben Vorteile in der Art der Durchführung (Visuelle Vorlagen, hoher Motivationsgrad durch persönlichen Kontakt, geringe Abbruchgefahr), ihnen stehen aber als Nachteile hohe Kosten, lange Durchführungszeiten sowie eine gewisse Fälschungsgefahr gegenüber. Eine Optimierung erreicht man durch den Einsatz von Laptops, der z.B. bei TNS Emnid Paper-and-pencil-Befragungen fast verdrängt hat. Der proportionale Anteil an Face-to-face-Befragungen nimmt seit Jahren ab.

Stattdessen nehmen *Telefonstudien* kontinuierlich zu. So verfügt z.B. TNS Emnid über 500 Telefonarbeitsplätze, so dass neben den deutlich geringeren Kosten die Schnelligkeit das Hauptargument für die Durchführung von

Telefonbefragungen ist. TNS Emnid ist in der Lage, mit seinem Modell „Overnight" innerhalb von 24 Stunden repräsentative Blitzumfragen durchzuführen. Zudem sind Telefonumfragen optimal kontrollierbar, also weitestgehend fälschungssicher. Leichte und kostengünstige Callbacks bzw. Terminvereinbarungen führen schließlich zu einer hohen Qualität und Ausschöpfungsquote.

In letzter Zeit *haben Internetumfragen* stark zugenommen. Allerdings können diese nur Aussagen auf Onlinerebene bieten, da derzeit bisher nur 53% der Deutschen (Emnid (N)-Onliner Atlas 2004) über einen eigenen Internetzugang verfügen.

In der Altersgruppe der über 50-Jährigen ist noch lange keine ausreichende Abdeckung gegeben, um selbst mittels komplexer Gewichtungsverfahren auch nur näherungsweise bevölkerungsrepräsentative Ergebnisse zu erhalten. Ein weiteres Manko ist die überdurchschnittliche Abbildung von Heavy-Usern im Vergleich zu Gelegenheitssurfern. Weitere Kritik entzündet sich an den zufallserhobenen E-Mail–Adressen sowie an der völlig unkontrollierbaren Interviewsituation: Niemand weiß genau, wer geantwortet hat.

In letzter Zeit versuchen viele Kleinstinstitute mit Internetumfragen „in den Markt" zu kommen, wobei diese ihre methodische Vorgehensweise oftmals verschleiern.

**2. Stichprobenziehung (Sampling).** Repräsentative Verallgemeinerungen der Befunde erfordern die Zufallsauswahl der Zielpersonen: Jedes Mitglied der Grundgesamtheit, z.B. jeder Wahl-berechtigte in Deutschland, muss die gleiche Chance besitzen, befragt zu werden.

In der Theorie gilt das *Urnenmodell* als Optimum, d.h. ähnlich der Ziehung der Lottozahlen sollten sich alle Wahlberechtigten in einer (theoretischen) Urne befinden, aus der die Stichprobe per Zufall gezogen wird.

In der Praxis wird versucht, der Theorie durch einen mehrstufigen Ansatz zu entsprechen: Bei face-to-face-Umfragen werden zuerst sog. *Sample-Points (Befragungsbezirke)*, repräsentativ nach Region und Wohnortgröße gezogen. Phase zwei legt pro Bezirk eine Startadresse und Straßenbegehung fest, die zu einem Zufallshaushalt führen. Stufe drei fixiert dann pro Haushalt die Zielperson. Bei mehreren infrage kommenden wird der Interviewpartner auch hier nach einem Zufallsverfahren bestimmt.

Analog wird bei Telefonumfragen verfahren: So zieht TNS Emnid aus einem regional repräsentativen Set eine Zufallsstichprobe von Privathaushaltstelefonnummern, randomisiert dabei die letzten beiden Ziffern, um auch die „geheimen" Anschlüsse ins Sample zu integrieren.

Vor Interviewbeginn wird die Anzahl der im Haushalt wohnenden Zielpersonen eruiert. Unter diesen wird der Gesprächspartner wiederum nach einem Zufallsverfahren bestimmt.

Da E-Mail-Dateien bei Internetumfragen die Grundgesamtheit nie repräsentativ abbilden und zudem kein exakter Hinweis über den tatsächlich Antwortenden existiert, gelten Internetumfragen als nicht repräsentativ.

Die Teilnahme an Umfragen ist generell freiwillig und erreicht *selten über 60% Ausschöpfung* (Anteil der interviewten Personen an den theoretisch Erreichbaren). Daher können Umfragen nie den Anspruch vollkommener Repräsentanz nach der reinen stochastischen Lehre erheben. Unter sonst optimalen methodischen Bedingungen gelten sie bestenfalls als repräsentativ für die Auskunftswilligen.

Die *soziodemografische Gewichtung*, also die Umwandlung der Ist- in die Soll-Stichprobe, wird selbst bei hoher Ausschöpfungsquote, vielen Call-Backs und einer exakte Zufallsauswahl erforderlich. Auch hier gibt es Gütekriterien: Die Faktorenauswahl hat alle relevanten Kriterien abzudecken. Zudem sollte der Gewichtungslauf nur wenige Zellen ausweisen und deren Faktor sich nicht deutlich von „1" unterscheidet.

Die *Stichprobengröße* sollte normalerweise n = 1000 nicht unterschreiten, wobei die Größe der Grundgesamtheit nur eine untergeordnete Rolle spielt. Da Ergebnisse von Meinungsumfragen immer nur Wahrscheinlichkeitsaussagen sind, führen 1000 Interviews zu einer Genauigkeit von +/- 2,5. Eine höhere Fallzahl empfiehlt sich immer dann, wenn detaillierte Aussagen über bestimmte Teilgruppen beabsichtigt sind.

**3. Der Fragebogen.** Der Fragebogen soll die der Befragung zugrunde liegenden Informationsbedürfnisse valide und reliabel, also gültig und wiederholbar abbilden. Dabei ist zu unterscheiden zwischen *Faktfragen* („Haben Sie gestern TV- Nachrichten gesehen?"), deren Beantwortung unzweideutig und deren Fragekonstruktion einfach ist. *Einstellungsfragen* unterliegen dagegen der Subjektivität und sind zumeist nicht eindimensional.

So besteht die Einstellung zu Politikern z. B. aus einer Reihe von Komponenten (Kompetenz, Sympathie, Durchsetzungsfähigkeit), deren Beziehungsgeflecht oftmals unbekannt ist. Auch bei der „Sonntagsfrage" handelt es sich um eine Einstellungsfrage, da zukünftig vermutetes Verhalten keine faktische Bedeutung besitzt.

Hingegen handelt sich bei „Exit Polls", den Wahltagsbefragungen, um Faktfragen, da hier die gerade erfolgte Wahl nochmals abgefragt wird.

Die Konstruktionsmerkmale von Fragen bestimmen ebenfalls die Meinungskonfiguration: Verwendet man *forced-choice*-Fragen, also Fragen, die eine Entscheidung verlangen oder erlaubt man die *Mittelkategorie*? (vielfach besser: forced choice.) Wie behandelt man die Kategorie „weiß nicht"? (Möglichst nur bei Wissensfragen verwenden.) Geht man vom Globalen zum Detail oder umgekehrt? (Umgekehrt, um Halo–Effekte zu vermeiden.) Wie schaltet man *Positionseffekte* bei Listen aus? (Durch *Rotationen* und *Randomisierungen*.) Wie bekommt man Informationen über den Verständnisgrad der Fragen? (durch *Pretests*.)

Zu empfehlen ist, eine einmal getroffene Operationalisierung einzuhalten, da Trends sowie internationaler Vergleich zunehmen. Veränderungen sind aber nur dann wissenschaftlich exakt zu messen, solange sämtliche Untersuchungsbedingungen konstant gehalten werden. Daher fordern Sozialforscher seit langem Medien und sonstige Publizisten von Umfragen auf, die Kriterien zu veröffentlichen, die für das Replizieren notwendig sind und zudem die Qualität der Befragung bestimmen.

Jede Studie sollte Aussagen zu folgenden Punkten enthalten:

- Die *Fallzahl:* je mehr Interviews, desto genauer die Resultate.
- Die *Befragungsmethodik*
- Die *Stichprobenmethode*
- Die exakte Definition der *Grundgesamtheit*, für die Repräsentanzschlüsse gezogen werden können.
- Der *Befragungszeitraum:* Nur hierfür hat die Umfrage Gültigkeit. Demoskopische Prognosen sind also ein Widerspruch in sich.
- Der *exakte Fragebogen.* Nur auf Basis der exakten Wortwahl sind die Ergebnisse interpretierbar und Follow-up-Effekte zu bewerten.

Die Hinweise stützen die unbedingte Forderung der Wissenschaftler und professionellen Meinungsforscher, dass Umfrageforschung in die Hand erfahrenen Experten gehört. Da von den Medien oft nur Zahlen mit kurzer Legende veröffentlicht werden, dessen Zustandekommen sich dem Umfragekonsumenten häufig nicht erschließt, wird vielfach einer Unprofessionalität Vorschub geleistet.

**KLAUS-PETER SCHÖPPNER**

Peter Atteslander, Jürgen Cromm, Busso Grabow. (2003). Methoden der empirischen Sozialforschung. DeGruyter, Berlin. Andreas Diekmann (2003). Empirische Sozialforschung: Grundlagen, Methoden, Anwendungen. Rowohlt, Reinbek. Frank Donovitz (1999). Journalismus und Demoskopie: Wahlumfragen in den Medien. Vistas, Berlin. Alexander Gallus, Marion Lühe (2002). Öffentliche Meinung und Demoskopie. VS, Wiesbaden. Elisabeth Noelle-Neumann, Thomas Petersen (2004). Alle, nicht jeder. Springer, Berlin. Rolf Porst (2001). Praxis der Umfrageforschung. Teubner, Wiesbaden. Günther Schaub (1998). Politische Meinungsbildung in Deutschland. Dietz, Bonn.

# Recherche

Recherche (franz. *rechercher*, suchen nach) bezeichnet die systematische und zielgerichtete Suche nach Informationen. Recherchen werden in unterschiedlichen Sphären und Zusammenhängen durchgeführt, so z.B.

- in den Medien als Grundlage für Artikel oder Sendungen;
- in der Wirtschaft zur Markt- und Konkurrenzanalyse (*competitive intelligence*) oder zur Vorbereitung von Marketingentscheidungen;
- in der Wissenschaft als Grundlage für Forschungsprojekte;
- im politischen Raum zur ➔Gegner-

beobachtung und Konkurrenzanalyse sowie als Grundlage für strategische und taktische Entscheidungen;

- im Bereich der Verbrechensbekämpfung als Methode zur Überführung von Tätern.

Aus diesem Katalog möglicher Einsatzfelder wird deutlich, dass eine verallgemeinernde Beschreibung von Recherchetechniken kaum zu leisten ist. In den Public Affairs spielen sehr unterschiedliche *Rechercheansätze* eine Rolle (journalistisch, juristisch, volkswirtschaftlich, betriebswirtschaftlich, politologisch, archivarisch u.a.), und sie haben sowohl methodisch wie auch rechtlich und ethisch unterschiedliche Implikationen. In der Regel enthält eine Recherche jedoch folgende Elemente:

- die Definition des *Rechercheziels*, ggfs. unter Formulierung einer *Ausgangshypothese;*
- die Erstellung eines *Rechercheplans* mit Festlegung der zeitlichen Abfolge der Rechercheschritte;
- das *Sammeln* von Informationen mit Hilfe unterschiedlicher Quellen;
- das *Überprüfen* dieser Informationen; z.B. durch Gegenprüfung mit Hilfe weiterer Quellen oder durch *Plausibilitätsprüfung*;
- das *Bewerten* der Informationen; u.a. nach Glaubwürdigkeit der Quellen;
- das *Einordnen* und Systematisieren der gesammelten Informationen;
- die *Dokumentation* der Recherche-Ergebnisse.

**Journalistische Recherche.** Die journalistische Recherche – zumindest in Demokratien – unterscheidet sich von den anderen Formen der Recherche u.a. dadurch, dass das *Presserecht* der meisten Länder Behörden und andere staatliche Institutionen in irgendeiner Form zur *Auskunft* gegenüber den Medien verpflichtet. In Deutschland geschieht dies durch die Pressegesetze der Bundesländer; Ausnahmen begründen sich u.a. im Persönlichkeitsrecht und in der Rücksicht auf schwebende Verfahren. Recherchierende Akteure z.B. aus der Wirtschaft können sich nicht auf diese Auskunftspflicht berufen. Das zu Redaktionsschluss noch geplante *Informationsfreiheitsgesetz* soll aber nach dem US-Vorbild

des *Freedom of Information Act* (FOIA) den Anspruch jeden Bürgers auf Einsichtnahme in ihn betreffende behördlichen Akten stärken. Dies wird Recherchemöglichkeiten und –praxis stark verändern.

In der journalistischen Recherche geht es um die Überprüfung von Sachverhalten, um die Klärung von Abläufen sowie um die Analyse von Hintergründen:

- Bei der *Sachverhaltsüberprüfung* geht es um *Ereignisse.* Es wird gefragt: Was ist geschehen? Wer war beteiligt? Wo ist es geschehen? Wann ist es geschehen?
- Bei der Klärung des *Ablaufs* geht es um *Zusammenhänge.* Die Frage lautet: Wie ist es geschehen?
- Bei der Analyse von *Hintergründen* schließlich geht es ggfs. um die Aufdeckung von bisher Verborgenem. Hier lautet die Frage: Warum ist etwas geschehen?

Wichtig für eine systematische journalistische Recherche ist die sorgfältige Bewertung der *Quellen*; diese sind in ihrer Glaubwürdigkeit und Qualität nie abstrakt zu bewerten, sondern immer nur in konkretem Bezug zum Thema der Recherche. Ebenfalls von großer Bedeutung ist eine wohldurchdachte Planung beim Festlegen der Abfolge der Recherche-Aktivitäten. Es ist sinnvoll, Gesprächspartnern immer optimal informiert gegenüber zu treten. Außerdem sollte man die Abfolge der einzelnen Schritte so planen, dass potenzielle Zielpersonen aufdeckender Rechercheaktivitäten nicht zu früh gewarnt werden und so Gelegenheit erhalten, mögliches Fehlverhalten zu vertuschen. Die Materialbeschaffung bei der journalistischen Recherche geschieht auf verschieden Ebenen und mit unterschiedlichen Methoden; so durch die Nutzung von Archiven aller Art, durch die Nutzung von Pressematerial aus Unternehmen und Organisationen, durch persönliche oder telefonische Interviews mit Betroffenen und Zeugen, durch die Befragung von Experten oder durch die Recherche im Internet.

Strittig ist in der öffentlichen Diskussion, ob Journalisten ihre Informanten für gelieferte Informationen bezahlen dürfen *(„Scheckbuch-Recherche")*, und unter welchen Umständen *verdeckte Recherchen* legitim sind. Der Gesetzgeber gewährleistet dem Journalisten in Deutschland grundsätzlich den Schutz seiner Quellen, wenn auch in jüngerer Vergangenheit immer wieder Redaktionsräume und Büros von Freien Journalisten im Zuge polizeilicher Ermittlungen durchsucht worden sind.

**Andere Recherchen.** Wer in wirtschaftlichen oder politischen Zusammenhängen recherchiert, wird – anders als der Journalist – möglicherweise den größeren Teil seiner Recherchen nicht im persönlichen Gespräch mit Experten, Akteuren und Beobachtern, sondern via Archiv, Datenbank oder Internetrecherche erledigen. Im Public-Affairs-Feld steht die Recherche vor der Feststellung der Akteure und des Handlungsrahmens und der Analyse für die Strategieentwicklung.

*Primärrecherche.* Zunächst werden Daten zur eigenen Organisation und ihrem Umfeld gesammelt, wobei verschiedene Sichtweisen von innen und außen einzunehmen sind. Informationen über die Konkurrenz, Expertenmeinungen, Ziel- und Bezugsgruppen werden z.T. durch eigene Befragungen gesammelt. In einer *Sekundärrecherche* werden z.B. ausgewertet: Verbands- und Unternehmensmaterialien und Statistiken, juristische und wirtschaftliche Gutachten, Ausschuss- und Anhörungsprotokolle, Regierungs- und Kommissionsberichte, parlamentarische Drucksachen, Partei-Publikationen, Meinungs- und Fachliteratur und Tagungsdokumentationen, Publikationen des wissenschaftlichen Umfelds.

Archive, Datenbanken und Suchmaschinen kommen zum Einsatz. Um diese Instrumente bzw. Quellen sinnvoll einzusetzen, ist eine intensive Beschäftigung mit ihren jeweiligen Möglichkeiten, ihren Stärken und Schwächen nötig.

**Archive.** Archive, speziell Medienarchive, bieten einen guten Überblick über die zeitliche Abfolge der Diskussion über das jeweils recherchierte Thema; die Entwicklung des Themas – seine *Themenkarriere* – lässt sich nachzeichnen. Außerdem lassen sich via Zeitungsarchiv Informationen zu Personen und zu ihren Handlungen und Verhaltensweisen in der Vergangenheit sammeln. Die meisten Zeitungsarchive sind – in der Regel kostenpflichtig – über die Website des entsprechenden Mediums zugänglich; außerdem über Datenbanken wie *Genios, GBI* oder *LexisNexis*.

Grundsätzlich werden zwei Typen von Datenbanken unterschieden:
• Referenzdatenbanken, die auf rele-

vante Dokumente verweisen
- Datenbanken, die Zugriff auf das vollständige Dokument bieten

Zu den *Referenzdatenbanken* zählen u.a. *bibliografische* Datenbanken mit Angaben zu Titel, Autor, Publikation, Verlag und *Abstract*-Datenbanken, die neben bibliografischen Angaben kurze Zusammenfassungen bieten

Zu den Datenbanken, die direkten Zugriff bieten, zählen: *Volltextdatenbanken*, die z.B. Artikel, Marktstudien, Diplomarbeiten usw. enthalten; *statistische* Datenbanken; *lexikalische* Datenbanken; z.B. Firmen- und Produktverzeichnisse; Bilddatenbanken, Grafikdatenbanken; z.B. Bildarchive oder Datenbanken mit Firmenlogos, Aktiencharts usw.

Die Recherche im Internet erfolgt in der Regel via Suchmaschine (z.B. Google) oder thematischen Verzeichnisse. Außerdem gibt es eine Vielzahl weiterer Informationsangeboten im Netz: Websites von Institutionen und Unternehmen mit Glossaren zu speziellen Themenfeldern, Diskussionsforen mit der Möglichkeit, Fragen zu stellen, sowie Projekte wie Wikipedia, eine Art Open-Source-Weblexikon. Für Internet-Recherchen gilt eine ganz besonders hohe Sorgfaltspflicht bei der Überprüfung der Glaubwürdigkeit, Qualität und Vollständigkeit der Informationen. So mögen z.B. Informationen über die Kreditwüdigkeit eines Unternehmens aus der Firmendatenbank der *Creditreform* richtig von einem seriösen Verein eingestellt worden sein; für die tatsächliche aktuelle Bewertung des finanziellen Zustands der Firma mögen sie im „nackten" Zustand dennoch nicht ausreichen.

Möglicherweise ergibt eine Recherche in einem Weblog (Blog), in dem sich Mitarbeiter und Kunden der Firma austauschen, dafür die besseren Hinweise.

Aber dafür gibt es keine Möglichkeit, die Information zu verifizieren, der Unterschied zwischen Gerücht und Tatsache ist nicht festzumachen.

Da das Internet nicht zuletzt auch gezielt dafür verwendet wird, Gerüchte zu streuen und Desinformation zu betreiben, sollten Rechercheure sich besonders absichern, bevor sie dort gesammelte Daten weiterverwenden.

**MICHAEL GEFFKEN**

Michael Haller (2000). Recherchieren. Ein Handbuch für Journalisten. Konstanz (5. Auflage). Thomas Leif (Hrsg.) (1998). Leidenschaft: Recherche. Skandal-Geschichten und Enthüllungs-Berichte. Opladen. Netzwerk Recherche (Hrsg.) (2003). Trainingshandbuch Recherche. Informationsbeschaffung professionell, Wiesbaden. Alja Goemann-Singer, Petra Graschi, Rita Weissenberger (2003). Recherchehandbuch Wirtschaftsinformationen. Vorgehen, Quellen und Praxisbeispiele. Berlin, Heidelberg, New York

# Targeting

Targeting (engl. *target*, Ziel) ist das Erfassen eines Ziels, insbesondere auf Basis einer *Datenauswertung*. In Wahl- und anderen →Kampagnen bedeutet Targeting Eingrenzung von Zielgruppen und Auswahl von Stimmbezirken für intensive Wahlkampfführung, insbesondere nach Auswertung früheren

Wahlverhaltens und soziodemographischer Statistik (*Wahlgeografie*).

**Kundenwertanalyse für die Politik.** Eine Parallele in der Wirtschaft hat das politische Targeting in den Stichworten *Kundenwertanalyse, Controlling der Kundenbeziehungen, Kundendeckungsbeitrag.* Ein *„Kunden-Portfolio"* veranschaulicht dem Management, wie attraktiv bestimmte Kundengruppen hinsichtlich jetziger und in Zukunft zu erwartenden Deckungsbeiträge sind. Man will wissen, was es tatsächlich kostet, einen Kunden zu erreichen. Man schaut auf die schon erreichte Position als Lieferant bei diesen Kunden: Bei den treuen Stammabnehmern mag das Potenzial voll ausgeschöpft sein, dagegen stehen vielversprechende andere Gruppen, mit denen man bisher kaum Geschäft generiert, weil sie lieber mit anderen Lieferanten arbeiten usw.

Die politischen Parallelen im Wählermarkt liegen auf der Hand. Politisches Targeting kommt wie ein Kunde-Portfolio zu *Empfehlungen* in z.B. vier Kategorien: „Angreifen und binden", „Halten und verteidigen", „Fördern und pflegen" oder „Beobachten und aussteuern".

Da es bei vielen Kampagnen um nicht mehr als zehn Prozent der Wählerschaft geht, die im Ergebnis einen Unterschied machen, sind dies wichtige Informationen.

Übergeordneter Zweck des Targetings ist die Verbesserung der *Zielgruppenarbeit, Media- und Organisationsplanung.* Es ist ein Instrument der Strategie, die als „Ökonomie der Kräfte" (Carl von Clausewitz) zuerst entscheiden muss, was sie *nicht* tut.

„Targeting ist ein Verfahren, Wähler auszuschließen, an denen man sich nicht ‚profitabel' abarbeiten kann, so dass es genug Ressourcen gibt, um wichtigere Wählergruppen mit genügend hoher Intensität zu erreichen und zu gewinnen. Targeting ist der ultimative Hebel im *Direktkontakt* mit Wählern, es ermöglicht maximale Konzentration unserer Mittel auf ein minimales Universum", formulierte Matt Reese (1926-1998), der legendäre US-Politikberater, der die in rund 400 Wahlkämpfen gewonnenen Erfahrungen und Techniken im großen Stil zuerst für Gewerkschaften, dann auch für Konzerne und Verbände in den Public Affairs einsetzte. Er konzentrierte sich auf die auch im deutschen Marketing bekannte geodemografische *Cluster-Methode* der Claritas-Marktforschung für Zielgruppenansprache.

Das Verfahren basiert auf derselben konsequent kundenorientierten Überlegung des Dialog- und Direktmarketings und des betriebswirtschaftlichen *Beziehungsmanagements* bei Dienstleistungen (*Customer Relationship Management*, CRM).

Es geht darum, eine objektive Datenbasis zu finden, um zu entscheiden, welche Aufgaben eliminiert werden, die nicht leistbar oder unnötig sind; und um zu entscheiden, wo die lohnendsten Ziele sind, die vorrangig und mit größtmöglicher Wirkung bearbeitet werden müssen. Damit bedeutet Targeting: Nicht in jedem Garten Äpfel pflücken gehen, sondern nur in den Gärten, in denen die dicksten hängen.

**Smart campaigning.** Im engeren Sinne ist Targeting ein standardisiertes

Verfahren der *Wahlkreisanalyse*. Es erlaubt, die Beziehungen zu den „Kunden" einer politischen Kampagne nicht nur global, sondern differenziert zu bewerten und die Ressourcen der Kommunikation und Organisation zu verteilen. Dazu dienen z.B. markierte Stadtpläne und Karten, Listen von Wahllokalbezirken, Straßen, Haushalten und Namen. Basis dafür sind errechnete *Rankings* nach politischer „Ertragskraft".

Targeting ist in den USA ein Merkmal von „smart campaigns", die nicht auf Materialschlachten setzen, sondern auf eine Medien- und Informationenmischung, die insbesondere den unentschiedenen Wähler erreicht und die eigenen Anhänger wirksam zur ➔*Mobilisierung* bringt.

**Modernisierungsbedarf.** Aber auch in Amerika spiegeln die faszinierenden Tools des Targeting, die der kommerziellen Direktmarketingbranche zu einem Boom verholfen haben, sich nicht in der Politik wider.

Die Ausgaben für Direktmarketing steigen in der Politik zwar massiv, und es gibt immer mehr Daten – die US-Parteizentralen sind vor allem Wähler-Datenbanken. Doch diese Daten bleiben bei den Strategen oft unbeachtet liegen.

Hal Malchow (2003), Nestor der Targeting-Dienstleistungsagenturen, sieht das Hauptproblem darin, dass politische Entscheider sich um die *Messung und Messbarkeit* ihrer Tätigkeit drücken.

Targeting ist ursprünglich eine Papier-und-Bleistift-Methode, aber die von Malchow gemeinte höhere Kampagnen-Mathematik ist vor allem eine, in der statistische Techniken zur Marktsegmentierung wie CHAID-Analyse (Chi2 Automated Interaction Detector) zum Einsatz kommen, die die Untersuchung von sehr großen Datenbeständen durch Spezialprogramme (wie SPSS-CHAID) ermöglichen. Schnell können damit die Haupt-Einflüsse im betrachteten Markt nach den Kategorien *Demografie, Verhalten und Einstellung* ermittelt werden. Die Ergebnisse werden z.B. in *Baumdiagrammen* dargestellt. Die grafische Darstellung ermöglicht eine schnelle Bestimmung von „Nischenmärkten", die ohne komplexe Zahlenreihen und viele Kreuztabellen auskommt.

Da solche eingesetzten Mittel im Marketing aus Laiensicht dennoch sehr technologisch diskutiert werden, ist es in der Politik wichtig, die Konzeptidee darzulegen. Es geht dabei sowohl um das Management der Kommunikationskanäle als auch den *Beziehungstyp*.

**Defizite und Widerstände.** Auch in der deutschen Wirtschaft steckt das *Kundenwertmanagement* noch in den Kinderschuhen, das Thema wird aber heiß diskutiert, vor allem in den Massenmärkten für Dienstleistungen. Viele Firmen können nicht genau sagen, welche ihrer Kunden welches Maß an ökonomischen Anstrengungen wert sind. Sie haben keine *Kundenleiter*, auf der sie ihre Kunden nach Wichtigkeit einordnen. Der verschärfte Kostendruck zwingt nun dazu, die Kunden genauer zu betrachten. Eine Strategie, die einfach ganz viele Kunden ans Unternehmen binden will, trägt in der Regel nicht zur Optimierung des Gewinns bei. Stattdessen suchen Firmen Kundenerfolgsgrößen, um die *Profitabilität eines Kunden* zu ermitteln. Danach werden dann die Ressourcen sinnvoll auf den Kundenstamm verteilt, und der Marketing-Mix wird neu ausgerichtet.

Unternehmen können mit Kundenwertmanagement nachhaltig und erfolgreich ihre Ergebnisse verbessern. Voraussetzung ist, dass man die Konsequenzen kennt: Damit verbunden ist auch die *„Desinvestition von Kunden"*, das heißt die Kündigung von Vertragsteilen oder die Einschränkung bestimmter Serviceleistungen. Das sorgt insbesondere intern zu *Widerständen* bei den Außendienstlern.

Exakt genauso ist die Situation für Parteien beim politischen Targeting: Die Methode verlangt, zugunsten von Konzentration und Penetration bei den ausgewählten Zielgruppen aus strategischen Gründen Nein zu den anderen zu sagen, alte Schwerpunkte aufzugeben, Reichweiten einzuschränken. Targeting ist noch keine Strategie. Targeting ermöglicht Strategie. Wer Targeting einsetzen will, muss bereits strategiefähig sein. Man muss planen, ordnen, wirtschaften, Prioritäten durchsetzen, Nein sagen wollen. Das ist auch intern durchzusetzen – im politischen Apparat oft eine Herausforderung für die Führungskraft.

**Ressourcenoptimierung.** Targeting geht davon aus, dass selbst die besten Kampagnen meist nicht die langfristigen politischen Einstellungen und das Wahlverhalten im Wahlkreis umdrehen können. Das gilt auch in einer Phase der sinkenden Parteibindungen und wachsenden Wechselwähleranteilen, und es gilt ganz besonders auf der lokalen und regionalen Ebene, wo die Einflüsse der bundesweiten Medien weniger groß sind.

Selbst wenn man große Veränderungen im politischen Verhalten der Bürger verursachen könnte, fehlen einem dazu Geld, Personal, Werbematerial und Zeit. Also müssen sich Wahlkämpfer auf geografische Einheiten konzentrieren, um das Maximum an Wählerstimmen heraus zu holen. Wahlkämpfer für die Partei ABC machen zum Beispiel keinen Straßenwahlkampf in Gegenden mit extrem niedriger Wahlbeteiligung oder in *Hochburgen* der Partei DEF. Sie gehen dorthin, wo die höchste Konzentration von möglichen und wahrscheinlichen ABC-Wählern oder zu ABC neigenden Unentschlossen zu finden ist.

Targeting dient als *Quasi-Prognoseinstrument*, kann aber ohne komplexe Datenanalysen in Kombination mit aktuellen Umfragen keine verlässliche Aussage über künftiges Wahlverhalten oder Wahlbeteiligung abgeben. Einfaches Targeting liefert „nur" Statistik früherer Ergebnisse als Indikatoren für künftige Schwerpunkte.

**Wahlgeografie als Basis.** Die Basis ist nicht Meinungsforschung, sondern Wahlgeografie. Wahlgeografische Verfahren werden in Deutschland erst langsam wieder entdeckt, obwohl sie zuerst von deutschen Pionieren wie dem Soziologen und Bevölkerungswissenschaftler *Rudolf Heberle* (1896-1991, Schüler von Ferdinand Tönnies) konzipiert wurden. Heberle erregte Aufsehen durch seine Erklärung der frühen NDSDAP-Wahlerfolge. Er und seine Kollegen arbeiteten nach 1933 im Exil in den USA weiter.

Wahlgeografie wurde in Deutschland lange als veraltetes und ungenaues Verfahren gesehen, dass für gesellschaftliche Analysen nicht komplex genug sei. Demoskopische Institute zeigten bis in die 90er Jahre kaum Interesse, weil sie Wahlforschung vorrangig als Umfrageforschung verstanden und weniger mit Aggregatstatt mit Individualdaten arbeiten.

**Lokaler Strategie-Bedarf.** Der Bedarf nach Wahlkreisanalysen entstand aus der *praktischen Arbeit* der Parteien: Bei *Telefonkampagnen, Straßenwahlkampf, Canvassing* mit immer weniger mobilisierbaren Mitgliedern kam es verstärkt darauf an, an den richtigen Haustüren zu klingeln, Handzettel in die richtigen Briefkästen zu werfen, die richtigen Telefonnummern zu wählen. Zudem sahen sich Wahlkreis-Direktkandidaten einer immer größeren Eigenverantwortung für Kampagnen in zunehmend schwierigeren Wettbewerbssituationen gegenüber. Gefragt war eine lokale *Strategie für ein lokales Umfeld* zu finden, unabhängig von teuren Umfragen, mit lokal verfügbaren und verlässlichen Daten und praktikablen Werkzeugen, die sich auch im kleinteiligen Einsatz im Ortsverein bewähren.

Der Berliner Politikberater und Wahlkreisanalyse-Spezialist Thorsten Lüthke beschreibt die Kernidee so: „Ausgangsüberlegung ist, dass gleiche Milieus mit einem ähnlichen Wahlverhalten benachbart wohnen. Aufgrund dieser Überlegung wird aus früherem Wahlverhalten und Daten über die Bevölkerungszusammensetzung eine lokale Strategie entwickelt, um Mehrheiten für bestimmte Parteien zu schaffen oder das Wahlverhalten für Parteien zu stärken, die keine Mehrheit gewinnen, aber ihren Stimmenanteil steigern wollen. Diese Strategie ist Grundlage für Handlungsempfehlungen auf kleinräumiger Ebene."

Analysen dieser Art enden in *Wahlkampf-Handbüchern* für die Kandidaten und ihre Teams: Sie bekommen für wenige Straßenzüge, ausgewählte Häuser, Ortsteile konkrete Informationen, was sie tun können und wo es sich lohnt, ihre Kräfte einzusetzen.

**Effizienz und Motivation.** Laut Lüthke hat die Wahlkreisanalyse zwei wesentliche Vorteile: (1) Sie *schont Ressourcen*, da das Kampagnenteam nur dort Mittel und Material einsetzt, wo es einen Vorteil für das eigene Abschneiden erwarten kann; (2) Sie *erhöht die Motivation* der Parteimitglieder, sich aktiv am Wahlkampf zu beteiligen, da die eigenen Aktivitäten zielgerichtet verlaufen.

Targeting gibt auch konkrete Hinweise darauf, wo die Auseinandersetzung mit der politischen Konkurrenz am effektivsten ist, und wo sich besondere Aktionen rund um die Themen Wahlbeteiligung und Briefwahl lohnen.

**Makro- und Mikro-Targeting.** Für das Targeting gibt es eine Makro- und eine Mikromethode. (1) Targeting für den ganzen Wahlkreis und (2) Targeting für den einzelnen Stimmbezirk. Targeting für den ganzen Wahlkreis sorgt für einen *Gesamtüberblick* über die größeren geografischen Einheiten

im Wahlkreis. Je nach Größe des Wahl-
kreises können das Straßenzüge,
Stadtviertel, Gemeinden oder Samtge-
meinden sein – man kann das auch auf
die Ortsvereine der Partei zuschneiden.
Hier berechnet man aus früheren
Wahlergebnissen im Wahlkreis den
Anteil der ABC-Stimmen, den die
geografische Einheit bisher zum Ge-
samtergebnis der ABC-Partei beigetra-
gen hat. Was man dabei messen will,
ist die relative Wichtigkeit der geografischen Einheit für ein gutes Ergebnis
in der Zukunft. Diese Zahlen helfen bei
der *Planung von Budget und Wahl-
kampfkalender.* Wie viel Prozent der
Plakate, der Veranstaltungen, der
Flugblätter, der Straßenaktionen sollen
in welchen dieser geografischen Einheiten konzentriert werden?

Targeting für den einzelnen Stimmbezirk untersucht die kleinste politische Einheit. Es identifiziert Stimmbezirke, wo besonders viele Wähler mit
bestimmten, für die ABC-Partei günsti-
gen Eigenschaften wohnen. Dies wird
berechnet für die im Gesamtwahlkreis-
Targeting ermittelten *Wahlkampf-
Schwerpunktgebiete.* Die Rangfolge der
Stimmbezirke ermöglicht, straßenge-
nau *Wählerkontaktprogramme* durch-
zuplanen: vom Infostand und Nachbar-
schaftsparties über das Verteilen von
Wahlzeitungen bis zu Hausbesuchen
und Telefonaktionen.

*Höchste Priorität* haben große
Stimmbezirke mit hoher Wahlbeteiligung, hoher ABC-Performanz (also
durchschnittlich hohem Stimmanteil)
und hohem Wechslerpotenzial für die
ABC-Partei. Wenn im Wahlkampf
wenig Leute, Geld und Material zur

Verfügung stehen, dann sollte sich die
Arbeit und Präsenz auf diese Stimmbezirke konzentrieren.

*Hohe Priorität für den argumentati-
ven Wahlkampf* haben große Stimmbezirke mit mittlerer ABC-Performanz,
aber hoher Wahlbeteiligung und hohem Wechslerpotenzial. Hier geht es
also um stete Präsenz, viele persönliche Kontakte, thematische Veranstaltungen. Hier geht es um Überzeugungsarbeit, nicht Mobilisierung der
Stammwähler. *Hohe Priorität für die
Mobilisierung* kurz vor und am Wahltag haben große Stimmbezirke mit
hoher ABC-Performanz, aber mittlerer
Wahlbeteiligung. Hier geht es also vor
allem um das Zur-Urne-Bringen der
Sympathisanten und das Hinweisen
auf den unmittelbar bevorstehenden
Wahltag.

Eine häufige Frage ist, ob es sich
nicht lohne, vorrangig in der eigenen
Partei zuneigende Stimmbezirke mit
historisch extrem *niedriger Wahlbeteiligung* zu gehen? Nein, das sind
keine lohnenden Mobilisierungsziele.
Theoretisch mögen hier zwar sehr viele
Stimmen liegen. Praktisch sind politische Apathie und Desinteresse meist
aus sozialen Gründen zu groß, als dass
sie mit Wahlkampfaktionen überwunden werden könnten. Außerdem ist das
Wahlverhalten notorischer Nichtwähler eher unberechenbar. Es ist sinnvoller, sich auf Stimmbezirke mit leicht
bis mittel unterdurchschnittlicher oder
schwankender Wahlbeteiligung zu
konzentrieren – dort, wo saisonale
Nichtwähler aufzuwecken sind. Hier
sind Extra-Prozente durch überschau-
baren Mitteleinsatz zu bekommen.

**Politisches Tuning.** Wer Targeting-Material einem politischen Gremium vorlegen will, muss seinen Daten trauen. Zahlen liefern eine objektive Datenbasis für Entscheidungen. Aber: Zahlen ergänzen und verbessern die politische Urteilskraft des Wahlkampfmanagers, sie ersetzen sie nicht.

**Make or buy?** Bisher wird Targeting nur in wenigen Parteizentralen und Kandidatenwahlkämpfen genutzt. In der Regel sind die Etats zu gering, um externe Berater zu beauftragen, und der Aufwand für die Erstellung in Eigenarbeit ist aufgrund des notwendigen Spezialwissens für Datensammlung und Analyse schnell überwältigend. Wer sich auf Anfänger verlässt, riskiert Heimwerker-Pfusch, Datenfriedhöfe, Frust und Verweigerung im Kampagnenteam.

Als strukturelles Problem zeigt sich häufig die *strategische Inkonsequenz*, da die Daten die traditionellen Wahlkampfschwerpunkte nicht überwinden. Zudem wird keine Datenpflege betrieben, es gibt kein Datengedächtnis.

MARCO ALTHAUS

Marco Althaus (2002). „Desktop Targeting: Zielscheiben im Wahlkreis". Kampagne! 2, Lit, Münster: 151-167. Anne Beaudry, Bob Schaeffer (1986). Winning Local and State Elections: The Guide to Organizing Your Campaign. Free Press, New York. Thomas Biermann (2003). Kompakt-Training Dienstleistungsmanagement. Kiehl, Ludwigshafen. Hal Malchow (2003). The New Political Targeting. Campaigns & Elections, Washington. Werner Pepels (2003)(Hg.). Betriebswirtschaft der Dienstleistungen. NWB, Herne/Berlin. Catherine Shaw (2004). The Campaign Manager. Westview, Cambridge. Daniel Shea (1996). Campaign Craft. Praeger, New York.

# Wissensmanagement

Die Verfügbarkeit von Wissen und Informationen zur richtigen Zeit am richtigen Ort im richtigen Format ist eine zentrale Anforderung für die Entwicklung neuen Wissens. Dabei stehen Organisationen häufig vor dem Problem, nicht „zu wissen, was sie wissen".

Diskutiert wird diese Problematik unter dem Begriff Wissens- und Informationsmanagement. So soll der Umgang mit Informationen und *Wissen systematisiert* werden, um die Produktion neuen Wissens und die *Innovationsfähigkeit* von Organisationen zu unterstützen.

Aus sozialwissenschaftlicher Perspektive kann Wissensmanagement als die Gesamtheit aller Strategien zur Schaffung einer „intelligenten" bzw. *lernbereiten Organisation* definiert werden.

Kernproblem ist die Verknüpfung von personalen und organisationalen Komponenten von Wissen und Lernen.

Auf Ebene der Personen muss Wissensmanagement das organisationsweite Niveau an Kompetenzen, *Qualifikation* und *Lernfähigkeit* der Mitglieder fördern.

Bezogen auf die Organisation geht es um die Schaffung, Nutzung und Entwicklung einer kollektiven Wissensbasis und eines organisationalen Gemeinschaftssinns.

Hinsichtlich der technologischen Infrastruktur ist die Implementierung und effiziente Nutzung der zur Organisation passenden Kommunikations- und Informationsinfrastruktur notwendig (vgl. Willke 1998).

**Daten, Information, Wissen.** Hinter dem Begriff Wissensmanagement steht zunächst oft eine *mechanistische Interventionsperspektive*, die von einer grundsätzlichen *Steuerbarkeit von „Wissen"* ausgeht.

In diesem Kontext wird Wissen häufig mit Information verwechselt. Zudem wird angenommen, Wissen sei ein beliebig vermehrbarer Produktionsfaktor, der sich von seinen Trägern - den einzelnen Organisationsmitgliedern - trennen lasse und frei disponiert und ausgetauscht werden könne.

Tatsächlich ist Wissen jedoch immer untrennbar an Menschen gebunden. Dies wird klarer, verdeutlicht man sich zwei für den Begriff des Wissensmanagements zentrale Unterscheidungen: Einmal diejenige zwischen Daten, Information und Wissen, zweitens die Unterscheidung in *explizites und implizites Wissen.*

Daten sind zunächst rein symbolische Repräsentationen von Zahlen oder Fakten.

Zu Informationen werden solche Daten, wenn sie in einen *Sinn- und Relevanzkontext* gestellt werden.

Durch individuelle Wahrnehmungs- und Bewertungsprozesse in einer konkreten Handlungs- oder Entscheidungssituation können wiederum Informationen zu Wissen werden.

Wissen ist dementsprechend mehr als eine reine Ansammlung von Informationen.

Vielmehr liegt Wissen ein unbewusster Akt des *Verstehens und Deutens* zu

Grunde, der Informationen in einen Erfahrungskontext einordnet und zu sinnhaftem Wissen verarbeitet.

Grundlage dieses Deutungsprozesses sind die durch Erfahrung und Lernen erworbenen und intersubjektiv nachprüfbaren Modelle über Objekte und Sachverhalte eines Individuums.

Dies ist der Teil des Wissens, der als explizites Wissen (*Fach- oder Regelwissen*) bezeichnet wird.

Zum anderen sind damit aber auch alle affektiven, emotionalen und evaluativen Fähigkeiten und Kenntnisse mit eingeschlossen, die sich auf den Umgang und die Bewertung von und mit Informationen beziehen. Dies ist das implizite Wissen, das personengebunden ist. *Explizites Wissen* ist immer an die impliziten Handlungs- und Reflexionsvoraussetzungen gebunden.

Wissen, so verstanden, kann nicht außerhalb von Menschen existieren, sondern muss für komplexe Problemlösungsprozesse von den einzelnen Organisationsmitgliedern in interaktiven Austauschprozessen übermittelt und zusammengebracht werden.

**Die Wissensspirale.** Wissensmanagement steht also vor der Aufgabe, die Grenze zwischen implizitem und explizitem sowie zwischen individuellen und organisational verfügbaren Wissensbeständen zu überwinden.

Ein bekanntes Modell, das sich mit der *Transformation der Wissensbestandteile* auseinandersetzt, ist die „Wissensspirale" von Nonaka und Takeuchi.

Dieses Modell verortet Wissen auf drei Ebenen: Individuum, Gruppe und Unternehmen. Die Entwicklung neuen organisationalen Wissens erfordert eine Umwandlung zwischen diesen Ebenen in aufsteigender Reihenfolge, d.h. vom Individuum bis zur Organisation.

Durch die wechselseitige Bereitstellung expliziter und impliziter Bestandteile entsteht, so das Modell, eine Art spiralförmiger Wissensprozess. Unterschieden werden vier Stufen der Wissensumwandlung:

- *Von implizitem zu implizitem Wissen (Sozialisation):* Sozialisation wird als der Prozess bezeichnet, in dem implizites Wissen zwischen Individuen durch gemeinsame Erfahrung, Beobachtung und Nachahmung vermittelt wird.
- *Von implizitem zu explizitem Wissen (Externalisierung):* Durch die Externalisierung wird das implizite Wissen artikuliert und in explizite Konzepte umgewandelt. Das kann durch Bilden von Metaphern, Analogien, Konzepten oder Modellen unterstützt werden. Externalisierung ist die zentrale methodische Herausforderung des Wissensmanagements.
- *Von explizitem zu explizitem Wissen (Kombination):* Kombination ist ein Prozess, bei dem explizierte Informationen über verschiedenen Medien wie z.B. Intranet, Datenbanken oder aber gemeinsame Meetings und Telefongespräche kommuniziert und bislang isoliert stehende Bestandteile miteinander kombiniert werden. Die Kombination ist die am häufigsten betrachtete Form der Wissensweitergabe im Rahmen von Wissensmanagementkonzepten.
- *Von explizitem zu implizitem Wissen (Internalisierung):* In der Internalisierung schließlich wird das explizite Wissen in neues implizites Wissen transformiert, indem es durch Dokumente und mündliche Berichte als neues Know-how internalisiert wird. Internalisierung ist stark mit dem Begriff „learning by doing" verbunden.

Eine Spirale wird dieses Modell dadurch, dass sich an eine Internalisierung wiederum eine Sozialisation anschließt.

Die organisationale Wissensentwicklung wird so zur dynamischen Interaktion zwischen implizitem und explizitem Wissen.

Deutlich wird bei diesem Modell, dass erfolgreiche Lernprozesse eine Verknüpfung die Einbeziehung verschiedener Ebenen der Organisation erfordern. Bei der Implementierung und Umsetzung von Wissensmanagement besteht die Rolle von Organisationen darin, Rahmenbedingungen für individuelle und organisationale Lernprozesse zu optimieren. Pragmatisch sind damit zwei Handlungsebenen angesprochen:

Erstens Maßnahmen zur Identifizierung, Speicherung und Verteilung von Information und ihre Verfügbarmachung als kollektives, organisationales Gut. Diese expliziten Wissensbestandteile lassen sich für die spätere →Recherche organisieren. Instrumente dazu können z.B. Datenbanken und Archive der verschiedensten Art, *Intranets*, aber auch *Wissenslandkarten*, Dokumentationen, Handbücher, FAQ-Listen, Checklisten usw. sein.

Zweitens Maßnahmen, die eine organisationale Wissenskommunikation und Wissenteilung fördern und Lernräume zum Austausch und zur Entwicklung impliziten Wissen zu schaffen. Beispiele dafür sind z.B. die Institutionalisierung regelmäßiger Gruppentreffen, die Einrichtung von Projektteams, aber auch die räumliche Anordnung von Abteilungen, die informelle Kommunikationsgelegenheiten bietet.

In jüngster Zeit wird die Bildung von Kommunikationsstrukturen auch unter dem Begriff *Community of Practise* diskutiert.

Dieser Begriff bezeichnet eine Gruppe von Menschen, die durch eine *gemeinsame Handlungspraxis* und durch gemeinsame Einstellungen, Werte und Normen miteinander verbunden sind.

Da sich diese Gruppen nicht auf Anordnung oder einen Beschluss hin konstituieren, ist weiterhin eine vertrauensvolle, kooperative Unternehmenskultur eine wichtige Voraussetzung für ein gelungenes Wissensmanagement.

STEFANIE SPRINGER, RAPHAEL MENEZ

Nonaka,I. /Takeuchi, H. (1997). Die Organisation des Wissens. Wie japanische Unternehmen eine brachliegende Ressource nutzbar machen. Frankfurt/Main. Krcmar, H. (2003). Informationsmanagement. Berlin, Heidelberg. Willke, H. (1998). Systemisches Wissensmanagement. Stuttgart. Wilkesmann, U./Rascher, I. (2004). Wissensmanagement. Theorie und Praxis der motivationalen und strukturellen Voraussetzungen. München und Mering: Hampp.

# Politikmanagement

Politikmanagement ist das Management politischer Prozesse in den staatlichen Institutionen durch die vom Bürger Gewählten und diejenigen, die gewählt werden wollen. Dieses Politikmanagement setzt die Kenntnis der wichtigsten Regeln und Strukturen voraus. Dieser Abschnitt führt in die betriebliche Steuerung politischer Ressourcen ein. Es geht um Planung, Finanzierung, Budgetierung und Verwaltung von Projekten in und mit staatlichen Institutionen sowie den Organisationen, die eng mit ihnen verwoben sind: den politischen Parteien. Reformvorhaben, Veränderungsprozesse, administrative Probleme und politische Konflikte werden in Institutionen be- und verarbeitet. Es ist nötig, diese mit Blick auf Akteurskonstellationen und Arbeitsstrukturen zu untersuchen, Netzwerke aufzuspüren, Entscheidungsregeln und Handlungsregeln, Politikzyklen und die Möglichkeiten der Politikberatung festzustellen. Im Mittelpunkt des Abschnitts stehen normative, formale und informale Instrumente und Mechanismen des Regierungs-, Parlaments- und Parteialltags. Die Beiträge zeigen deren Regelabhängigkeit, Kontrollierbarkeit und die Leistungsgrenzen politischer Ressourcen im demokratischen Verfahren.

Zum Politikmanagement gehört also weit mehr als eine angewandte Regierungs-, Verwaltungs- und Parlamentslehre. Sie muss die spezifischen Bedingungen politischer Organisation und Kommunikation berücksichtigen, den beiden gleich starken Säulen, auf denen die demokratische Praxis des Politikmanagements ruht. Nur so ist es möglich, eine strategisch ausgerichtete Perspektive auf Regierungs- und Parlamentsprozesse und die besonderen Anforderungen in Verhandlungssituationen zu entwickeln.

# Fraktionsmanagement

Die Fraktion setzt die in der Partei aufgenommenen und beschlossenen Interessen und Impulse in politische Entscheidungen im Parlament um. Daher orientiert sich die Arbeit der Fraktion an den zugrunde liegenden Beschlüssen der Partei. Die Verschränkung wird z.B. durch *Personalunion* von Vorstandsmitgliedschaften von Fraktion und Partei sowie *Doppelfunktionen* in Fraktion und Partei deutlich. Das Management von Fraktionen in Parlamenten umfasst Aufgaben der *Koordination, Programmentwicklung* und *Innovation* sowie *Personalentscheidungen.*

**Organisation.** Eine Fraktion wird wie andere rechtlich verfasste Organe auch zunächst nach formellen *Verfahrensordnungen* geführt und gesteuert, die die Statusrechte der Mitglieder, Organe und Kompetenzen sowie fraktionsinterne Verfahren, Organisationsformen und Arbeitsweisen normieren. Am Beispiel der CDU/CSU-Bundestagsfraktion: Organisation und Arbeitsweise sind in einer „Arbeitsordnung" (bei anderen Fraktionen: Geschäftsordnung) und einem „Fraktionsvertrag" (Gemeinschaft der CDU- und CSU-Abgeordneten, besonderer Status der CSU-Landesgruppe) geregelt. Alle Abgeordneten von CDU und CSU bilden die *Fraktionsversammlung.* Weitere Organe der Fraktion sind: Der Geschäftsführende Vorstand, der Vorstand, die Arbeitsgruppen. Zu den Organisationseinheiten dieser Fraktion gehören ferner Soziologische Gruppen (z.B. die Arbeitnehmer) sowie Beauftragte zu

bestimmten Sachthemen. Analog zu ihren jeweiligen Partei-Landesverbänden schließen sich die Abgeordneten in der Fraktion zu *Landesgruppen* zusammen. Die Landesgruppen sind ein wichtiger Faktor in der Fraktion, insbesondere bei zu verteilenden Funktionen und Wahlen.

**Regierungsfraktion und Opposition.** Die Managementanforderungen in einer Regierungs- und in einer Oppositions-Fraktion unterscheiden sich deutlich. Zusammenhalt und *Geschlossenheit* einer Regierungsfraktion ergeben sich vor allem aus dem gemeinsamen Willen zum Machterhalt, um gestalten zu können. In der Oppositionsfraktion ist es der Wille zur Erlangung der Macht, um gestalten zu können.

In einem parlamentarischen Regierungssystem ist die wichtigste Funktion einer Regierungsfraktion die *Gewährleistung der erforderlichen Mehrheit* im Parlament. Dabei kommt dem Vorsitzenden eine diffizile Aufgabe zu. Er muss einerseits gegenüber dem Regierungschef absolut loyal sein und in der Öffentlichkeit jeden Dissens vermeiden, andererseits der Fraktion vermitteln, dass sie nicht nur verlängerter Arm des Kanzleramts (im Bundesland: der Staatskanzlei des Ministerpräsidenten) ist.

Die Managementanforderungen in einer Oppositionsfraktion sind erheblich vielfältiger. Da die üblichen *Disziplinierungsmittel* nur in abgeschwächter Form zur Verfügung stehen, kommt es in höherem Maße auf *Ausgleich, Koordination* und *Überzeu-*

*gung* an, um die für die Wähler so essentielle Geschlossenheit zu erreichen. Es gilt, ehemalige Inhaber von Regierungsämtern und sonstigen hohen Funktionen in die Fraktionsarbeit zu integrieren, Resignation und Selbstbezogenheit zu überwinden. Neue *Fachleute* müssen gewonnen und aufgebaut werden. Erschwerend kommt hinzu, die Sacharbeit mit einem erheblich kleineren Stab an Mitarbeitern leisten zu müssen. Selbst in einer großen Oppositionsfraktion stehen einem Arbeitsgruppenvorsitzenden mit zwei Fraktionsreferenten komplette Ministerien mit vierstelliger Mitarbeiterzahl gegenüber. Die Presse- und Öffentlichkeitsarbeit muss deutlich mehr leisten, um die Aufmerksamkeit der Medien zu erlangen, die traditionell ihr Augenmerk auf die Regierenden richtet.

Je länger die Opposition anhält, desto geringer ist die Bereitschaft vieler Beteiligter, inhaltliche Ansichten oder persönliche Interessen zurückzustellen, und umso größer die Neigung zur Pflege kleiner *Biotope*. Sobald jedoch Aussicht auf Übernahme der Regierung besteht, kehrt eine mustergültige Disziplin zurück. In guten wie in schlechten Oppositionszeiten bleibt den Vorsitzenden jedoch meist nicht viel mehr, als mit guten Worten an Disziplin und Zusammenhalt zu appellieren.

**Große und kleine Fraktionen.** Die Managementanforderungen in einer großen und in einer kleinen Fraktion unterscheiden sich vor allem darin, dass die Zahl der divergierenden Meinungen und die Zahl der personenbezogenen Themen und Aufgaben in einer großen Fraktion tendenziell größer sind. Der einzelne Abgeordnete und Mitarbeiter einer kleinen Fraktion hat sehr viel geringere Chancen, sich auf wenige Themen zu spezialisieren. Der Zusammenhalt und eine Einigung auf inhaltliche Prioritäten sind bei kleinen Fraktionen, die ja auch kleinere Parteien (keine Volksparteien) repräsentieren, oft leichter herzustellen.

**Die Fraktionsgemeinschaft.** Die wichtigsten formalen Strukturen sind die Fraktionsgremien. Die wichtigsten informalen Strukturen verlaufen zwischen dem Vorsitzenden und dem Ersten Parlamentarischen Geschäftsführer und den stellvertretenden Fraktionsvorsitzenden sowie den Arbeitsgruppen- und jeweiligen Landesgruppenvorsitzenden.

Innerhalb einer Fraktion versuchen zahlreiche Gruppen, sich zu etablieren oder ihren Einfluss auszubauen. Ihr Einfluss und ihre relative Verhandlungsposition variiert von Thema zu Thema, abhängig auch von zahlenmäßiger Stärke, Zusammenhalt, Fachwissen, Erfahrung, Verbindung zu externen Gruppen und sonstigen Ressourcen. Die *Wahlkreis-bezogenen Interessen* der Abgeordneten fließen je nach Bedeutung von Person, Region und Thema ebenfalls in Initiativen der Fraktion ein.

**Fraktionsmitarbeiter.** Der Einfluss der Fraktionsmitarbeiter ist nicht zu unterschätzen, da sie – anders als Ministerialbeamte – regelmäßigen direkten Zugang zu den Politikern haben und *keine starren Hierarchien* beachten müssen. Darüber hinaus wird – je nach Büroorganisation – der Informationsfluss gesteuert. Der Einfluss der Mitarbeiter in der Oppositionsfraktion dürfte etwas größer sein, da die direkten Kontakte der Abgeordneten zu den Ministerien eingeschränkter sind und damit die Referenten an Bedeutung gewinnen. Im Vergleich zu den Mitarbeitern der einzelnen Abgeordneten haben Fraktionsmitarbeiter nicht nur einen anderen *rechtlichen Status* (Angestellte der Fraktion, nicht des Bundestages), ihr Arbeitsalltag ist auch weniger von individuellen und Wahlkreisinteressen geprägt.

**Arbeitsteilung.** Die Arbeitsteilung erfolgt über die Vorsitzende und/oder den Ersten Parlamentarischen Geschäftsführer an die stellvertretenden Fraktionsvorsitzenden und/oder von diesen direkt an die Ihnen zugeordneten Arbeitsgruppen. Die Zuweisungen ergeben sich in der Regel aus der Natur der Sache. Zweifelsfälle werden in den Gremien zur Sprache gebracht und entschieden oder bilateral mit der Fraktionsführung geklärt. Da alle Arbeitsgruppenvorsitzenden Mitglied im Fraktionsvorstand sind, ist die personelle *Verklammerung* zwischen thematischer Zuständigkeit und Führungsgremium gewährleistet.

Unter den Abgeordneten gibt es *Generalisten* und *Spezialisten*. Auch Generalisten müssen sich dann um Spezialthemen kümmern, wenn die politische Bedeutung eines Themas stark zunimmt. Allgemein ist der Druck zur Spezialisierung, also Detailwissen zur Verfügung zu haben, groß und nimmt ständig zu, weshalb die Zuständigkeiten in den Arbeitsgruppen regelmäßig zu Beginn einer Legislatur

neu justiert werden müssen, unter Umständen auch während einer Legislatur. Die Verteilung ist aber auch abhängig von Personen und individuellen Fähigkeiten.

**Führung.** Der Geschäftsführende Vorstand bestimmt die interne Agenda, legt das politische Programm für die Legislaturperiode fest, und steuert die Willensbildungsprozesse. Zum *„inneren Zirkel"* des Fraktionsmanagements gehören typischerweise neben dem Vorsitz der Erste Parlamentarischer Geschäftsführer, der Generalsekretär der Partei, einzelne stellvertretende Fraktionsvorsitzende und einzelne Vorsitzende von Arbeits-, Landes- und sonstigen Gruppen.

Jenseits der formalen Führungsfunktionen etablieren sich Führungspersönlichkeiten in einer Fraktion durch Fleiß, Unterstützung einflussreicher Persönlichkeiten und/oder Landesbzw. Arbeitsgruppen sowie das Erarbeiten von inhaltlichen Mehrheitspositionen bei prominenten Themen. Nicht zu unterschätzen ist die große Rolle, die *persönliche Wertschätzung* spielt. Dazu gehören persönliche Beziehungen, Freundschaften, Empathie, Integrität, Glaubwürdigkeit, Rücksichtnahme und Kollegialität.

Als Führungskraft in der Fraktion bewährt sich, wer Überzeugungskraft, die Fähigkeit zum Ausgleich unterschiedlicher Interessen, Entscheidungsfreude, sicheres Gespür für Mehrheiten und Strömungen in der Fraktion mitbringt und entwickelt.

**Unterstützung und Sanktionen.** In einer Regierungsfraktion ist es weit einfacher, einzelne Abgeordnete, die

67

sich bewährt haben, durch Berücksichtigung ihrer Interessen zu „belohnen". In einer Oppositionsfraktion ist dies nur eingeschränkt möglich. Dazu gehört die Unterstützung der Fraktionsführung in sachlichen Fragen der jeweiligen Person und besondere Hervorhebung in den Gremien der Fraktion und Öffentlichkeit (z.B. auch durch einen Fachkongress oder ähnliche Veranstaltungen), durch Funktionen in der Fraktion (Vorsitze, Sprecherfunktion, Beauftragte), Redezeit und Reisen im Auftrag der Fraktion. Umgekehrt bietet das Verwehren der Unterstützung für individuelle Vorhaben gewisse Möglichkeiten der Disziplinierung und Sanktionierung.

Für das Fraktionsmanagement ist es aber nicht klug, Sanktionen auf Dauer anzuwenden. Der sinnvolle Umgang mit unterlegenen Minderheiten ist die Einbindung in das nächste Projekt. Die Notwendigkeit, *„Fraktionsdisziplin"* zu wahren und mehrheitsabweichendes Stimmverhalten im Plenum zu verhindern, ist dabei auch bei Regierungs- und Oppositionsfraktionen unterschiedlich ausgeprägt. In einer Regierungsfraktion ist die Geschlossenheit höchstes Gebot. In der Opposition wird die entsprechende Disziplin nicht bis in letzter Konsequenz durchgesetzt und ist auch kaum durchsetzbar. Abweichendes Stimmverhalten muss der Fraktionsführung in der Opposition nur innerhalb einer bestimmten Frist mitgeteilt werden, damit man sich darauf einstellen kann.

**Informationsmanagement.** Informationen fließen nicht entlang einer Einbahnstraße, nicht einmal auf typischen Pfaden. Anliegen kommen aus Arbeitsgruppen über stellvertretende Fraktionsvorsitzende und den Ersten Parlamentarischen Geschäftsführer zum Vorsitz, aber auch direkt. Die Führung fragt auch umgekehrt Informationen direkt bei Einzelnen ab und nutzt die Weitergabe in den Gremien.

Initiativen von Abgeordneten, die auf eine Vorlage für die gesamte Fraktion zielt, starten meist in einer Arbeitsgruppe und gehen an zu beteiligende andere Arbeitsgruppen. Danach gehen sie zum Ersten Parlamentarischen Geschäftsführer, der sie in die Gremien der Gesamtfraktion einbringt. Sobald Einigkeit herrscht, wird die Initiative in der Fraktionssitzung beschlossen und ins Parlament eingebracht

Fraktionsinterne Absprachen für Ausschusssitzungen und Anhörungen werden innerhalb der Arbeitsgruppe nach Rücksprache mit dem zuständigen stellvertretenden Fraktionsvorsitzenden und/oder dem Ersten Parlamentarischen Geschäftsführer und/ oder Vorsitz getroffen.

Für das Plenum ist die Fraktionsführung zuständig (Vorstandsähnliche Runde am Dienstag der Plenarwoche). Tagt der Vermittlungsausschuss, treffen der Erste Parlamentarische mit dem Co-Vorsitzenden des Vermittlungsausschusses und den fachlich zuständigen Abgeordneten in Absprache mit Fraktionsvorsitz Vorentscheidungen, die mit den Ländervertretern rückgekoppelt werden müssen.

Sonstige Verhandlungen und Absprachen mit den partei-verwandten Mitgliedern des Bundesrates laufen über die Bund-Länder-Koordinierung des Ersten Parlamentarischen Geschäftsführers im 3-Wochen-Rhythmus des Bundesrates mit den Staatskanzleien der jeweiligen Länder und den Bevollmächtigten dieser Länder in Berlin sowie Arbeitssitzungen kurz vor der Plenarsitzung des Bundesrates mit dem Fraktionsvorsitz.

JOACHIM LANG

Michael Eilfort (2003). „Politische Führung in der CDU/CSU-Bundestagsfraktion". Information und Entscheidung: Kommunikationsmanagement der Politischen Führung. Hg. Gerhard Hirscher, Karl-Rudolf Korte. VS, Wiesbaden: 93-120. Ludger Helms (2001). Parteien und Fraktionen: Ein internationaler Vergleich. Wiesbaden. Wolfgang Ismayr (2001). Der Deutsche Bundestag im politischen System der Bundesrepublik Deutschland. Wiesbaden. Erhard Kathmann, Peter Kuleßa (2003). „Politikmanagement in der SPD-Bundestagsfraktion". Information und Entscheidung: Kommunikationsmanagement der Politischen Führung. Hg. Gerhard Hirscher, Karl-Rudolf Korte. VS, Wiesbaden: 79-92. Gerald Kretschmar (1992). Fraktionen: Parteien im Parlament. Heidelberg. Heinrich Oberreuter, Uwe Kranenpohl, Martin Sebaldt (2002). Der Deutsche Bundestag im Wandel. Wiesbaden. Sönke Petersen (2000). Manager des Parlaments. Opladen. Suzanne S. Schüttemeyer (2002). Fraktionen im Deutschen Bundestag 1949-1997. Wiesbaden.

# Governance

Der Begriff Governance hat seinen Ursprung in der internationalen Politik. Als „Good Governance" steht er für ein von der Weltbank verwendetes Konzept der Entwicklungspolitik, mit dem Ziel, *rechtsstaatliche Grundsätze* zu stärken und damit Vertrauen, z. B. gegenüber potentiellen Investoren, zu schaffen. Später wurde Governance unter dem Begriff „Global Governance" als ein Modell internationaler *Konfliktregelung* verwendet. Mit Beginn der neunziger Jahre findet das Governance-Konzept Einzug in die nationalstaatliche Steuerungsdiskussion. Danach beschreibt Governance ein Zusammenspiel verschiedener bisher bekannter Instrumente →Politischer Steuerung mit einer deutlichen *Betonung zivilgesellschaftlicher Beteiligung* an Problemlösungen und der Regelung im Rahmen politischer Prozesse. Versuche einer deutschen Übersetzung des Begriffs sind *„institutionelle Steuerung"* (Schneider/Kenis 1996: 11) sowie *„Regelung"* (Mayntz/ Scharpf 1995). Im Gegensatz zur geläufigen Definition politischer Steuerung, als die gezielte Veränderung gesellschaftlicher Gegebenheiten mittels politischer Programme durch staatliche Instanzen, (Mayntz 1987) drückt Governance eine differenziertere *wechselseitige Abhängigkeit* der am politischen Prozess beteiligten Akteure aus. Die dem Konzept der politischen Steuerung zugrunde liegende Annahme einer klaren Trennung zwischen dem Staat als Steuerungssubjekt und gesellschaftlichen bzw. wirtschaftlichen Akteuren (*Stakeholdern*) als Steuerungsobjekten wird durch das Governance-Konzept in Frage gestellt. Es geht vielmehr von einem wechselseitigen Steuerungseinfluss aller an einem politischen Prozess beteiligten Akteure aus. Die Infragestellung einer klaren Hierarchie zwischen staatlichen und nichtstaatlichen Akteuren geht dabei einher mit der veränderten Vorstellung über die Ergebnisse politischer Steuerung. Setzte diese bisher voraus, dass das Steuerungssubjekt, also der Staat, klare Zielvorstellungen seiner Steuerungs-

69

versuche sowie umfassende Informationen über die zur Verfolgung dieser politischen Ziele zur Verfügung stehenden politischen Instrumenten hatte, so geht das Governance-Konzept zunächst von diffusen, unkonkreten Steuerungszielen und einer unvollkommenen Kenntnis der zur Verfügung stehenden Instrumente aus. Aufgabe von politischer Steuerung ist demnach die *Veränderung des Status quo*. In der Beschreibung wechselseitiger Abhängigkeiten ähnelt Governance der von *Netzwerkanalysen*, bei denen der Staat die Rolle eines Akteurs unter vielen einnimmt. Es ist also davon auszugehen, dass Rolle und Einfluss von Akteuren je nach Politik- oder Themenfeld variieren, wobei der Staat vielfach mehr ist, als nur Impulsgeber und Moderator politisch-gesellschaftlicher Prozesse. Dem Governance-Konzept liegt dabei die Annahme zugrunde, dass es in politischen Prozessen – abhängig vom jeweiligen Politikfeld – unterschiedliche Leitbilder, Traditionen, eigene Regelsysteme und -strukturen gibt, die von den beteiligten Akteuren akzeptiert werden und deren Verhalten beeinflussen bzw. steuern. Die *Regelungsstruktur* ist also der institutionelle Rahmen, der das Handeln der Akteure lenkt (Mayntz 2004). Diese bietet aus Sicht des Staates die

Möglichkeit, Steuerungsressourcen zu sparen und die diesen Regelsystemen inhärente Tendenzen der *Eigensteuerung* zu nutzen bzw. auf sie zu vertrauen. Während die Steuerungstheorie also einem akteurzentrierten Ansatz folgte, bezeichnet das Governance-Konzept einen eher *institutionalistischen Ansatz*. Politische Steuerung und Governance schließen aber einander nicht aus. Vielmehr unterscheiden sich beide in ihren Perspektiven zur Erklärung von Regelungsformen gesellschaftlicher, wirtschaftlicher und politischer Sachverhalte. Dabei lenken beide Begriffe die Aufmerksamkeit auf verschiedene Aspekte gesellschaftlicher, politischer und wirtschaftlicher Prozesse und Verfahren.

SVEN RAWE

Schneider, Volker/Patrick Kenis, 1996: Verteilte Kontrolle: Institutionelle Steuerung in modernen Gesellschaften. In: Patrick Kenis/Volker Schneider (Hrsg.), Organisation und Netzwerk. Institutionelle Steuerung in Wirtschaft und Politik. Frankfurt/Main: Campus, 9-43. Mayntz, Renate, (1987): Politische Steuerung und gesellschaftliche Steuerungsprobleme – Anmerkungen zu einem theoretischen Paradigma. In: Jahrbuch zur Staats- und Verwaltungswissenschaft Bd. 1. Baden-Baden: Nomos, 89-110. Mayntz, Renate (2004): Governance Theory als fortentwickelte Steuerungstheorie? MPIfG Working Paper 04/1, März 2004 Mayntz, Renate/Fritz W. Scharpf, (1995): Steuerung und Selbstorganisation in staatsnahen Sektoren. In: Renate Mayntz/Fritz W. Scharpf (Hrsg.), Gesellschaftliche Selbstregelung und politische Steuerung. Frankfurt/Main: Campus, 9-38. Benz, Arthur (2004): Governance – Regieren in komplexen Regelsystemen. Eine Einführung. Wiesbaden, Verlag für Sozialwissenschaften. Kooiman, Jan (1999): Socio-Political Governance: Overview, Reflections ans Design. In: Public Management 1, 67-92.

# Parlamentarische Verfahren

Das wichtigste parlamentarische Verfahren ist die *Gesetzgebung* durch den Deutschen Bundestag. Dem Deutschen

Bundestag sind aber darüber hinaus durch das Grundgesetz weitere bedeutende Aufgaben zugewiesen. So wirkt er an der *Wahl* wichtiger Staatsorgane mit. Von besonderer Bedeutung sind die Wahl des Bundeskanzlers, über die Bundesversammlung die Wahl des Bundespräsidenten und die Teilnahme an der Wahl der Richter zum Bundesverfassungsgericht. Eine hervorgehobene Stellung nimmt der Bundestag ein bei der Zustimmung zu entscheidenden politischen Akten im Exekutivbereich der Bundesregierung. Der Bundestag wirkt vor allem bei völkerrechtlichen Verträgen und der Feststellung des Haushaltsplanes mit und gibt seine Zustimmung zu Einsätzen der Bundeswehr.

**Fragerechte.** Die traditionelle Arbeit des Deutschen Bundestages spiegelt sich auch in der parlamentarischen Kontrolle wieder. Das Grundgesetz selbst enthält keine ausdrücklichen Bestimmungen über die parlamentarische Kontrolle als umfassende Zuständigkeit des Bundestages, es erfolgt vielmehr eine Konkretisierung durch die Geschäftsordnung des Bundestages (GOBT). Von entscheidender Tragweite sind *Zitierrecht* und *Interpellationsrecht* gemäß Art.43 I GG, nach dem der Bundestag und seine Ausschüsse die Anwesenheit des Bundeskanzlers und der Bundesminister verlangen können. Die Anwesenheit führt zu einer umfassenden *Antwort- und Informationspflicht* des Anwesenden.

Ein wirksames Instrument der parlamentarischen Kontrolle und wichtiges parlamentarisches Verfahren ist die *Große Anfrage*. Sie ist entweder von einer Fraktion oder einer Abgeordnetengruppe mit Fraktionsstärke abzufassen und führt im Regelfall zu einer

Debatte im Bundestag (§§ 100-103 GOBT). Vor allem für die Opposition ist sie damit ein wichtiges Instrument, da durch die Große Anfrage ein Thema auf die Tagesordnung für das Plenum gesetzt werden kann. Die Antworten der Bundesregierung auf Große Anfragen werden in der Regel durch das Kabinett beschlossen.

Die *Kleine Anfrage* hingegen wird zwar ebenfalls von einer Fraktion oder einer Abgeordnetengruppe in Fraktionsstärke eingereicht, ist aber gemäß § 104 GOBT von der Bundesregierung nur schriftlich zu beantworten, eine Debatte im Bundestag findet nicht statt. Sie dient vor allem der Informationsgewinnung. Oft werden mit Kleinen Anfragen spätere Anträge der Fraktionen vorbereitet. So wurden allein in der letzten Legislaturperiode (14. LP, 1998 – 2002) 1813 Kleine Anfragen gestellt, davon rund 99 Prozent von den Oppositionsfraktionen (CDU/CSU: 324, FDP: 341, PDS: 1127).

*Fragen einzelner Abgeordneter* können entweder mündlich in der *Fragestunde* oder schriftlich gemäß § 105 GOBT beantwortet werden. Die Abgeordneten nutzen ihr persönliches Fragerecht häufig zur Beantwortung von Anfragen oder Petitionen aus dem Wahlkreis.

Ferner hat der Bundestag gemäß Art. 44 GG die Möglichkeit, ein parlamentarisches Untersuchungsverfahren durch einen *Untersuchungsausschuss* einzuleiten, um eine Klärung von Sachverhalten zu erreichen.

Trotz der Vielzahl parlamentarischer Verfahren im Arbeitsprozess des Bundestages liegt der Schwerpunkt der parlamentarischen Arbeit in der Gesetzgebung.

**Gesetzgebungsverfahren.** Das normale *Gesetzgebungsverfahren* ist in den Art. 76-78 und 82 GG geregelt. Für die *Haushaltsgesetzgebung* nach Art. 110 III GG und für *finanzwirksame Gesetze* gemäß Art. 113 GG bestehen einige zusätzliche Regelungen.

Gesetze, die eine *Verfassungsänderung* herbeiführen sollen, richten sich nach der Vorschrift des Art. 79 GG und bedürfen einer qualifizierten Mehrheit. Die Regelungen zum Gesetzgebungsverfahren werden ergänzt durch die Bestimmungen in den *Geschäftsordnungen* von Bundestag und Bundesrat.

Das Recht, Gesetze in den Bundestag einzubringen, obliegt nach Art. 76 GG nur der Bundesregierung, dem Bundesrat und den Abgeordneten des Bundestages. Mit der *Gesetzesinitiative* beginnt das parlamentarische Gesetzgebungsverfahren. Ein eingebrachtes Gesetz muss so ausformuliert und begründet sein, dass es ohne Zögern angenommen werden kann.

Ungefähr zwei Drittel der Gesetzentwürfe gehen auf die Bundesregierung zurück. In der letzten Legislaturperiode wurden von der Bundesregierung allein 443 Gesetzentwürfe eingebracht. Die Gesetzesinitiative erfordert einen Beschluss der Bundesregierung (➔Regierungsverfahren) und ist anschließend unverzüglich dem *Bundesrat* zuzuleiten.

Der Bundesrat soll in dieser frühen Phase Stellung nehmen zu dem Entwurf der Bundesregierung, der anschließend über die Bundesregierung zum Bundestag weitergeleitet wird. Die Stellungnahme des Bundesrates muss gemäß Art. 76 II GG innerhalb von sechs Wochen erfolgen oder auf ausdrücklichen Wunsch des Bundesrates in neun Wochen. Von der Bundesregierung als besonders eilbedürftig bezeichnete Vorlagen können nach drei Wochen an den Bundestag geleitet werden.

Neben der Bundesregierung ist auch der Bundesrat berechtigt zur Gesetzesinitiative, die vorher mehrheitlich im Bundesrat beschlossen werden muss. Gesetzesentwürfe des Bundesrates werden dem Bundestag nicht direkt, sondern über die Regierung zugeleitet, die so ihre Meinung äußern soll.

Natürlich kann auch der Bundestag selbst Gesetzesentwürfe einbringen. Aus Art. 76 GG ergibt sich, dass Gesetzesentwürfe aus der Mitte des Bundestages eingebracht werden können. Dieser Begriff wird in § 76 GOBT konkretisiert und bedeutet, dass der Gesetzentwurf von einer Fraktion oder aber mindestens fünf Prozent der Mitglieder des Bundestages eingebracht werden müssen. Eine Weiterleitung an den Bundesrat oder die Bundesregierung ist bei Gesetzesentwürfen des Bundestages nicht erforderlich.

In Einzelfällen lässt die Bundesregierung ihre Gesetzentwürfe durch Abgeordnete parallel zur Weiterleitung an den Bundesrat direkt beim Bundestag einbringen (*Paralleleinbringung*). Dies kann inhaltliche Gründe (*Abstimmungsschwierigkeiten* innerhalb der Bundesregierung) oder formale Gründe (*Zeitgewinn*) haben.

Die *Beratung* von Gesetzesentwürfen erfolgt im Bundestag in der Regel in drei *Lesungen* (§ 79 GOBT). Im Rahmen der ersten Lesung findet eine Aussprache über den Entwurf nur statt, wenn sie im Ältestenrat vereinbart oder einer Fraktion verlangt wird. Ansonsten erfolgt eine sofortige Weiterleitung an einen oder mehrere Ausschüsse des Bundestages. Bei politisch wichtigen Gesetzentwürfen findet regelmäßig eine Aussprache statt.

**Ausschüsse.** In den Ausschüssen soll eine *inhaltliche und politische Prüfung* des Entwurfes erfolgen. Sie sind die *vorbereitenden Beschlussorgane* des Bundestages. Die Arbeit in den Ausschüssen führt regelmäßig zu Änderungen an den Gesetzesentwürfen, da insbesondere die Regierungsfraktionen noch Einfluss auf die Ausgestaltung des Gesetzentwurfs nehmen. Auch die Regierung hat in diesem Stadium über die Fraktionen noch die Möglichkeit, den Gesetzentwurf inhaltlich zu verändern. In der zweiten Lesung wird der Entwurf in der Fassung beraten, die in den Ausschüssen abgestimmt wurde. Der *federführende Ausschuss* gibt für das Plenum einen *Bericht* und eine *Beschlussempfehlung* ab.

Wird der Entwurf ohne Änderungsanträge angenommen, so kann die dritte Lesung unmittelbar angeschlossen werden, wenn zwei Drittel der Abgeordneten dem zustimmen. In der dritten Lesung findet eine Beratung des Entwurfes und von Änderungsvorschlägen im Parlament nur statt, wenn eine Fraktion oder eine Gruppe von Abgeordneten in Fraktionsstärke – bzw. fünf Prozent – dies beantragen, aber auch nur hinsichtlich von Änderungsvorschlägen, die in der zweiten Lesung geändert worden sind. Die dritte Lesung und das parlamentarische Verfahren enden mit der *Schlussabstimmung*, bei der sich die Abgeordneten auf Nachfrage des Präsidenten nach Zustimmung, Gegenstimmen und Enthaltungen von ihren Plätzen erheben. Die Abstimmung erfolgt über das Gesetz in der Fassung, die es durch den federführenden Ausschuss und mögliche spätere Änderungen im Parlament erhalten hat. Die Schlussabstimmung entspricht dem Gesetzesbeschluss des Art. 77 GG, der die Grundlage des weiteren Gesetzgebungsverfahrens ist.

**Rolle der Bundesländer.** Nach der Zustimmung des Bundestages zu einem Gesetzesentwurf erfolgt unmittelbar die *Zuleitung an den Bundesrat* gemäß Art. 77 I GG. Verfassungsändernde Gesetze müssen nicht nur von zwei Dritteln der gesetzlichen Mitgliederzahl des Bundestages beschlossen werden, sondern bedürfen auch der Zustimmung von zwei Dritteln der Stimmen des Bundesrates. Für die Mitwirkungsbefugnisse des Bundesrates bei anderen Gesetzen kommt es darauf an, ob es sich um ein verfassungsänderndes Gesetz, ein Zustimmungsgesetz oder ein Einspruchsgesetz handelt.

Einer Zustimmung des Bundesrates zu einem Gesetz bedarf es nur, wenn dies im Grundgesetz ausdrücklich vorhergesehen ist. Dies ist der Fall, wenn ein Gesetz die Belange der Länder in besonders hohem Maße berührt.

*Zustimmungsgesetze* sind insbesondere Gesetze, die betreffen: Behördenorganisation und Verwaltungsverfahren der Länder bei Ausführung von Bundesgesetzen (Art. 84 Abs. 1 GG), Behördenorganisation im Bereich der Auftragsverwaltung (Art. 85 Abs. 1 GG), Einrichtung neuer bundeseigener Mittel- und Unterbehörden (Art. 87 Abs. 3 GG), Steuern der Länder und Gemeinden (Art. 105 Abs. 3), Aufteilung der Gemeinschaftssteuern (Art. 106 Abs. 3 GG), Verteilung der örtlichen Steueraufkommen (Art. 107 GG), Aufbau und Verfahren der Landes- und Gemeindefinanzbehörden bei bundesrechtlichen Abgaben (Art. 108 Abs. 4 und 5 GG) usw. Die Zustimmungsbedürftigkeit des Bundesrates erstreckt sich nach der ständigen Rechtsprechung des Bundesverfassungsgerichtes auf Gesetze in ihrer Gesamtheit und auf Änderungsgesetze, die das ursprüngliche Gesetz in ihrer inhaltlichen Bedeutung ändern. Vor allem wegen der Ausführung der Bundesgesetze durch die Länder werden viele Gesetze zustimmungsbedürftig. In der letzten Legislaturperiode (14. LP) wurden 301 von 549 Gesetzen als zustimmungsbedürftig verkündet. Wenn ein Gesetz als zustimmungsbedürftig anzusehen ist, hat der Bundesrat nach Art. 77 II a GG darüber in angemessener Frist zu beschließen. Stimmt der Bundesrat Zustimmungsgesetzen nicht zu, ist das Gesetzesvorhaben endgültig gescheitert. Die Verweigerung der Zustimmung kommt also einem absoluten Veto gleich. Der Bundestag kann diese Verweigerung nicht mehr außer Kraft setzen.

Bei allen anderen Bundesgesetzen hat der Bundesrat ein *Einspruchsrecht* (Art. 77 Abs. 3 GG). Ein Einspruch des Bundesrates kann zunächst das Zustandekommen eines Gesetzes verhindern, der Bundestag kann diesen aber zurückweisen. Hierfür reicht eine einfache Mehrheit nicht, sondern es bedarf der *Kanzlermehrheit* (Mehrheit der Mitglieder des Bundestages). Wenn der Bundesrat das Gesetz mit einer Zweidrittelmehrheit abgelehnt hat, dann bedarf es ebenfalls einer Zweidrittelmehrheit im Bundestag, um den Einspruch zurückzuweisen und das Gesetz zur Verkündung bringen.

**Vermittlungsverfahren.** Wenn es nicht zu einem positiven Beschluss über den Gesetzesentwurf kommt, dann kann es zur Einberufung des Vermittlungsausschusses kommen.

Der *Vermittlungsausschuss* mit 32 Mitgliedern ist jeweils zur Hälfte mit Vertretern von Bundesrat und Bundestag besetzt, die nicht weisungsgebunden auftreten. Die Sitzungen des Vermittlungsausschusses sind streng vertraulich, die Protokolle dürfen erst in der übernächsten Wahlperiode nach der jeweiligen Sitzung eingesehen werden. Aufgabe des Vermittlungsausschusses ist es, bei Meinungsverschiedenheiten zwischen dem Bundestag und dem Bundesrat eine Einigung zu erzielen. Bei Einspruchsgesetzen kann die Einberufung des Vermittlungsausschusses nur auf Verlangen des Bundesrates erfolgen. Bei Zustimmungsgesetzen kann die Einberufung des Vermittlungsausschusses neben dem Bundesrat auch vom Bundestag und der Bundesregierung verlangt werden. Für den Bundestag und die Bundesregierung ist somit ein Instrument geschaffen worden, einen Gesetzesentwurf, wenn auch mit erheblichen Änderungen, doch noch durchzubringen. Der Erfolg des Vermittlungsausschusses hängt davon ab, ob der Bundestag und Bundesrat den Kompromiss akzeptieren. Besonders wichtig ist das Vermittlungsverfahren, wenn im Bundestag und Bundesrat unterschiedliche Mehrheitsverhältnisse bestehen.

Im Grundgesetz erfolgt eine Unterscheidung zwischen dem Gesetzesbeschluss des Bundestages nach der dritten Lesung gemäß Art. 77 I GG und dem Zustandekommen des Gesetzes gemäß Art. 78 GG, das vorliegt, wenn der Bundesrat zugestimmt hat.

Ein Einspruchsgesetz kommt also zustande, wenn ein Einspruch des Bundesrates ausbleibt, ein Einspruch zurückgenommen wird, oder der Einspruch vom Bundestag mit erforderlicher Mehrheit überstimmt wird. Zustimmungsgesetze kommen hingegen dadurch zustande, dass der Bundesrat ausdrücklich zustimmt. Eine Änderung des ursprünglichen Gesetzestextes ist

für den Bundestag nur im Vermittlungsausschuss möglich.

Die nach Art. 76-78 GG zustande gekommenen Gesetze bedürfen der *Ausfertigung* durch den Bundespräsidenten und der *Verkündung* im Bundesgesetzblatt (Art. 82 GG). Die Ausfertigung ist die Unterschrift des Bundespräsidenten unter das Gesetz und erfolgt als verfahrensabschließender Akt. Die Ausfertigung dient dem Zwecke der Legitimation und der Repräsentation des politischen Aktes der Staatswillensbildung.

**GEORG KLEEMANN**

Hermann Hill (1982). Einführung in die Gesetzgebungslehre. UTB C.F.Müller, Heidelberg. Hans-Achim Roll (2001). Kommentar zur Geschäftsordnung des Deutschen Bundestages, Baden-Baden. Rupert Schick, Hermann J. Schreiner (2003), So arbeitet der Deutsche Bundestag, 17. Auflage, Rheinbreitbach. Josef Isensee, Paul Kirchhof (Hrsg.) (2001), Handbuch des Staatsrechts, Band II Demokratische Willensbildung – Die Staatsorgane des Bundes, 2. Auflage, Heidelberg.

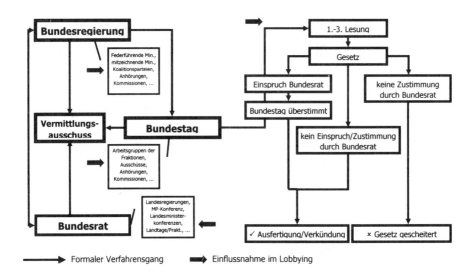

Formaler Verfahrensgang     Einflussnahme im Lobbying

**Gesetzgebungsverfahren und Lobbying-Optionen** (Schema: Sven Rawe)

| GESETZGEBUNGSVERFAHREN | LOBBYINGANSÄTZE |
| --- | --- |

Zuständiges Ministerium fordert die betroffenen Verbände zu einer Stellungnahme zur Reform des geplanten Gesetzes auf

⬇

Erarbeitung des Referentenentwurfs

⬇

Zuleitung des Referentenentwurfs an die betroffenen Ministerien und an die Länder

⬇

Zuleitung des Referentenentwurfs an das Kabinett zur Beschlussfassung

⬇

Zuleitung an den Bundesrat, Stellungnahme innerhalb von sechs Wochen

⬇

Gegenäußerung der Bundesregierung zur Stellungnahme des Bundesrats

⬇

Bundestag erhält Gesetzentwurf, Stellungnahmen Bundesregierung und des Bundesrats

⬇

Fraktionen und deren Arbeitskreise befassen sich mit dem Entwurf und positionieren sich

⬇

1. Lesung im Bundestag und Überweisung an ff. Ausschuss und mitberatende Ausschüsse

⬇

Beratung im Auschuss, Formulierung von Bericht und Beschlussempfehlung

oder: Beschluss über öffentliche Anhörung

*Hat der Verband eine eigene Stellungnahme abgegeben?*

*Wurden vorab potentielle Bündnispartner identifiziert?*

*Ist die Position des Ministers bekannt?*

*Mit welchen Gegnern bei welchen Themen ist zu rechnen?*

*Gibt es darüber hinaus informelle Kontakte zum Ministerium oder anderen Entscheidungsbeteiligten (u. a. Wirtschaft, Verbraucher)?*

*Was sind die Kernelemente der Argumentation?*

*Sind diese auch an anderer Stelle verwendbar?*

*Wird auch die Argumentation potentieller Bündnispartner berücksichtigt?*

*Gibt es (informelle) Kontakte zu betroffenen Landesministerien?*

*Gibt es bereits Kontakte zu MdB?*

*Sind die Positionen der MdB bekannt?*

*Wurden zielgruppenspezifische Argumentationen vorbereitet?*

*Gibt es bereits informelle Kontakte zur Presse?*

*Sind potentielle Bündnispartner identifiziert?*

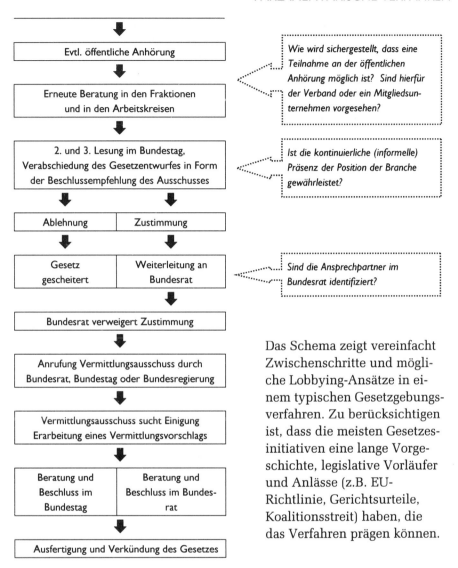

Das Schema zeigt vereinfacht Zwischenschritte und mögliche Lobbying-Ansätze in einem typischen Gesetzgebungsverfahren. Zu berücksichtigen ist, dass die meisten Gesetzesinitiativen eine lange Vorgeschichte, legislative Vorläufer und Anlässe (z.B. EU-Richtlinie, Gerichtsurteile, Koalitionsstreit) haben, die das Verfahren prägen können.

# Parteienfinanzierung

Politische Parteien brauchen ausreichend finanzielle Mittel, um ihre Funktionen ohne Risiken und unerwünschte Nebenwirkungen zu erfüllen. Werden die Parteiausgaben durch niedrige Einnahmen, gesetzliche Vorschriften oder Druck der öffentlichen Meinung begrenzt, dann bleibt der Umfang der Parteitätigkeit gering. Dennoch stellt die Parteienfinanzierung eines der umstrittensten Aspekte der modernen Parteiendemokratie dar.

**Ehrenamtliche und Apparat.** Gerade unter finanziellen Gesichtspunkten sind Parteiorganisationen moderner westeuropäischer Großparteien ambivalent zu beurteilen: Einerseits leben diese Parteien, von der „Kopfzahl" betrachtet, überwiegend von ehrenamtlicher Tätigkeit ihrer Mitglieder und Funktionäre, die in Form von Mitgliedsbeiträgen und kleinen →Parteispenden und einer mit politischem Aktivismus oft einhergehenden zusätzlichen „Selbstbesteuerung" auch finanzielle Leistungen für ihre Partei erbringen. Zugleich benötigen große Mitgliederparteien professionalisierte Parteiapparate mit hauptamtlichen Mitarbeitern sowohl für ihre organisatorischen Tätigkeiten, wie auch für ihre politischen Tätigkeiten, wie z.B. in ihrer Programm-, Presse- und Kampagnenarbeit. Folglich sind gerade die Parteizentralen in modernen Mediendemokratien auf dem Weg, sich zu professionellen Kompetenzzentren der medialen →Inszenierung eines permanenten Wahlkampfs zu verwandeln.

**Kosten der Großorganisation.** Die Parteienfinanzierung muss aber nicht nur medienintensive Wahlkämpfe abdecken, sondern auch die Kosten für eine Großorganisation aufbringen. Letztere sind gerade in Westeuropa besonders hoch.

Internationale Vergleiche zeigen, dass sich diese deutlich von den vergleichsweise weniger intensiv durchorganisierten Parteien, wie z.B. der vor allem wahlkampf- und kandidatenorientierten US-Parteien unterscheiden: Die westeuropäischen Mitgliederparteien geben beträchtliche Teile ihrer finanziellen Ressourcen zur *Aufrechterhaltung ihrer permanenten Parteiorganisationen* aus, während in den Vereinigten Staaten der Großteil der Mittel in die Wahlkampagnen fließt. Aus diesem Grund sind trotz der vergleichsweise exorbitant teuren US-Wahlkämpfe die gesamten *Kosten des Parteienwettbewerbs in den USA niedriger* als in einigen europäischen „Parteienstaaten", wie z.B. in Italien oder Österreich.

Jedoch bedeutet die Modernisierung von Parteien in Westeuropa nicht automatisch eine Kostensenkung. Die Entwicklung der traditionellen Massenparteien zu *„professionalisierten Wählerparteien"* demonstriert das Gegenteil. Diese Veränderung ist die Folge einer erheblichen →Professionalisierung der Politikdarstellung der Parteieliten und weniger der Versuch einer Effizienzsteigerung. Diese Veränderung beruht auf der Notwendigkeit des verstärkten *Zukaufs von externen Leistungen*.

**Spenden und Zuschüsse.** Diese Mehrkosten müssen durch ergänzende organisationsexterne Einnahmen, also Spenden sowie direkte und indirekte staatliche Zuwendungen, aufgebracht werden. Jedoch ist nicht jede externe Einnahme eine direkte Folge moderner Politikdarstellung. Spenden waren schon lange vor dieser Modernisierungsentwicklung besonders für liberale, christdemokratische und konservative Parteien charakterisierend, da sie bis zu den sechziger Jahren nur selten eine massenhafte Mitgliederbasis aufgebaut hatten. Daher ist gerade bei der „externen" Finanzierung die *Dominanz staatlicher Zuwendungen* neu. Sie setzte seit den sechziger bzw. siebziger Jahren verstärkt ein.

Eine Parteienfinanzierung ist elementar für die mittel- bis langfristige Verankerung einer Partei im Parteienwettbewerb. Sie sichert die *dauerhafte Konsolidierung* durch den Aufbau einer funktionierenden *Infrastruktur*. Durch den mittlerweile fast überall implementierten Ausbau einer beträchtlichen staatlichen Parteienfinanzierung wurde die Finanzierung neuer Parteien stark erleichtert.

Die tatsächliche *„finanzielle Einstiegshürde" für neue Parteien* ist heute zumeist deutlich leichter zu nehmen als in den 1950er und 1960er Jahren, da sie – bei entsprechendem politischem Erfolg – nun automatisch seitens der staatlichen Parteienfinanzierung erfolgt.

**Reale Staatsquote.** Die Finanzierung der Parteiorganisationen im engeren Sinne stellt nur einen Teil der Finanzierung des Parteienwettbewerbs insgesamt dar: Daneben müssten zudem die *Alimentierung der Abgeordneten* bzw. der übrigen Mandatsträgern, die *staatlichen Aufwendungen für die Fraktionen* und die Kosten für *Partei(nahe)-Stiftungen* berücksichtigt werden. Werden diese Bezuschussungen hinzugerechnet, beträgt in Deutschland die *reale Staatsquote der Parteiaktivitäten über 75 Prozent.*

Die staatliche Parteienfinanzierung liegt in dem Versuch begründet, politische Entscheidungen nicht durch finanzielle Abhängigkeiten von Geldgebern geraten zu lassen.

**Unterschiedliche Finanzstruktur.** In der Praxis ist die finanzielle Ausstattung der einzelnen Parteien sehr unterschiedlich ausgeprägt.

Dies liegt nicht nur an der *unterschiedlichen Attraktivität* für (potentielle) Mitglieder und/oder Wähler (im Falle einer am Wahlerfolg orientierten staatlichen Finanzierung), sondern begründet sich auch an der *gesellschaftlichen Interessenstruktur* bzw. sozialen Machtverteilung, aber auch an *historisch ererbten Vermögen*.

So ist das Vermögen der SPD als älteste deutsche Partei durch *Beteiligungsgesellschaften* im Immobilien- und Medienbereich weit größer als das aller anderen Parteien zusammen – ein weltweit einmaliger Fall.

Andererseits nehmen CDU und CSU (als auch finanziell getrennte Parteien) gemeinsam fast doppelt so viel als Spenden, insbesondere als Großspenden von Firmen, ein als die SPD.

**Sonderfall SPD-Vermögen.** Die unternehmerischen Tätigkeiten der SPD sind umstritten, insbesondere aufgrund der medienpolitischen Bedeutung der Holding *Deutsche Druck- und Verlagsgesellschaft*, die der SPD-Schatzmeisterei im Rahmen einer Generaltreuhandschaft untersteht (die Partei als nicht eingetragener Verein kann keine eigenen Firmenbeteiligungen halten).

Tatsächlich konnte die SPD durch erfolgreiche Geschäftstätigkeit z.B. Bau und Betrieb ihrer neuen Berliner Par-

79

teizentrale finanzieren. Am Anfang vor 140 Jahren standen Arbeitergroschen, die kleine Parteidruckereien und Zeitungen ermöglichten, heute dagegen – nach Enteignungen durch Kaiserreich, Nazis und DDR sowie jahrzehntelangen Misserfolgen bei der kostenträchtigen Sanierung nicht mehr zeitgemäßer Parteipressebetriebe – ist es gerade das professionelle Management eines vom politischen Betrieb getrennten Konzerns, das Widerspruch durch CDU/CSU und FDP und z.T. juristische Auseinandersetzungen (Änderungen der Mediengesetze der Länder, Streit vor dem Bundesverfassungsgericht) hervorruft.

Die anderen Parteien sehen in den Medienbeteiligungen unfaire Wettbewerbsvorteile durch die zusätzliche Einkommensquelle und eine zu große Nähe von Presse und Staat (wobei die Partei nicht als private gesellschaftliche Organisation, sondern als Quasi-Staatsorgan betrachtet wird).

Durch die Übernahme der Mehrheit an der überregionalen linksliberalen Tageszeitung *Frankfurter Rundschau* 2004 wurde diese Debatte noch verstärkt.

Die SPD kontert diese Vorwürfe mit dem Verweis erstens auf den historischen Ursprung des Vermögens, zweitens auf die in den 1970ern beschlossene bewusste Abkehr vom Konzept der politisch gesteuerten „Parteipresse" hin zum strikt nach wirtschaftlichen Kriterien geführten Unternehmensbereich mit einer überwiegend auf Minderheitsbeteiligungen ausgerichteten Strategie, drittens auf den stabilisierenden Beitrag zum Erhalt einer mittel-

ständischen Medienstruktur durch Minderheitsanteile an vielen Lokalzeitungen, sowie viertens auf die Notwendigkeit der SPD als Volkspartei, die im Parteienvergleich geringen Einnahmen aus Großspenden von Unternehmen zu kompensieren.

**Interne Machtverteilung.** Die *Verfügung über die jeweiligen Parteifinanzen* stellt einen wichtigen Faktor in der jeweiligen parteiinternen Machtverteilung dar. Innerparteilich stärken staatliche Zuwendungen typischerweise die *Autonomie der Parteispitzen* – sowohl gegenüber Großspendern, als auch gegenüber der jeweiligen Mitgliederbasis.

In föderalistisch strukturierten Staaten mit einer dezentral ausbezahlten Förderung stärkt die staatliche Finanzierung auch die *Autonomie lokaler Parteiorganisationen* gegenüber der jeweiligen gesamtstaatlichen Parteizentrale.

Generell versucht das deutsche Regelungssystem, die Parteien zu einer mitglieder- und partizipationsorientierten Mischfinanzierung zu ermuntern, in der die staatlichen Zuschüsse sowohl an tatsächliche Wählerstimmenzahlen als auch an die Höhe der Beitrags- und Spendeneinnahmen gekoppelt sind (*matching funds*).

Die Parteien haben sich über Brüssel eine weitere staatliche Finanzquelle erschlossen. 2003 beschlossen, 2004 in Kraft getreten, bedeutet die „Verordnung des Europäischen Parlaments und des Rates über die Regelungen für die politischen Parteien auf europäischer Ebene und ihre Finanzierung" eine Zusatz-Subventionierung für die *euro-*

*päischen Dachverbände* der Parteien aus dem EU-Haushalt.

**UDO ZOLLEIS**

Friedhelm Boyken (1998). Die neue Parteienfinanzierung. Entscheidungsprozeßanalyse und Wirkungskontrolle, Baden-Baden. Arthur B. Gunlicks (Hg.) (1993). Campaign and Party Finance in North America and Western Europe, Boulder/San Francisco/Oxford. Ludger Helms (2001). Die „Kartellparteien"-These und ihre Kritiker, in: Politische Vierteljahresschrift 42, H. 4, S. 698-708. Richard S. Katz, Peter Mair (1995). Changing Models of Party Organization and Party Democracy: The Emergence of the Cartel Party, in: Party Politics 1, H. 1, S. 5-28. Martin Morlok, Ulrich von Alemann/Thilo Streit (Hg.)(2004). Medienbeteiligungen politischer Parteien. Baden-Baden. Karl-Heinz Naßmacher (1993). Comparing Party and Campaign Finance in Western Democracies, in: Arthur B. Gunlicks (Hg.): Campaign and Party Finance in North America and Western Europe, Boulder u.a., S. 233-267. Karl-Heinz Nassmacher (2002). Die Kosten der Parteitätigkeit in westlichen Demokratien, in: Österreichische Zeitschrift für Politikwissenschaft 31, H. 1, S. 7-20. Karl-Heinz Naßmacher (2002a). Parteienfinanzierung in Deutschland, in: Oscar W. Gabriel/Oskar Niedermayer/Richard Stöss (Hg.): Parteiendemokratie in Deutschland. 2. Aufl., Opladen, S. 159-178. Fritz Plasser (mit Gunda Plasser) (2003). Globalisierung der Wahlkämpfe. Praktiken der Campaign Professionals im weltweiten Vergleich, Wien. Hubert Sickinger (2000). Parteien- und Wahlkampffinanzierung in den 90er Jahren, in: Fritz Plasser/Peter A. Ulram/Franz Sommer (Hg.): Das österreichische Wahlverhalten, Wien, S. 305-331. Hubert Sickinger (2004): Die Parteienfinanzierung, in Josef Schmid und Udo Zolleis (Hg.): Zwischen Anarchie und Strategie. Der Erfolg von Parteiorganisationen. Opladen [im Druck]. Wewer, Göttrik (1990)(Hg.): Parteienfinanzierung und politischer Wettbewerb. Rechtsnormen – Realanalysen – Reformvorschläge, Opladen.

# Parteimanagement

Parteimanagement ist die Betriebs- und Geschäftsführung politischer Parteiorganisationen mit ihren haupt- und ehrenamtlichen Mitarbeitern. Eine besondere Rolle spielt dabei das Management der *Parteizentrale* (Bundesgeschäftsstelle, Parteivorstand) als Dienstleistungszentrum für alle Ebenen und die Vorbereitung und Durchführung bzw. Unterstützung der Wahlkämpfe (➔Kampagnen).

**Parteimanagement und Public Affairs.** Parteien sind gesellschaftliche Organisationen, aber durch die *Mandatsträger* eng mit dem Staat verbunden. Ihr Führungspersonal, aber auch die Fachleute in der Partei (und ihren nahe stehenden Organisationen und Stiftungen) ermöglichen *Interessenvertretern* zusätzliche Kanäle, z.B. zu Nachwuchspolitikern, Arbeitsgemeinschaften, Fachausschüssen, parteifreundlichen Sachverständigen, Lokalpolitikern, Journalisten. Für konkrete Projekte (z.B. Gesetzgebungsvorhaben) ist die Partei zwar für einen Lobbyisten meist nicht der richtige Ansprechpartner, aber bei allen Grundfragen und bei der allgemeinen Meinungsbildung, die auf programmatische Vorarbeit hinauslaufen (bis hin zum Wahlprogramm, das später in einen Regierungs-Koalitionsvertrag einfließen kann).

**Der Rahmen.** Die *Führung* bilden der (ehrenamtliche) Parteivorsitzende und seine Stellvertreter, der Generalsekretär, der Schatzmeister, und der Bundesgeschäftsführer. Sie arbeiten eng mit den inneren Zirkeln aus den Führungsgremien (Präsidium, Vorstand, Parteirat) zusammen. Oberstes Organ ist stets der *Parteitag*. Die innere Ordnung muss dem *Parteiengesetz* entsprechen.

Die rechtlichen Grundlagen für das Parteimanagement sind *Organisationsstatut, Wahlordnung, Schieds-* und *Finanzordnung.* Das Organisationsstatut definiert u.a. Parteizugehörigkeit, Gliederung, Parteiämter, Mitgliedsbei-

81

träge, Mitgliederentscheid und Urwahl, Parteiordnungsverfahren.

**Problemlösungskompetenz.** Das Ideal einer Partei ist nicht nur das einer Machterwerbsorganisation, sondern auch das einer *Problemlösungsagentur* für die Gesellschaft: Sie entwickelt Ideen und Gestaltungsvorschläge, die sie, wenn sie regiert, in die Tat umsetzen möchte. Das funktioniert aber nicht nur mit einer technokratischen Profitruppe, die sich allein an der Geschlossenheit der Formation misst. Das mag im Wahlkampf richtig sein, aber die demokratische Willensbildung erfordert *Offenheit* für Debatten und Widerspruch – wohl wissend, dass Sachfragen und Machtfragen über Personalfragen (Aufstellung von Kandidaten, Wahl in Parteiämter, Besetzung von Regierungspositionen) eng miteinander verbunden sind.

**Verpflichtung auf Werte.** Parteimanagement muss Rücksicht nehmen auf den Anspruch, ein Höchstmaß an innerparteilicher Demokratie ebenso wie ehrenamtliche Parteiarbeit zu fördern; ebenso auf den Anspruch, bürgernah und in der Willensbildung per Mehrheitsentscheid transparent zu sein. Das bedeutet, dass Parteimanager mehr als jedes unternehmerische Management und sogar auch mehr als das ➔NGO-Management normativ verpflichtet wird, nicht nur im Sinne des ideologischen Tendenzbetriebs. Der CDU-Bundesparteitag 2000 formulierte: „Die CDU braucht ein modernes Parteimanagement, das auf verpflichtenden politischen Tugenden wie Offenheit, Solidarität, Kompromissbereitschaft, Toleranz, Ehrlichkeit, Uneigennützigkeit, Glaubwürdigkeit und Zuverlässigkeit gründet."

Nun weiß die Organisationswissenschaft aber auch zu berichten, dass (a) tatsächliche Entscheidungswege, (b) das, was darüber erzählt wird, und (c) das, was tatsächlich getan wird, nie identisch sind; *Heuchelei* und *Scheinheiligkeit* seien gar Grundzug jeder Organisation, behauptete Nils Brunsson (1989) in seiner wichtigen Studie *The Organisation of Hypocrisy*.

Da eine Partei weder Produkte noch Services, sondern vor allem Willensbildung und Kommunikation produziert, ist Parteimanagement vorrangig Beteiligungs- und Kommunikationsmanagement: zwischen den *Geschäftsstellen* in Bund, Ländern und Kommunen sowie den *Parlamentsfraktionen* (➔Fraktionsmanagement), zwischen Gliederungen und Mitgliedern, zwischen Partei und Bürgern. Kommunikation und Beteiligung sind aber kein Selbstzweck (auch wenn dies bei Hobbypolitikern gelegentlich so aussehen mag). Als Organisation, die auf den Erwerb von Macht zielt, muss das Parteimanagement vor allem *Eliten* rekrutieren, mit denen es staatliche und öffentliche Schlüsselpositionen besetzt. Die Rekrutierung der Mitarbeiter für Parteidienststellen ist das geringe Problem. Es gilt, unter den Mitgliedern Erfolg versprechende, kompetente und attraktive Kandidaten aufzubauen, die persönlich Wahlen gewinnen, Mehrheiten sichern und regieren können. Diese Menschen zu finden, zu fördern und zu halten kostet viel Kraft, Geld und Zeit.

**Hierarchie oder Anarchie?** Die innere Parteistruktur wird oft als hierarchisch, zentralistisch und oligarchisch gesehen. Das ist ein Klischee, das trotz gegenteiliger Medienbilder von Außenstehenden wie von einfachen Mitglieder weiter kolportiert wird. Wäre dies die Realität, könnten Parteimanager ihre Organisationen führen wie Unternehmensmanager oder Verwaltungschefs. Das Gegenteil aber ist der Fall. Parteien haben ein Gefüge, das sich ständig ändert; Macht ist nicht an Formalia gebunden, sondern flutet frei im Kampf um Positionen, Besitzstände, Ressourcen, Karrieren und Einfluss. Die lokalen Gliederungen sind keine Filialen, sondern machen weitgehend, was sie wollen, weder unter Kontrolle noch Aufsicht professioneller Führung. Sie üben aber auch kaum Einfluss auf die Gesamtrichtung der Partei aus. In den Führungsgremien auf Bundesebene spiegelt sich die Unfähigkeit, den Bezirks- und Landesfürsten, Chefs innerparteilicher Arbeitsgemeinschaften und Interessengruppen, Flügel, Initiativen, Expertengremien und Patronagemaschinen ihre Macht zu nehmen. Eine demokratische Partei ist eben keine straff führbare Kaderorganisation, sondern eher eine *Föderation*, sogar eine „lose verkoppelte Anarchie" (Peter Lösche). Auch ist nicht logisch nachzuvollziehen, wer mit wem kooperiert und koaliert: Sympathie und informelle Regeln dominieren. Das jahrzehntealte Verständnis von Parteieliten, die sich maschinenähnlich rational-bürokratisch organisieren (Max Weber) oder ausschließlich nach einem „ehernen Gesetz der Oligarchie" (Robert Michels) leben, ist nicht mehr

ganz zeitgemäß. Parteien organisieren sich in einem Raum von Unbestimmtheit und Richtungslosigkeit, in dem die traditionellen Managementkriterien wie Effektivität und Rationalität nur begrenzt greifen. Parteien sind *dezentral und fragmentiert* wie ein →Netzwerk, aber doch durch ausreichend Kitt zusammengehalten: gemeinsame Geschichte und Tradition, Symbole, das Charisma oder Organisationsgenie ihrer Führer, vor allem durch den gemeinsamen Willen zur Macht.

Dominant ist der Zwang, Tag für Tag die auseinander strebenden Kräfte zusammen halten zu müssen. Gestern noch gefundener Konsens ribbelt morgen schon wieder auf, Kompromisse halten bis zum nächsten externen Ereignis. Wenn überhaupt, fühlt man sich *Projekten auf Zeit* verpflichtet. Parteien ähneln zum Teil einer *Adhocratie*, in der formale Autorität unwichtig ist und sich selbst steuernde Arbeitsgruppen Projekten in wechselnden Konstellationen nachgehen.

Darin bestehen nicht nur Risiken und Erschwernisse, sondern auch Chancen, denn dies ermöglicht eine große Flexibilität und Anpassungsbereitschaft an sich verändernde Bedingungen. Wenig ist festgelegt, vieles entscheidbar. Es gibt – nach der Organisationstheorie – in solchen Formen hohes innovatives Potenzial. Flexible, dezentrale Strukturen sind viel besser geeignet, auf gesellschaftliche Individualisierung eine Antwort zu finden. Sie erlauben Durchlässigkeit und die Neupositionierung als Marktplatz der Ideen, um neue Mitglieder zu gewinnen. Unter Neumitgliedern sind reine

Karrieristen ja die Ausnahme; Mitbest-immenkönnen, Freude an der Debatte, Zugehörigkeitsgefühl sind die entscheidenden Interessen beim Neuantritt. Parteimanagement muss das ernst nehmen, denn Freiwilligkeit und Motivation sind Maßzahlen des Erfolgs. Die Profis hingegen, die in Parteizentralen und Fraktionen den Mandatsträgern zuarbeiten, bietet eine für Kreativität und Diskussion fruchtbare Struktur ebenfalls Chancen.

**Mittlere Funktionärsebene.** Wichtig für das Verständnis des Parteimanagements ist die Rolle der mittleren Funktionärsebene, die sich ihren Status in langen Ochsentouren erarbeitet hat und sich ihrer relativen Macht sehr bewusst ist, insbesondere auf Personalentscheidungen viel Einfluss zu nehmen; sie weiß, dass

- sie mit ihrem *Korpsgeist* den harten Kern der Partei darstellt;
- sie es ist, die mit ihren Werten und ihrer *Parteikultur* die Organisation unverwechselbar macht;
- die geringe Mitwirkung der gewöhnlichen Mitglieder ihre Stärke ist (nur ca. zehn bis fünfzehn Prozent kommen regelmäßig zu Veranstaltungen, aber nicht nur aus politischem, sondern auch geselligem Interesse);
- die auf der mittleren Ebene übliche *Ämterhäufung* und die Verbindung von Parteiamt und öffentlichem Mandat ihre Macht sichert;
- ihre Verbindungen zu lokalen und regionalen Eliten aller Art, in Unternehmen, Medien, Wissenschaft, Stiftungen, Kammern usw. – sehr gut und für jede Art Politik unersetzbar sind, weil „Cliquen, Klüngel und

Karrieren" (Erwin Scheuch) Lobby- und *Blockademacht* haben;

- sie ihr mikro-politisches Kapital an Gefälligkeiten und gegenseitigen Abhängigkeiten nach dem Prinzip Don Corleone („Der Pate") nur nutzen kann, wenn die begrenzte Rationalität der Parteiorganisation weitgehend erhalten bleibt und sich nicht den Managementansprüchen der Zentralen beugen muss.

**Präsidialisierung.** Die Parteizentralen sind auch nicht in der Lage, diese Ansprüche durchzusetzen. Aber: Die Medienstars der Partei hingegen müssen zwar noch von der mittleren Funktionärsebene gewählt und bestätigt werden, doch benötigen sie sie nicht mehr wie früher, um mit der Basis und mit den Bürgern zu kommunizieren. Das geht dank der Medien und Technologie über die Köpfe der Funktionäre hinweg. Diese erfahren aus der Talkshow, auf was sich die Führungsspitze bereits geeinigt hat und was die Partei in der nächsten Zeit umsetzen soll. Diese sehen das realistisch als Entmachtung ihrer Gremien und der Parteitage, auf denen die Delegierten nicht mehr viel tun können als Denkzettel zu verteilen. Die mediale →Personalisierung verstärkt in der Organisation die Tendenz zur *Präsidialisierung*.

Das sieht die mittlere Ebene, und sie wehrt sich. Nicht nur dadurch, dass sie jegliche Ansinnen abwehrt, Listenaufstellung ohne Proporz vorzunehmen, Seiteneinsteiger zuzulassen oder gar *Urwahlen* und *Mitgliederentscheide* als Routineinstrumente einzuführen oder gar einem Mehrheitswahlrecht in Deutschland zuzustimmen. Sie macht es der Spitze zunehmend schwerer, Mehrheiten aus Interessenkoalitionen zu bilden und damit ihre Integrationsfähigkeit zu beweisen.

**Parteitage.** Bei Parteitagen zeigt sich deutlich, wie die Organisation wirklich funktioniert. Der Parteivorstand bereitet sie technisch und inhaltlich mit großem Aufwand vor, kontrolliert die Antragskommission, in der die unerwünschten Anträge bereits untergehen, führt Regie über alle Abläufe. Die Reden der Führung dominieren, die Aussprache ist kaum wichtig; erst bei den geheimen Personalabstimmungen schlägt die Stunde der Delegierten, die den Prominenten empfindliche Einbußen bereiten können. Da aber typischerweise bei Parteitagen auf Bundes- und Landesebene die Mehrzahl der Delegierten aus Mandatsträgern und Mehrfach-Funktionären besteht, und eben nicht aus einfachen Mitgliedern, ist in der Regel nur mit gedämpften Überraschungen zu rechnen. Ausnahmen bestätigen die Regel.

In diesem Kontext muss Parteimanagement deutlich mehr leisten als die kontinuierliche Verbesserung des ➜Politischen Marketings, beim hauptamtlichen Personal die ➜Professionalisierung zu fördern und für alle Aktivitäten ein kostenbewusstes, steuerndes Controlling aufzubauen. Äußere Stromlinienförmigkeit allein zählt nicht, denn die internen Spannungen und Konflikte erlebt das Publikum in den Medien mit. Sehr viel zählt dagegen die Integrationsfähigkeit der Partei als gesellschaftliche Freiwilligenorganisation, der offene Austausch mit anderen Organisationen, die Entwick-lung eines unverwechselbaren Kerns, der ebenso die Werte einer Partei wie ihre Sachkompetenz und ihren „Lifestyle" vermarktet und durchsetzt, Motivation sowie die Fähigkeit erhält, gute Köpfe für sich zu gewinnen.

**Weiterbildung.** Die Parteien – und mit ihnen die parteinahen Stiftungen – investieren zunehmend in die betriebliche Weiterbildung, die eine neue Quantität und Qualität erreicht. Organisationsentwicklung, Führungskräftetrainings, Change Management, Qualitätszirkel für Mitgliederaktivierung, Kampagnenführung, Pressearbeit, Finanzen und Fundraising werden deutlich konsequenter ins „Organisationswissen" eingefügt als früher. Ein Beispiel: Die SPD-Parteischule hat mit dem Programm „Innovation, Qualifizierung und Personalentwicklung" 2001-04 über 780 Parteiangestellten teamweise geschult, in über 300 IPQ-Seminaren ein Gesamtvolumen von 15.000 Teilnehmertagen erreicht.

All dies erfordert einen Typus von Parteimanager, der sich deutlich unterscheidet vom klassischen Apparatschik und Technokraten, der lange Zeit in den Führungspositionen zu Hause war.

MARCO ALTHAUS

Ulrich von Alemann (2002). Parteien in der Mediendemokratie. VS, Wiesbaden. Jörg Bogumil, Josef Schmid (2001). Politik in Organisationen. VS, Wiesbaden. Nils Brunsson (1989). The Organisation of Hypocrisy: Talk, Decisions and Actions in Organizations. Chicester. Sebastian Bukow, Stephan Rammelt (2003). Parteimanagement vor neuen Herausforderungen. Lit. Münster. Nikodemus Herger (2004). Organisationskommunikation. VS, Wiesbaden. Gerhard Lehmbruch (2000). Parteienwettbewerb im Bundesstaat. VS, Wiesbaden. Oswald Neuberger (1995). Mikropolitik. Der alltägliche Aufbau und Einsatz von Macht in Organisationen. Stuttgart. Erwin Scheuch, Ute Scheuch (1992). Cliquen, Klüngel und Karrieren. Rowohlt, Reinbek.

# Politische Steuerung

Im Mittelpunkt der politikwissenschaftlichen Steuerungsdiskussion stehen der Staat bzw. die Regierungen, die aufgrund externen (z.B. sozioökonomischer) Problemdrucks oder interner (z.B. partei-, interessen-, machtpolitischer) Motive politisch tätig werden. Damit bezeichnet der Begriff „Politische Steuerung" zunächst einmal „den auf die *sachlich-technische Dimensionen* reduzierte Prozess politischer Herrschaftsausübung" und steht in Konkurrenz zu dem häufig unspezifisch und allgemein verwandten Begriff „Regieren".

Der Spannungsbogen politischer Entscheidungen reicht dabei von der *Gemeinwohlorientierung* über *Aufgabenerfüllung* und *Problemlösung* bis zum *zweckrationalen Han*deln der Akteure.

In einer spezifischeren Verwendung bezieht sich „Politische Steuerung" auf die soziale Risiken vermeidende oder kompensierende und Wohlstand mehrende Gestaltungsfunktion des Staates bzw. der Regierungen.

Aktiv kann politische Steuerung dabei als zielgerichtete und zweckorientierte, d.h. politisch absichtsvolle Gestaltung sozialer und wirtschaftlicher Gegebenheiten bezeichnet werden.

Zur *passiven Aufgabenbewältigung oder –abweisung* werden auch *Entlastungsstrategien*, wie z.B. die Dezentralisierung politischer Aufgaben an untere staatliche Ebenen oder die Privatisierung (mit dem Ziel, die Ansprüche an den Staat zu reduzieren), eingesetzt.

Versteht man den Begriff als „konzeptionell orientierte Gestaltung der gesellschaftlichen Umwelt durch politische Instanzen" (Mayntz 1997), erweist sich Politische Steuerung als Synonym zu „regulativer Politik" oder →Governance. Politische Steuerung bezieht sich in dieser Forschungsperspektive auf die „Policy-Dimension" von Politik und richtet ihren Fokus auf die Staatstätigkeit, d.h. auf das Zustandekommen, der Art und Weise und den Wirkungen politischer Interventionen bzw. auf gesellschaftliche Problembewältigung und ihre Instrumente. Politische Steuerung wird dabei primär als Prozess der Problembearbeitung durch das politisch-administrative System, Politik in einem *funktionalen Verständnis als Policy-Making* aufgefasst (siehe auch →Politikfeldanalyse).

Aus diesem Verständnis von Staatstätigkeit leitet sich die zentrale Frage politikwissenschaftlicher Steuerungsanalyse ab: Sie untersucht, in welchem Umfang und in welcher Tiefe die Politik gesellschaftliche Abläufe beeinflussen kann, welche politischen und gesellschaftlichen Voraussetzungen für erfolgreiche politische Steuerung gegeben sein müssen und welche Rolle den Steuerungsobjekten im Steuerungsprozess zukommt (Braun 2001). Jedoch haben sich spätestens seit

Beginn der Neunziger Jahre die klassischen Vorstellungen in der Steuerungstheorie von einen hierarchisch-kausalen Steuerungsverständnis als unzureichend erwiesen. Dies begründet sich zunächst einmal auf die zunehmende *Europäisierung* nationaler Politik und die *Globalisierung* der Märkte, aber auch auf innerstaatliche Reformprozesse (insbesondere die Reform der Sozialsysteme und allgemeine *Deregulierungstendenzen* in der Sozialpolitik).

Feststellbar ist eine zunehmende Unvereinbarkeit zwischen territorial gebundenen Steuerungsstrukturen und kaum kontrollierbarer externer Problemstrukturen (dies betrifft sowohl die Umweltpolitik, den technologischen Wandel als auch die Globalisierung)

Politische Steuerung findet in einem ständig komplexer werdenden institutionellen *Mehrebenensystem* statt, welches durch simultane Steuerungsaktivitäten sowie parallel existierender Regulierungsstrukturen und –prozesse gekennzeichnet ist.

Charakteristisch für Staatlichkeit ist schließlich die Herausbildung neuer kooperativer und partizipativer Formen politischer Steuerung, die Privatisierung und Dezentralisierung staatlicher Aufgabenerfüllung sowie der verstärkte Rückgriff auf *gesellschaftliche Selbstregulierung.*

Für Scharpf (1991) ist die *Handlungsfähigkeit* des politischen Systems – unter diesen neuen Bedingungen – begrenzt, da seine Souveränität weitgehend unterminiert ist; erfolgreiche staatliche Steuerung findet nicht mehr über Hierarchie statt, sie ist allenfalls in Netzwerken von „transnationalen und innergesellschaftlichen Abhängigkeiten und Verhandlungsbeziehungen" partiell zu stabilisieren. *Steuerungstheorien* lassen sich generell unterteilen in Ansätze, die Steuerung unter dem *Primat der Politik* betrachten und dabei die *Rückkopplung* durch die Adressaten nicht beachten sowie Theorien, die die Eigenarten des jeweiligen Interventionsfeldes und die Interessen der betroffenen Akteure als notwendige Wirkungsbedingung der eigenen Intervention des Staates betonen. Je nach Fokussierung variiert die Bedeutung des Begriffs „Politischer Steuerung". Es können unterschieden werden:

- die *„etatistische Gesellschaftssteuerung"* im staatstheoretischen Sinn, in dem der Staat eine Monopolstellung bei der politischen Steuerung einnimmt;

- die *„nicht-etatistische Gesellschaftssteuerung"*, bei der die generellen Zweck-Mittel-Orientierungen von staatlichen und privaten Akteuren sich einander polar gegenüberstehen;

- die *„kybernetische Steuerung"*, basierend auf einem Input-Output-Modell, wo soziale Steuerung mit Unterstützungsrelevanz politische Steuerung initiiert;

- die *„funktionalistische Steuerung"*, bei der die Steuerungsfähigkeit und Steuerbarkeit als Konditionierung der Selbststeuerung eines Systems in Rücksicht auf seine Möglichkeiten und seinen Beitrag zur gesellschaftlichen Integration begriffen wird;

- *„Steuerung im soziologischen Kontext"*, die sich auf Handlungs- und

Wirkungsketten bezieht, in deren Rahmen Akteure versuchen, die Anwendung von Programmen durch den Einsatz von geeigneten Instrumenten und Maßnahmen sicherzustellen;

- schließlich *„Steuerung in einer akteurstheoretischen Perspektive"*, begriffen als erfolgreiche Handlungskoordination von Akteuren mit dem Ergebnis, dass das kollektive Handeln dem zugrunde liegenden Steuerungskonzept entspricht. (Görlitz/ Burth 1998: 79)

Seit Beginn der achtziger Jahre werden neue Konzepte politischer Steuerung diskutiert, die auf so genannte *Selbstorganisationskonzepte aus der Systemtheorie* zurückgreifen. Ziel ist es die theoretische Stagnation in den klassischen Ansätzen (insbesondere die staats- und gesellschaftsorientierte sowie die policy-analytische Steuerungstheorie) zu überwinden. Politische Steuerung wird in diesem Zusammenhang definiert als *„Prozess struktureller Kopplung* zwischen politischem System und einem anderen autopoietisch organisierten Sozialsystem" (Görlitz/ Burth 1998: 291).

Das politische System wird nicht mehr länger als zentrale Steuerungsinstanz definiert, welches die Teilsysteme der Gesellschaft steuert und koordiniert.

Denn die funktionale Differenzierung der Gesellschaft hat zur Folge, dass mittlerweile jedes Teilsystem „eine für die gesamtgesellschaftliche Reproduktion unentbehrliche Teilfunktion wahrnimmt und darin auch durch kein anderes Teilsystem ersetzt werden kann" (Schimank/Glagow 1984: 10). Diese haben – nicht zuletzt aus Gründen der Effizienzsteigerung – eine eigene Logik entwickelt, die auf spezifischen Medien und Referenzmustern basiert und eine relativ hohe Autonomie erzeugt.

Es bilden sich *selbstreferentielle Systeme*, die allein ihren eigenen Regeln gehorchen und „von außen" kaum bzw. nur mit ungewissem Ergebnis beeinflusst werden können.

CHRISTIAN ROTH

Braun, Dietmar (2001) „Diskurse zur staatlichen Steuerung. Übersicht und Bilanz". Burth, Hans-Peter/ Görlitz, Axel (Hg.). Politische Steuerung in Theorie und Praxis. Baden-Baden: 101-131. Görlitz, Axel/ Burth, Hans Peter (1998). Politische Steuerung. Ein Studienbuch, 2. Auflage, Opladen. Mayntz, Renate (1997). „Politische Steuerung: Aufstieg, Niedergang und Transformation einer Theorie". Mayntz, Renate: Soziale Dynamik und politische Steuerung. Theoretische und methodologische Überlegungen, Frankfurt am Main: 263-292. Scharpf, Fritz. W. (1991). „Die Handlungsfähigkeit des Staates am Ende des zwanzigsten Jahrhunderts". Politische Vierteljahresschrift 32: 621-634. Schimank, Uwe/Glagow, Manfred (1984). „Formen politischer Steuerung: Etatismus, Subsidiarität, Delegation und Neokorporatismus". Glagow, Manfred (Hg.). Gesellschaftssteuerung zwischen Korporatismus und Subsidiarität, Bielefeld.

# Public-Private Partnership

Public-Private Partnership (PPP) steht für *Entwicklungspartnerschaften* von Staat und Kommunen mit der Wirtschaft. Öffentliche und private Partner sollen nach diesem Modell ihre individuellen Stärken kombinieren. PPP-Projekte werden im Idealfall gemeinsam geplant, finanziert und realisiert. Die Begründung für diese Partnerschaft, bei der es hauptsächlich um die Einbindung *privaten Kapitals für öffentliche Aufgaben* geht, ist aus der angespannten Lage der öffentlichen Haushalte entstanden, aus denen insbesondere große Infrastruktur-Investitionen (Neubauten oder Sanierung) nur schwer zu finanzieren sind.

Aus Bauvorhaben in Eigenregie werden so im Prinzip Beschaffungsmaßnahmen im Dienstleistungssektor, der Staat definiert seine Schwerpunkte neu (z.B. Konzentration auf Schulkonzepte statt auf Schulbau und –ausstattung). Die Politik hofft auf weiteren praktischen Nutzen: schnellere Realisierung, Effizienzgewinne, Impulse für die Konjunktur, gegenseitiges Lernen, Verwaltungsvereinfachung, Einsparungen beim Personal und erhebliche Risikoabwälzung auf Private.

Historisch wichtig für die Entwicklung des Konzepts war die von der britischen Regierung Anfang der 90er Jahre aufgelegte *Private Finance Initiative* (PFI). Nach diesem Modell wurden öffentliche Investitionen durch private Firmen finanziert, teilweise errichteten Private Infrastruktur auf eigene Kosten, und vermieteten sie als Betreiber an den Staat als Nutzer. So wurde beispielsweise auch die neue Britische Botschaft in Berlin gebaut. Inzwischen liegt das PPP-Volumen bei öffentlichen Bauvorhaben in Großbritannien bei geschätzt einem Fünftel.

In vielen europäischen Ländern, neben England auch Frankreich und die Niederlande, arbeiten öffentliche Hand und Privatunternehmen bei Investitionen in die Infrastruktur bereits eng

zusammen. Unternehmen bauen und betreiben Schulen, Hochschulen, Straßen, Wasser- und Versorgungsbetriebe, Krankenhäuser, Freizeitanlagen, sogar Gefängnisse.

Darüber hinaus nehmen *Technologie*-Projekte eine wichtige Stellung ein, insbesondere in der Telekommunikation (z.B. E-Government in der Leistungsverwaltung, LKW-Mautsystem, Bildungseinrichtungen, Arbeitsämter, Abrechnung in der Krankenversicherung). Schließlich sind PPP bei Projekten der *regionalen Wirtschaftsentwicklung* (Cluster-Bildung) und *kommunalen Stadtteilentwicklung* (Business Improvement Districts als besondere Gewerbezonen) von Bedeutung.

Auch in Deutschland besteht inzwischen eine hohe Zahl an PPP-Projekten. Deutsche Kommunen, Länder und der Bund beteiligen sich zunehmend an Initiativen, die über Einzelprojekte hinaus *Standards* für PPP-Projekte entwickeln und systematisch anstehende öffentliche Investitionen auf mögliche PPP-Optionen überprüfen.

Dabei lassen sie sich in der Regel von privaten Unternehmensberatungsgesellschaften unterstützen, die jahrelange Erfahrung z.B. im Bereich *Outsourcing* und strategische Unternehmenspartnerschaften besitzen.

Das PPP-Konzept hat aber auch Schattenseiten. Viele Projekte enden häufig genug nicht in Partnership, sondern in allgemeiner Frustration. Einer der wichtigsten Gründe liegt in fundamentalen *kommunikativen Missverständnissen*. Diese sind in den meisten Fällen darauf zurückzuführen, dass es nur mangelhafte oder gar keine Kommunikationsstrategie gegeben hat, um intern und extern die Ziele, Rahmenbedingungen und Inhalte von PPP zu vermitteln. Schon die ersten Einsteigermodelle der 80er Jahre begründeten die Geschichte des Missverständnisses. Politik, ständig auf der Suche nach Geldgebern für Projekte, die sich die öffentliche Hand nicht mehr leisten kann, verfiel darauf, das *Modell als Geldsammelmethode* zu entdecken.

Wo früher um Stiftung, Spende oder Sponsoring gebeten wurde (➔Corporate Citizenship), baten Politiker um finanzielles Engagement für ein PPP. So wurde aus so manchem klassischen *wohltätigen Zweck ein PPP-Projekt*.

Was die Politik häufig nicht bedachte oder verdrängte: PPP-Modelle bedeuten im Kern nicht, dass öffentliche Hand und Privatwirtschaft sich gegenseitig etwas Gutes tun, sondern dass beide Seiten gewinnen, also letztlich Geld verdienen.

Die Erwartungen an eine Gegenleistung sind auf der Wirtschaftsseite größer als bei einem als wohltätig definierten Engagement.

Das Unternehmen, das sich mit viel Geld für die PC-Ausstattung der Schulen eines Bundeslandes engagiert, findet es nicht akzeptabel, wenn es bei der nächsten IT-Ausschreibung des Landes keine Chance auf einen Zuschlag hat.

Selbst wenn dies weder auf Böswilligkeit noch auf Inkompetenz zurückgeht, sondern nur auf normale Anwendung der Ausschreibungsvorschriften, stößt dies beim Partner nicht auf Verständnis.

Andererseits hatte und hat auch Politik Interesse an einer gezielten *Camouflage*, und zwar insbesondere bei den Projekten, bei denen es eigentlich um Privatisierungen geht. Sind Privatisierungen aus handfesten Interessenlagen oder wegen hohem Emotionalisierungspotenzial politisch nicht gewollt, gilt der Einstieg über PPP als *„weiche" Alternative zur Privatisierung*, die als moderne Wirtschaftspolitik kommuniziert werden kann.

Insbesondere meinen jedoch die Politiker jedoch, dass selbst bei der Verlagerung von quasi-öffentlichen Aufgaben und finanziellen Risiken auf private Anbieter letztlich die politische Gesamtverantwortung bei den entsprechenden staatlichen Gremien bleibt. Die beteiligten Unternehmen verstehen diese *politische Logik* nicht immer.

Andererseits führen PPP oft genug dazu, dass das normale gesunde Misstrauen einer Kundenbeziehung ausgeschaltet wird. Wenn staatliche Auftragsvergabe als PPP bezeichnet wird, läuft man Gefahr, sich in der Gedankenwelt einer vermeintlichen Partnerschaft zu verfangen, in der man sich gegenseitig etwas Gutes tut. Die Notwendigkeit gegenseitiger *Kontrolle* und überprüfbarer *Mitverantwortung* im Detail wird dann oft zu spät erkannt. Hier liegt ein sichtbares Defizit im politischen ➔Krisenmanagement.

PPP-Projekte sind durch unklare Verantwortung schnell krisenanfällig. Vom viel zitierten Gedanken der *Risikopartnerschaft*, die jedem PPP-Grundsatzpapier zugrunde liegt, ist spätestens dann keine Rede mehr, wenn eine öffentliche *Kontroverse* beginnt, wenn Politiker um ihre Mehrheiten und Mandate oder Unternehmen um ihre Aktienwerte und Bilanzen fürchten müssen. Selbst Partner in jahrelang vorbereiteten PPP-Großprojekten wirken oft schlecht oder gar nicht vorbereitet auf den kommunikativen Krisenfall. Schon allein die Frage, wer eigentlich für die Partner bei Presseanfragen antworten soll, löst Verwirrung und interne Konflikte aus. Aber je größer die *materielle Komplexität*, desto wahrscheinlicher ist am Ende auch eine Kommunikationskrise.

Offensichtlich wird die Kommunikation als kritischer Erfolgsfaktor beim Aufsetzen vieler PPP-Projekte vergessen. Selbst in den neuesten relevanten PPP-*Leitfäden*, die von versierten Expertengruppen aufwändig erstellt worden sind, ist der Aufgabe der Kommunikation in und um PPP-Projekten kein oder nur ein Zweizeiler gewidmet ist. Vielfach sieht es so aus, als hätten die PPP-Sachverständigen aus bisherigen Debakeln wenig gelernt.

Auch wenn es nicht um Krisen geht, sind ➜Arena-Analyse (auch: Umfeld-Analyse) und ➜Stakeholder-Management bei PPP deutlich aufwändiger als üblich. Denn neben den üblichen sichtbaren Partnern gehören zum komplizierten Beziehungsgeflecht viele Anspruchsgruppen mit zumindest latentem Störpotenzial in wichtigen Teilöffentlichkeiten: Nutzergruppen, Gewerkschaften und Berufsvereinigungen, kommunale Interessengruppen, mancher nur indirekt betroffene ➜Verband, ➜Public Interest Groups, Betroffenen- und Bürgerinitiativen.

Hinzu kommt die unrealistische Annahme der Politik, man könne ja über die Mitgliedschaft in den entsprechenden *Aufsichtsgremien* steuernd eingreifen. Dies ist in der Regel eine Fehleinschätzung, die schon bei einfacheren PPP-Projekten wie der Privatisierung von Versorgungseinrichtungen zu politisch fatalen Folgen führen kann. Abgesehen davon, dass Unternehmen ihrerseits die Pflege von Aufsichtsräten und Beiräten deutlich professioneller betreiben als so manches andere Thema, reichen eine Handvoll (häufig genug unvorbereitete) Sitzungen im Jahr nicht aus, um wirklich Herr des Verfahrens zu sein.

Eine kontinuierliche interne Kommunikation basierend auf einem klar strukturierten *Berichtswesen/Reporting* ist Politik leider häufig völlig fremd. Und die Unternehmen bieten es nicht ungefragt an. Doch *politische Legitimation* ist nicht teilbar, auch nicht in einem PPP-Projekt. Sprich: Wenn etwas schief geht, ist immer die Politik schuld, und die schlägt dann irgendwann zurück.

Die Unternehmen versäumen oft, ihre Interessen klar zu formulieren. Natürlich möchte man als großzügiger Vorstand etwas für das Allgemeinwohl tun, und selbstverständlich hat das Vorrang vor allen anderen Gesichtspunkten. Dies ist aber eine Selbsttäuschung. Notwendig wäre dagegen eine äußerst gezielte Kommunikation in die richtigen politischen Kanäle über Sinn und Zweck des eigenen Engagements. Naivität zeigt sich bei manchem Vorstand: Anzunehmen, dass Politik oder gar Verwaltung subtile, indirekte Botschaften verstehen würde, ist das

Gegenteil von professionellem Public Affairs Management. Vertrauen ist gut, Steuerung ist besser.

Auch fachliche Beratung durch *Experten* sichert nicht automatisch umfassende Absicherung. Bei Großprojekten ist es ein Erfahrungswert, dass internationale Anwaltskanzleien ein Hunderte oder gar Tausende Seiten starkes Vertragswerk entwerfen, das jedoch schlicht nicht mehr kommunizierbar ist. In der Unternehmenswelt ist das kein Hinderungsgrund.

Aber wenn die Politik etwas weder Freund noch Feind erklären kann, dann fehlt es nicht nur am Ende an der notwendigen politischen Mehrheit. Es fehlt in einer Demokratie schlicht an *Legitimität.* Das ist eine Einladung zum Machtverlust. Sobald dies die politischen Entscheidungsträger begreifen, meist erst spät, gehen sie auf Distanz.

Fazit: Eigentlich gibt es gar keine echte Public-Private-Partnership. Es gibt nur die Frage, ob Interessen sich so koordinieren lassen, dass beide Seiten verdienen. Das ist etwas ganz anderes als eine nebulöse Partnerschaft.

Der Gedanke einer gemeinsamen Gewinnsituation zwischen Politik und Wirtschaft ist nur dann effizient umzusetzen, wenn beide Seiten insbesondere in der Phase der Projektdefinition klar kommunizieren, was sie wollen und können, und wozu es dient.

**SUSANNE KNORRE**

Bertelsmann Stiftung / Clifford Chance Pünder / Initiative D21 (2003). Prozessleitfaden Public Private Partnership, Berlin. Budäus, Dietrich (2003). Neue Kooperationsformen zur Erfüllung öffentlicher Aufgaben. Charakterisierung, Funktionsweise und Systematisierung von Public Private Partnership, in: Harms/Reichard, Die Ökonomisierung des öffentlichen Sektors - Instrumente und Trends, Baden-Baden: 213-233. EU-Kommission (2003). Guidelines for Successful Public-Private Partnerships. Hill, Hermann (2001). 25 Thesen zu einer Verfahrensordnung für öffentlich-private Kooperationen (Verwaltungskooperationsrecht), in: Verwaltung und Management, 1: 10-11. Hoeppner, Rolf-Roger (2003). Public Private Partnership. Ein Leitfaden für öffentliche Verwaltung und Unternehmer. Herausgegeben vom Bundesministerium für Wirtschaft und Arbeit, Eschborn.

# Regierungsverfahren

Die Organisation und die Zuständigkeit der Bundesregierung werden im Wesentlichen durch das Grundgesetz geregelt (Art.62-69 GG). Die Bundesregierung besteht aus dem Bundeskanzler und den Bundesministern. Die Zahl der Ministerien und ihre Verantwortungsbereiche gibt das Grundgesetz nicht vor, sie werden regelmäßig in der *Koalitionsvereinbarung* festgelegt. Jedem Ministerium steht ein Bundesminister vor, der seinerseits auch stimmberechtigtes Mitglied im Regierungskollegium (Kabinett) ist. Die Bundesregierung hat in ihrer Gesamtheit als *Kollegium* nach Art. 65 S.3 GG über Meinungsverschiedenheiten zwischen den Bundesministern und somit auch über Streitigkeiten innerhalb der Regierung zu entscheiden. Die Fälle, in denen von der Bundesregierung Entscheidungen als Kollegium erwartet werden, sind im Grundgesetz enumerativ aufgezählt. Zu den wichtigsten Punkten gehört die Mitwirkung im Bereich der Gesetzgebung gemäß

Art. 76 GG. Der Bundeskanzler leitet die Geschäfte der Bundesregierung nach einer von der Bundesregierung beschlossenen und vom Bundespräsidenten genehmigten *Geschäftsordnung (GOBReg)*. Die Grundsätze für die Organisation der Bundesministerien, die Zusammenarbeit der Bundesministerien und mit den Verfassungsorganen sowie für den Geschäftsverkehr nach außen und die Mitwirkung bei der Gesetzgebung sind in der *Gemeinsamen Geschäftsordnung der Bundesministerien (GGO)* geregelt. Die Regierungsverfahren werden also im Wesentlichen durch die GOBReg und die GGO bestimmt.

Wichtigstes Regierungsverfahren ist die *Mitwirkung an der Rechtsetzung*. Die Bundesregierung leitet etwa *zwei Drittel aller Gesetzgebungsvorhaben* ein. In der letzten Legislaturperiode (14.LP, 1998 – 2002) hat sie von den 549 verkündeten Gesetzen 387 eingebracht. Dies liegt vor allem daran, dass in den hinter der Bundesregierung stehenden Ministerien ein hohes Maß an Sachkompetenz und Personal gebündelt ist.

Der *Entschluss zur Abfassung* eines Gesetzesentwurfes kann auf die Entscheidung eines Ministers zurückgehen, ein Vorschlag aus der Mitte des Ministeriums oder aber der Vollzug eines Kabinettbeschlusses oder der Koalitionsvereinbarung sein. Selbst von der höchstrichterlichen Rechtsprechung des Bundesverfassungsgerichts können Impulse zum Entwurf eines Gesetzes ausgehen.

In der Regel wird die Arbeit am Gesetzesentwurf von dem zuständigen *Referat* im jeweiligen Bundesministerium begonnen. Für die Vorbereitung der Gesetzesentwürfe in den zuständigen Ministerien regeln die §§ 40 ff. GGO den Gang des Verfahrens. Zunächst ist dort festgelegt, dass vor Ausarbeitung eines Gesetzentwurfs das *Bundeskanzleramt* zu benachrichtigen und über das weitere Verfahren laufend zu unterrichten ist (§ 40 GGO). Sofern Gesetzesvorlagen die Belange der Länder oder Kommunen berühren, soll vor Abfassen eines Entwurfs die *Auffassung der Länder* und der auf Bundesebene bestehenden *kommunalen Spitzenverbände* eingeholt werden (§ 41 GGO).

Wichtige Gesetzgebungsvorhaben werden natürlich auch mit den Regierungsfraktionen und den Bundesländern, die von der gleichen Partei regiert werden, informell abgestimmt.

Für das weitere Verfahren ist die GGO nur das Gerüst. Jedes Gesetzgebungsverfahren hat ebenso wie jedes Ministerium seine Besonderheiten.

Der erste komplette Gesetzentwurf wird als *Referentenentwurf* bezeichnet. In Einzelfällen wird dem Referentenentwurf auch ein *Vorentwurf* oder *Diskussionsentwurf* vorgeschaltet. Dieser Entwurf ist dann regelmäßig noch nicht im jeweiligen Ministerium zwischen den einzelnen Abteilungen und mit der Leitung des Ministeriums abgestimmt worden.

Die Referenten- und Diskussionsentwürfe werden bei wichtigen und streitigen Regelungsinhalten grundsätzlich noch erheblich verändert. Dennoch werden schon zu diesem Zeitpunkt die möglichen Streitpunkte erkennbar und durch das federführende Ministerium vorentschieden. Bedeutsam sind allerdings noch die endgültige Billigung des jeweiligen Bundesministers und die Abstimmung mit den anderen ebenfalls fachlich betroffenen Bundesministerien.

Schon während der Erarbeitung des Entwurfes sucht die Referatsleitung häufig den Kontakt mit →Verbänden und →Interessengruppen, die von dem Entwurf betroffen sein werden. Damit soll schon im Vorfeld des eigentlichen Gesetzgebungsverfahrens auf die Interessen der Betroffenen eingegangen werden. Insbesondere Diskussionsentwürfe dienen diesem Zweck.

Nach der GGO sollen Zentral- und Gesamtverbände sowie Fachkreise „rechtzeitig" beteiligt werden. Zeitpunkt, Umfang und Auswahl liegen im Ermessen des federführenden Bundesministeriums.

Allerdings soll die Zuleitung eines Gesetzentwurfs nur im Einvernehmen mit einem inhaltlich ebenfalls betroffenen Bundesministerium geschehen, wenn mit einer abweichenden Meinung zu rechnen ist. Die Zuleitung von Gesetzesentwürfen von besonderer politischer Bedeutung an Externe bedarf allerdings der ausdrücklichen Zustimmung des Bundeskanzleramtes.

Bevor ein Gesetzesentwurf der Bundesregierung zum Beschluss vorgelegt wird, ist noch eine *Prüfung der Rechtsförmigkeit* des Gesetzesentwurfes durch das Bundesjustizministerium erforderlich (§ 46 GGO).

Sobald der Referentenentwurf die endgültige Billigung des federführenden Bundesministers gefunden hat, kann er der Bundesregierung gemäß §15 GOBreg zur *Beratung und Beschlussfassung* unterbreitet werden. Damit erfolgt die Einbeziehung aller Bundesminister und des Bundeskanzlers in den Gesetzesentwurf.

Dieser *Kabinettsbeschluss* ist jedoch in den meisten Fällen nur noch ein formaler Akt, da nur in der Regel solche Gesetzentwürfe dem Kabinett zur Entscheidung vorgelegt werden, über die zuvor zwischen den Ministerien und dem Bundeskanzleramt eine Einigung erzielt wurde.

Der vom Kabinett beschlossene Text wird dem Bundesrat vom Bundeskanzler zugeleitet. Dann beginnt das parlamentarische Gesetzgebungsverfahren (→parlamentarische Verfahren).

**GEORG KLEEMANN**

Andreas Holzapfel, (2003). Handbuch der Bundesregierung, 15. Wahlperiode, Stand: Mai 2003, Rheinbreitbach. Karl-Rudolf Korte, Manuel Fröhlich (2004). Politik und Regieren in Deutschland. Schöningh, Paderborn. Hartmut Maurer (2000). Zur Organisationsgewalt im Bereich der Regierung, Festschrift für Klaus Vogel, Heidelberg: 331 ff. Brigitte Zypries, Cornelia Peters (2000). „Eine neue gemeinsame Geschäftsordnung für die Bundesministerien". Zeitschrift für Gesetzgebung, 15.4: 316 ff.

# Verwaltungspolitik

Die Verwaltung steht häufig im Zentrum fachlicher Einflussnahme im →Lobbying (*Government Relations).*

Verwaltung ist mehr ist als ein Instrument der Politiker, mehr als die bloße neutrale Ausführung politischer Entscheidungen. Verwaltungen prägen politische Entscheidungen frühzeitig durch die Vor-Auswahl an Informationen und Entscheidungsalternativen, und bei der Ausführung geht es um *Auslegung* und *Einzelfallentscheidungen*. Verwaltung ändert sich auch ständig durch *Struktur- und Verfahrensreformen* und *Technologie* (z.B. E-Government). Inhaltliche Vorgaben, Verfahren, Effizienz, Zuschnitt und Erscheinungsbild der Verwaltung haben direkten Einfluss darauf, welches Ergebnis faktisch aus einer politischen Entscheidung wird. Verwaltung macht Politik und ist selbst Gegenstand der Politik. Das Gebiet wird Verwaltungspolitik genannt.

Verwaltung hat Leistungskraft, weil sie Macht auf der Basis von Fach- und Erfahrungswissen konzentriert. Dazu gehört auch, dass sie ihr *Implementationswissen* schon in die Politikformulierung früh einspeisen kann.

Verwaltung führt sich zwar nicht ganz selbst, aber Parlament und Regierung können die Verwaltung auch nicht ohne weiteres kontrollieren. Im Gegenteil bleibt ihnen in vielen Fällen nur übrig, die von der Arbeitsebene in Ministerien entwickelten Programme, Gesetze, Rechtsverordnungen und Verwaltungsvorschriften zu ratifizieren – vor allem in Routineangelegenheiten, weniger bei Strategieentscheidungen.

Der Apparat ist durch Hierarchie, Geschäftsordnung, Aktenvorschriften und Zuständigkeitsregeln geprägt, aber fügt sich nicht allein in schematische Abläufe einer theoretischen Mechanik. Heute ist eher die Rede von *„postbürokratischer Verwaltung"* und *Steue-*

*rungspessimismus* (➜Governance, ➜Politische Steuerung). Behörden haben – wie auch Unternehmen – eine Vielzahl von weichen, oft nicht sichtbaren *Kompetenz- und Abstimmungsstrukturen*, gefördert durch eine ausgeprägte *Politikverflechtung* zwischen Gemeinden, Ländern, Bund und EU und durch die *Parteibuchpatronage*.

**Außenverbindungen.** Eine völlig von außen abgeschottete Verwaltung gibt es nicht, in der Regel existieren zahlreiche *Informations- und Einflusskanäle* von und zu ➜Interessengruppen. Beamte verhandeln permanent mit ihren eigenen *Anspruchsgruppen* (➜Stakeholder-Management) den Interessenausgleich, vermitteln und koordinieren, stimmen sich ebenso mit Politikern wie anderen Experten ab. In diesem kleinen Experten-Kosmos sind symbiotische Beziehungen die Regel, nicht die Ausnahme. Manchen Beamten gelingt es sogar, sich für ihre eigenen Aktivitäten eine neue gesellschaftliche Klientel zu schaffen, gründen sich sozusagen ihre Lobby selbst, legitimieren und schützen damit ihren Bereich. Kombiniert mit engen Beziehungen zu Parlamentariern in ihren Fachausschüssen, kann daraus schnell ein *„eisernes Dreieck"* werden, das sein Politikfeld nur mit Eingeweihten gestaltet – quasi eine Nebenregierung, zu der auch Journalisten und Wissenschaftler stoßen können. Beamte pflegen ihre ➜Netzwerke, sehen sich als Kommunikationspartner oder *„Klientelbetreuer"*. Manche Interessengruppen schaffen es, in den ihnen zugeordneten Referaten strategische Bündnispartner zu finden. Diese koalieren mit

Beamten aus Ressorts einer oder mehrerer Ebenen ebenso wie mit deren Klientel. Die Verwaltungswissenschaften haben für derartige vertikale, horizontale oder diagonale, binnen- und außenorientierte Verflechtungen Stichworte wie *„Fachbruderschaften", „Interessenvettern"* und *„Wahlverwandtschaften"* gefunden. Neben diesen Allianzen gibt es aber in der Behördenvielfalt ebenso *Ämterkonkurrenz* und *Ressortrivalitäten:* Unterschiedliche *Verwaltungskultur,* Wettbewerb um knappe Mittel, Interessengegensätze der Klientel, Innovationswillen oder Inkrementalismus, Langfristige oder kurzfristige Perspektiven, kooperativer oder konfliktstarker Stil, Vertrauen oder Misstrauen, Schwerpunkte auf Kontakt, Verhandlung oder Regulierung – in all dem gibt es markante und gegensätzliche Profile von Behörden und Behördenteilen. Jedes hat seine eigene Identität, eigenes Gewicht, eine eigene Geschichte. Zusammenlegungen von Behörden sind ebenso schwierig wie Unternehmensfusionen. Verwaltungsreformen versuchen diese Gegensätze zum Teil abzuschleifen, zum Teil im Sinne eines *Veränderungsmanagements* zu nutzen. .

**Inkrementalismus.** So sehr sich Politik und Verwaltung auch um kontinuierliche, rationale Problemlösung bemühen: langfristige zentrale Planung, die dann auch wirklich umgesetzt wird und eintritt, funktioniert meist nicht. Zu viele Entscheidungsträger müssen sich abstimmen und sind real nicht zentral steuer- und beherrschbar. Entscheidungen bleiben meist nah am Status quo, Risiko wird vermieden, Interessen möglichst eingebunden, endgültige Lösungen für komplexe Probleme werden ohnehin nicht anvisiert, und statt die Mittel an die Zwecke anzupassen, werden die Zwecke an die Mittel angepasst. Dass dies nicht die perfekte Methode ist, um frühzeitig Krisenpotenzial zu erkennen, strategische Ziele zu erreichen oder Innovationen zu fördern, liegt auf der Hand.

Die Methode des *Sich-Durchwurstelns* („muddling through") ist auch immer eine des *Verschleppens,* und davon haben vor allem diejenigen Interessengruppen einen Nachteil, deren *Klientelbeziehungen zum Apparat* nicht so stark ausgeprägt oder nicht vorhanden sind.

**Beamte als Politikberater.** Verwaltung wird eine einseitige „Vorbereitungsherrschaft" zugeschrieben, die klischeehaft wirkt. Beamte sind vom persönlichen Führungsstil der politischen Spitze, von den programmatischen Absprachen der parteinahen oder –gebundenen „politischen Beamten" ebenso abhängig wie von der Tagespolitik. Welche Mehrheiten möglich und stabil sind, wie brisant Probleme sind, welches Kosten-Nutzen-Kalkül die Politiker bei einem Thema haben – all das geht Beamte viel an. Zwischen Politik und Verwaltung besteht ein dynamisches Verhältnis, das sich sowohl auf formellem Dienstweg wie auch in verschiedenen *Ad-hoc-Strukturen* manifestiert.

Es ist sinnvoll, den Verwaltungsangehörigen Funktionen des Informations- und Kommunikationsmanagements zuzuschreiben. *„Politikberater* *von innen"* üben diese Funktionen nach Karl-Rudolf Korte (2003) in sieben Beratungsformen aus:

- Als formale Zuarbeit im Organisationskreislauf;
- In informellen Netzwerken zur Zielfindung;
- In institutionalisierten Runden Tischen oder Bündnissen auf Zeit;
- Als persönliche Berater/Vertraute;
- Im parteipolitischen Umfeld (Gremien, Flügel, Machtzirkel);
- In und mit den Medien als Seismograph, Coach, Agenda-Setter;
- Durch Aufträge für wissenschaftliche Expertisen.

Die Rolle von Beamten, die als Ansprechpartner für externe Interessen gewonnen werden sollen, muss nach ihrer Funktion in der internen Politikberatung bewertet werden.

**Höflinge und Machtmakler.** An jedem „Hof" gibt es um den „Thron" die „Höflinge", die Kontakte und Privilegien, Einfluss und Ansehen suchen. Sie sind nur so groß, wie häufig sie in der Nähe des Chefs oder einflussreicher Persönlichkeiten sieht. Gerüchte, Rivalitäten, Intrigen, Verschwörungen drehen sich meist um den Zugang zum Chef. Diejenigen, die als Torwächter den Zugang kontrollieren, bestimmen maßgeblich, welche Informationen wie selektiert und gewichtet zum Entscheidungsträger vordringen.

Korte bezeichnet diese Personen im unmittelbaren Umfeld des Spitzenakteurs als Machtmakler. Darunter sind *Pressesprecher, Büroleiter, Abteilungsleiter, Planungschefs, Amtschefs.* Sie strukturieren das Informationsmanagement maßgeblich. Individuell wird geregelt, welche Spezialaufgaben sie bekommen, welchen Sonderstatus mit welcher abgeleiteten Autorität sie in der Gesamtorganisation haben, wie viele Mitsteuerungsrechte sie haben und ob sie auch nach außen als Sprachrohr auftreten. Desgleichen, ob sie ihre Rolle als Sparringpartner, Krisensensor, Seelentröster oder Blitzableiter finden.

Der Blick auf die formalisierten Prozesse führt also, insbesondere bei den Leitungsebenen, eher ins Irre, wenn man nicht auch die alternativen Entscheidungsstrukturen und die *informelle Entscheiderelite* kennt. Wann und wie gefiltert oder gefärbt Informationen von außen nach innen oder von unten nach oben weitergegeben werden, lässt sich nur erkennen, wenn man die Absichten zum internen →Agenda-Setting und zur Anwendung von Machtstrategien erkannt hat. Hinter Verwaltung, zumal der Ministerialverwaltung, stecken hochkomplexe Entscheidungsmechanismen, und große Entscheidungen sind am Ende auch nur ein Ergebnis vieler kleinerer politischer und Verhandlungsprozesse zwischen Akteuren, darunter den Machtmaklern. Die →strategischen Spiele, die in Behörden kontinuierlich simultan gespielt werden, sind nicht auf den ersten Blick zu beobachten.

MARCO ALTHAUS

Klaus Althoff, Michael Thielepape (2000). Psychologie in der Verwaltung. Maximilian, Hamburg. Gerhard Hirscher, Karl-Rudolf Korte (2003). Information und Entscheidung: Kommunikationsmanagement der politischen Führung. VS, Wiesbaden. Werner Jann et al. (2004). Statusreport Verwaltungsreform. Edition sigma, Berlin. Frank Überall (2004). Die Beamtenrepublik. Campus, Frankfurt a.M. Karl-Rudolf Korte, Manuel Fröhlich (2004). Politik und Regieren in Deutschland. Strukturen, Prozesse, Entscheidungen. Schöningh, Paderborn.

# Politische Kommunikation

Politische Kommunikation ist ein interdisziplinäres Arbeitsfeld, in dem als Grundannahme gilt: Politische Realität ist Medienrealität, aber nicht jede Medienrealität entspricht der politischen Wirklichkeit.

Politische Prozesse, Politiker und die Medien haben ihre alte Symbiose kontinuierlich verändert, geprägt durch neuen Wettbewerb und neue Technologie. Immer mehr Transparenz und verfügbare Informationen stellen die Reaktionsfähigkeit auf die Probe und entwickeln sich zum Risikofaktor.

Denn nach wie vor bemisst sich das Handwerkszeug des politischen Kommunikators auch an demokratietheoretischen Bezugsgrößen wie Öffentlichkeit, Vertrauen, Glaubwürdigkeit, Legitimität, Beteiligung, Repräsentation und Pluralismus. Und nach wie vor arbeiten Politik, Wirtschaft und Medien in völlig unterschiedlichen Geschwindigkeiten, was zu Reibungs- und Substanzverlusten führt.

In diesem Kontext gilt es, für unterschiedliche Akteure in ihren Themenfeldern unter Berücksichtigung der Krisen- und Chancenpotenziale professionell Kommunikation zu planen, zu steuern, zu bewerten und politische Erfolge mit Kommunikationserfolgen zu verbinden. Die hohe Schule der integrierten Konzepte stellen sowohl das langfristige Issues Management als auch das politische Marketing und die Kampagnenkommunikation dar.

# Agenda-Setting

In den Public Affairs spielt die strategische Platzierung von Themen in dominierenden Medien und ihre Wirkung auf die Öffentliche Meinung, die wiederum politische Entscheidungsträger beeinflussen soll, eine gewichtige Rolle. Ein zentraler Begriff ist das Agenda-Setting, das durch neuere Begriffe *Agenda-Cutting* (Absetzen bestimmter Themen) und *Agenda-Surfing* (opportunistisches Aufspringen auf vorhandene Themenangebote der Medien) ergänzt worden ist.

Die Theorie des Agenda-Setting wurde von den amerikanischen Medienwissenschaftlern Maxwell McCombs und Donald Shaw entwickelt. Sie analysierten den US-Präsidentschaftswahlkampf 1968 und stellten vier Jahre später ihre Hypothese vor, nach der Medien eine *Thematisierungsfunktion* haben und damit bestimmen, über welche Themen die Menschen reden. Allerdings würden die Medien nicht die *Meinungen* vorgeben, die die Menschen von kontroversen Themen haben.

Ihre durch Inhaltsanalysen und Befragungen gestützte Grundannahme lautet: Die *Rangordnung* der Wichtigkeit der Themen in der Medienberichterstattung (*Medien-Agenda*) korreliert mit der Rangordnung der Themen in der Bevölkerung (*Publikums-Agenda*).

Erste Ansätze zur Theorie des Agenda-Setting sind bereits bei Walter Lippmann 1922 in seiner *„Picture in our head"-These* zu finden, mit der er den Medien die Aufgabe zuweist, eine Art Landkarte für die Menschen zu strukturieren, die ein vereinfachtes Bild der komplexen Umwelt darstellt. Doch erst die sogenannte „Chapel-Hill-Studie" von McCombs und Shaw verhalf der Agenda-Setting-Forschung 50 Jahre später zum Durchbruch.

Dearing unterscheidet zwischen drei Akteuren, die den Prozess des Agenda-Setting beeinflussen: *Medien, Publikum und Politik*. Die meisten Studien zum Agenda-Setting beschäftigen sich mit der Wirkung der Medien auf das Publikum und lassen die Politik außen vor; jedoch steht fest, dass zwischen allen drei Akteuren wechselseitige Beziehungen und Abhängigkeiten bestehen.

Wie wirksam der Agenda-Setting-Effekt tatsächlich ist, hängt von den sogenannten *„unobtrusive issues"* ab; damit sind Themen gemeint, die dem überprüfbaren Erfahrungsbereich des Publikums entzogen sind (zum Beispiel die Auslandsberichterstattung). Dadurch ist das Publikum auf die Medienberichterstattung angewiesen.

Außerdem gibt es eine Reihe von intervenierenden Variablen, die den Agenda-Setting-Prozess beeinflussen:
- Zeitrahmen-Studien können die *dynamische Struktur* des Agenda-Setting-Prozesses nicht nachvollziehen. Dies gelingt nur, wenn die zeitliche Struktur bzw. die Zeitverzöge-

rung zwischen den Veränderungen in der Medienberichterstattung und der Themenstruktur beim Publikum beschrieben werden kann.

- *Medien.* Die *Glaubwürdigkeit* der Medien spielt eine wichtige Rolle bei den Auswirkungen des Agenda-Setting-Effekts. McCombs beschreibt die Rolle des Fernsehens als eher kurzfristigen *Scheinwerfereffekt*, während der Berichterstattung in den Printmedien ein eher langfristiger Effekt eingeräumt wird.
- Themen: beim Aspekt der Themeneigenschaft werden *aufdringliche und unaufdringliche Themen* unterschieden. Unaufdringliche Themen entziehen sich dem Erfahrungsbereich des Einzelnen, so dass er auf die Berichterstattung der Medien angewiesen ist. Aufdringliche Themen sind diejenigen, die der Einzelne persönlich und direkt erfahren und überprüfen kann. Den unaufdringlichen Themen wie zum Beispiel Internationale Beziehungen werden höhere Agenda-Setting-Effekte zugeschrieben als den aufdringlichen Themen.
- *Mediennutzung:* Mit steigender Mediennutzung steigt auch der Agenda-Setting-Effekt. Zwar unterscheiden sich Fernsehzuschauer und Leser von Zeitungen hinsichtlich ihres Mediennutzungsprofils, jedoch ist davon auszugehen, dass kumulative Efffekte bestehen.
- *Orientierungsbedürfnisse des Publikums:* Ein hohes Orientierungsbedürfnis führt zu einer stärkeren Mediennutzung und demnach auch zu einem ausgeprägteren Agenda-Set-

ting-Effekt. Dabei spielen zwei Variablen eine Rolle, zum einen die Bedeutsamkeit der Information, zum anderen der *Grad der Unsicherheit.*

- *Interpersonelle Kommunikation:* Ob tatsächlich Effekte der interpersonellen Kommunikation auf den Agenda-Setting-Prozess bestehen, ist in der Literatur umstritten.
- *Umweltbedingungen:* Realitätsindikatoren wie zum Beispiel statistische Kennzahlen und persönliche Erfahrungen werden als Faktoren der Umweltbedingungen angesehen. Bei der persönlichen Erfahrung spielt der Grad der Betroffenheit eine besondere Rolle.

Trotz einer Vielzahl von Studien ist es bisher nicht gelungen, eine einheitliche Agenda-Setting-Theorie zu etablieren.

Als Hauptursachen nennt Hans-Bernd Brosius die Nichtvergleichbarkeit der Studien, methodische Probleme sowie eine generelle Schwäche des Konzepts: „Die Medienagenda beeinflusst die Rezipientenagenda für einige Rezipienten, für andere nicht; bei einigen Themen, bei anderen nicht; zu einigen Zeitpunkten, zu anderen nicht."

HANS-DIETER GÄRTNER

Hans-Bernd Brosius (1994) „Agenda-Setting nach einem Vierteljahrhundert Forschung: Methodischer und theoretischer Stillstand?" In: Publizistik (39): 278f. Maxwell McCombs, Donald Shaw (1972). Mass Communication in Political Campaigns: Information, Gratification and Persuasion. In: F.G. Kline, P. Tichenor (Hrsg.), Current Perspectives in Mass Communication Research. Beverly Hills und London. Michael Schenk (1987). Medienwirkungsforschung, Tübingen. James W. Dearing, Everett M. Rogers (1996). Agenda Setting, Thousand Oaks, London und New Dehli. Patrick Rössler (1997). Agenda-Setting. Theoretische Annahmen und empirische Evidenzen einer Medienwirkungshypothese, Opladen.

# E-Partizipation

Im Dialog von Staat und Bürger eröffnet das Internet mit zunehmender Verbreitung neue Möglichkeiten:

- Es erleichtert einerseits die Abwicklung von Verwaltungsprozessen *(E-Government)* und ermöglicht u.a. dem Bürger, *Behördengänge* von zu Hause aus zu erledigen.
- Es ermöglicht, von zu Hause aus an *Wahlen* teilzunehmen *(E-Voting)*.
- Es ermöglicht neue Formen des öffentlichen *Willensbildungsprozesses*, dessen Ergebnisse auch jenseits von Wahlen bei Entscheidungen von Legislative oder Exekutive eine Rolle spielen können *(E-Partizipation)*.

In der Praxis konzentrierten sich die Projekte der Verwaltungsmodernisierung vor allem auf E-Government. Die Perspektive, durch die Anbindung der Verwaltungssoftware an das das Kommunikationsmedium Internet Aufwände zu reduzieren, ist dabei treibende Kraft. E-Voting kann den Aufwand für die Durchführung von Wahlen reduzieren, allerdings kann die geheime Stimmabgabe nicht überprüft werden, weswegen die elektronische Stimmabgabe nur als Ergänzung des Wahlverfahrens angeboten werden kann (wie Briefwahl). E-Partizipations-Angebote lassen schließlich keine Reduktion des Durchführungsaufwandes erwarten, sondern scheinen den Aufwand eher zu erhöhen.

Die Fokussierung auf Internet-Anwendungen, die potenziell Aufwand reduzieren, ist problematisch, solange nicht gleichzeitig auch die Möglichkeiten zur *Kontrolle und Einflussnahme* verbessert und transparenter gestaltet werden. In einer demokratischen Gesellschaft, die auf die *Legitimation* des staatlichen Handelns wert legt, sollten neue technische Möglichkeiten nicht nur für ein effizienteres Verwaltungshandeln, sondern auch für eine breitere Beteiligung der Bürger genutzt werden. So beschreibt etwa die Bertelsmann Stiftung mit der Forderung nach „Balanced E-Government" die Orientierung bisheriger Verwaltungsmodernisierung als unausgewogen.

Verfechtern eines Ausbaus von Partizipations- bzw. Bürgerbeteiligungsprojekten argumentieren, dass eine auf Dialog zielende Kommunikation von Zielen staatlichen Handelns die *Einbeziehung von Bürgern* und die frühzeitige *Aufnahme von Einwänden und Verbesserungsvorschlägen* die Akzeptanz geplanter Maßnahmen erhöht und damit langfristig die Transaktionskosten senkt. Allerdings sind diese Effekte schwer nachzuweisen und entziehen sich bisher einer Überprüfung.

E-Partizipationsprojekte wurden in größeren Städten durchgeführt und dienten bisher vor allem der Diskussion geplanter *Bauvorhaben*. In einzelnen Kommunen wurden auch *Haushaltspläne* unter Berücksichtigung von über das Internet gesammelten *Verbesserungsvorschlägen* von Bürgern erstellt. Sie unterscheiden sich in dem Grad, in dem sich die durchführende Institution auf ein Verfahren festlegt, mit dem die Ergebnisse des Beteiligungsverfahrens in die Entscheidungsfindung einfließen.

In der Planung von E-Partizipations-Projekten müssen drei Hindernisse überwunden werden:

(1) Der *Aufwand zur Kommunikation, Begleitung und Bewertung* von E-Partizipationsvorhaben schreckt die für die Durchführung Verantwortlichen ab. Der Aufwand für die Durchführung des Verfahrens muss klar und kalkulierbar sein.

(2) Partizipationsverfahren können *keinen Anspruch auf Repräsentativität* erheben, da sich einerseits nur bestimmte Gruppen von Bürgern zu Wort melden, andererseits die Durchführung über das Internet Bürger ohne Internetzugang von dem Meinungsbildungsprozess ausschließt. Daher muss die Frage nach der Ermittlung, dem Umgang mit und der Gewichtung der Ergebnisse vorher beantwortet werden,

um kommunizieren zu können, welche Erwartung Beteiligte wie Entscheider an den Prozess knüpfen können: Weder können Bürger erwarten, Entscheidungen über den Partizipationsprozess vorschreiben zu können, noch kann über ein klares Ergebnis und eine schlüssige, breit getragene Argumentation kommentarlos hinweggegangen werden. Die Regeln entsprechen damit im Prinzip denen eines seriösen Dialoges. Diese Erwartungen müssen den Beteiligten klar gemacht werden.

(3) Die historisch begründete *Skepsis gegenüber plebiszitären Elementen* ist zu überwinden. Es muss klar werden, dass der Entscheidungsträger vorübergehend in die Rolle eines Moderators wechselt, dass der Prozess seiner Meinungsbildung dient und dass dies mit der Legitimation als Volksvertreter voll vereinbar ist.

JURI MAIER

Initiative E-Partizipation (Hg.)(2004). Elektronische Bürgerbeteiligung in deutschen Großstädten. http://www.initiative-epartizipation.de/studie_eparticipation.pdf

# Event Marketing

Event Marketing (auch: Event-Kommunikation, Event Management) umfasst Instrumente der Zielgruppenkommunikation, die durch intelligente und kreative Veranstaltungen auf die zunehmende Bedeutung von *Erfahrungsaustausch* und persönlichen *Vertrauensverhältnissen* baut, indem sie *Erlebnisse* und Erlebniswelten mit

einem *emotionalen Mehrwert* schafft. Events im Feld Politik und Public Affairs spiegeln die Wende von der Marken- zur *Erlebniskommunikation.* Bei politischen Events bilden Informationen, ➜Inszenierung und ➜Netzwerke den entscheidenden Dreiklang.

**Boom des Event Marketings.** Verantwortlich für den Siegeszug der

Events ist ein ganzes Bündel von Faktoren: Da wären zunächst steigende Kosten für das Schalten von Anzeigen und Fernsehspots. Und obwohl diese klassischen Formen der Werbung teurer werden, nimmt ihre Effizienz ab.

Hinzu kommt der ausgeprägte Trend zur *Erlebnis- und Freizeitgesellschaft.* Menschen wollen „etwas erleben". Kommunikationsfachleute machten sich den Trend zunutze und entsprachen diesem Bedürfnis mit erlebnisorientierten Veranstaltungen. Nützlicher Nebeneffekt: Events dien(t)en als Plattform für die eigenen Produkt- und Imagebotschaften.

Ein weiterer Grund für den Boom von Events liegt in den Besonderheiten der menschlichen Wahrnehmung und des Gedächtnisses. Fest steht: Menschen behalten starke Erlebnisse besser als nur Gelesenes und Gehörtes.

Bei Events besteht die Möglichkeit der *„multisensorischen Ansprache",* was nichts anderes bedeutet als: Events erlauben Menschen, mit allen Sinnen zu genießen. Im Vergleich zu anderen Kommunikationsinstrumenten bietet das Thema Eventmarketing darüber hinaus in der Regel einzigartige und positive Emotionen sowie *Interaktionsspielräume* (und dadurch *nachhaltige Erinnerungen).* Die Wahrnehmung des Menschen ist extrem selektiv. Dies ist mit einer der Gründe, warum es rein quantitativ immer schwieriger wird, mit herkömmlichen Werbemöglichkeiten (z.B. Print, TV) bei den jeweiligen Zielgruppen anzukommen. Vor dem Hintergrund, dass mehr als 2500 Werbebotschaften auf jeden von uns täglich einströmen, ist dies ein bemer-

kenswerter Sachverhalt für die werbetreibende Industrie und deren Kunden. Was wird überhaupt noch in welcher Form von wem wahrgenommen? Zudem stellt Schäfer-Mehdi (2003) ernüchternd fest, dass wir schon resistent geworden sind gegenüber Kommunikationsreizen. Nicht vorschnell war von der größten Kommunikationskrise der letzten Jahre die Rede.

**Neuausrichtung von Agenturen.** Trotz wirtschaftlicher Krisenzeiten 2002 und 2003 konnten einige Agenturen sich gegen den Trend nicht nur behaupten, sondern zulegen. Jedoch nur die, welche in den Boom-Jahren nicht nur passiv mitgeschwommen sind und abgeschöpft haben, sondern ihre strategische Ausrichtung u.a. auf Spezialisierung, Internationalisierung und →Netzwerke ausgerichtet haben.

Die Auftraggeber legen darüber hinaus mehr und mehr Wert auf „eine Handschrift". Etats werden nur noch ungern an eine Vielzahl von Agenturen und Zulieferern weitergeleitet. Koordinierungsfunktionen und -qualitäten sind gefragt wie nie zuvor.

Nach einer Uniplan-Studie (2003) zur Kommunikationsplanung von Unternehmen mit 400 Entscheidungsträgern waren gut 35 Prozent der Befragten davon überzeugt, dass das Thema Event weiterhin ein Baustein der jeweiligen Unternehmenskommunikation sein wird. Lediglich die Messeaktivität hat einen geringen Bedeutungsverlust. Promotions und auch Sponsoring werden neben den Events bis 2006 stärker nachgefragt.

Zielgerichteter als mit *Emotionen, Dialogen* und *Interaktion* lassen sich nun einmal die Zielgruppen nicht ansprechen. Darüber hinaus bieten Events neben den Disziplinen →Public Relations, Printwerbung und Werbespot das höchste *Emotionalisierungspotenzial.*

**Politische Events.** Dies gilt ebenso für die →politische Kommunikation. Politische Veranstaltungen ermöglichen den Dialog zwischen politischen Entscheidungsträgern, Interessenvertretern, Bürgern und Journalisten. Die Veranstalter und ihre Dienstleister haben einerseits dieselben Verantwortungsbereiche wie außerhalb der Politik: die Entwicklung und Präsentation von Veranstaltungskonzepten, die Koordination und Umsetzung, die Durchführung und Betreuung, die richtige Auswahl von Location und Technik, Kalkulation, Kostenkontrolle und Controlling. An sie werden – gerade mit Blick auf die Medienwirkung und den Erlebnischarakter – professionelle Ansprüche gestellt.

Andererseits sind die Ressourcen für politische Events klar begrenzt, und das liegt nicht nur am Budget. In der Politik geht es immer um Konflikte, die ausgetragen werden – Events können diese kanalisieren, aber auch eskalieren. Eventmanager müssen Rücksicht nehmen auf die aktuelle Nachrichtenlage, auf die politische Agenda und umstrittene Themen, auf traditionelle Veranstaltungsformen, auf Mitglieder und Parteibasis, auf sehr kritische Journalisten und die politische Konkurrenz, und auf zahlreiche rechtliche Vorschriften.

Besonders mit Geld und Verfahren ist sensibler Umgang gefordert. Keine Regierung will sich vom Rechnungshof wegen eines „Tags der offenen Tür" Vorwürfe einhandeln, keine Lobbygruppe einen →Skandal um einen „Parlamentarischen Abend", kein Unternehmen eine Affäre um als Event-Sponsoring getarnte →Parteispenden einhandeln. Keine Partei wiederholt gern einen Parteitag, weil zwar die →Inszenierung stimmte, aber das Wahlverfahren entgleiste.

Die Notwendigkeit der Inszenierung von Politik ergibt sich aus dem harten Kampf um das knappe Gut Aufmerksamkeit beim Bürger oder Entscheidungsträger. Doch oft stimmen Zweck und Mittel nicht überein. Dann verpufft die Wirkung – oder es wird ein Bumerang daraus, der ein politisches Anliegen oder eine politische Organisation auf lange Zeit schädigen kann. Umso wichtiger sind Briefing, Recherche, Vor- und Nachbereitung.

**Personal und Qualifikation.** Die Kommunikationsbranche und damit das Eventmarketing ist von einem bedauerlichen Trend nicht verschont geblieben: Immer weniger Mitarbeiter erledigen immer mehr Arbeit. Konsequenz: Die Anforderungen an die verbleibenden Kommunikationsfachleute steigen. Bei steigenden Anforderungen und wachsenden Ansprüchen an das Know-how der Mitarbeiter wird ein Faktor aber überlebenswichtig: Die Aus- und Weiterbildung.

Die Entwicklung des Eventmarketings ist grundsätzlich positiv zu beurteilen. Besonders die unkonventionelle, auf Überraschung an ungewöhnlichen Orten setzende Below-the-Line-Kommunikation wird zukünftig auf Grund der hohen Emotionalisierung profitieren. Im Eventbereich ist die Einbindung in Gesamtmarketingkonzepte in Zukunft üblich, was einen verstärkten Blick über den Tellerrand erfordert. Konsequenz: Der Bedarf an übergreifenden Qualifikationsmustern wird steigen. Der Allrounder ist gefragt, allzu starke Spezialisierungen dürften der Vergangenheit angehören.

**MICHAEL HOSANG**

Carsten Knieriem (2002). Brave New Brand World. Event & Marketing. Hg. Michael Hosang. Frankfurt a.M. Stephan Schäfer-Mehdi (2002). Das professionelle 1x1 des Eventmarketings. Frankfurt a.M.

# Inszenierung

Eine Inszenierung setzt eine politische Handlung oder eine politische Idee „in Szene", arrangiert also dramaturgisch Ablauf, Sprache, Musik, Kostüm und Kulisse in einem geplanten Ereignis, das auf Unterhaltung, Abwechslung und Spannung zielt. Im Mittelpunkt stehen Personen, nicht Aussagen. Der Begriff Inszenierung stammt aus der Theaterwelt. „Mise en scène" bedeutet die Gesamtheit der Vorbereitungen zur *Aufführung eines Theaterstücks.*

Inszenierung bedeutet mehr als die Wahl des richtigen Zeitpunkts und eine Kommunikationsdramaturgie, sondern betont das theatralische Moment der Politik: Inszenierung dient der Kommunikation der Ergebnisse politischer Konflikte, die in anderen Arenen (also nicht vorn auf der Bühne) stattfinden.

Inszenierungen sind aber nicht nur Mittel der Kommunikation von Politik, ihnen wohnt selbst politische Macht inne. Sie sind selbst ein wichtiges Feld, auf dem politische Konflikte ausgetragen werden.

**Ziele der Inszenierung.** Inszenierung zielt zunächst auf eine erhöhte Aufmerksamkeit von Medien und Publikum im Wettbewerb mit anderen Ereignissen, versucht die *Wirkung, Zentralität und Relevanz der Szene* systematisch zu erhöhen. Sie versucht eine *professionelle Performance* mit der *Aura politischer Legitimität* zu verbinden: Person und Handlung sollen als gut, wertvoll und wichtig angesehen werden.

**Mittel der Inszenierung.** Sie bedient sich u.a. traditioneller oder auch neu geschaffener *Symbole* für Werte, Normen, Ideologien, Freund und Feind (➔Symbolische Politik). Sie bedient sich vor allem solcher Symbole, die in der Medien-Erlebnisgesellschaft bekannt und akzeptiert sind. Dies erleichtert den emotionalen Zugang zu sonst abstrakten politischen Sachverhalten. Die Nutzung von Deutungsmustern und Identitäten macht Politisches auch für den Laien sichtbar und mit allen Sinnen, nicht nur rational-intellektuell, erfahrbar. Besonders einfach wird es, wenn die Inszenierung in der Art einer Serie erfolgt, in der die Charaktere festgelegt und vorhersehbar sind: Politik entspricht durch Inszenierung auch Erwartungen. Personalisierung

lässt entstehen Identifikationsmöglich-
keiten (mit einer Art von Idol) und
auch Erwartungsgewissheit entstehen.
Nicht immer funktioniert die Rückkopplung auf die so vertretene Organisation. Inszenierung konstruiert aus
der Rollenverteilung der politischen
Akteure und ihrer Beziehung zum
Publikum einen Nachrichtenwert für
die Medien, der mit dem Inhalt viel zu
tun haben kann, aber nicht unbedingt
viel zu tun haben muss. Der Schritt
von der unterhaltenden Politik zur
politischen Unterhaltung ist klein. Dies
gilt ganz besonders dann, wenn die
politische Absicht nicht in einer sachlichen Problemlösung, sondern durch
Erzeugung oder Veränderung von
Stimmungen liegt *(politisches Cheer-
leading)*.

**Tradition und Protokoll.** Inszenierung politischer Ereignisse hat eine
lange Tradition: Die Überlieferungen
der Antike, aus alten Kulturen wie der
griechischen Polis, dem Persischen
Großreich oder Ägypten beschreiben
das gesamte Instrumentarium der
Repräsentation von Macht in Glanz
und Gloria. Herrschaftliche Zeremo-
nien verbanden sich zum Teil mit
religiösen Ritualen. Wie im Privatleben
geben *formalisierten Gebräuche* einer
Gemeinschaft Halt, Orientierung und
Sicherheit. Sie kanalisieren Emotionen
und bekräftigen das Selbstverständnis,
dramatisieren, wer *Autorität* besitzt
und wer nicht und wie sich politische
einflussreiche Akteure untereinander
positionieren. In Europa entwickelte
sich für die förmlichen Regeln der
Auftritte am Hofe ein eigenständiger
Begriff: *Protokoll*. Diplomatie ohne

Protokoll ist praktisch undenkbar.
Selbst triviale Details sind in der Lage,
internationale Turbulenzen auszulösen. Wie aufwändig eine Veranstaltung
dekoriert ist, mit welchen Ehren ein
Gast empfangen wird, welches Ge-
schenk überreicht wird, wie viele
Seiten ein Verhandlungstisch hat, wer
hinter wem geht und wer beim Foto-
termin neben wem steht, ist nicht nur
eine Frage der *Ästhetik* oder Praktika-
bilität. Wer sich vom Muster- oder
*Präzedenzfall* entfernt, ändert die
politische Rangfolge und bringt eine
komplexe *Macht-Choreographie*
durcheinander.

Der Begriff Protokoll steht heute für
ein ausgeklügeltes System von Vorschriften zur rang- und würdegerech-
ten Repräsentation. Symbole und
*Marken* spielen dabei eine große Rolle
(so zum Beispiel Flaggen; Kleideror-
nungen; Statussymbole wie die Wahl
der Automobilmarke; Wagenfolgen,
anhand derer man die Wichtigkeit der
Gäste ablesen kann sowie repräsentative Bauten).

**Neue Formate.** Neben dem traditionellen, förmlichen Protokoll entwickelten sich mit den Medien und der
Unterhaltungskultur zahlreiche neue
Inszenierungsformate in der Politik.
Dazu gehören häufige Grenzgänge
zwischen politischem und Showge-
schäft, insbesondere bei *Talkshows,*
bei denen die Unterhaltungsfunktion
Vorrang hat.

Formelle Regeln, die früher Abläufe
diktierten, werden z.B. auf Parteitagen
oder bei parlamentarischen Abstim-
mungen so in Anwendung und Zeit-
rahmen angepasst, dass sie eine konse-

quent optimierte Planung für *Bildwir-kung* und *Spannungsbogen* ermögli-chen. Dies wird allerdings von Bericht-erstattern und Zuschauern, sogar von den Urhebern selbst thematisiert, z.B. der saarländische Ministerpräsident Peter Müller 2002 zu einer taktischen Reaktion der CDU/CSU-regierten Länder bei einer Bundesratssitzung: "Die dort geäußerte Empörung hin-sichtlich der Feststellung des Bundes-ratspräsidenten entstand nicht spontan. Die Empörung haben wir verabredet", sagte er; es sei Theater gewesen, aber legitimes Theater.

Einerseits geht der Trend hin zu *Au-thentizität, Echtheit, Wahrhaftigkeit, Transparenz, Glaubwürdigkeit* – alles Ausdrücke der so genannten neuen Kultur, die Bezug auf Ethik nimmt. Andererseits haben mediale Instrumen-te aus den großen Fernsehshows der Samstagabend-Generation sowie Chari-ty-Galas Maßstäbe gesetzt, die in die generalstabsmäßige Planung und Durchführung von großen Politik-Events Eingang gefunden haben.

Allein der technische Aufwand und die dafür notwendigen personellen und finanziellen Ressourcen steigen. Beide Trends finden Eingang in neuere In-szenierungsansätze: Auch das (schein-bar) Authentische wird geplant in Szene gesetzt; dem Zuschauer wird suggeriert, der Mittelpunkt der Szene halte sich bewusst auf Abstand zur Methode der Inszenierung.

**Entertainisierung.** Mit dem Begriff *Entertainisierung* wird der zunehmen-de Einsatz von unterhaltenden Stilele-ment und Formaten für die mediale Politikvermittlung und in der Selbst-darstellung der politischen Akteure bezeichnet. Bemerkenswert dabei ist, dass es dabei inzwischen zu einer Vermischung von Medienformaten kommt, die in der gängigen Gegenüber-stellung von Unterhaltung und Infor-mation einst als Gegenpole galten. Das Phänomen der Entertainisierung ist in zwei unterschiedlichen Ausprägungen zu finden: als unterhaltsame Aufberei-tung von politischen Themen in den Medien; z.B. in Talkshows; als Auftre-ten von Politikern in vermeintlich nicht-politischen Zusammenhängen; z.B. als Nebendarsteller in TV-Filmen.

Entertainisierung in der ersten Aus-prägung bedeutet, Politik wird medial so aufbereitet, dass sie vom Publikum als unterhaltsam empfunden wird. Für diese Form der Aufbereitung hat sich der Begriff *Infotainment* etabliert. *Narrative* Elemente (einfache Erzäh-lungen, Anekdoten, Pointen), Pseudo-Anlässe, gezielter Aufbau von Perso-nenimages überlagern die inhaltliche Ebene und schaffen eine zweite Wirk-lichkeitsebene. Dramatisierung oder übersteigerte Moralisierung von The-men gehören zu den Techniken der Entertainisierung. Weitere Stichworte sind: *Boulevardisierung, Emotionalisie-rung, Trivialisierung, Mediatisierung,* → *Personalisierung der Politik.*

**Kulturkritik an der Inszenierung.** Die Kulturkritik beschäftigt sich seit langem mit der Spannung zwischen politischer Wirklichkeit und inszenier-ter Politik. In der Inszenierung wird vor allem eine einseitige Kommunika-tion festgestellt, die auf die bloße Rezeption von Anhängern, Zuschauern und Medienkonsumenten hinzielt –

parallel zu der Entmündigung, die die „Bewusstseinsindustrie" und „Kulturindustrie" betreibe; dies wirke gegen das Potenzial der kritischen Aufklärung im Diskurs (Theodor Adorno, Max Horkheimer).

Zudem ändert sich nicht nur der Politikstil, sondern damit auch die Themenwahl. Je nach Eignung für die Inszenierung werden „harte Themen" zum Teil durch „weiche", „alte Politik" durch „neue" ersetzt: Fragen der wirtschaftlichen, sozialen, inneren und militärischen Sicherheit weichen Probleme der Lebensqualität, der Gleichberechtigung, der individuellen Selbstverwirklichung, der Partizipation. Da Gefühle, kulturelle Traditionen und subjektive Interpretation bei diesen Themen eine mindestens so wichtige Rolle spielen wie die Fakten, lassen sich die für eine Inszenierung notwendige Rahmenbedingungen leichter herstellen. Im Schatten der Hinterbühne werden die anderen Fragen natürlich weiter entschieden, die *pseudo-demokratische Transparenz* des Rollenspiels der Prominenten auf der Vorderbühne lenkt davon ab.

Die Vermittlung simpler Botschaften, die aus komplexen politischen Inhalten reduziert werden, deren Gesamtzusammenhänge von Themen und beteiligten Gruppen oft nur für Experten durchschaubar sind, zieht zwangsläufig einen *Verlust an Information* für den Bürger und Interessenten nach sich. Darüber hinaus werden zum Transport der Botschaft und zur Herstellung der Öffentlichkeit oftmals Elemente aufgesetzt, die mit dem ursprünglichen Kontext nichts mehr

gemein haben. Dies ergibt sich schon durch den Zwang, immer neue affektive und personalisierte Reize zu schaffen, die Kurzatmigkeit, den Themenverschleiß, die starke *Vereinfachung* und die *spielerische Optik*, die mit dem Druck zu immer neuen Inszenierungen mit dem Ziel des →Agenda-Setting einher geht.

Zugleich geht es oft um *Polarisierung*, da Konflikte sehr viel leichter zu inszenieren sind als der politische Alltag mit seinen Verhandlungs- und Abspracheroutinen. Ein überproportional großer Anteil an Aggressivität in der politischen Auseinandersetzung trägt aber nicht zur Kompromissbereitschaft der Handelnden bei.

Ob Inszenierung, weil sie das Interesse an Politik verstärken kann, dagegen zur Politisierung der Bürger beiträgt, ist umstritten. Sie scheint eine oberflächliche Anpolitisierung zu bewirken, bei der emotionales Engagement und Partizipation auch ohne Kompetenz und reale Macht für den Staatsbürger möglich und wünschbar ist. Sie befördert aber einerseits auch die *Passivität* und *Abstumpfung* („Zuschauerdemokratie"), andererseits Wut und Enttäuschung.

**MICHAEL GEFFKEN**

Otto Altendorfer et al. (2003). Die Inszenierung der Parteien am Beispiel der Wahlparteitag 2002. Media Plus, Eichstätt. Sigrid Baringhorst (1998). Politik als Kampagne. Zur medialen Erzeugung von Solidarität. VS, Wiesbaden. Dies. (1996). „Das Spektakel als Politikon. Massenmediale Inszenierungen von Protest- und Hilfsaktionen". Forschungsjournal Neue Soziale Bewegungen 9 (1): 15-25. Andreas Dörner (2001). Politainment. Jürgen Hartmann (2000). Staatszeremoniell. Carl Heymanns, Köln. Christian Schicha (2004). Die Theatralität der Politikvermittlung: 113-127. In: Volker Kreyher (Hg.) (2004). Handbuch Politisches Marketing. Nomos, Baden-Baden. Christina Holtz-Bacha (2004). Unterhalten statt überzeugen? Politik als Entertainment. In: Jörg-Uwe Nieland, Klaus Kamps. Politikdarstellung und Unterhaltungskultur. Köln.

# Investigative Recherche

## Investigativer Journalismus

Seitdem die beiden Lokalreporter der *Washington Post*, Bob Woodward und Carl Bernstein von 1972 bis 1974 die Watergate-Affäre des damaligen US-Präsidenten Richard Nixon aufdeckten, spricht man von „investigativem Journalismus" als Gattung und „investigativer Recherche" (IR) als Methode, wenn es (a) um die *Enthüllung eines Missstands* geht, wenn (b) an seiner *Aufklärung* ein öffentliches, vor allem politisches Interesse besteht und dabei (c) *Widerstände* der Akteure zu überwinden sind.

Vor allem die Überwindung von Widerständen bedeutet zum einen, dass investigative Reporter „hart" recherchieren und dabei mitunter auch strittige Methoden zum Einsatz bringen – und zum andern, dass der investigative Journalismus wegen seiner *invasiven Arbeitsweise* unter Legitimationsdruck steht. Deshalb rechtfertigt sich dieser Recherchierjournalismus vor allem, wenn es um die *Kontrollfunktion der Medien* gegenüber Staat und Politik geht. Die Funktion als *„Watchdog"* wird auch auf andere gesellschaftliche Institutionen und große Unternehmen ausgeweitet. In viele Enthüllungen sind Unternehmer verstrickt. Daher müssen sich auch die Public Affairs der Wirtschaft mit IR auseinandersetzen. IR tritt explizit an, irre führende und manipulative Praktiken der ➔Public Relations zu entlar-

ven und Strategien der intransparenten Einflussnahme auf politische Prozesse zu durchkreuzen. Die Enthüllungen etwa über illegale ➔Parteispenden von Unternehmern Mitte der 80er Jahre durch den *Spiegel* oder die um ➔Korruption und Vorteilnahme kreisende so genannte Amigo-Affäre, von der *Süddeutschen Zeitung* aufgedeckt, gelten als prototypisch für die Legitimität der investigativen Recherche, die sich im Einklang mit dem öffentlichen Auftrag der Presse sieht.

**Herleitung.** Das Wort investigativ entstammt dem Englischen und leitet sich vom Begriff „Investigation" ab, mit dem die (amtliche) Nachforschung, Ermittlung und Untersuchung bezeichnet wurde.

Zum deutschen Wortschatz gehört das Wort seit 1999, denn seither ist es im *Duden* zu finden. Dort wird es wie folgt umschrieben. „Die Themen, die aufgegriffen werden, zeichnen sich durch soziale (politische, gesellschaftliche) Relevanz aus. Dies ergibt sich aus der öffentlichen Aufgabe der Medien."

**Zur Geschichte.** Auch wenn der Begriff der IR noch nicht gebräuchlich war, so ist diese Methode der Informationsbeschaffung und –überprüfung sehr viel älter. Investigative Recherchen sind nachweislich seit den 60er Jahren des 19. Jahrhunderts, als die rasant fortschreitende Industrialisierung zu schweren sozialen Missständen in den explosionsartig anwachsenden Ballungsräumen führte. Vor allem in den Staaten, in denen die Pressefreiheit verwirklicht war wie in England und den USA, etablierten sich Zeitungen und Zeitschriften, die aus unabhängiger Warte soziale Missstände unter die Lupe nahmen. Der Recherchierjournalismus nutzte Mittel der *verdeckten* Recherche („under cover") und des *Incognito* (falsche Identität) oder Rollenspiels. Wegen ihrer harschen Kritik auch an der Innenpolitik nannte der damalige US-Präsident Roosevelt diese Journalisten *„Muckraker",* weil sie doch nur im Mist der anderen herumstocherten. Doch wenig später wurde aus dem abfällig gemeinten Etikett in der öffentlichen Meinung eine ehrenvolle Bezeichnung für einen Journalismus, der sich um das öffentliche Wohl kümmert und Gemeinwohlzielen folgt. Zu den berühmtesten Enthüllungsrecherchen ist die Arbeit von Ida Tarbell zu zählen, die während vier Jahren die Geschäftspraktiken der Rockefeller Standard Oil Company ausforschte. Ihre Story erschien als große Serie 1903 bis 1904 im Magazin *McClure's.* Dieser sozialkritische IR, der auch in den kontinentaleuropäischen Großstädten (Prag, Wien, Berlin) aufkam, verschwand mit dem Ersten Weltkrieg wieder. Zu einem erneuten Boom des IR kam es im Vietnam-Krieg (My-Lai-Massaker, „Pentagon Papers") und dann mit dem Einbruch ins Watergate-Hotel.

Viele der Pulitzer-Preisträger der 70er und 80er Jahre waren investigative Reporter, die sich durch besonders *akribische* Recherchen auszeichneten: Sie führten während ihrer Recherche Hunderte von Interviews und begannen früh, *Computer* für systematische Datenbank-Recherchen und Analysen zu nutzten; sie lebten dort, wo soziale Missstände herrchten, und verknüpften journalistische Technik mit *sozialempirischer Feldforschung.*

In den USA haben sich die investigativen Rechercheure zu einer eigenen Berufsorganisation Investigative Reporters and Editors (IRE) zusammengeschlossen, der rund 5000 Mitglieder angehören (Stand: 2004). Das Center for Public Integrity hat 1997 die Plattform International Consortium of Investigative Journalists (ICIJ) errichtet, der auch deutsche Reporter wie Hans Leyendecker (*Süddeutsche Zeitung*) und Georg Mascolo (*Der Spiegel*) angehören. Nach diesen Vorbildern wurde 2002 das deutsche „Netzwerk Recherche" gegründet.

In Deutschland steht seit den 50er Jahren vor allem das Nachrichtenmagazin *Der Spiegel* im Ruf, mit Methoden der IR zu arbeiten und für Enthüllungen zu sorgen. Trotz der hohen Beachtung, die der *Spiegel* genießt, konnte sich der investigative Journalismus in Deutschland nie ein mit den USA vergleichbares Renommee erwerben. Nach Einschätzung von „Netzwerk Recherche" lag die Zahl der investigativen deutschen Rechercheure deutlich unter hundert.

**Berufsrolle:** Die Recherchierarbeit der Watergate-Reporter steht prototypisch für die IR, weil praktisch alle für die aufdeckende Recherche nützlichen Verfahren genutzt wurden: die

Auswertung von zugespielten geheimen Dokumenten, das Überprüfen vertraulicher Auskünfte, das Ausquetschen Beteiligter, das konfrontative Abfragen der Akteure, das Arbeiten mit Unterstellungen (Hypothesen, Szenarien und Spekulationen), praktisch auch mit Einschüchterungen, mit Moralisieren und Psychotricks (z.B. Erzeugen von Schuldgefühlen) – immer mit dem Ziel, verborgene, unzulässige Machenschaften oder Missstände ans Licht zu bringen.

Der amerikanische Reporting-Spezialist Curtis MacDougall ist der Auffassung, dass investigatives Recherchieren kein spezielles Verfahren sei, sondern nur handwerklich besonders intensiveres, systematisches und vor allem hartnäckiges Recherchieren bedeute: „Actually the investigative reporter is like any other kind of reporter, only more so. More inquisitive, more skeptical, more resourceful and imaginative in knowing where to look for facts, more ingenious in circumventing obstacles, more indefatigable in the pursuit of facts and able to endure drudgery and discouragement" (MacDougall 1987, S. 202). Jedenfalls begnügt sich der Rechercheur nicht mit einer Inside-Enthüllung (wie: Veröffentlichung zugespielter Dokumente oder Zeugenaussagen), sondern er erschließt die *gesamte Hergangsgeschichte* und die Hauptakteure. In handwerkliche Hinsicht arbeitet die IR nach denselben Methoden wie jede andere Recherche. Sie unterscheidet sich lediglich durch Aufwand, akribischen Fleiß, systematisches Vorgehen und die größere Investitionsbereitschaft. Voraussetzung dafür ist eine unbestechlich-distanzierte Haltung der Redaktion sowie die Rückendeckung durch den Verleger bzw. den Medieneigentümer.

**MICHAEL HALLER**

Charley, Mitchel V. (1975): Reporting, 3. Aufl. New York: Holt, Rinehart & Winston. Haller, Michael (1993): Recherche und Nachrichtenproduktion als Konstruktionsprozesse. In. Merten, Weischenberg, Schmidt (Hrg.): Die Wirklichkeit der Medien. Opladen: Westdeutscher Verlag, S.277-290. Haller, Michael (2004): Recherchieren. Konstanz: UVK 6. Aufl. Ludwig, Johannes (2003): Investigativer Journalismus. Konstanz: UVK 2003. MacDougal, Curtis/Reid, Robert D.(1987): Interpretative Reporting. New York: Prendice Hall. Redelfs, Manfred (1996): Investigative Reporting in den USA. Strukturen eines Journalismus der Machtkontrolle. Opladen: Westdeutscher Verlag. Woodward, Bob/Bernstein, Carl (1976): All the President's Men. New York: Warner Books.

# Issues Management

Die Annäherung an den Begriff Issues Management kann aus verschiedenen Richtungen erfolgen. Bei Issues handelt es sich um *konfliktäre Themen*, die in eigentlich allen Teilbereichen der Public Affairs eine zentrale Rolle spielen – sei es Lobbying-Beratung, Kampagnenführung oder Risikomanagement. Ein Issue hat die Funktion eines Themas und konstituiert ein Kommunikationssystem: Die Interaktion einer Organisation mit ihren verschiedenen *Stakeholdern* (Bezugs- und Anspruchsgruppen). Dieser Austausch ist nicht notwendigerweise als dialogorientiert zu verstehen. Es geht vielmehr grundsätzlich um Auseinandersetzungen in und zwischen Politik, Wirtschaft und Gesellschaft. Ein Unternehmen will eine Ölplattform versenken, eine Regierung eine Gesundheitsreform verabschieden, zwei Banken wollen fusionieren, und andere sind dagegen.

Die Medien greifen solche Kontroversen – Issues – gerne auf. Dabei entstehen *Verlaufsstrukturen*, die die *Handlungsspielräume* und *Erwartungen* der Beteiligten sowie der Zuschauer bestimmen. Folgende Wesensmerkmale von Issues im Kontext der Public Affairs sind von besonderer Bedeutung:

- Ein Issue konstituiert einen Konflikt zwischen mindestens zwei Gruppen.
- Ein Issue birgt eine *Themenkarriere*, auf die dramaturgisch Bezug (Einfluss) genommen werden kann.
- In der Regel ist das Issue Anlass für die Bildung *(Ausdifferenzierung)* einer *gegnerischen Protestgruppe*.

Dies verdeutlicht, dass sich Issues Management nicht prinzipiell mit der Ausbildung dialog- und verständnisorientierter Ansätze beschäftigt. Gerade aus Sicht der Public Affairs würde so verkannt, dass es vielfach nicht um Verständigung und Konsens, sondern vielmehr um die *Durchsetzung strategischer Interessen* geht.

Über derartige Interessen verfügen Unternehmen ebenso wie politische und Nichtregierungsorganisationen. Ein Issue folgt in seiner Entwicklung einer Reihe, sich zum Teil überschneidender, Entwicklungsschritte:

- *Wandel der Wertevorstellungen* der Öffentlichkeit
- Diskrepanz zwischen öffentlicher Erwartung und unternehmerischem Verhalten (hohe Anzahl der subjektiv Betroffenen)
- Diskussion des Issues innerhalb der breiten Öffentlichkeit
- Medien und aktivistische Gruppen greifen das Issue auf
- Das Issue erhält politisches Gewicht (Politiker greifen das Issue auf, verbinden es mit Forderungen)
- Aktivitäten zur Lösung des Issues beginnen; ggf. werden Gesetze und Verordnungen erlassen
- Umsetzung neuer Regeln beginnt
- (Rechtliche) Auseinandersetzungen über die Interpretation und Umsetzung der neuen Regeln.

Nach Buchholz (1988: 57) lässt sich ein solcher *Issue-Lebenszyklus in drei Entwicklungsphasen* darstellen:

- Meinungsformation: Entwicklung und Ausbildung der öffentlichen Meinung;
- Politikformation: Entwicklung und Ausbildung der Diskussion auf politischer Ebene; Nennung von Lösungsvorschlägen;
- Implementation: Beschluss und Umsetzung von Regelungen, Gesetzen, Verordnungen.

Aufgrund des *antizipatorischen Charakters* ist das Issues Management ein vorausschauendes Instrument. Dies erklärt die besondere Bedeutung, die dem Issues Management neben dem Stakeholder Management für den Bereich des politisch-gesellschaftlichen *Risikomanagements* (einschl. der →Risikokommunikation) zukommt. Wichtig ist, dass die betroffene Organisation in der Phase des Issues Management vor einer (antizipierten) Krise noch ausreichend Handlungsspielraum besitzt, um agieren zu können. Beim Issues Managment können daher zwei Aufgabenbereiche unterschieden werden:

**Frühwarnung und -aufklärung.** Durch die Datenerhebung mittels Scanning und ➔Monitoring werden umfassende Informationen gewonnen und Issues identifiziert, die in der Folge zu systematisieren und analysieren sind. Dabei beschränkt sich die Informationsgewinnung nicht auf das Scanning und Monitoring klassischer Medien. Vielmehr sind Internetforen, Newsgroups oder auch sog. Weblogs (Blogs, Internettagebücher) mit auszuwerten. Darüber hinaus spielen in der Politik informelle Kommunikationswege eine entscheidende Rolle, um z. B. die Vermittlungschancen von Gesetzgebungsentwürfen zu sondieren. Auch derartige Quellen gilt es, im Rahmen der ➔Frühaufklärung zu berücksichtigen.

**Steuerung von Deutungsmustern.** Wenn Issues als konfliktäre Themen mit einer hohen Aufmerksamkeit in der Öffentlichkeit verstanden werden, besteht die Aufgabe des Issues Management darin, rechtzeitig oder zumindest frühzeitig in den *Thematisierungsprozess* einzugreifen. Bei der Entstehung von Deutungsmustern geht es um Interpretationen der öffentlichen Meinung. In der Frühphase der Ausbildung eines Issues ist es für eine Organisation noch relativ einfach, eigene Interpretationen in den Medien zu platzieren. Für das Thema besteht ja grundsätzliche Aufmerksamkeit und die Festlegung ist noch nicht erfolgt.

Haben die Medien erst einmal ein Deutungsmuster verabschiedet und etabliert, besteht so gut wie kein Spielraum mehr für Veränderungen und Einflussnahme. Das einmal festgelegte Deutungsmuster bildet auch den Anschlusspunkt für weitere Themen. Ein Beispiel hierfür ist der Reaktorunfall von Tschernobyl, bei dem es u. a. um die Frage ging, ob Tschernobyl eine russische Reaktorkatastrophe oder eine deutsche Umweltkatastrophe war.

Jede Managementdisziplin sieht sich mit der Faktizität von Mensch und Organisation konfrontiert. Dabei behindert eine Reihe von organisationsinternen Faktoren die Implementierung des Issues Management:

**Mangelnde Bereitschaft in Prävention und Früherkennung zu investieren:** Risiko und Krise gelten als *unschöne Ereignisse*, während das Hauptaugenmerk auf den profitablen Geschäftsbereichen liegt. Die Leistung bemisst sich wie bei einer Versicherung erst am konkreten Schadensfall. *Opportunitätskosten* für die Leistung einer „Vermeidung von Krisen" werden hingegen nicht verrechnet und das *intellektuelle Kapital* eines funktionierenden Issues Management nicht bilanziert.

**Probleme der Information und Kommunikation.** Das hat vor allem damit zu tun, dass Information und Wissen in ihrem Wesen nach nicht unterschieden werden, sondern undifferenziert von Information gesprochen wird. Ein weiteres Problem ist die mangelnde Bereitschaft von Menschen und Organisationseinheiten zur internen Kommunikation von Issues. Meist steht der Bote einer schlechten Nachricht im Ansehen nicht besser da als seine unangenehme Botschaft. Besonders, wenn es um die Weitergabe von Informationen geht, sind Information und Wissen *Machtfaktoren*, die nicht immer geteilt werden wollen.

| Unternehmen | Protestgruppe |
|---|---|
| Plausibilität | Klares Ziel der Protestkampagne |
| Attraktivität für Rezipienten (Klischees) | Issue ist für die Öffentlichkeit verständlich |
| Attraktivität für Medien | Issue bedient Klischees/ symbolische Werte |
| Anschlussfähigkeit | |
| Dominanz u. Einfluss der Protestgruppe | Issue hat reputationsschädigendes Potential |
| Isolation der eigenen Organisation | David gegen Goliath |
| | Einfache fundamentale Lösung möglich |
| Verlauf der Entwicklung | Dramaturgische Relevanz für die Medien |
| Zurechenbare, einfache Lösungsmöglichkeiten | |

Nach Winter/Steeger (1998: 34-107)

Die Wahrnehmung *schwacher Signale* stellt Organisationen aber vor ein Komplexitätsproblem, das nur durch geeignete Selektionsverfahren lösbar erscheint. Solche Messgrößen liegen in der Regel nicht vor, da jede Veränderung unter Umständen neue Messkriterien beansprucht.

Mit anderen Worten: Man weiß häufig gar nicht, wonach man suchen soll und ist daher auch nicht in der Lage, sich frühzeitig auf schwache Signale einzustellen: Die *Macht der Gewohnheit* („Das haben wir immer so gemacht."), die *Macht des Gesetzes* („Wir sind im Recht.") und die *Macht der Autoritäten* („Wir haben Recht.").

**Risikoaversion – kein Management von Risiken.** In einer Kultur, in der Risiken schlecht angesehen sind, nimmt man zwangsläufig oft keine wahr. Offensichtlich bereitet die Operationalisierung von Issues Probleme, die bisher nicht mit der Leitdifferenz von Gewinn und Verlust zu vereinbaren sind.

SVEN RAWE/JÜRGEN SCHULZ

Buchholz, Rogene A. (1988) Adjusting Corporations to the Realities of Public Interests and Policy, in: Robert L. Heath et al., Strategic Issues Management. How Organizations Influence and Respond to Public Interests and Policies, in San Francsisco: Jossey-Bass, 50-72. Ingenhoff, Diana (2004) Corporate Issues Management in multinationalen Unternehmen. Eine empirische Studie zu organisationalen Strukturen und Prozessen, Wiesbaden: VS Verlag für Sozialwissenschaften. Schulz, Jürgen (2001) Issues Management in der Risiko- und Krisenkommunikation, in: Ulrike Röttger, Hg., Issues Management, Wiesbaden: Westdeutscher Verlag, 217-234 Winter, Matthias und Ulrich Steeger (1998) Managing Outside Pressure. Strategies for Proventing Corporate Disasters, Chichester: John Wiley & Sons

# Kampagne / Campaigning

Eine politische Kampagne ist eine zusammenhängende Serie von Kommunikationsereignissen und Aktionen, um in einem bestimmten Zeitabschnitt ein politisches Ziel zu erreichen.

Kampagnen müssen unter Einbeziehung des aktuellen politischen Kontextes, der Stimmung der Zielgruppen und Medien sowie der aktuell zur Verfügung stehenden Ressourcen konzipiert werden. Kampagnen verbinden einen öffentlich sichtbaren Teil (mit großem werberischen Anteil in Massen- und Zielgruppenmedien) mit einer Vielzahl von organisatorischen und logistischen Arbeiten.

Der Begriff stammt aus der französisch-lateinischen Bezeichnung für den *Feldzug*, einen nach Zeit, Raum und militärischem Ablauf abgrenzbarer Teilabschnitt eines Krieges. Später wurde der Begriff militärisch auch als Ausdruck für Aktionen der psychologischen Kriegsführung gebraucht. Kampagne bezeichnet auch die Betriebsdauer metallurgischer Öfen zwischen An- und Ausblasen sowie die Hauptarbeitszeit in Saisonbetrieben, die häufig nur wenige Wochen oder Monate währt (z.B. Zucker-K., Obst-K.). Diese etymologische Verwandtschaft zu Krieg, schmelzendem Metall und Erntezeit belegt die geplante Intensität, die mit einer Kampagne verbunden wird – und dass es darum geht, etwas zu gewinnen.

Allgemeine Prinzipien der Kampagnenführung lassen sich sogar jenseits konkreter Kampagnen zu einem allgemeinen Managementkonzept erheben (z.B. Konzept *Business Campaigning* des früheren Greenpeace-Profis und heutigen Schweizer Unternehmensberaters Peter Metzinger).

**Terrain und Gegner.** Wie ihr militärisches Pendant geht es bei einer politischen Kampagne um Terrain, das innerhalb einer Zeitspanne von mehreren Monaten zu verteidigen oder zu erobern ist, und einen *Gegner*, der niederzuhalten, zu schlagen und zu vertreiben ist.

Das Herz einer politischen Kampagne ist die Kommunikation mit dem Bürger. Sie soll bei den für eine Botschaft empfänglichen und erreichbaren Menschen eine gewünschte Wahrnehmung schaffen oder ausbeuten, um eine Mehrheit zu einer politischen *Entscheidung* zu bringen: für einen Kandidaten oder eine Partei zu stimmen – oder gegen ihre Gegner. Oder aber im Fall von Sachkampagnen Unterstützung zu leisten: finanzielle, kommunikative oder organisatorische Unterstützung, um *Entscheidungsgremien unter Druck* zu setzen.

Zu den politischen Kampagnen gehören auch allgemeine *Imagekampagnen* sowie *Aufklärungs- und Informationskampagnen* mit politischen Inhalten (z.B. im Rahmen der ➜Regierungskommunikation oder ➜Verbandskommunikation). Diese zielen meist auf eine Einstellungs- oder Verhaltensänderung bei den Zielgruppen. Sie werden vorrangig durch Werbung, Erstellung und Verteilung von informativen Materialien umgesetzt.

Ein Gegner wird hierbei selten definiert, bestenfalls im Sinne einer Apathie oder einem nicht ausreichenden Informationsstand der Zielgruppen. „Apathie" oder „Ignoranz" aber schlägt nicht zurück. Insofern fehlt dann der eigentlich konstitutive aktive Gegenspieler. In der Regel gibt es auch hier einen oder mehrere reale Gegner, jedoch weniger sichtbar oder in einem weniger polarisierten Umfeld.

Eine Möglichkeit ist, dem Problem, das im Zentrum der Kampagne steht, ein Gesicht zu geben – indem die Verantwortlichen beim Namen genannt werden. Die Methode, Konzernchefs moralisch für die Sünden ihrer Konzerne verantwortlich zu machen und persönlich – auch im Bild (➜Personalisierung) – an den Pranger zu stellen, ist die Konsequenz des Verständnisses der Kampagne als *öffentliche Konfrontation*. Diese spektakuläre Methode sorgt für öffentlichen Druck, Argumente können nicht mehr ignoriert werden, Informationen prallen nicht mehr an Wahrnehmungsschranken ab. Kern der Idee ist, mit professioneller Kommunikation den Kreis derjenigen zu erweitern, die an einer direkten Konfrontation Anteil nehmen können (Greenpeace-Konzept des *„Bearing witness"*, Zeugnis ablegen: die Kameras zeigen, was Umweltsünder „heimlich" tun wollten, bevor sie dabei gestört wurden – oft an abgelegenen Orten).

**Wahlkampf.** Wahlkampf-Kampagnen *(Electioneering)* sind ihrer Natur nach stark personen- und parteienzentriert; sie richten sich nach den für sie geltenden rechtlichen, zeitlichen und finanziellen gesetzlichen Regelungen und fokussieren ganz auf die Erzielung eines möglichst hohen Stimmenanteils an einem Wahltermin. Damit ist auch ihr *Ende* vorgegeben. Der Beginn einer Wahlkampagne ist dagegen relativ frei, allerdings sind aufgrund gesetzlicher Vorgaben nicht alle typischen Wahlkampfinstrumente verfügbar (z.B. kostenlose Ausstrahlung von Spots im öffentlich-rechtlichen Rundfunk, Aufstellung von Wahlplakaten auf den Straßen, Auszug aus dem Einwohnermeldregister für Wahlwerbezwecke).

**Wahlkampfähnliche Kampagnen.** Ähnlich wie Wahlkämpfe sind politische Kampagnen im Rahmen einer Auseinandersetzung um ein *Bürger- oder Volksbegehren* oder einen Bürger- oder Volksentscheid auf einen Tag der Abstimmung orientiert. Für sie gelten ebenfalls zahlreiche Regularien, jedoch vorwiegend beim örtlichen oder Landeswahlleiter mit Bezug auf die für das jeweilige Plebiszit notwendigen *Unterschriftensammlungen* von Unterstützern. Parteiprivilegien im Wahlkampf sind hier in der Regel nicht nutzbar, teilweise stellen die staatlichen Stellen aber kostenlose Informationsplattformen zur Verfügung. Die Kommunikation ist freier in ihrer Gestaltung. Typisch für Kampagnen im Zusammenhang eines Referendums ist, dass die Initiative von einem *Bündnis* verschiedener Gruppen ausgeht, meist aus dem Nonprofit-Bereich (➜NGO-Management). Zum Teil übernehmen Parteien oder Gewerkschaften wichtige organisatorische und kommunikative Funktionen solcher Kampagnen.

Andere politische Sachkampagnen, die klar für oder gegen eine Sache in einem Konfliktfeld Stellung nehmen und entsprechende Inhalte propagieren, sind deutlich freier in ihrer Gestaltung, können allerdings ebenfalls nicht auf typische Parteiprivilegien im Wahlkampf zurückgreifen. Ihr Ende ist auch nicht förmlich vorgegeben, sondern hängt von Zweck und Ziel der Kampagne ab. Kampagnen von Nonprofit- und Nichtregierungs-Organisationen laufen häufig längere Zeit als Mittel der Bindung und Mobilisierung von Mitgliedern, Sympathisanten und Spendern; mangels finanzieller Ausstattung ist der Anteil ➜politischer

Werbung dann eher gering, während Aktions- und Kommunikationsformen sozialer Bewegungen eine größere Rolle spielen. Dagegen setzen Unternehmen und Wirtschaftsverbände bei politischen Kampagnen häufig auf einen hohen werberischen Anteil (Anzeigen, Spots). Sozial- und Wohlfahrtsverbände stehen mit ihren Kampagnen meist dazwischen. Noch selten ist in Deutschland die Interessen vertretende Kampagne in Form des →Grassroots Lobbying.

**Konzeptionelle Ziele.** Nicht wenige Kampagnen sind konzeptionell unterentwickelt und sind am Ende nur eine Serie ungeplanter Reaktionen auf unvorhergesehene Ereignisse. Ihr Ergebnis hängt vollständig von äußeren Umständen ab. Ihnen fehlt jede Definition, jeder Fokus, jede Strategie. Gute Kampagnen als Kommunikations-Feldzüge müssen geplant Aufmerksamkeit erregen, eine einheitliche Botschaft in Bild und Wort präsentieren, den Kandidaten, die Partei oder die Sache klar von den Wettbewerbern unterscheiden und als wichtigstes Ziel die Wiederholung ihrer Kontakte in den entscheidenden Zielgruppen der angenommenen Koalition der Zustimmenden anstreben.

Die Schlüssel zum Erfolg sind die Intensität einer Botschaft und die Intensität des Kontakts – sprich *Wiederholung.* Kampagnen funktionieren vor allem dann, wenn es eine Wahl für den Bürger gibt: entweder einen tatsächlichen Urnengang mit einer Entscheidung zwischen Parteien oder Kandidaten, oder eine Entscheidung, die öffentlich wie eine Abstimmung

definiert und beeinflusst werden kann. Aus diesem Grund muss jede Kampagne ihre zentrale Botschaft meist zweigeteilt formulieren: eine für die eigene Sache, eine gegen den Gegner.

**Phasen.** Jede Kampagne durchläuft mehrere Phasen. Wo eine Phase beginnt und wo sie endet, ist nicht immer genau zu sagen. Aber: In jeder Phase gibt es typische Kommunikations-Aktivitäten. Diese reduzieren den Vorrat an Ressourcen (Zeit, Geld, Personal) in unterschiedlicher Weise und Höhe.

Eine Kampagne hat mehrere Phasen, weil die Wähler und Bürger, mit denen sie kommunizieren soll, mehrere Phasen durchlaufen. Der Wähler muss den Urheber einer Botschaft wahrnehmen, dann kennen lernen, dann seine Botschaft anhören, und allmählich zu einer Bewertung dieser Botschaft kommen. Dieser Prozess braucht Zeit. Zudem wird er immer wieder unterbrochen, so dass er immer neu verstärkt werden muss. Und: Die Menschen hören nicht alle gleichermaßen und nicht alle immer gleichmäßig zu. Sie schenken einer Kampagne mal Aufmerksamkeit, mal nicht, und sie überlegen sich auf unterschiedlichste Weise und zu unterschiedlichen Zeitpunkten, was sie davon halten.

Nach einer intensiven *Recherche- und Aufbauphase* beginnt jede Kampagne mit ihren ersten Versuchen, Interesse an ihrem Kandidaten oder für ihre Sache zu wecken und ein Image zu formen. Sie muss die Menschen mit einem Ereignis auf den Beginn einer Kampagne aufmerksam machen – also auftauchen und sichtbar werden, ihre

Gesichter, ihre zentrale Botschaft und Grundrichtung sowie ihre prominenten Unterstützer einführen, eine Beziehung (als Kampagne) mit den Medien aufbauen, einen *Kampagnen-Stil* als eine Art Markenzeichen etablieren und ein dominantes Konfliktthema in den Mittelpunkt rücken. Eine Kampagne kann aus der Sicht des Bürgers als *Lernen in Etappen* gesehen werden. Verschiedene Themen werden eingeführt und genutzt, um das zentrale Image zu unterstützen und einen Kontrast herzustellen. Zeitgleich werden Organisation und Finanzapparat auf Hochleistung getrimmt, um die Kommunikation auf den Höhepunkt der letzten Wochen vor dem Ende einer Kampagne zu bringen, wenn ein größerer Teil der Unentschiedenen erst beginnt, zum Zweck der Entscheidung Informationen wahrzunehmen.

**Selbstinszenierung.** Da sich viele Medien stärker für das Wie der Kampagnen als für die angesprochenen politischen Themen interessieren, werden Kampagnen teilweise mit erheblichem Anspruch an die Selbstinszenierung geplant. Die Tendenz, den sportlichen Wettstreit der Kampagnenteams in einer „Olympiade der Demokratie" (Peter Grafe) in den Mittelpunkt der Berichterstattung zu rücken, gibt es seit Jahrzehnten. Erst in den 90er Jahren wurde dies aber von den Wahlkämpfern systematisch genutzt, insbesondere von Oppositionsparteien, die damit ihren Anspruch auf den Machtwechsel und ihre Modernität untermauerten. Beispiele dafür sind die Wahlkämpfe Demokraten/Clinton/USA 1992, Blair/New Labour/Großbritannien 1997, Schröder/SPD 1998, Aznar/PP in Spanien 2000 und Berlusconi/Forza Italia 2001.

**Strategische Themenwahl.** Oft unterschätzt wird gegenüber dem Verhalten und Stil der Spitzenkandidaten die Rolle von Sachfragen und die strategische Auswahl von ein bis drei Hauptthemen, die in Wahlkampagnen eng mit der Glaubwürdigkeit, dem Profil und der Führungsrolle des Spitzenkandidaten verbunden sind.

Tatsächlich entscheiden sich Wahlen oft weniger an der Auseinandersetzung zwischen Parteien an nur einem Themenkreis als vielmehr an dem Kampf zwischen den Parteien, *welches* Thema in der Auseinandersetzung dominieren soll. Die Partei mit einer strukturellen Zustimmungsmehrheit bei diesem Thema hat eine größere Chance auf den Sieg. Kampagnen dienen daher dazu zu definieren, *um was* es bei einer Wahl geht. Sie setzen also den Entscheidungsrahmen für den Bürger, nicht nur die einzelnen Entscheidungsalternativen. Die Bundestagswahl 2002 und die US-Präsidentschaftswahl 2004 sind dafür wichtige Beispiele.

Die Zeiten der „Materialschlacht" sind in den auf eine Vielzahl von Medien und Zielgruppen abgestellten überregionalen Kampagnen weitgehend vorbei. In die flächendeckende Werbung fließt zwar typischerweise noch der Großteil der Etatmittel, doch setzen Kampagnen meist auf redaktionelle Beeinflussung (➜Public Relations). Effektive und intelligent gestaltete Kampagnen konzentrieren sich taktisch darauf, im täglichen Wettlauf einen Vorteil in der Berichterstattung zu gewinnen (bessere Motive, Interviews, Aktionen, Redeausschnitte) Daher kommt der *aktuellen Interpretation der Nachrichten* (➔Spin) und der ➔Gegnerbeobachtung große Bedeutung zu. Die Steuerung wird z.T. in besonderen Stäben (Kampagnenzentrale, War Room) geleistet, die für die Kampagne ad hoc und temporär eingerichtet werden. Dazu gehören Spezialisten, externe Berater und meist auch eine Reihe freier Mitarbeiter und ehrenamtliche Kräfte. Die Gefahr in diesem *taktisch geprägten Ansatz* ist, dass die politischen Botschaften der Kampagne ausfransen beim Versuch, immer wieder News zu produzieren und Kontra zu geben. Tempo und Timing sowie geschmeidige *Krisenkommunikation* werden wichtiger als eine konsistente Grundbotschaft – die typische Falle für von Pressesprechern geprägten Kampagnen, die ausschließlich *im Nachrichtenzyklus der Medien denken* und versuchen, die TV-Aufmacher des Abends und Schlagzeilen des nächsten Morgens in die eigene Richtung zu lenken. Wenn dies auf Kosten der eigenen Konsistenz geht, und wenn sich eine Kampagne so von den für sie zentralen Gewinnerthemen ablenken lässt, nur weil sie immer wieder kurzfristig Kapital aus einer Nachrichtenlage schlagen will, tut sie dies auf eigene Gefahr.

Darüber hinaus gehende Strategien versuchen, den Kontext – also das Terrain – der politischen Entscheidung der Bürger oder sonstigen politischen Adressaten zu besetzen. Ihr größtes Kapital ist das Wissen über den Unterschied zwischen kurzfristigen Stimmungen und mittel- bis langfristigen Einstellungen der Menschen, die durch bestimmte Themen angesprochen werden und auf jeden Fall angesprochen werden müssen.

Strategisch angelegte, insbesondere mehrjährige aufs Grundsätzliche zielende Kampagnen wie z.B. die „Initiative Neue Soziale Marktwirtschaft" können nur dann erfolgreich sein, wenn sie Grundkonflikte und Ideale der Gesellschaft aufgreifen und in Verbindung mit neuen Themen zu bringen versuchen.

Bei der Themenwahl für Kampagnen stellen sich eine Reihe von Fragen: nach der Priorität und Rangfolge auf der öffentlichen Agenda; nach dem Charakter als proaktive oder reaktive Positionierung der Kampagne; die Verklammerung mit anderen, größeren Themen in der Debatte; die Betroffenheit von Zielgruppen; danach, ob schon andere Organisationen das Thema für sich entdeckt haben; welche Ressourcen, Verbündete und Botschafter zur Verfügung stehen; das allgemeine Meinungsklima, die Prädisposition der Journalisten, Redaktionen und Medieneigentümer; die Reaktion von Interessengruppen; die Möglichkeit der ➔Mobilisierung der Anhänger und Mitglieder für das Thema.

**MARCO ALTHAUS**

Marco Althaus (2001). Kampagne! Neue Strategien für Wahlkampf, PR und Lobbying. Münster. Ders. und Vito Cecere (2002). Kampagne! 2. Münster. Michael Behrent, Peter Mentner (2002). Campaigning. Werbung in den Arenen der Öffentlichkeit. Münster. Thomas Berg (2002). Moderner Wahlkampf. Wiesbaden. Mark Lattimer (2000). The Campaigning Handbook. Directory of Social Change, London. Matthias Machnig (2002). Politik, Medien, Wähler. Wiesbaden. Peter Metzinger (2004). Business Campaigning: Springer, Berlin. Peter Schröder (2000). Politische Strategien. Nomos, Baden-Baden.

# Kommunikationsberatung

Unter Kommunikationsberatung versteht man diejenigen Beratungsdienstleistungen im Rahmen der Unternehmens-, Institutions- und Politikberatung, die sich mit den spezifischen Themen- und Fragenstellungen interner und externer Kommunikation befassen.

Hierbei hat sich der Begriff Kommunikation in den letzten Jahren als Dachbegriff gegenüber anderen – teilweise synonym verwendeten – Begriffen wie etwa →Public Relations (PR), Presse- und Öffentlichkeitsarbeit oder auch Werbung durchgesetzt.

Der Begriff Kommunikationsberatung wie auch die Tätigkeit selbst sind in Deutschland *nicht geschützt*. Seine Verwendung erfolgt dementsprechend in einem weiten Anwendungs-Spektrum.

So wird die Dienstleistung der Kommunikationsberatung in unterschiedlichster Qualität und Spezifik u.a. angeboten von Agenturen und (Einzel-) Beratern aus den Feldern Public Relations wie auch der Marketing-Kommunikation (klass. Werbung, Verkaufsförderung, Direktmarketing, Sponsoring etc.).

Darüber hinaus haben *Unternehmensberatungen* (Management Consultancies) das Thema Kommunikationsberatung in ihr Beratungs-Portfolio aufgenommen. Soweit sich ein Trend ausmachen lässt, kann man von einer spürbaren Veränderung der Kommunikationsberatung in Richtung einer ganzheitlichen, strategisch ausgerichteten, und somit *Integrierten Kommunikation* sprechen. Im Verständnis von Public Relations beschäftigt sich Kommunikationsberatung inhaltlich mit dem „Management von Kommunikationsprozessen" (Def. Grunig/Hunt: „Public relations are the management of communication between an organization and its publics").

Für die Steuerung dieser häufig komplexen Kommunikationsprozesse benötigen Kommunikationsberater eine qualifizierte Ausbildung, die sowohl Kenntnisse im Bereich der Kommunikation wie auch in den Disziplinen Betriebswirtschaft, Psychologie, Organisation und Informationstechnologie umfassen.

Innerhalb von Unternehmen und anderen Institutionen hat das Thema Kommunikationsberatung in den letzten Jahren kontinuierlich an Bedeutung gewonnen. Dies lässt sich unter anderem ablesen an der zunehmenden Ansiedlung der Akteure in unmittelbarer Nähe der Leitungsebene wie auch am kontinuierlichen Anstieg der Budgets für Kommunikationsberatung.

Im Bereich der Politik macht Kommunikationsberatung einen wesentlichen Teil von Politikberatung aus.

Vor allem das moderne Management von →Kampagnen im Zusammenhang mit wichtigen Wahlkämpfen ist ohne (externe) Kommunikationsberatung nicht mehr denkbar. Professionelle Kommunikationsberatung gehört inzwischen zu den wesentlichen Erfolgsfaktoren ebenso von Management wie auch von Politik.

MATTHIAS KOCH

Horst Avenarius (2000), Public Relations. Primus, Darmstadt. Günter Bentele, Hans-Bernd Brosius, Otfried Jarren (2002). Öffentliche Kommunikation. VS, Wiesbaden. Alexander Güttler, Joachim Klewes (2002). Drama Beratung! Consulting oder Consultainment. FAZ, Frankfurt. Dieter Herbst (2004). Unternehmenskommunikation. Cornelsen, Berlin. Claudia Mast (2002). Unternehmenskommunikation. UTB, Stuttgart. Klaus Merten (2000). Das Handwörterbuch der Public Relations. FAZ, Frankfurt a.M.. Eric Yaverbaum, Bob Bly (2002). Die Macht der Publicity nutzen. Mtp, Bonn 2002 (mitp-Verlag/Bonn).

# Krisenmanagement

Die zunehmende gesellschaftliche Ausdifferenzierung und Spezialisierung sowie die Dynamik der Globalisierung politischer und wirtschaftlicher Handlungsfelder lässt sich auch an der *Vielfalt der Krisenphänomene* ablesen. Unternehmen und Organisationen können somit auf vielfältige Weise in Krisen geraten oder sie auslösen.

Diese Dynamik in einem fest gefügten Schema von Krisenanlässen und Erscheinungsformen festhalten zu wollen, macht wenig Sinn.

Zwei systematische Kriterien erscheinen aber bei der Analyse von Krisen als sinnvoll: *interne/externe Krise* und *öffentliche/nicht öffentliche Krise*.

Die beiden Kriterien können unter dem Aspekt der Kommunikation Aufschluss darüber geben, welche Protagonisten (Bezugsgruppen/Stakeholder) den Krisenverlauf maßgeblich bestimmen und welche Kommunikationsformen von primärer Relevanz sind (direkte Kommunikation oder indirekte Kommunikation durch die Massenmedien).

Dabei ist immer die *Dynamik* einer Krise zu berücksichtigen, denn interne Krisen erweitern sich leicht um externe

(und umgekehrt) und nicht-öffentliche Krisen „veröffentlichen" sich oft sehr rasch. Krisen können – systemtheoretisch gesprochen – in jedem Teilsystem auftreten, und sie sind als antizipierte Krisen bei der Risikobewertung von Unternehmen, Organisationen und Personen ständig präsent.

In der öffentlichen Wahrnehmung sind die Systeme Wirtschaft und Politik die bekanntesten Bühnen dafür.

Folgende Anlässe sind dabei vorstellbar:

| Typ | Beispiele |
|---|---|
| Naturkatastrophe | Erdbeben, Wirbelsturm, Waldbrand |
| Technische Katastrophe | Störfall, Unfall, Havarie |
| Bösartiger Angriff | Anschlag, Erpressung, Spionage, Gerüchte |
| Konflikt | Kontroverse, Protestbewegung |
| Missmanagement | Nachlässigkeit, Fehlverhalten, Panne |
| Imageverletzung | Selbstgefälligkeit, Taktlosigkeit, Fauxpas |
| Betrug | Fälschung, Korruption |

Bei dieser Auflistung ist zu bedenken, dass viele Autoren die oben erwähnten Anlässe bereits als Krise selbst bezeichnen. Es geht um eine Orientierung, nicht um ein fest gefügtes (semantisches) Schema.

Der *Normalzustand* ist ein trügerisches Leitbild für das Krisenmanagement. Für das Krisenmanagement nach einem Flugzeugunglück hätte es fatale Folgen.

Versuche der *Krisenvermeidung* (Verdrängung) und *Krisenbewältigung* enden in diesen Fällen in der Regel mit einer negativen Presse über das taktlose Verhalten der Fluggesellschaft, die ihrer Sorgfaltspflicht nicht ausreichend nachgekommen ist.

Nicht ein „Normalzustand", sondern die Krisenfähigkeit sollte Ziel des Krisenmanagements sein.

Da die gegenwärtigen Konzepte des Krisenmanagements immer noch von einer wie auch immer differenzierten *Reparatur* eines beschädigten Systems ausgehen, neigen sie notwendigerweise zu pauschalisierenden Empfehlungen.

Dabei werden in der Regel *Krisenursachen und -wirkungen* nicht unterschieden. Fügt sich die Krisenentwicklung nicht dieser konstruierten Kausalität, wird es problematisch.

Krisen verlangen aber Entscheidungsmöglichkeiten bzw. Handlungs- und Verhaltensmuster, Routinen und Verfahren für Situationen, die man noch nicht kennt (das Unerwartete erwarten). Entscheidend ist daher die Vorbereitung und Nachbereitung des Krisenfalls, denn nur so lassen sich z. B. Routinen etablieren, die im Falle eines Falles auch wirksam werden. Die *Phasen im Krisenmanagement*

- **Vorbereitung:** Sensibilisierung aller wichtigen Akteure durch Training, Planspiel (Wargame, Simulation) zur Vorbereitung, Institutionalisierung der Krisenvorsorge, Organisations- und Personalplan, Kommunikationsplan
- **Krise:** Umsetzung der vorbereiteten Verfahren, Krisenplan aktivieren und ggf. anpassen, Handlungsbereitschaft bekunden („We care!")., Timing der Kommunikation
- **Nachbereitung:** Analyse von Prozessen, Strukturen, Verfahren; Qualifizierung der Mitarbeiter und Führungskräfte; Präventivprogramme: Risikokommunikation, Audits, Self-Assessments; fortlaufende Anpassung des Krisen- und Risikomanagements; je nach Krise kommunikative Neuausrichtung.

Entscheidend für die erfolgreiche Bewältigung einer Krise ist, unter allen Umständen zu vermeiden, in die Defensive zu geraten. Dabei sind die Anforderungen der Stakeholder an die Kommunikation und damit das Verhalten von entscheidender Bedeutung.

Die *Erwartungen der Stakeholder* an das Krisenmanagement sind:

- Information werden sofort und ohne Verzögerung weitergeben
- Informationsweitergabe kontinuierlich
- Eine dem Krisenfall angemessene Übernahme der Kommunikation durch die Führungsebene (erste oder zweite Ebene bzw. Kommunikationsabteilung)
- Nur einer spricht – eine Botschaft – keine Widersprüche
- Kommunikationsbereitschaft: Fragen beantworten, nicht ausweichen
- Emotional und betroffen sein, aber nicht umfallen

- Wahrhaftigkeit
- Glaubwürdigkeit
- Professionalität
- Handlungsfähigkeit

Ist die Anschlussfähigkeit an die Erwartungen der Stakeholder nicht gegeben, ist davon auszugehen, dass die Krise durch die Kommunikation eine Dynamik entwickelt, die sich von der eigentlichen Ursache vollkommen löst.

SVEN RAWE/JÜRGEN SCHULZ

Ian Mitroff, Murat C. Alpaslan (2003) Gewappnet gegen das Böse, in: Harvard Businessmanager, Juli: 61-77. Ian Mitroff, Christine M. Pearson, L. Katharine Harrington (1996): The Essential Guide to Managing Corporate Crises. A Step-By-Step Handbook for Surviving Major Catastrophes. New York; Oxford: Oxford University Press. Jürgen Schulz, (2004) Anschlussfähigkeit der Botschaft. In: Repräsentanz Expert. (Hg.) Corporate Speaking. Auftritte des Spitzenmanagements: Positionierung, Executive Coaching, Dresscode, Bonn et al.: InnoVatio25-37

# Mobilisierung

Mobilisierung ist ein politischer Universalbegriff, der die geplante Initiierung einer breiten, öffentlich sichtbaren Unterstützung eines politischen Vorhabens durch Mitglieder einer Organisation, Sympathisanten oder Bürger bedeutet. Begriffskern ist das Versetzen von Menschen in *Bewegung*, sowohl in diskursiven Auseinandersetzungen wie auch praktisch, also physisch zu bestimmten Orten oder Handlungen. Umgangssprachlich ist mit Mobilisierung zunächst „in Aufregung versetzen" gemeint, im Sinne der politischen Kommunikation geht es aber darum, die Bewegung in eine bestimmte Richtung zu bringen. Mobilisierung steht dafür, politische Konflikte aus der formal definierten, institutionellen Arena in eine breite Öffentlichkeit zu tragen – im übertragenen Sinne, aber auch ganz praktisch auf die Straße. Daher steht der Begriff im engen Zusammenhang mit der Idee einer *„Demokratie von unten"*.

Im Rahmen von →Kampagnen mobilisieren Parteien ihre Mitglieder für Wahlkampfaktionen (Veranstaltungen, Verteilung von Plakaten und Briefen, Straßenaktionen, Wahltag-Transporte zum Wahllokal), Gewerkschaften die Arbeitnehmer für einen Warnstreik oder Streik, Bürgerinitiativen, Nichtregierungsorganisationen oder soziale Bewegungen ihre Mitglieder für Protestaktionen, Interessengruppen ihre Mitglieder oder Unternehmen ihre Mitarbeiter und Kunden für das →Grassroots Lobbying.

Die Mobilisierung umfasst allgemein, *Reserven* aufzurufen, neue Anhänger und Mitstreiter zu rekrutieren und die Organisation innerhalb kurzer Zeit zu erhöhter Einsatzfähigkeit zu bringen.

Mobilisierung ist heute vorrangig ein ziviler, auch auf der politischen Linken und in Protestbewegungen gern verwendeter Begriff, stammt aber aus dem militärischen Sprachgebrauch. Die Mobilisierung (auch *Mobilmachung*) bedeutet die Herstellung der Kriegsbereitschaft eines Staates durch personelle und materielle Ergänzung der Streitkräfte auf Kriegsstärke (höhere Sollstärke für Menschen, Waffen und Ausrüstung), Ingangsetzen der Hilfs-,

123

Schutz- und Abwehrmaßnahmen und Überleitung der Friedens- in die Kriegswirtschaft. Der Gegenbegriff ist *Demobilisierung*, also das Zurückrufen in den Friedenszustand. Historisch ist die Mobilisierung eng mit der Wehrpflichtarmee verbunden, die relativ viel Zeit benötigt, um die Bürger zu den Waffen zu rufen. Diese Zeit bis zur Einsatzfähigkeit durch professionelle Vorbereitung auf ein Minimum verkürzen zu können, bedeutet einen massiven strategischen Vorteil. Mobilisierung hat damit ihre eigene eskalierende Dynamik; nicht zuletzt gilt die Mobilmachung 1914 als letzter Grund für den Ausbruch des Weltkriegs: Hat die Mobilisierung erst einmal begonnen, wird die Luft für Verhandlungen sehr knapp.

Grundsätzlich gilt dies auch für gesellschaftliche Konflikte, insbesondere für Gewerkschaften, die sich traditionell eher als Kampforganisation denn als Dienstleister verstehen, und für Protestbewegungen mit ihrer typischen, durch die Medien verstärkten und moralische Empörung getragenen *eruptiven* Mobilisierung.

Eine Eskalation ist schon deshalb wahrscheinlich, weil Mobilisierung aufgrund der gewünschten Medienresonanz heute oft nicht nur zu *appellativen* Aktionen führt (also Demonstrationen, Unterschriftenlisten, Petitionen, Publikationen), sondern zunehmend zu kameratauglichen *intervenierenden* Aktionen (Werkstor-Blockaden, Waren-Boykott, Störungen, „Guerilla-Taktiken"), die auch vor militanten Methoden nicht zurückschrecken. Die Greenpeace-Methode, nicht nur öffentlich Positionen zu beziehen, sondern physische Konfrontationen durch „Taten statt Warten" zu provozieren, ist zwar der Idee nach gewaltfrei. Da Herbeiführung und Gestaltung öffentlicher Konflikte und die Anklage eines Gegners als „Gesicht" eines Problems aber Kern der Strategie sind, bedeutet dies viele Grenzgänge. Organisationen wie Greenpeace versteht sich nicht als PR-Agentur in Verbandsform, sondern als *Pressure Group*. Darum spielt die Mobilisierung für den zivilen Ungehorsam eine große Rolle. Profi-Campaigner werden dafür geschult; kurzfristig mobilisierte, unerfahrene, undisziplinierte Mitläufer dagegen nur duch intensive Betreuung von Fehlern abgehalten, die ihre eigene Sicherheit und Glaubwürdigkeit gefährden.

Bewegungen müssen sowohl den Medien als auch ihren Teilnehmern beweisen, dass sie mehr bewegen als sich selbst. Dieser Beweis kann durch eine hohe Zahl von Teilnehmern wie auch durch spektakuläre →Inszenierungen erlangt werden.

Dies hat auch Konsequenzen für die Teilnehmer: Eine z.B. von Attac mobilisierte Menschenmenge bringt eine bestimmte Erwartungshaltung mit, dass „etwas" passiert. Die Wahrscheinlichkeit ist hoch, dass auch tatsächlich „etwas" passiert. Selbst wenn z.B. Auseinandersetzungen mit der Polizei, brennende Autos und Zerstörungen von Geschäften nicht geplant sind, so weiß doch auch jeder Organisator, dass Mobilisierung auch Unkontrollierbarkeit mit sich bringt.

Für die Teilnehmer ist es vor allem das Gruppenerlebnis, das motiviert und für eine Weile weiter mobilisiert. Die entscheidende Frage ist, wie lange diejenigen, die mehr an einer spontanen Aktion als an kontinuierlicher Mitarbeit in einer Organisation interessiert sind, dabei bleiben.

In einem Streik oder Wahlkampf gibt es in der Regel klare zeitliche Vorgaben, wie lange der Konflikt dauert. Damit ist auch klar, wann und wie das Ergebnis feststeht (Tarifvertrag, Wahltag) und wann demobilisiert werden wird. Bei allgemeinen Bewegungen fehlen diese Vorgaben. Bewegungen, die vor allem auf äußere politische Entwicklungen reagieren (Demonstrationen gegen Hartz IV und Agenda 2010 im Sommer 2004, gegen den Irakkrieg 2002-03), mobilisieren binnen weniger Wochen und erreichen eine hohe Sichtbarkeit auf der Straße, bevor sie in sich zusammensacken. Die Bewegung, die eben noch von Massendemonstrationen und hoher Medienpräsenz geprägt war, schmilzt in kurzer Zeit wieder auf wenige, dauerhaft organisierte Kerne. In diesen Kernen arbeiten Menschen, die Erfahrung in den Aktions- und Organisationsformen sowie in den Themen haben, also die Managementaufgaben übernehmen (auch wenn es keine formale hierarchische Struktur und Aufgabenverteilung gibt). Nur diese ermöglichen durch ihre →Netzwerke, kommunikative und logistische Vorarbeiten überhaupt die – scheinbar spontane – Mobilisierung.

**Wahltag-Mobilisierung (GOTV).** Die gezielte Steigerung der Wahlbeteiligung (insbesondere in ausgewählten Wahlkreisen und Stimmbezirken nach →Targeting) steigt in ihrer praktischen Bedeutung. Bisher gibt es jedoch kaum Analysen, die belegen, welche Maßnahmen für *Get-out-the-Vote-Drives* (GOTV) geeignet, effektiv und nach Kosten pro zusätzlicher Stimme effizient sind. Eine Bahn brechende US-Studie, die auf fünf Jahren experimenteller Wahlkampfarbeit in 18 Einzelstaaten beruht und hohe Beachtung unter Praktikern findet, wurde 2004 von Donald Green und Alan Gerber publiziert. Ihr Fazit: Viele von kommerziellen Politikagenturen propagierten Mobilisierungstaktiken sind deutlich weniger effektiv als gedacht. „High Tech" mache zwar Massenansprache möglich, aber wenn dabei kein „High Touch" möglich sei, könne man sich den Aufwand sparen. Je persönlicher die individuelle Ansprache gelinge, desto eher gelinge die Mobilisierung. Die Ergebnisse sind für Europa trotz der Unterschiede (z.B. Grundniveau der Wahlbeteiligung, Rolle des Straßenwahlkampfs) hoch interessant:

Der „Gold-Standard" sei das klassische *Door-to-door-Canvassing* an der Haustür. Die Daumenregel laute „14:1": Für 14 an der Haustür kontaktierte Personen lasse sich eine zusätzliche Person ins Wahllokal bewegen; Canvassing funktioniere gleichermaßen in völlig offenen Rennen als auch in „sicheren" Wahlkreisen (Hochburg-Wahlbedingungen); die Wirkung sei deutlich abgeschwächt, wenn der Gegner im selben Gebiet ebenfalls Canvassing betreibe; der Kontakt zähle mehr als die inhaltliche Aussage – die Inhalte, die die Canvasser kommunizierten, seien unwichtig; in Wahlen mit niedrigem Beteiligungsniveau (z.B.

Kommunalwahlen) seien Kontakte mit Bürgern, die in der Regel wählen gehen, deutlich effektiver als mit Bürgern, die sich meist nicht beteiligen.

*Wahltags-Flugblätter, Türhänger:* Daumenregel „66:1" für Parteisympathisanten, „200:1" für parteiunabhängige Wechselwähler. Gelte für regelmäßige Wähler ebenso wie für saisonale Nichtwähler; relativ starker Effekt auf Erst- und Jungwähler.

*Telefonaktionen:* Mit Freiwilligen Helfern besetzte Telefonaktionen erreichten durchschnittlich eine Erfolgsquote von „35:1". Wiederholungsanrufe seien vergeudet, einmal reiche. Frühstarts seien zu vermeiden, nur in der Woche vor dem Wahltag sei die Wirkung hoch. Ultrakurze Erinnerungsanrufe („Morgen ist Wahl, bitte hingehen") verpufften meist („400:1"). Nur wenn Raum für persönliche Konversation bliebe, gebe es einen Effekt. Nur dann seien auch Anrufe von kommerziellen Call Centern effektiver („30:1") als begeisterte und gut geschulte Parteimitglieder. Auf Akkordarbeit getrimmt, übermittelten Profi-Telemarketer ihre politischen Botschaften meist zu flott, Wähler wollten aber eher langsam und in Konversationston auf Politik angesprochen werden, quasi von Nachbar zu Nachbar.

Der Inhalt des Telefonskripts habe mit der Effektivität der Aktion kaum etwas zu tun, Stil und Tempo sehr viel. Je größer der Zeitaufwand pro Anruf, desto teurer werde das Call Center aber für die Kampagne. Empfehlung: Viel in die Schulung freiwilliger Telefonisten investieren. Automatisierte, voraufgezeichnete Massenanrufe („Robo-Calls")

brächten gar nichts – Daumenregel: „2000:1".

*Mailing/Postwurfsendung:* Daumenregel „177:1" für Parteisympathisanten, „200:1" für parteiungebundene Wechselwähler, „600:1" bei Anhängern anderer Parteien. Hoher Aufwand (Design, Druck, Kuvertierung, Sortierung, Versand oder Verteilung).

*E-Mail:* Keinerlei Wirkung feststellbar, wenn die E-Mail nicht von einem Freund oder Bekannten oder einer Kampagne, in die der Empfänger bereits involviert ist, komme – die Botschaft werde wie Spam ignoriert. Die einzelne E-Mail koste zwar fast nichts, aber meist sei der Aufwand für Datensammlung und Infrastruktur zu hoch.

**Fazit:** Wer Wähler mobilisieren will, muss sie nicht nur wachrütteln und informieren. Entscheidend ist nach Green/Gerber, „to make them feel wanted at the polls" – dass sie sich im Wahllokal gewollt und willkommen fühlten. Mobilisierung sei einer persönlichen Einladung zu einem gesellschaftlichen Event ähnlich. Diesen Aufwand könne man nicht vermeiden, auch nicht durch Technik.

Das Dilemma ist: Wer mobilisieren will, muss hohe Investitionen in Qualität und Quantität seiner Kommunikationsmaßnahmen einplanen. Das gilt gleichermaßen für Parteien im Wahlkampf wie für NGO, Verbände und Unternehmen. Qualität (im Sinne ausgezeichneter Schulung) ohne Masse bringt nichts. Um nur 1000 zusätzliche Stimmen zu mobilisieren, muss eine Kampagne mehrere Zehn- oder gar Hunderttausend Haushalte besuchen, anrufen, anschreiben.

Insofern ist die Planung einer effektiven Mobilisierungsphase ungefähr so wie früher beim Generalstab die Mobilmachung der Truppen: Teuer, langsam, kompliziert und nur mit langem Vorlauf möglich. Lohnend wird dies nur mit einer Perspektive, die über den Wahltag hinaus geht und (mit hohem Personal-, Finanz- und IT-Aufwand) dauerhaftes Beziehungsmanagement mit den kontaktierten Bürger anstrebt. Schließlich: Nicht alles, was den Bürger inhaltlich überzeugt, mobilisiert ihn auch. Strategische Planer sollten die Ziele Persuasion und Mobilisierung deutlich unterscheiden.

MARCO ALTHAUS

Hans-Jürgen Arlt (1998). Kommunikation, Öffentlichkeit, Öffentlichkeitsarbeit. Leske + Budrich: Opladen. Sigrid Barenhorst (1998). Politik als Kampagne. Zur medialen Erzeugung von Solidarität. Opladen/Wiesbaden. Donald Green, Alan Gerber (2004). Get Out the Vote! How to Increase Voter Turnout. Brookings, Washington. Claudia Langen, Werner Albrecht (Hg.)(2001). Zielgruppe: Gesellschaft. Gütersloh. Christian Krüger, Matthias Müller-Hennig (2000). Greenpeace auf dem Wahrnehmungsmarkt. Hamburg.

# Negativkampagne

Negativkampagne (Negativwerbung, Negative Campaigning) charakterisiert eine →Kampagne oder ihre Instrumente, die die *inhaltlichen Schwächen, persönlichen Fehler* und *negativen Seiten* eines politischen Gegners kommunizieren und seine *Glaubwürdigkeit* erschüttern sollen. Negativkampagnen zielen darauf, *Unsicherheit, Zweifel* und möglicherweise *Angst* bei Unentschiedenen und Sympathisanten des Gegners zu wecken und zu verstärken. Die Strategie baut auf den Angriff, um einen größtmöglichen Kontrast zur eigenen Seite herzustellen. So spricht man auch von *Angriffs-* oder *Kontrastkampagne*; in den USA auch „competitive" (*Wettbewerbskampagne*) oder „comparative" (*Vergleichende Kampagne*).

Negativkampagnen sind als Instrument nicht nur im Wahlkampf zu Hause, sondern auch in der politischen Kommunikation von Verbänden, Gewerkschaften, Unternehmen, NGO. Das *Verhindern* und Verändern, Attackieren politischer Absichten und öffentliche *Warnen* gehört zum festen Repertoire von Interessenvertretern. Ein Großteil politischee Kampagnen von Verbänden, Gewerkschaften und Unternehmen besteht aus Protest und der Herabsetzung des Gegners. Erst recht gilt dies für viele Nicht-Regierungsorganisationen. Sie sind die heimlichen Meister der Disziplin Negative Campaigning, gerade weil ihre moralische Glaubwürdigkeit ihr größtes Kapital darstellt und ihre Mitglieder die öffentliche Anklage geradezu erwarten (das aktiviert auch Spendengelder). Das Ergebnis sind starke Vereinfachung, Visualisierung, Emotionalisierung, Planen der Konfrontation und Aufbringen eines →Skandals, der z.B. Umweltsünder massiv zu Stellungnahmen und Verhaltensänderung zwingt. Die Argumente und Informationen sind ebenso negativ wie konfrontativ. Dabei wird in der

Regel nicht die gesamte Komplexität eines Thema erklärt, sondern ein Exempel vorgeführt. Das ist das berühmte *Kuchen-Krümel-Prinzip*. An einem Krümel wird die Zusammensetzung des Kuchens deutlich gemacht.

**Wahlbeteiligung.** Wahlverhaltensforscher meinen nachgewiesen zu haben, dass Negativkampagnen die Wahlbeteiligung signifikant absenken können. Das ist in der Tat oft ein praktisches Ziel der Wahlkampfführung: Die Kommunikation soll bereits für die „richtige Seite" Entschiedene bestärken und nicht Überzeugbare wenigstens dazu bringen, lieber gar keine als die „falsche" Wahl zu treffen. Die Negativkampagne soll zur →Mobilisierung der eigenen Anhänger und zur Demobilisierung des Gegners beitragen, wobei sich die Akteure einen für sie positiven Saldo erhoffen. Wahlbeteiligung ist ein strategischer Faktor. Immer profitieren einige von höherer oder niedrigerer Beteiligung, während andere Nachteile haben.

**Oppositionskampagnen.** „Going negative" kann ein Manöver in einer größtenteils positiv geführten Kampagne sein, aber auch zum Grundzug einer Kampagne werden, also die Hauptbotschaft sein. Dies ist häufig bei Kampagnen einet Oppositions- gegen eine Regierungspartei so, insbesondere wenn diese nicht in der Lage ist, einen positiven *Leistungsbilanzwahlkampf* durchzuhalten. Angriffe zielen auf gebrochene Versprechen, Untätigkeit, Verschleiß, handwerkliche Fehler, aber auch mangelnde Ehrlichkeit und Glaubwürdigkeit der Amtsinhaber. Wut und Verdruss der Bürger werden thematisiert, Gründe zur Abwahl der Regierung beständig wiederholt, um Enttäuschung in Wechselstimmung umzuwandeln.

Auch harte Angriffe können aber in der Regel nur einen Kontrast zwischen Besser und Schlechter herstellen, nicht zwischen Himmel und Hölle – das würde unglaubwürdig. Zudem steigt für den, der Negativbotschaften aussendet, der Druck, positive Alternativen zu zeigen, um den eigenen Gestaltungsanspruch zu belegen.

**Kampfbegriff.** Gibt es überhaupt Campaigning ohne Negative Campaigning? Pragmatisch gesehen in der politischen Auseinandersetzung wohl nicht, aber Negativkampagne ist selbst ein politischer Kampfbegriff. Sie ist immer das, was der Gegner tut: unmoralisch, unbeliebt und unpatriotisch. Negativkampagne wird öffentlich gleichgesetzt mit Schlammschlacht, Schmutz-, Schmuddel- und Hetzkampagne, Verunglimpfung, Angstmache, „dirty tricks", Trivialisierung, Skandalierung, Dämonisierung. Dies ist oft der taktische Schutzschild, hinter dem sich die Gegenaggression formiert.

**Legitimierung.** Nicht das Negative an sich ist negativ zu bewerten, sondern die Art des Umgangs mit negativen Informationen und Kontrastmitteln.

Wie im Fußball bringt auch in der politischen Auseinandersetzung Schönspielen selten Punkte, man muss nach dem Trainerwort „durch Kampf zum Spiel finden". Wettbewerbsdemokratie und demokratische Öffentlichkeit definieren sich geradezu durch Angriff und Streit. Ist die Zeit für Verhandlungen, runde Tische und

Konsens abgelaufen, kommt es zu Konfrontationen. Wahlkampf heißt nicht umsonst so.

Es ist unrealistisch, dass Politiker ihre Gegner nur sanft kritisieren, sich selbst aber mit allen guten wie schlechten Seiten erläutern. Dass jemand ihre Schwächen offen legen muss, damit die Wähler sich ein vollständiges Bild machen können, ist klar – und der größte Anreiz liegt dafür nicht bei der „Vierten Gewalt", den Medien, sondern beim politischen Gegner.

Was für ein Wahlkämpfer wäre das wohl, der den Gegner lieber gewinnen lässt, als etwas Schlechtes über ihn zu sagen? Was für eine Opposition wäre das wohl, die sich nicht zu sagen traut, dass das Land schlecht regiert wird? Was für ein Interessenvertreter wäre das wohl, der es Schulter zuckend den Journalisten überlässt, Pläne zu Lasten seiner Klientel zu recherchieren und anzuprangern? Wo wären die Gewerkschaften, wenn Tarifkonflikte ausgetragen würden wie eine Partie Dame? Wo wären Greenpeace & Co., wenn sie die volle Wucht ihrer Moralkeule nicht gegen Konzernchefs richten könnten?

Über das Negative lässt sich Positives sagen: (1) Wer schlechte Politiker aus guten Gründen attackiert, erweist dem Gemeinwesen einen Dienst. Es ist gut, wenn im Wahlkampf wichtige Informationen ans Tageslicht kommen, selbst wenn sie taktisch platziert sind und an Symbolen, Schlagworten und Emotionen ankern, die die Bürger aufregen. Negative Informationen sind hilfreich, wenn sie das Wissen der Wähler über relevante Unterschiede zwischen den Rivalen erhöhen.

(2) Wenn ein Politiker seine Anhänger und seine legitime Überzeugung effektiv vertreten will, hat er nicht nur die Erlaubnis, den Gegner hart anzugehen, wenn es notwendig wird, sondern unter Umständen die moralische Pflicht dazu. Das Risiko, den Gegner zu verletzen, muss wie im Profisport abgewogen werden mit der Verantwortung, die der Spieler seinem eigenen Team gegenüber hat. Nur weil die Gefahr von Fouls steigt, ist ein hartes, kämpferisches Spiel nicht tabu. Zimperlich darf man nicht sein, aber auch nicht brutal. Spielregeln sind vor allem dort ernst zu nehmen, wo das Schönspielen aufhört. Allerdings tritt die Frage auf: Gibt es überhaupt klar erkennbare Spielregeln, die „fair" und „foul" abgrenzen? Wer ist der Schiedsrichter?

Im Wahlkampf fällt diese Rolle in erster Linie der Presse und den Wählern zu, die am Wahltag ihr Urteil auch über die Kampagnenführung der Parteien fällen.

Doch Journalisten und Wähler sind nicht immer zuverlässige Schiedsrichter. Wenn der Gegner die Spielregeln verletzt, ist daher die Überlegung gerechtfertigt, ebenfalls die Regeln zu verletzen, um das Gleichgewicht im Wettbewerb wieder herzustellen.

Eine solche Spirale von Regelverletzungen ist zweifellos eine Gefahr für den demokratischen Prozess.

Dies alles zeigt: Radikale Ansichten zum Thema Negativkampagne helfen dem Politiker und Politikmanager nicht, der die Wahl als demokratischen Prozess nicht aushöhlen will, aber auch gewinnen muss. Man kann Politiker unmöglich zu Entscheidung zwischen Ethik und Erfolg zwingen. Man kann von ihnen allerdings verlangen, dass sie ein höheres Risiko für ethisch besseres Verhalten eingehen.

**Kriterien.** Auch für die Verbreitung negativer Informationen gibt es Qualitätsstandards, die sowohl etwas mit Wirksamkeit wie mit Legitimität zu tun haben. Eine professionell ausgeführte Attacke ist eine, die (1) glaubwürdig relevante und wichtige Themen aufgreift, (2) auf plausiblen, nachvollziehbaren und sauber dokumentierten Fakten beruht, (3) möglichst mehrere, verschiedene dritte Quellen und Originalmaterial des Gegners anführt, (4) neutrale, nicht parteigebundene Quellen verwendet, die eine glaubwürdige Autorität darstellen (z.B. Zeitungen), (5) sich von platten Beleidigungen und Attacken persönlicher Natur fern hält, (6) nicht opportunistisch jede Angriffsmöglichkeit ausnutzt, die sich zufällig bietet, sondern planmäßig vorgeht und kalkuliert, welche Folgen ein Angriff auf Umfragewerte und die eigene Anhängerschaft haben könnte, (7) sich das Medium für den Transport der negativen Botschaft sorgfältig auswählt (also z.B. Zielgruppenmedien den Vorrang vor Breitenwirkung gibt).

Wer nach verwertbarem Kontrast- und Angriffsmaterial graben will, muss sich als erstes fragen, wo und wie Graben gerechtfertigt ist. Prinzipiell gibt es keinen Unterschied zu den Schürfrechten der Journalisten. Legitim ist die Suche (1) in allen Reden, Entscheidungen, Versprechungen und im Stimmverhalten des Gegners, heute und in der Vergangenheit, (2) in unhaltbaren und unbegründeten Wahlversprechen, die nicht durch einen bezahlbaren Umsetzungsplan untermauert sind, (3) in allen Fällen, in denen sich der Gegner vor einer Entscheidung oder klaren Stellungnahme drückt, (4) wenn der Gegner sich vor einer gemeinsamen Debatte auf öffentlichem Podium (bei einer neutral ausgerichteten Veranstaltung, im Fernsehen, im Parlament) drückt, (5) wenn der Gegner lügt, (6) wenn sich im tatsächlichen Verhalten des Gegners ein Widerspruch zu eigenen politischen Forderungen ergibt, (7) wenn der Gegner seine Geldquellen oder die Namen seiner Unterstützer nicht offen legt, (8) wenn der Gegner Hilfe von Organisationen annimmt, die von seinem Weiterkommen profitieren könnten, (9) wenn sich gegnerische Führungspositionen in Zirkeln und Klubs bewegen oder vor Leuten auftreten, die diskriminierend, extremistisch oder verfassungsfeindlich sind, oder wo sich der Gegner auf Verträge mit Dritten eingelassen hat, die ebenso einzuschätzen sind, (10) wenn sich aus der Vergangenheit Zweifel an der Qualifikation und charakterlichen Eignung des gegnerischen Führungspersonals ergeben, etwa durch häufige Abwesenheit im Parlament oder anderen wichtigen Sitzungen, durch Vorstrafen und nachgewiesenes kriminelles Verhalten, aber auch schlicht durch Arroganz und Mangel an Fach- und Alltagswissen.

**Verteidigung.** Taktisch gesehen, gewinnt in politischen Auseinandersetzungen häufig der geschickte Aggressor. Strategisch gesehen, sind

Hoffnung und Kompetenz zwar die wichtigsten Elemente der positiven Kampagnenbotschaft. Aber auch beim längerfristigen Agenda-Setting ist der Aggressor häufig erfolgreicher. Angst bewegt, und Angst machen lohnt sich. Die alte Warnung „Kassandra wählt man nicht" gilt nur, wenn ein Kandidat sich wirklich zur Kassandra stilisieren lässt. Einer der wichtigsten Gründe, sich in der Wahlkabine für jemanden zu entscheiden, ist nach wie vor, gegen dessen Rivalen zu sein.

Diese Erkenntnis macht die Negativkampagne für Politikmanager akzeptabel, zumal sie der *Medienlogik* folgt („Bad news is good news"). Journalisten transportieren Negatives schneller und platzieren es besser, weil Kontrast und Konflikt Auswahlfaktoren für Nachrichten sind. Sie finden auch bessere Abnehmer beim Publikum, das negative Informationen (zumal über Politiker) eher absorbiert, verarbeitet und weitergibt als positive.

**Humor.** Angriffe werden häufig in schwarzen Humor verpackt. *Karikaturen, Kabarett, Satire* gehörten schon immer zu Kampagnen (z.B. die provokanten, hart negativen Plakate von Klaus Staeck für die SPD seit den 60ern). Heute wird Spott und Klamauk fabrikmäßig produziert: Werbeagenturen liefern im Wahlkampf Gags vom Fließband, meist als E-Cards, Flash-Filme im Web, Pressematerialien, Satellitenplakate oder mobile Stellflächen, mit denen man die Parteitagshalle der Konkurrenz für die Kameras stundenlang umrundet – für die Verbreitung sorgen andere. Die richtig guten Ideen hebt man sich für Kino-spots auf, dem Premium-Medium für Politainment auf Kosten des Gegners.

Mit Humor lässt sich leichter übertreiben, vergröbern, polemisieren und verhöhnen. Das Lachen über einen guten Witz, eine beißende Satire oder putzige Ironie überdeckt die aggressive Negativbotschaft. Der Effekt setzt sofort ein, er wirkt länger nach, und dabei kann man sich lange Erläuterungen inhaltlicher Art sparen. Dokumentation und Argumentation sind verzichtbar, man braucht nur einen Zünder und ein Zerrbild.

Lachen über Politiker ist antiautoritär und demokratisch. Das kommt genauso gut bei Zynikern wie bei Gutmenschen an, bei Wechselwählern wie bei in der Wolle gefärbten Parteigängern: Schadenfreude ist für alle die größte. Aufgestauter Ärger findet ein effektives Ventil und erhöht die Aufmerksamkeit.

Negative Campaigning auf der Humorwelle reduziert das Risiko des Absenders, als Schlammwerfer beschimpft zu werfen; zudem darf es auch viel früher einsetzen als die ernste Konfrontation. Humor verstärkt die Missbrauchsgefahr. Denn es lässt sich noch leichter mit belegten Fakten lügen oder zumindest ein eingeengter Eindruck durch Weglassen bestimmter Informationen hervorrufen. Man kann in jedem Detail ehrlich sein, aber zugleich im Gesamtbild unfair.

**Bumerangeffekt.** Beim Publikum können *Abwehrmechanismen* entstehen, die beim Foul den Angegriffenen in Schutz nehmen – quasi als gesellschaftliche Kontrollfunktion, die die Aggression der Parteien untereinander begrenzt. Zum Bumerang kann eine Attacke werden, wenn sie als unwahr, ungerecht oder unpassend erscheint – also nicht als konsequente Kritik, sondern als penetrante Beschimpfung. Sie diskreditiert sie den Angreifer. Das Risiko eines Angriffs steigt beträchtlich, wenn der Angreifer klar zu identifizieren ist.

Aus gutem Grund werden viele Angriffe in der Politik anonym oder durch befreundete Organisationen gestartet, um die öffentliche Reaktion zu testen. Oder sie werden von zweitrangigen Politikern ausgeführt, denen ohnehin das Etikett eines Wadenbeißers anhaftet. Oder sie werden – siehe oben – watteweich in Humor verpackt. Das Publikum reagiert nicht einheitlich auf Negatives. Informierte, gebildete, aktive, nicht parteigebundene Bürger hören genau hin, insbesondere wenn ihnen ein bestimmtes Thema wichtig ist; dann ist ihnen auch wichtig, dass sich die Kandidaten/Parteien gegenseitig kritisieren. Angriffe gelten den meisten Bürgern als „fair", wenn sie sich auf inhaltliche Inkonsistenzen, Einfluss- oder Geldfragen beziehen.

Die Akzeptanz für persönlich-privat gefärbten Attacken (etwa Alkohol- und Familienproblemen) mit geringem Bezug zum Mandat ist weit geringer, allerdings finden solche Vorwürfe eine weit höhere Aufmerksamkeit.

MARCO ALTHAUS

Stephen Ansolebahare und Shanto Iyengar (1995). Going Negative: How Political Advertisements Shrink and Polarize the Electorate. New York. Arthur Isak Applbaum (1999). Ethics for Adversaries. Princeton UP. Princeton. Robert Denton (2000). Political Communication Ethics: An Oxymoron? Praeger, Westport. Christina Holtz-Bacha (2001). „Negative Campaigning: In Deutschland negativ aufgenommen". Zeitschrift für Parlamentsfragen Nr. 3. Heike Kaltenthaler (2000), „Negative Campaigning - (K)ein Szenario für Deutschland", Forschungsjournal Neue Soziale Bewegungen Heft 3. 1995. Svenja Koch (2001). „Öffentlicher Konflikt als Kern der Strategie – die Greenpeace-Methode als Tor zur Welt". Zielgruppe: Gesellschaft. Kommunikationsstrategien für Nonprofit-Organisationen. Hg. Claudia Langen, Werner Albrecht. Bertelsmann, Gütersloh. Kerwin Swint (1998). Political Consultants and Negative Campaigning: The Secrets of the Pros. UPA, Lanham.

# Öffentliche Meinung

„Es gibt keine allgemein akzeptierte Definition für öffentliche Meinung. Dennoch nimmt der Gebrauch dieses Begriffs immer mehr zu...". Mit diesem Satz eröffnete Walter Phillips Davison, Professor für Journalistik an der Columbia University in New York, seinen Artikel „Public Opinion" in der 1968 erschienenen International Encyclopedia of the Social Sciences. Er konstatierte, dass der Gebrauch des Begriffes trotzdem immer mehr zunehme. Die bis heute andauernde Schwierigkeit einer allgemein akzeptierten Definition hängt auch mit den unterschiedlichen Interpretationen der Begriffe „öffentlich" und Meinung" in den Epochen der Geschichte zusammen. Bereits in der Bibel findet man zahlreiche Stellen, wo Prozesse der öffentlichen Meinung nachvollzogen werden können. In der Antike äußerten die Bürger Griechenlands und in Rom ihre Meinungen auf dem Marktplatz. Der „geistige Marktplatz" repräsentierte die in der Bevölkerung vorherrschenden, aber nicht notwendigerweise übereinstimmenden Meinungen und Urteile zu Ereignissen oder Personen.

In der Antike beschrieb Sokrates die auf die öffentliche Meinung gestützte soziale Kontrolle als „ungeschriebene Gesetze", die aufgrund ihrer psychologischen Wirkung funktionierten und nicht vom Staat durchgesetzt werden mussten. Darunter waren zum Beispiel die Ehrfurcht der Kinder vor den Eltern zu verstehen oder die herrschenden Auffassungen über Kleidung und Haartracht.

Die politische Bedeutung des Begriffs „öffentlich" kam bereits im Mittelalter zum tragen. Niccolo Machiavelli lehrte den Fürsten, dass sich eine Regierung *ohne Zustimmung nicht an der Macht* halten kann. Über zweihundert Jahre später stellt David Hume den Leitsatz auf, dass alle Herrschaft – der Regierung – sich auf Meinung gründet. Die übereinstimmende Meinung von Privatpersonen bringe einen Konsens hervor, der die Grundlage der Regierung bilde. Nach David Hume beschrieb auch John Locke die politische Komponente, dass die Regierung die öffentliche Meinung – ebenso wie das Individuum – akzeptieren müsse. Er führte mit der ➜ *Reputation* einen sozialpsychologischen Begriff ein, der die Menschen in ihrer Abhängigkeit von der Umwelt zeigt. Der Einzelne ist von dem Ausschluss aus der Gesellschaft bedroht, wenn er sich nicht der öffentlichen Meinung anpasst. Die Akzeptanz führe letztlich zu einer Integration in die Gesellschaft.

Den Konflikt zwischen den Interessen des Individuums und der Gesellschaft beschrieb Jean-Jacques Rousseau zutreffend in seinem *Gesellschaftsvertrag:* „Wie findet man eine Gesellschaftsform, die mit der ganzen gemeinsamen Kraft die Person und das Vermögen jedes Gesellschaftsmitgliedes verteidigt und schützt und kraft dessen jeder einzelne, obgleich er sich mit allen vereint, gleichwohl nur sich selbst gehorcht und so frei bleibt wie vorher? Dies ist die Hauptfrage...".

Die Wirkung der öffentlichen Meinung spielte bei Rousseau eine große Rolle. Sie ist für ihn auch eine *Sittenwächterin*, die das Sozialwesen zusammenhält und vor dem Verfall der Sitten und Traditionen schützt.

Mit dem *Integrationskonzept* und dem *Elitekonzept* entwickelten sich zwei Theorien von öffentlicher Meinung parallel. Bei dem Elitekonzept – im wesentlichen vertreten von Edmund Burke – hängt es von dem einzelnen ab, ob er sich beteiligen will oder nicht. Das Integrationskonzept lässt dem einzelnen dagegen keine Wahl: alle Menschen sind dem *Konformitätsdruck* unterworfen und müssen bei Missachtung mit Sanktionen rechnen.

Öffentliche Meinung bildet sich aus *zwei Quellen*: die unmittelbare Umweltbeobachtung mit direkt erfahrbaren Signalen der Zustimmung und Ablehnung und die Berichterstattung der Massenmedien.

Die Furcht vor Isolation ist nach Elisabeth Noelle-Neumann die treibende Kraft, den von ihr entwickelten Prozess der *Schweigespirale* in Gang zu setzen: „Menschen wollen sich nicht isolieren, beobachten pausenlos ihre Umwelt, können aufs feinste registrieren, was zu-, was abnimmt. Wer sieht, dass seine Meinung zunimmt, ist gestärkt, redet öffentlich, lässt die Vorsicht fallen. Wer sieht, dass seine Meinung an Boden verliert, verfällt in Schweigen."

Danach haben die Massenmedien eine Artikulationsfunktion, die insbesondere dann einen starken Einfluss auf Meinungsbildungsprozesse in der Öffentlichkeit hat, wenn die Medienberichterstattung konsonant erfolgt, sich also gegenseitig bestätigt (→Agenda-Setting).

Einen Zusammenhang von öffentlicher Meinung und Journalismus hat Walter Lippmann in seinem Buch *Öffentliche Meinung* 1922 dargestellt. Auch Journalisten werden ebenso wie die Gesamtbevölkerung von ihren Einstellungen gesteuert und veröffentlichen Nachrichten so wie sie sieh sehen und interpretieren. In den vierziger Jahren prägt Kurt Levin für Journalisten den Ausdruck „*gatekeeper*"; der Schleusenwärter, der in mehrstufigen Prozessen entscheidet, welche Nachrichten die Öffentlichkeit erreichen und welche zurückgehalten werden. Da die Auswahlregeln der Journalisten weitgehend übereinstimmen, kommt es zu einer Konsonanz der Medienberichterstattung.

Da der einzelne seine Informationen aus den Massenmedien entnehmen kann, ohne sich zu isolieren, hat die Integrationsfunktion den größten Einfluss auf die öffentliche Meinung.

**HANS-DIETER GÄRTNER**

Walter Philipps Davison (1968), Public Opinion. Introduction. In: David L. Sills (Hrsg.), International Encyclopedia of the Social Sciences, Vol. 13. Elisabeth Noelle-Neumann (1980). Die Schweigespirale, München. Elisabeth Noelle-Neumann, Winfried Schulz, Jürgen Wilke (1989). Fischer-Lexikon Publizistik – Massenkommunikation, Frankfurt. Walter Lippmann (1922/1964). Public Opinion, New York. Deutsche Ausgabe: Die öffentliche Meinung, München. Jürgen Habermas (1962). Strukturwandel der Öffentlichkeit. Neuwied.

# Online Relations

Mit seiner zunehmenden Verbreitung wird das Medium Internet auch als Instrument der Öffentlichkeitsarbeit interessant. Der Begriff der Online Relations wird in diesem Zusammanhang, weitgehend synonym mit *Online-PR* oder interaktiver Öffentlichkeitsarbeit verwendet. Online Relations beschreibt dabei das Äquivalent klassischer Public Relations im Internet und grenzt sich damit von der „gekauften" Kommunikation ab, dem *Online Marketing*.

Diese theoretische Abgrenzung zwischen Online Relations und Online Marketing wird praktisch selten nachvollzogen, da die Kommunikationsformen im Internet idealerweise auf einer technischen Plattform vereint werden. Die Übergänge von der Selbstdarstellung zur Medieninformation und von der Nachrichtendistribution zum Dialoginstrument sind fließend und werden zumeist nicht von mehreren Spezialisierten realisiert. Eine Ausrichtung auf Online Relations beschreibt also eher eine Schwerpunktsetzung im strategischen Kommunikationsansatz, zumeist beschreiben daher auch Online-Tochtergesellschaften der PR-Networks ihre Tätigkeit als Online Relations. Stefan Wehmeyer (2004) definiert Online Relations als kommunikatives Verfahren, „das unterschiedliche Typen öffentlicher Kommunikation sowie einzelne Instrumente der Public Relations auf einer strategischen Kommunikationsplattform integriert, heterogene Teilöffentlichkeiten avisiert und miteinander vernetzt sowie schnell und dialogfähig kommuniziert." Die Aufgabengebiete der Online Relations lassen sich nach Ansgar Zerfaß (2004) in drei Gruppen teilen:

- Informationen elektronisch aufbereiten und für einen gezielten Abruf zur Verfügung stellen (zum Beispiel CD-ROM, WWW-Angebote, RSS-Newsfeed)
- einen technisch vermittelten Dialog mit gesellschaftlichen Bezugsgruppen ermöglichen durchführen und steuern (z.B. E-Mail, Newsgroups),
- die Prozesse im PR-Management unterstützen (zum Beispiel computergestützte Pressespiegel, →Medienbeobachtung und Resonanzanalysen, Online-Pressekonferenzen, digitale Pressemappen).

Online Relations beschreibt dabei mehr als die Übernahme des klassischen Instrumentariums der Beeinflussung der Medienberichterstattung, des Wording und der Themenagenda. Zwar gehören redaktionelle Zuarbeiten für die Website, das Verfassen von Artikeln für Online-Medien und die Analyse der Berichterstattung im Internet zum Instrumentarium der Online Relations. Auch gehören die Internet-Angebote klassischer Medien-Marken (sowie einiger weniger reiner Online-Medien) zu den meistbesuchten Internet-Angeboten. Doch ist die Originalinformation im Internet nur einen Klick weit entfernt, weswegen die klassische Rolle der Medien als „Gatekeeper" oder „Flaschenhals" des Informationsflusses zwischen Institution und Öffentlichkeit in Online Relations Strategien eine untergeordnete ist.

Im Vergleich dazu ist die Frage der Auffindbarkeit der Information in den Ergebnislisten der *Suchmaschinen* weitaus entscheidender.

Vor allem aber rücken Überlegungen in den Vordergrund, wie eine permanente Bindung der Zielgruppen an die eigenen Kommunikationskanäle der Institution erreicht werden kann. Zum Instrumentarium der Online-Relations gehören unter anderem:

- **Analyse** der Zielgruppen und des bisherigen Image durch Auswertung der *Zugriffsprotokolle (Logfiles)* die Validierung der Daten durch Umfragen und Sichtung der Anfragen. Analyse interner Kommunikationsprozesse und dem mit dem Einsatz neuer Medien verbundenen *Optimierungspotenzial;*
- **Strategien** zur Implementierung neuer *Kommunikationsabläufe,* zur Gewinnung von Einverständniserklärungen für die Zusendung von Informationen *(Permission-Marketing)* oder zum Austausch mit anderen Plattformen *(Partnering);*
- **Konzeption** des Aufbaus von Informationsangeboten und der *Nutzer-*

führung, von Newsletter-Verteilern und Newsfeed, von Presse-Centern, ergänzenden Instrumenten zur Krisenkommunikation im Internet, Entwicklung von *Infotainment*-Angeboten, die wichtige Botschaften auf spielerische Weise verdeutlichen;

- **Redaktionelle Leistungen** bei der *Informationsaufbereitung* auf Website, speziellen Zielgruppenangeboten und in Newslettern, Auswertung der Online-Medienresonanz, inhaltliche Optimierung der Auffindbarkeit in *Suchmaschinen* oder systematische *Dialogsteuerung in Foren*, über Seiten zu häufig gestellten Fragen (FAQs) in *Chats* und bei der Reaktion auf E-Mail-Anfragen;
- **Technische Leistungen** wie die Bereitstellung datenbankgestützter interner Management-Tools zur Auswertung, Berichterstattung, Beobachtung, Steuerung der Kommunikationsmaßnahmen; Umsetzung von Tools zu Dialogsteuerung und von Infotainment-Angeboten, Ergänzung von Strategien der Krisenkommunikation;
- **Beratungsleistungen** bei öffentlich relevanten technischen Fragen wie Ausschreibungen, Datenschutz sowie der *technischen Unternehmenspolitik* (z.B. der Voraussetzung bestimmter Hardware im Konflikt mit

der *Barrierefreiheit* des Angebotes).

Nur wenige Themen der Public Affairs sind geeignet, das gesamte Instrumentarium der Online Relations auszuschöpfen. Bei Themen, die (1) ein *breites Spektrum* der Öffentlichkeit betreffen, (2) in dem das Internet relativ *intensiv* genutzt wird, (3) die sich potenziell *emotional* aufladen lassen und (4) die tatsächlich *aktuell* sind, kann ein konsequenter und gut koordinierter Einsatz des Mediums Internet eine enorme Öffentlichkeitswirkung bei vergleichsweise geringen Kosten entfalten.

Aber auch wenn eine breite →Kampagne unrealistisch ist, können viele dieser Instrumente die Kommunikation mit ausgewähltem Zielpublikum vereinfachen und über das Internet schlicht die Öffentlichkeit der Informationen herstellen.

JURI MAIER

Michael Cornfield (2004). Politics Moves Online: Campaigning and the Internet. Century Foundation, New York. Stefan Wehmeier (2001). Online-PR: neues Instrument, neue Methode, neues Verfahren, neue Disziplin? Thesen zu einem emergierenden Bereich der Public Relations; PR-Guide Dezember 2001; http://www.pr-guide.de/beitraege/p011205.htm; download: 14.12.2004. Ansgar Zerfaß, (1998). Öffentlichkeitsarbeit mit interaktiven Medien: Grundlagen und Anwendungen, in: Michael Krzeminski; Ansgar Zerfaß (Hrsg.): Interaktive Unternehmenskommunikation. Internet, Intranet, Datenbanken, Online-Dienste und Business-TV als Bausteine erfolgreicher Öffentlichkeitsarbeit. Frankfurt am Main: IMK, 1998, S. 29-52.

# Personalisierung

## Personifizierung

Macht braucht ein Gesicht. Politik und Wirtschaft sind eng mit den handelnden Personen verknüpft. Politik ist Partei, Programm und politische

Macht. Politik braucht aber auch ein Gesicht, nämlich das Gesicht des Politikers, der diese Macht verkörpert. Politik ist immer vermittelte, wahrgenommene und medial inszenierte Politik. Je differenzierter, plastischer und nachhaltiger Politik in den Medien abgebildet ist, desto eher haben Politiker, die besagte Politik verkörpern, eine Chance, zu einem *„anfaßbaren Politiker"* zu werden. Dieser sitzt dann, so könnte man meinen, schließlich neben dem Medienkonsumenten, sprich dem potenziellen Wähler, auf der Couch im Wohnzimmer vorm Fernseher. Beide sind sich auf eine seltsame Art und Weise vertraut, ohne sich jemals gesehen zu haben. Der Medienkonsument ist dabei der Überzeugung: „Klar, den Bundeskanzler kenn' ich doch".

Politik gewinnt über die →Inszenierung durch die Medien, sowie die persönliche Inszenierung der jeweiligen Politiker in den Medien an *Glaubwürdigkeit* und *Authentizität*. Politik wandelt sich zur gefühlten, erlebten Politik, und politische Entscheidungen wirken wie Entscheidungen für oder gegen Personen. Der Vorgang der *Prominenzierung* unterstützt diesen Prozeß direkt und nachhaltig. Belegt doch die Prominenzierungsforschung, dass ein Politiker (so wie jede andere öffentliche Person) an Bekanntheit/Prominenzierung gewinnt, je öfter er im Bild medial präsent ist.

Die Prominenzierungsforschung weist auch darauf hin, daß der *Wiedererkennungseffekt*, der *Aufmerksamkeitsgrad*, sowie die Bedeutung der Person relativ *unabhängig von der textuellen Botschaft* zu sehen ist. Mit anderen Worten: Je öfter ein Politiker medial bildhaft präsent ist, desto deutlicher steigt sein Aufmerksamkeitsbonus. Je größer der Aufmerksamkeitsbonus desto größer die Chance gewählt zu werden.

Die Wirtschaft unterliegt ähnlichen Prozessen. Mehr als zu jeder Zeit zuvor sehen sich die Vertreter der Unternehmen Prozessen von Öffentlichkeit gegenüber gestellt. Sei es die unternehmensinterne oder die externe Öffentlichkeit. Die Chefs der Unternehmen bedienen gerade durch ihren öffentlichen Auftritt (z. B. Aktionärsversammlung) mediale Bedürfnisse.

Sie vertreten nicht nur Strategie, Zahlen und Erfolg des Unternehmens nach außen, sondern bilden als Person, durch ihren öffentlichen Auftritt den Gradmesser für die erlebte Einschätzung, die gefühlte Bewertung besagter Strategie, Zahlen und Erfolge. Mittlerweile verkörpert, so könnte man bildlich-psychologisch sagen, der Vorstandsvorsitzende ca. *25 Prozent des Unternehmenswerts*. Aber auch intern stellen Manager und Führungskräfte sich den Prozessen von Öffentlichkeit. Müssen sie doch in immer komplexeren, rasant sich entwickelnden und neuartigen Strukturen und Prozessen bestehen.

Die Zielvereinbarung auf Ergebnisse und Zahlen wird in Zukunft somit notwendigerweise erweitert werden müssen um die *Zielvereinbarung auf persönliche Motivation, Leidenschaft, Rollenverhalten* und die eigene *Wirkungskompetenz* in der Öffentlichkeit.

**Rolle und Öffentlichkeitskompetenz.** Kompetenz gewinnen öffentlichkeitswirksame Politiker und Top-Manager dadurch, daß sie die Klaviatur des Zusammenspiels von *nonverbaler Wirkung, Körpersprache, Persönlichkeit* und Verhaltensmustern beherrschen. Sie lernen die Kunst: „ich selbst zu sein" (als Persönlichkeit), „anders zu sein" (im Rollenverhalten unterscheidbar) und „öffentlich zu sein" (Öffentlichkeitskompetenz).

Sie beherrschen ihren Job. Sie wagen es, sensibel, aber auch direkt und verantwortlich zu führen. Sie sind mediensicher und vertraut auf der Bühne der Öffentlichkeit.

Durch ihren „Lead" überzeugen sie, indem sie eine Richtung vorgeben und sich als Person so inszenieren (zur Wirkung bringen), dass sie *Sicherheit in unsicheren Prozessen* vorleben. Sie haben es gelernt, Spannungen zu halten, und gleichzeitig den Mut, wichtige Entscheidungen zu treffen. Auch wenn diese Entscheidungen nicht immer auf Gegenliebe stoßen.

Je sensibler und bewusster diese Politiker und Manager sich sowohl ihrer Verhaltensmuster, als auch im Kern ihrer Persönlichkeit bewusst sind, desto anschlussfähiger sind sie im jeweiligen Kontext.

**Typus, Haltung, Habitus.** Dabei wirken sie weniger durch einen verlangten spezifischen *Verhaltens-Code*, der eher die Qualität von „gutem Benehmen" hat. Stattdessen überzeugen sie als *Typus*, durch ihre persönliche *Haltung*, ihren *individuellen Habitus*. Je glaubwürdiger, d.h. in sich stimmiger der jeweilige Typus sich darstellt bzw. wahrgenommen wird, desto höher ist die persönliche Wirkfähigkeit im öffentlichen Feld. Fünf typische Verhaltensmuster hinsichtlich ihrer öffentlichen Wirkung sind:

- **Der Analytiker:** zurückhaltend, distanziert bis arrogant, (zu) nüchtern, körperlich eher unlebendig-ungelenk, wenig Mimik und Gestik, flache Atmung, Kopf- und Zahlenmensch.

- **Der Kommunikative:** einladende Freundlichkeit, offen und zugewandt, viel Mimik, sitzt lieber oder stützt sich ab, als dass er frei steht, Energie eher im Kopf/Gesicht und weniger im Rest des Körpers.

- **Der Macher:** (aggressiv-) dominant, nicht zu übersehen, voller Kraft und Energie, initiativ und durchsetzungsstark, wirkt unabhängig, krisenkompetent, mächtige Armgestik und aufrechte Körperhaltung, kraftvoller Gang.

- **Der Verlässliche:** ruhig bis bedächtig-schwer, „körperlich" kompakt und voller Energie, aber innerlich eher festgehalten, freundlich-zurückhaltend, situativ energisch bis explosiv und meinungsstark.

- **Der Zielstrebige:** verbindlich und gut strukturiert, präsent ohne sich unbedingt in den Mittelpunkt zu drängen, innerlich leicht getrieben, zielorientiert.

**Person, öffentliche Person und virtuelle Person.** Drei Arten von Person lassen sich unterscheiden: die natürliche Person, die öffentliche Person und die virtuelle Person.

*Virtuelle Person* meint die medial abgebildete, inszenierte Person, sei es der Mann, die Frau auf der Straße, der Politiker, der Wirtschaftsboss oder der

Promi. Diese virtuellen Personen werden in einem sich selbst regulierenden Identifikationsprozess in der öffentlichen Wahrnehmung, also auf der Medienbühne, zum Leben erweckt. Einerseits bilden einzelne Medien qua Teil-Identifikation Teilaspekte der jeweiligen Person als Repräsentantin von Politik und Wirtschaft ab. Andererseits favorisieren die Medienkonsumenten die Medien, die die jeweils interessante, d.h. die für die Teilidentifikation bedeutsame Seite der virtuellen Person darstellen. Die Vielfalt der Medien spiegelt also die Vielschichtigkeit der einzelnen Person mit ihren jeweiligen Reaktions- und Verhaltensmustern in der Öffentlichkeit wider.

Besonders unter Stress und hoher Belastung sind besagte *Reaktions- und Verhaltensmuster* deutlich wahrnehmbar und erkennbar. Ist jemand in der (medialen) Öffentlichkeit präsent und will er als Person Aufmerksamkeit und Bedeutung gewinnen, so erhöht sich daher, wie die Stressforschung erkannt hat, auf der Erlebensebene das Stress-Niveau. Um sich in diesem Stressgeschehen bestmöglichst zu behaupten, greift der Mensch oft auf *„alte Überle-*

*bens-Muster"* zurück, die sich in seiner Lebensgeschichte für solche Situationen als persönlich brauchbar herausgestellt haben. Medien bilden diese Besonderheiten, sprich persönlichen Verhaltensmuster ab, ohne aber in der Regel sich hierüber und über die Bedeutung/Auswirkung derselben bewusst zu sein. Hieraus ergibt sich der Schluss, dass über den Prozess der *medialen Teil-Identifikation* zentrale Teil-Identitäten der jeweiligen Person in der Öffentlichkeit abgebildet werden. Würde man sich also die Mühe machen, die in den einzelnen Mediensegmenten abgebildeten Teil-Identitäten zu einem Bild zusammenzufügen, so würde man der entsprechenden Person recht nahe kommen. Mit anderen Worten, je differenzierter eine Person qua Teil-Identifikation medial abgebildet wird, desto glaubwürdiger und authentischer kann sie zur Wirkung kommen.

ULRICH SOLLMANN

Götz Großklau (1995). Medien-Zeit, Medien-Raum, Frankfurt. Niklas Luhmann (1996). Die Realität der Massenmedien. Opladen. Birgit Peters (1996). Prominenz. Opladen. Ulrich Sollmann (2000). „Den kenn ich doch – vom Trend zur Personifizierung von Politik". Neue Zürcher Zeitung, 29. Juli. Ders. (1997). Management by Körper. Zürich.

# Politische Psychologie

Die Psychologie beschäftigt sich mit dem *Erleben und Verhalten* von Menschen. Die Teildisziplin Politische Psychologie untersucht das Erleben und Verhalten von Menschen im politischen Kontext. Dabei wird das Zusammenspiel von Individuum und sozialen Umfeld betrachtet. Da Personen in einen entsprechenden politischen Kontext eingebunden sind, werden sie durch das soziale Umfeld – Gesellschaft, Parteien, Medien – beeinflusst, wie auch sie das soziale Umfeld beeinflussen. Diese Sichtweise geht auf

Kurt Lewin zurück, der betont, dass das Erleben und Verhalten eine Funktion von Person *und* Umwelt ist. Die häufig unbewusst ablaufenden Prozesse der *sozialen Einflussnahme* wirken sich zum Beispiel auf das Wahlverhalten von Personen aus. Das heißt, dass Personen, die wählen, ihre Umwelt gestalten, andererseits Umweltvariablen – z.B. eine Medienkampagne einer Partei – aber auch Einfluss darauf haben, welcher Partei eine Person ihre Stimme gibt.

**Interdisziplinarität.** Die politische Psychologie ist interdisziplinär (Crenshaw, 2002), was sich sowohl in der *Methodenvielfalt* als auch in den unterschiedlichen Forschungsthemen zeigt: Politische Sozialisation, Entstehung von Krieg und Frieden, Wertewandel in der Gesellschaft, Umweltbewusstsein, Entstehung von Gewaltbereitschaft, Führung, Macht, Herrschaft, Kollektive Identitäten, Wirkung von Medien, Konsequenzen von Arbeitslosigkeit, internationale und interkulturelle Verständigung, Ausbildung von Folterern (vgl. u.a. Moser, 2001). Als Untersuchungsmethoden werden in Labor- und Feldforschung u.a. die Messung von Einstellungen, die Analyse von Dokumenten oder Fallstudien herangezogen. Im Folgenden werden einige Forschungsbereiche und Befunde exemplarisch geschildert.

**Partizipation.** Im Rahmen der Forschung zur politischen Partizipation wird untersucht, aus welchen Gründen Personen sich *für Politik interessieren* oder sich an politischen *Aktivitäten beteiligen* (z.B. Durchführung eines Bürgerbegehrens). In einer Längs-schnittstudie konnte Krampen (1998) demonstrieren, dass politische Aktivitäten und die Wahlbeteiligung im frühen Erwachsenenalter durch das *Selbstkonzept politischer Kompetenzen* und das *politische Wissen* im Jugendalter determiniert werden. Möchte man also die Ausbildung politischen Desinteresses im Erwachsenenalter vermeiden, muss sowohl das politische Wissen als auch die Ausbildung eines positiven Selbstkonzepts politischer Kompetenzen bereits im Jugendalter gefördert werden.

**Informationsverarbeitung.** Die Forschung zur Informationsverarbeitung hat eine Vielzahl an Befunden hervorgebracht, dass Personen Informationen *nicht rational* verarbeiten. Vielmehr werden z.B. Informationen, die dem eigenen *Vorwissen entsprechen*, bevorzugt gesucht sowie für glaubwürdiger, wichtiger und überzeugender eingestuft (Jonas, Graupmann, Fischer, Greitemeyer, Frey, 2003). Ferner werden Informationen *verzerrt erinnert*. So auch in der Studie von Blank und Fischer (2000) im Kontext der Bundestagswahl 1998. Hier zeigte sich, dass Personen bei der Wiedergabe ihrer Prognose des Wahlergebnisses sich eher an dem realen Wahlergebnis und weniger an ihrer eigenen Prognose orientieren (sog. *Rückschaufehler*).

**Wahlverhalten.** Ein weiteres Forschungsgebiet ist die Erklärung und Vorhersage des Wahlverhaltens. Hier wird z.B. untersucht, inwieweit Einstellungen oder *Überzeugungen* das Wahlverhalten beeinflussen. Ferner interessiert, ob die Wahl bestimmter Gruppierungen mit spezifischen *Per-*

*sönlichkeitsvariablen* übereinstimmen. So konnten Caprara, Barbaranelli, Zimbardo (1999) zeigen, dass italienische Wähler der Mitte-Rechts-Koalition dominanter und gewissenhafter waren. Hingegen zeichnete Wähler der Mitte-Links-Koalition Offenheit für neuen Erfahrungen und eine höhere soziale Verträglichkeit aus.

**Kommunikation und Medien.** Bei der Untersuchung der Kommunikation wird die Art und Weise sowie die *Wirkung der Darstellung* von politischen Inhalten auf die Wahrnehmung, die Einstellungen, die Werte und das Verhalten untersucht. So analysierten Bull und Mayer (1993), welche Techniken Politiker einsetzen, um Fragen des Interviewers nicht zu beantworten bzw. zu umgehen und entwickelten daraus eine Typologie des *Nicht-Antwortens* (z.B. Ignorieren, Hinterfragen, Angreifen des Interviewers).

**Vorurteile und Diskriminierung.** Innerhalb der Politischen Psychologie wird ferner analysiert, wie Vorurteile oder diskriminierende Verhaltensweisen entstehen. Eine Erklärung ist die *soziale Kategorisierung*, die dazu führt, dass Menschen die Welt in Kategorien einteilen. Personen werden Gruppen zugeteilt, so dass *In-Gruppen* (Person ist Teil der Gruppe) und *Out-Gruppen* (Person ist nicht Teil der Gruppe) entstehen (Tajfel, 1982). Ein konsistenter Forschungsbefund ist, dass eine Favorisierung der In-Gruppe und eine Abwertung der Out-Gruppe stattfinden, die sich zum Beispiel in feindseligen Gefühlen oder unfairen Behandlungen ausdrückt (Jones, 1997). Die Forschung zur Auflösung von Vorurteilen zeigte, dass kooperatives Handeln und gemeinsame Ziele wirksame Interventionsansätze darstellen.

**Entscheidungen.** Politische Fehlentscheidungen können weit reichende Folgen haben, wie einige Beispiele der außenpolitischen Entscheidungen der USA zeigen: Pearl Harbour, die Eskalation des Korea-Kriegs oder die Schweinebucht-Invasion. Janis (1982) untersuchte, wie es zu diesen Fehlentscheidungen kommen konnte. Das Ergebnis seiner Analyse war, dass die Fehlentscheidungen durch ein *Gruppendenken (Groupthink)* verursacht worden war. Dieses wird hervorgerufen durch eine *Illusion der Unanfechtbarkeit* und *Einstimmigkeit*, einen hohen *Konformitäts-* und *Entscheidungsdruck* sowie *Meinungshüter*, die gegenteilige Meinungen hemmen. Die Folge ist eine verzerrte Informationsverarbeitung. So werden z.B. Gefahren oder Risiken nicht erkannt oder als nicht wesentlich bewertet werden, so dass Fehlentscheidungen resultieren.

**Veränderungen und gesellschaftlicher Wandel.** Durch *Minoritäten* können in politischen Systemen Veränderungen angestoßen werden. Ein Beispiel sind die in Deutschland zunächst von einer kleinen politischen Minderheit geforderten Umweltschutzmaßnahmen, die mittlerweile durch entsprechende Gesetze allgemeine Verhaltensvorschriften geworden sind. Nach dem Ansatz von Moscovici (1980) können Minoritäten Veränderungen dann herbeiführen, wenn sie konsistent über die Zeit ihren Standpunkt vertreten, flexibel in der Argumentation sind und mit einer Stimme sprechen sowie Koalitionen bilden.

Die dargestellten Forschungsbereiche und –befunde stellen nur einen kleinen Ausschnitt der Forschungsaktivitäten der Politischen Psychologie dar. Ziel der gesamten Forschungsbemühungen ist nicht nur die Beschreibung, Erklärung und Vorhersage menschlichen Individual- und Gruppenverhaltens im politischen Kontext. Vielmehr können durch sie konkrete Implikationen für die politische Praxis abgeleitet werden.

**DIETER FREY, EVA TRAUT-MATTAUSCH**

Blank, H. & Fischer, V. (2000). Es müsste eigentlich so kommen: Rückschaufehler bei der Bundestagswahl 1998. *Zeitschrift für Sozialpsychologie, 31*, 128-142. Bull, P. & Mayer, D. (1993). How not to answer questions in political interviews. *Political Psychology, 14*, 651-666. Caprara, G.

V., Barbaranelli, C. & Zimbardo, P. (1999). Personality profiles and political parties. *Political Psychology, 20*, 175-197. Crenshaw, M. (2000). The psychology of terrorism: An agenda for the 21st century. *Political Psychology, 21*, 405-420. Crenshaw, M. (2002). The utility of political psychology. In K. R. Menroe (Ed.), *Political Psychology* (pp. 141-150). Mahwah, NJ: Lawrence Erlbaum. Janis, I. L. (1982). *Groupthink*. Boston: Houghton Mifflin. Jonas, E., Graupmann, V., Fisher, P., Greitemeyer, T. & Frey, D. (2003). Schwarze Kassen, weiße Westen? Konfirmatorische Informationssuche und –bewertung im Kontext der Pareispendenaffäre der CSU. *Zeitschrift für Sozialpsychologie, 34*, 47-61. Jones, J. M. (1997). *Prejudice and racism*. New York: McGraw-Hill. Krampen, G. (1998). Vorhersage politischer Partizipation und Entwicklung politischer Handlungsorientierung im Übergang vom Jugend- zum frühen Erwachsenenalter. *Zeitschrift für Entwicklungspsychologie und Pädagogische Psychologie, 30*, 80-88. Moscovici, S. (1980). Toward a theory of conversion behavior. In L. Berkowitz (Ed.), *Advances in experimental social psychology* (Vol. 13, pp. 209-230). New York: Academic Press. Moser, H. (2001). Politische Psychologie. In G. Wenniger (Red.), *Lexikon der Psychologie* (3. Band, S. 273-275). Heidelberg: Spektrum. Tajfel, H. (Ed.). (1982). *Social identity and intergroup relations*. New York: Cambridge University Press.

# Politisches Marketing

*Political Marketing* taucht in der wissenschaftlichen Diskussion in den USA bereits Mitte der 50er Jahre auf. In der öffentlichen Wahrnehmung wurde er verstärkt durch einen journalistischen Fokus auf die „Vermarktung" von Politikern wie Kennedy und Nixon durch Werbung und Meinungsforschung. In Deutschland wird der Begriff seit der Bundestagswahl 1998 verstärkt diskutiert.

**Negatives Verständnis.** Neutral benutzt, beschreibt der Begriff die Tatsache, dass die Kommunikation politischer Parteien immer stärker das ganze Arsenal der Werkzeuge nutzt, die die Marketingwissenschaft zur Verfügung stellt. Negativ benutzt, häufig verbunden mit *Amerikanisierung* oder *Entertainisierung*, unterstellt der Begriff, dass Marketingtechniken insbesondere

im Wahlkampf eine der Ursachen von *Politikverdrossenheit* sind.

Eine der Schwierigkeiten liegt in einem Missverständnis darüber, was Marketing überhaupt ist. Marketing als Tauschprozess zwischen Anbieter und Nachfrager gesehen werden, der durch eine bedarfsorientierte Produktinnovation in Gang gesetzt wird; der Ansatz beruht auf Informationen aus dem Markt. Das bedeutet, dass die erfolgreichsten Produkte auf Erkenntnissen aus der Marktforschung beruhen. Mit politischem Marketing formt der Politiker sein Angebot so, dass der Wähler seine Ansprüche befriedigen kann. Dagegen mag man einwenden, dass Parteien nicht Politik gestalten sollten, um Wahlen zu gewinnen, sondern Wahlen gewinnen sollten, um Politik zu gestalten. In der Praxis spielt diese

Trennung keine Rolle: Die Wettbewerbsorientierung ist immer real.

Der Mythos, dass politisches Marketing Politiker wie Seife oder Margarine verkaufe, belegt ein weiteres Missverständnis: Politiker sind aus Marketingsicht keine Verbrauchsprodukte, sondern Dienstleister wie z.B. ein Versicherungsmakler, der eine Police verkaufen möchte. Dienstleistungen sind nicht physisch fassbar, sind schlecht standardisierbar, sind nicht lagerfähig und nicht trennbar von der Person, die die Dienstleistung anbietet. Mit diesen Kriterien wird die Anwendung von Marketing auf die Politik klarer.

**Politik als Marke.** Fachwissenschaftlich dreht sich die Diskussion um die Frage, ob Begriffe und Deutungsmuster aus der Marketingwissenschaft sinnvoll auf den Bereich der politischen Kommunikation übertragen werden können; so wird kontrovers diskutiert, ob der Begriff Marke und *Branding-*Strategien im politischen Umfeld genutzt werden kann, und ob sich der Begriff eher auf Politiker (als Personenmarke) oder Parteien (als Produktmarke) beziehen lässt.

Kritiker einer Übernahme der Markenmetapher in die politische Sphäre wenden ein, dass sich die Vermarktung von Produkten und Dienstleistungen substanziell von der Aufgabe unterscheide, politische Inhalte zu kommunizieren. Es fehle im politischen Raum der Bezugspunkt, auf den sich ein konsistentes Markenbild zurückbinden ließe: Politische Inhalte seien *zu volatil* – so gesehen seien diese Inhalte auch *kein Produkt* im Sinne des Marketings –, die politische Arena könne nicht als *Markt* angesehen werden. Die Verfechter eines *identitätsorientierten Markenkonzepts* widersprechen einer solchen Auffassung. Heribert Meffert konstatiert für das vergangene Jahrzehnt sich rapide verändernde Markt- und Umweltbedingungen und definiert sein Konzept wie folgt: „Unter Markenidentität soll ... die in sich widerspruchsfreie Summe aller Merkmale einer Marke verstanden werden, die diesen Markenartikel von anderen dauerhaft unterscheidet und damit seine *Markenpersönlichkeit* ausmacht." Die Markenidentität könne man, so Meffert, *nicht allein aus der Absenderperspektive* sehen, da sie immer im Spannungsfeld zur Umwelt stehe. Für Meffert wird die Relevanz einer Marke für den Verbraucher durch drei Kernfunktionen bestimmt: durch die Verbesserung der *Informationseffizienz* im Suchprozess, die *Risikoreduktion* bei der Kaufentscheidung und durch die *ideelle Nutzenstiftung*. Anders gesagt: Eine relevante Marke informiert ihren potenziellen Nutzer optimal über die Produkteigenschaften, reduziert das Risiko eines Fehlkaufs und hilft dem Käufer bei der Selbstdarstellung. Eine solche *wirkungsorientierte Markeninterpretation* wechselt daher die Perspektive und macht den Markenstatus nicht länger an vom Anbieter (der Partei und/oder dem Politiker) zu kontrollierenden Parametern des Markenauftritts, sondern an der *Wirkung in der Psyche* des (potenziellen) Wählers fest. Politikmarketing besteht demnach nicht in der vom Wählerwillen losgelösten Produktion politischer Inhalte und dem anschließenden maipulativen Verkauf dieser Produkte, sondern in einer an den Bedürfnissen der Wähler orientierten *Produktion* des politischen Produkts sowohl in programmatischer als auch in personeller Hinsicht. Ein so geartetes Verständnis von politischem Marketing setzt in verstärktem Maße den Einsatz quantitativer wie qualitativer Instrumente der Markt-, Sozial- und Meinungsforschung voraus. Es geht nicht mehr länger nur um die Prognose von Wahlausgängen; vielmehr müssen kontinuierlich Einstellungen und Bedürfnisse potenzieller Wähler untersucht werden, ihre Ursachen und mögliche Entwicklungslinien. Daraus schließlich müssen, im Sinne eines ➔Issues Managements, Schlussfolgerungen für die zu kommunizierenden Inhalte gezogen werden.

MICHAEL GEFFKEN

Markus Karp, Udo Zolleis (2004) (Hg.). Politisches Marketing. Lit, Münster. Volker H. Kreyher (Hrsg) (2004). Handbuch Politisches Marketing. Impulse und Strategien für Politik, Wirtschaft und Gesellschaft. Nomos, Baden-Baden. Heribert Meffert, Christoph Burmann (2002). Wandel in der Markenführung – vom instrumentellen zum identitätsorientierten Markenverständnis, in: Heribert Meffert, Christoph Burmann, Martin Koers (Hrsg). Markenmanagement. Grundfragen der identitätsorientierten Markenführung, Wiesbaden. Bruce Newman (1994). The Marketing of the President: Political Marketing as Campaign Strategy. Sage, Thousand Oaks. Helmut Schneider (2002). Identitätsorientierte Markenführung in der Politik, in: Heribert Meffert, Christoph Burmann, Martin Koers (Hrsg). Markenmanagement. Grundfragen der identitätsorientierten Markenführung, Wiesbaden. Michael Behrent (2003). Narziss im Zerrspiegel – Die Grenzen des Marketingparadigmas in der (politischen) Kommunikation, in: New Journalism – Vom Kulturgut zum Wirtschaftsgut. Tagungsdokumentation 6. Mainzer Mediendisput, o.O.

# Politische Werbung

Politische Werbung sind jene Formen politischer Kommunikation, die sich nicht der Mechanismen der Öffentlichkeitsarbeit oder anderer Formen der indirekten Beeinflussung der Öffentlichkeit bedienen. ➔Kampagnen werden äußerlich vor allem durch politische Werbung sichtbar und erfahrbar. Dies gilt nicht nur für Wahlkämpfe, sondern für allgemeinpolitische Kampagnen (z.B. der Initiative Neue Soziale Marktwirtschaft), für polarisierte Auseinandersetzungen zwischen Interessengruppen (z.B. um die Gesundheitsreform), als auch für die positive öffentliche Begleitung von ➔Lobbying und Anstrengungen der ➔Corporate Social Responsibility.

Politische Werbung dient der Erhöhung des *Bekanntheitsgrades* von Kandidaten, der Entwicklung von *Images* und *Themen (Issues)*. Sie ist ein ungefiltertes politisches *Sinn- und Deutungsangebot* in Form *bezahlter Auftragskommunikation*, ob als klassische Werbung oder mit nicht-klassischen Werkzeugen.

Klassische Werbeformen in der politischen Werbung sind:

- die Plakatwerbung; vor allem auf Stellschildern und Großflächen
- die Anzeigenwerbung in Zeitungen und Zeitschriften
- Zeitungsbeilagen und Hauswurfsendungen
- Spots: TV, Kino, Radio

Zu den nicht-klassischen Formen gehören:

- Direktmarketing und Dialogmarketing (Mailings, Telefonmarketing)
- Event-Marketing
- Online-Marketing in Verbindung mit →Online Relations

Die *Plakatwerbung* ist die älteste Form klassischer Politikwerbung. Auf Grund der Rezeptionssituation muss sich die Plakatwerbung auf knappe inhaltliche Botschaften beschränken. Sie dient gleichermaßen der Gewinnung von Aufmerksamkeit für die Kampagne, der Vermittlung von Grundbotschaften und der →Mobilisierung. Via Plakatwerbung können in den Wahlkreisen gezielt die jeweiligen *Kandidaten* bekannt gemacht werden. *Stellplakate* werden im Wahlkampf in der Regel durch ehrenamtliche Helfer und Parteimitglieder aufgebaut, erneuert und abmontiert. Bei den *Großflächen* sind im Wahlkampf neben den stationären auch mobile Plakatwände von Bedeutung, für die die (parteineutrale) Firma *Wesselmann* das Quasi-Monopol hat. In bundesweiten Wahlkämpfen säumen mehrere Zehntausend „Wesselmänner" wichtige Straßen, Plätze und Passagen. Für die Aufstellung mobiler Plakate gelten eine Reihe von kommunalen Vorschriften, deren Einhaltung von der politischen Konkurrenz penibel überwacht wird.

Mit *Anzeigenwerbung* in Zeitungen und Zeitschriften sind – im Vergleich zum Medium Plakat – auch etwas komplexere Botschaften zu verbreiten. Nicht nur Parteien nutzen diese: Besonders die überregionalen, Meinungsführer und Multiplikatoren erreichenden Tageszeitungen und Nachrichtenmagazine werden immer häufiger von →Verbänden und →Strategischen Allianzen genutzt, um in wichtigen Zielgruppen ein deutlich sichtbares Zeichen zu setzen. Dabei kommen sowohl aggressive, provokante als auch positive, um Sympathie werbende Motive zum Einsatz, ergänzt durch redaktionell anspruchsvollere, argumentierende *Advertorials* (Advertisement plus Editorial) und „offene Briefe". Wahlkampf-ähnliche Nutzung von Print-Anzeigen ist inzwischen auch bei polarisierten öffentlichen wirtschaftlichen Auseinandersetzungen zwischen Unternehmen üblich, z.B. beim Übernahmekampf zwischen Vodafone und Mannesmann D2.

Will man inhaltlich ausführlich werden, bieten sich *Zeitungsbeilagen* und *Hauswurfsendungen* (z.B. in Form eines Magazins oder einer Zeitung) an. Diese Medien erlauben auch die Inszenierung von Politikern in entsprechenden Bildzusammenhängen (Familie, Freizeit), überschreiten aber aufgrund ihrer redaktionellen Komplexität bereits die Grenze zu den →Public Relations.

*Spots* schließlich bieten auf der emotionalen Ebene bessere Möglichkeiten als Printmedien, da sie verschiedene audiovisuelle Mittel kombiniert einsetzen können. Hier können Themen zugespitzt aufbereitet und dramatisiert werden, hier lassen sich Kandidaten in beliebigen Inszenierungen darstellen. Zu bedenken ist, dass in Deutschland Wahlwerbung in TV und Hörfunk quotiert und erst vier Wochen vor den jeweiligen Wahlen erlaubt ist.

Fernsehspots gelten in Deutschland traditionell als wenig einflussreich auf

Wahlkämpfe. Diese Sichtweise könnte sich ändern: Nach einer Studie von Infratest Dimap in *politik & kommunikation* (November 2004, 1002 Befragte) weisen Bürger TV-Spots der Parteien bei den letzten Bundes- und Landtagswahlen die größte Wirkung auf ihre Entscheidung zu. 41 Prozent schrieben TV-Spots eine „gewisse" oder „große" Rolle zu, gefolgt vom Infostand (30%), Plakaten (28%), Radiospots (25%), Werbebriefen (22%), Flyern (20%) und dem Internet (8%). Zu berücksichtigen ist allerdings, dass die Vermischung von Werbung, PR und journalistischer Berichterstattung gerade das Kennzeichen politischer Kampagnen ist und vom Bürger erfahrungsgemäß nicht auseinander gehalten wird. Interessant jedoch: Zwischen Befragten mit und ohne Parteipräferenz gab es kaum Unterschiede bei dieser Bewertung. Während junge Leute für Wahlwerbung deutlich empfänglicher sind, nimmt mit zunehmendem Alter das Interesse ab.

Als *Direktmarketing* bezeichnet man alle unmittelbaren, individuellen Kommunikationen zwischen Anbietern und Nachfragern. Der Empfänger erhält die werbliche Botschaft direkt, ohne dass Medien wie z.B. Fernsehen oder Zeitschrift dazwischen geschaltet werden. Klassische Direktmarketing- Instrumente sind Mailings und Telefonaktionen. Sind Rückantwortmöglichkeiten intendiert, spricht man von *Dialogmarketing*.

Entscheidend für die Effizienz von Direktmarketingaktivitäten ist die zielgruppengerechte Auswahl und Aufbereitung des Adressmaterials (➜Targeting). Aufgrund der hohen Porto- und Produktionskosten spielen *Mailings* (Briefe, Postkarten, Broschüren) anders als z.B. in den USA bisher eine geringe Rolle; die Parteien versuchen zwar, Portokosten durch Eigenverteilung zu vermeiden, aber dies gelingt mangels Mitgliederengagement nicht ausreichend. Versuche von Parteien, bei *Telefonaktionen* kommerzielle *Call Center* und Telemarketing-Agenturen einzusetzen, haben sich gleichfalls nicht durchgesetzt. Telefonaktionen werden wegen der Kosten, aber auch wegen der höheren Glaubwürdigkeit, vorrangig von Parteimitgliedern betrieben. Von Verbänden und Lobbygruppen werden sie derzeit kaum genutzt. Die in den USA verbreiteten automatischen Telefonansagen (mit Kandidaten- und Prominenten-Stimmen) spielen derzeit noch keine Rolle (vgl. ➜Mobilisierung).

Politikwerbung via *Internet* nimmt eine Sonderstellung ein. *Bannerwerbung* auf Publikumswebsites entspricht eher der klassischen Medienwerbung, bietet aber auch schon bei einfachen Bannern Dialogmöglichkeiten. Parteien ebenso wie einzelne Funktionsträger nutzen aber darüber hinaus beinahe durchgängig das Instrument eigener Websites als Werbe- und Dialogmedium (➜Online Relations). Schließlich gibt es die Möglichkeit, via E-Mail-Newsletter regelmäßig mit der Zielgruppe zu kommunizieren. Auch E-Cards, die von Anhängern selbst versandt werden und so Viralmarketing-Funktionen erfüllen, spielen inzwischen eine relevante Rolle in der politischen Kommunikation.

Das →Event-Marketing wird im Rahmen von Marketing-Aktivitäten im politischen Raum als Instrument eingesetzt, das den Dialog zwischen politischen Entscheidungsträgern, Interessenvertretern, Bürgern und Journalisten ermöglicht. Ergänzend nutzen Parteien und politische Organisationen für Veranstaltungen und Straßenkampagnen traditionell *Merchandising*-Artikel („Give-aways"), die im kommerziellen Bereich der *Promotion* zugeordnet werden, aber vor allem für die Motivation und Mobilisierung der eigenen Mitglieder und Anhänger als sichtbare Verbindung zwischen Partei, Kandidaten und Basis wichtig sind. Entscheidend für den Erfolg politischer Werbung ist die Vernetzung aller Aktivitäten im Sinne der integrierten Kommunikation. Denn politische Werbung ist zwar der am stärksten sichtbare, aber – zumindest in Deutschland – nie der wichtigste Teil der politischen Kommunikation.

Werbung ist für politische Akteure deshalb ein schwieriges Feld: Sie ist sehr teuer, bereits in der Konzeption aufwändig und erfordert eine intensive Zusammenarbeit mit Agenturen und anderen externen Dienstleistern. Sie ist nicht in der Lage, den schnellen Entwicklungen der Politik im Nachrichtenzyklus mit allen Medien zu folgen. So erfordert Großflächen-Plakatwerbung monatelange Vorarbeit für Druck, Buchung und Distribution. Für schnelle Reaktionen sind Print-Inserate deutlich besser geeignet, die allerdings bei einer intendierten Breitenwirkung extrem teuer werden können – und erhebliche Streuverluste haben. Der in Amerika übliche schnelle Schlagabtausch politischer TV- und Radio-Spots, die aufeinander Bezug nehmen („air wars"), mit kurzfristiger Produktion und kostenintensiver breiter Senderbelegung, hat in Europa keine Entsprechung.

**MICHAEL GEFFKEN**

Marco Althaus, Vito Cecere (Hrsg.) (2002): Kampagne! 2. Neue Strategien für Wahlkampf, PR und Lobbying. Münster. Edwin Diamond, Stephen Bates (1992). The Spot: The Rise of Political Advertising on Television. MIT, Cambridge. Michael Geffken (Hrsg.) (1999). Das große Handbuch Werbung. Landsberg/Lech. Christina Holtz-Bacha (2000). Wahlwerbung als politische Kultur. VS, Wiesbaden. Christian Kannwischer, Ulrich Druwe (Hg.)(2003). Politik und Werbung. Gardez, St. Augustin. Lynda Lee Kaid, Christina Holtz-Bacha (1995). Political Advertising in Western Democracies: Parties and Candidates on Television. Sage, London. Andrea Römmele (2002). Direkte Kommunikation zwischen Parteien und Wählern: Professionalisierte Wahlkampftechnologien in den USA und in der BRD. VS, Wiesbaden. James A. Thurber (2000). Crowded Airwaves: Campaign Advertising in Elections. Brookings, Washington.

# Public Relations

Eine allgemein akzeptierte Definition von Public Relations gibt es nicht. Denn wie bei allen Begriffsbestimmungen in den Sozialwissenschaften ist auch die Bestimmung von PR zeitabhängig und erfolgt aus verschiedenen Perspektiven. Im weitesten Sinne bezeichnet PR eine Form kommunikativen Handelns von Organisationen oder Personen in und mit der Öffentlichkeit. Aus gesellschaftsbezogener Sicht stellt sich PR als ein *publizisti-*

*sches Teilsystem* dar, dessen Funktion in der Herstellung und Verbreitung von Themen für die öffentliche Diskussion besteht.

In der deutschsprachigen Literatur wird PR häufig synonym mit dem Begriff *Öffentlichkeitsarbeit* verwendet. International geläufig und auch im deutschsprachigen Raum verbreitet ist die Definition der amerikanischen Kommunikationswissenschaftler James E. Grunig und Todd Hunt (1984: 6): „Public Relations ist the management of communication between an organization and its publics." Dieser Definition zufolge ist PR eine *strategische Kommunikationsfunktion* für jegliche Art von Organisationen mit allen relevanten organisationsinternen und – externen Teilöffentlichkeiten. Diese umfassende und gleichzeitig präzise Begriffsbestimmung macht auch deutlich, was PR nicht ist: PR ist nicht Journalismus und nicht Werbung, und ebenso wenig geht PR im Marketing auf. Überschneidungen gibt es hingegen mit dem Bereich der *Organisationskommunikation.*

Die *antike Rhetorik* kann als Vorläufer der PR betrachtet werden. Doch die moderne PR hat ihre Wurzeln im Industriezeitalter und ist mit dem Aufkommen der *Massenpresse* verbunden. Der Begriff Public Relations geht vermutlich auf den amerikanischen Rechtsanwalt Dorman Eaton zurück, der in einem Vortrag 1882 das Wohl der Öffentlichkeit als Public Relations bezeichnete. Eines der ersten Bücher über PR legte 1923 Edward L. Bernays vor. In „Crystallizing Public Opinon" beschrieb Bernays umfassend den neuen Beruf des PR-Beraters, der sich sowohl durch Professionalität als auch durch ethische Verantwortung auszeichne.

Trotz der englischen Bezeichnung ist PR kein US-Import. Die organisatorische Verankerung von PR, auch und gerade in der Politik als Teil der ➜Regierungskommunikation, lässt sich auch in Deutschland bis in das 19. Jahrhundert zurückverfolgen. 1871 wurde ein „Preßdezernent" beim Auswärtigen Amt angestellt, und die Marine schuf Ende des 19. Jahrhunderts das Amt des „Preßoffiziers". Die Einrichtung der ersten kommunalen Pressestelle wird auf das Jahr 1906 datiert. Unternehmerische PR-Aktivitäten reichen ebenfalls in das 19. Jahrhundert zurück: Als ein Meilenstein gilt hier die Demonstration eines von Krupp hergestellten Stahlblockes auf der Weltausstellung im Jahr 1851.

**Strategien und Instrumente.** PR lässt sich als strategischer Kommunikationsprozess in vier Phasen einteilen: *Situationsanalyse, Konzeption, Umsetzung* der Kommunikationsmaßnahmen und abschließende *Erfolgskontrolle.* Die Konzeptionsphase umfasst die Festlegung operativer und strategischer Ziele, die Formulierung von *Kernbotschaften*, die Bestimmung der geeigneten Kommunikationsinstrumente sowie die *Zeit- und Kostenplanung.* PR bedient sich sowohl ein- als auch zweiseitiger Kommunikationsformen und kann *Information, Überzeugung (Persuasion)* und *Dialog* anstreben.

Als Basis-Funktionen von PR gelten die Herstellung von öffentlicher Aufmerksamkeit für Themen und Personen, aber auch das Herunterspielen von Themen, die Schaffung von Vertrauen und die Pflege von Images für Organisationen und Personen.

**Teildisziplinen** von PR sind Presse- und Medienarbeit, →Issues Management, Mitarbeiterkommunikation, →Krisenkommunikation und Investor Relations. Das Tätigkeitsspektrum der Presse- und Medienarbeit umfasst das Schreiben von Pressemitteilungen und Presseeinladungen, den Aufbau und die laufende Aktualisierung eines Medienverteilers, die individuelle Betreuung von Journalisten (Bearbeitung von Recherche- und Interviewanfragen), die Pflege von informellen Beziehungen zu Journalisten, die Organisation und Durchführung von Pressekonferenzen und Pressereisen. Abhängig von den jeweiligen Zielgruppen gehören zu den Standardinstrumenten der PR der *Geschäftsbericht*, die Mitarbeiterzeitschrift bzw. das Mitarbeiterfernsehen, Broschüren und verschiedene Internet-Kommunikationsangebote. Bezahlte Anzeigen werden von der PR gelegentlich in Auftrag gegeben, allerdings handelt es sich dabei i.d.R. nicht wie bei der Werbung um Produktanzeigen, sondern um *Imageanzeigen*. Zunehmend wichtiger wird die →*Inszenierung* von Ereignissen, weshalb →Event Management und Sponsoring Wachstumsbereiche in der PR sind.

**Das Berufsfeld PR.** Der Zugang zum PR-Beruf ist frei. Das führt dazu, dass zum Beispiel in Stellenangeboten verschiedene Berufsbezeichnungen verwendet werden. Zudem gibt es im Berufsalltag vielfältige Überschneidungen zu den Berufsfeldern Werbung und Marketing. Infolgedessen sind genaue Zahlen darüber, wie viele Personen eigentlich in der PR beschäftigt sind, nur schwer zu ermitteln. Schätzungen zufolge sind gegenwärtig ca. 14.000 Personen hauptberuflich mit PR-Aufgaben befasst. PR-Fachleute arbeiten in Unternehmen, öffentlichen Verwaltungen, in Parteien, Verbänden, als selbstständige Berater und in Agenturen.

Die Deutsche Public Relations-Gesellschaft e.V. (DPRG) ist der Berufsverband der PR-Fachleute in der Bundesrepublik Deutschland. Sie vertritt die beruflichen Interessen ihrer Mitglieder, engagiert sich in der fachlichen Aus- und Weiterbildung und setzt sich für die Einhaltung ethischer Grundsätze in der PR ein.

Ein Hauptanliegen der DPRG ist die →Professionalisierung des Berufs; hierzu zählt auch die Anerkennung von PR als Managementaufgabe. Als solche muss PR eng in den strategischen Entscheidungsprozess von Organisationen eingebunden sein.

Spezifischer für eine Berufsgruppe arbeiten dagegen Spezialverbände wie der Bundesverband deutscher Pressesprecher (BdP).

In der Gesellschaft der Public Relations Agenturen e.V. (GPRA) haben sich führende PR-Agenturen zusammengeschlossen. Um Mitglied zu werden, muss die rechtliche und berufliche Selbstständigkeit nachgewiesen werden. Die Agentur muss mindestens fünf Jahre bestehen, mindestens vier fest angestellte Mitarbeiter beschäftigen und mindestens zwei Dauerkunden haben.

Länderübergreifende PR-Verbände nehmen vor dem Hintergrund der Internationalisierung von Wirtschaft und Politik an Bedeutung zu. Hier ist an erster Stelle die International Public Relations Association (IPRA) zu nennen, außerdem die europäische Fachgesellschaft Confederation Européenne des Relations Publiques (CERP).

JULIANA RAUPP

Avenarius, Horst (2000). Public Relations. Die Grundform der gesellschaftlichen Kommunikation. Darmstadt: Primus (2. überarb. Auflage). Bentele, Günter/Manfred Piwinger/Gregor Schönborn (Hrsg.) (2001 ff.). Handbuch Kommunikationsmanagement. Strategien, Wissen, Lösungen. Neuwied, Kriftel, Berlin: Luchterhand (Loseblattsammlung). Grunig, James E./Todd Hunt (1984). Managing Public Relations. Fort Worth: Harcourt Brace.

# Rede

**1. Rede als Instrument der Public Affairs.** Als ein PR-Instrument ist Rede auch ein Instrument der Public Affairs. Als solches hebt es sich von der „politischen Rede" ab, die primär ein Führungsinstrument für politische Entscheider ist und sich als Parlamentsrede oder Regierungserklärung ausprägt. PA-Reden hingegen richten sich vornehmlich an diese Entscheider selbst und tragen andere Wesenszüge als politische Reden. Dass vielen Organisationen, vor allem aber wichtigen Unternehmen die Einsicht in die Bedeutung von Rede als PA-Instrument zugewachsen ist, zeigt eine Umfrage des *Verbandes der Redenschreiber deutscher Sprache* (VRdS) aus dem Jahr 2001. Darin schätzen 83 Prozent aller 500 größten deutschen Unternehmen die Rede als Instrument unternehmenspolitischer Arbeit ein.

**2. Rede und Redenschreiben.** Reden, unabhängig von ihrem Anlass und ihrer Absicht, erfüllen vier Funktionen, die auch jeder kommunikativen Handlung zukommen: 1) Information, 2) Selbstdarstellung, 3) Kontakt, 4) Appell.

Auf *informativer* Ebene werden sachliche Inhalte übermittelt: Zahlen, Daten und Fakten. Meistens stehen diese Inhalte explizit in Reden.

Auf der *selbstdarstellerischen* Ebene teilt der/die Redner/in implizit bzw. explizit etwas von und über sich selbst mit. Zum Beispiel könnte die Verwendung von Fachsprache bedeuten: "Ich bin ein Experte" oder „Ich bin gewissenhaft".

Die *kontaktive* Funktion besagt, dass der/die Redner/in implizit oder explizit offenbart, wie er/sie zum Publikum steht und was er/sie von ihm hält, wobei soziale Bindungen hier verstärkt oder geschwächt werden können.

Die *appellative* Funktion bedeutet, dass Reden implizit oder explizit das Publikum zu etwas bewegen wollen: Meinungsänderungen, Einstellungsänderungen oder Verhaltensänderungen können die Folge sein.

Zum Beispiel appelliert der Satz „die Arbeitslosigkeit können wir nur durch strukturelle Reformen bekämpfen" an die zuhörenden Entscheidungsträger, strukturelle Reformen einzuleiten und nicht etwa konjunkturelle Erholung herbeizusehnen. Die vier Funktionen werden am besten dann erfüllt, wenn Redner/innen Informationen klar und verständlich formulieren, das Erscheinungsbild ihrer Organisation stets berücksichtigen, sympathisch wirken, um positive Kontakte herzustellen, Argumente logisch aufbauen und als kompetent bzw. glaubwürdig wahrgenommen werden, um überzeugen zu können. Wer Reden hält, muss diese vier ineinander greifenden Ebenen immer vor Augen halten.

Was leisten aber Redenschreiber/innen? Nach der klassischen Rhetorik bestehen Reden aus fünf Arbeitsschritten: *inventio* (Sammlung von Ideen und Argumenten), *dispositio* (Auswahl und Gliederung des Materials), *elocutio* (stilistische Ausformung der Rede), *memoria* (Auswendiglernen) und *actio* (Vortrag).

Redenschreiber/innen obliegt es, die ersten drei Schritte zu vollziehen. Gleichwohl erschöpft sich heute ihre Aufgabe nicht darin. Zunehmend müssen Redenschreiber/innen den Redner auf seinen Auftritt vorbereiten und paralinguistische Zeichen wie Mimik, Gestik, Kleidung etc. in ihre strategischen/taktischen Überlegungen einbeziehen. Entsprechend diesem Berufsprofil sind Redenschreiber/innen gleichzeitig auch Redenberater/innen.

**3. Worte und Werte.** Rede als PA-Instrument zielt auf Einflussnahme ab. Entscheidend für wirksame Reden ist über die Erfüllung der allgemeinen vier Redefunktionen hinaus die Fähigkeit von Organisationen, →Issues Management zu betreiben und ihre Interessen dabei in das gesellschaftlich vorherrschende Wertesystem einzubetten. Für Public Affairs sind *Thematisierungsprozesse* von großer Bedeutung (vgl. →*Agenda-Setting*). Erst darin verschaffen Organisationen ihren Interessen Geltung und nehmen Einfluss auf politische Entscheider.

Dabei muss der/die Redenschreiber/in gemeinsam mit der Kommunikationsabteilung der eigenen Organisation, a) geeignete Themen auswählen, b) die ihnen zugrunde liegenden Probleme analysieren, c) ihren Bezug zur eigenen Organisation herstellen, d) die Interessen der eigenen Organisation als Kernbotschaften formulieren und e) diese wiederum sprachlich in das gesellschaftlich gültige Wertesystem übersetzen.

Diese sprachliche Leistung vollzieht sich u.a. in drei Schritten: a) Kernbotschaften in *zentrale Begriffe* verdichten („Innovation", „Solidarität", „Die Neue Arbeit", „Die Neue Soziale Frage", „Die Neue Mitte", „Agenda 2010"), b) Die *Denotation* (Inhalt) der zentralen Begriffe im Hinblick auf die eigenen Kernbotschaften umdeuten („Solidarität" als Grundwert darstellen und nicht als einen klassenkämpferischen Begriff), c) Die *Konnotation* (emotionale Assoziationen) der zentralen Begriffe ändern, um diese mit positiven Emotionen zu besetzen („Subventionsabbau" ist positiv besetzt, während Kürzungen von Sozialleistungen negative Emotionen auslöst).

Gelingt es z.B. einem Unternehmen in Verbund mit anderen gleichgesinnten Verbänden die Forderung nach längerer Arbeitszeit als *Umbau* des Sozialstaates darzustellen und nicht als dessen *Abbau*, so bettet das Unternehmen das eigene Interesse in ein allgemeingültiges gesellschaftliches Wertesystem, das nach wie vor den Sozialstaat zu erhalten bestrebt ist.

Je besser und konsequenter Organisationen ihre Anliegen mit den Werten der Gesellschaft in Einklang bringen, umso überzeugender wirkt die

Rede als ein Public-Affairs-Instrument.

**VAZRIK BAZIL**

Vazrik Bazil (2004). „Für Rede – gegen Rhetorik", in: „pressesprecher", Juni, 38-40 Bazil, Vazrik (2002). "Die Rede als PR-Instrument. Immanenter und kontextualer Ansatz", in: Handbuch Kommunikationsmanagement. Strategien, Wissen, Lösungen. Luchterhand, 5.12. 1–16 Frank Liedtke, Martin Wengeler, Karin Böke (1991) (Hg.). Begriffe Besetzen. Strategien des Sprachgebrauchs in der Politik. Opladen. Uwe Pörksen (2002). Die Politische Zunge. Eine kurze Kritik der öffentlichen Rede. Stuttgart.

# Redenschreiben und Ghostwriting

Seit der Polis des antiken Athen vor rund 2500 Jahren sprechen Menschen in einem geordneten Gemeinwesen öffentlich über Strittiges. Die Rhetorik entwickelte sich aus der *Klärung von Strittigem* – also von Themen, welche heute mit dem Begriff *Issues* (➜Issues Management) durch die angewandte Kommunikationswissenschaft und die Profession der ➜Public Relations versehen werden. Und seit öffentlich in Rede und Gegenrede über Strittiges gesprochen wird, gibt es Menschen, die anderen bei der Wortfindung wie der Redevorbereitung helfen. In der Politik gehören sie zum Geschäft, doch auch in der Wirtschaft, in Verbänden und Institutionen werden sie zunehmend heimisch. Denn die Rede ist authentisch und untrennbar mit einer Person verbunden. In Zeiten des Internet gilt zudem: was man selbst gehört hat, kann nicht nachträglich digital bearbeitet werden.

**Spannungsfeld von Wort und Text.** Die ➜Public Affairs können sich gerade in der mündlichen Kommunikation von Issues an der Politik orientieren: Denn Politiker arbeiten mit dem gesprochenen Wort, um zu überzeugen, und die meisten haben *gelernt zu reden*, bevor sie eine Stufe im System erreichen. Mit der Macht kommen Analysieren, Entscheiden und Umsetzen – man nennt es auch managen – und hier tun sich Politiker mitunter schwer. Manager hingegen haben meist gelernt zu entscheiden und durchzusetzen. Bekommen sie die Verantwortung, müssen sie Stakeholdergruppen wie Mitarbeiter, Kunden oder Investoren als Menschen ansprechen und mit Worten überzeugen. Man nennt es auch kommunizieren, und hier tun sich die Manager mitunter erkennbar schwer. Doch das „Public" in den Public Affairs zeigt klar: Die Konsequenz ist der Willen und das Können, strittige Punkte öffentlich *als Person* zu kommunizieren und auszutragen.

**Wortdienstleister.** Die Begriffe *Redenschreiber* und *Ghostwriter* werden hier zu Lande meist synonym verwendet. Die Differenzierung ist nicht augenfällig, denn zu viel haben beide

Begriffe miteinander zu tun. Dennoch bestehen grundsätzliche Unterschiede der Begriffe und der sie bezeichnenden Profession. Die Unterscheidung wird zudem auch im angelsächsischen Raum getroffen zwischen dem *Speechwriter* und dem *Ghostwriter*.

Ein *Redenschreiber* bringt für eine andere Person dessen Reden und öffentliche Ausagen in eine Form, damit damit dieser Ansichten, Standpunkte und Überzeugungen in seinen eigenen Wort- und Ausdrucksmitteln zur Geltung bringen kann. Ein Redenschreiber schreibt nicht seine eigenen Reden, damit sie von einem anderen vorgetragen werden. Während das Redenhalten eine öffentliche Angelegenheit ist, ist das Redenschreiben selbst eine *diskrete* Sache. Auf den Visitenkarten steht auch fast nie „Redenschreiber", sondern Bezeichnungen wie „Referent für Grundsatzangelegenheiten" oder „Manager Corporate Messages". Das Vorbereiten von Reden und Vorträgen wird täglich ausgeübt, doch es ist kein Lehrberuf und hat auch *kein festes Berufsbild*. Es ist einer der wenigen Berufe, in denen das Geschlecht keine Rolle spielt: Frauen wie die legendäre Peggy Noonan haben für Männer wie Ronald Reagan geschrieben, und Männer schreiben für Angela Merkel. Der gute Gedanke für das treffende Wort hat kein bevorzugtes Geschlecht.

Beim *Ghostwriter* liegt eine ähnlich diskrete wie anspruchsvolle Beziehung vor, allerdings verlässt sie nicht die *Ebene der Schriftlichkeit*. Er erstellt anonym Texte, die geschriebene Texte bleiben, für einen Auftraggeber.

Der maßgebliche professionelle wie praktische Unterschied von Ghostwiter und Redenschreiber besteht in der rhetorischen Dimension des Wortes, mit denen der Sprecher den Gedanken seinen Gedanken vor Zuhörern Ausdruck verleihen kann – in Echtzeit, entweder direkt und unmittelbar oder medial transportiert. Das Ghostwriting für Texte, die den Namen eines Dritten tragen (ein Buch, ein Grußwort, ein Aufsatz, ein Gastkommentar), ist eher literarischer Natur, das Vorbereiten und Schreiben für Reden ist darüber hinaus rhetorischer Natur und erfordert die Kenntnis der Wirkung des gesprochenen Wortes auf das Publikum. Hierin liegt der wesentliche Unterschied: Die einzige Verbindung der Gedanken des „Ghosts" und seines Auftraggebers mit den Gedanken der Zielperson erfolgt über Buchstaben auf Papier, in Printmedien oder elektronisch durch Internet und E-Mail. Ein Ghostwriter schreibt in letzter Konsequenz nicht für seinen Auftraggeber, sondern für *eine Zielgruppe, die liest*. Ein Redenschreiber dagegen richtet sich in seiner Arbeit mit der Wirkungsabsicht an ein *Publikum, welches hört, sieht, erlebt*, das dargebotene Geschehen verfolgt und mit der Summe der Sinneseindrücke meist auch sofort urteilt.

Dieser wesentliche Unterschied bedingt, dass Redenschreiber oft auch als reine Schreiber herangezogen werden, weil sie Texte schreiben können. Reine Schreiber können jedoch nicht automatisch auch wirkungsvolle Reden verfassen. Jemand mit klarem Schreibstil kann ohne weiteres einen annehmbaren Fachartikel oder Gastbeitrag für

Medien, Vorworte oder ganze Bücher für eine dritte Person schreiben – mit Reden dürfte dies nicht ohne weiteres oder nur mit Risiko für den Redner gelingen.

**Schreiben für das Hören.** Denn was wir lesen, ist nicht dasselbe wie das, was wir hören. Dies fällt vor allem auf, wenn man die Gedenkrede des ehemaligen Bundestagspräsidenten Philipp Jenninger vom 10. November 1988 „aus Anlass der Pogrome des nationalsozialistischen Regimes gegen die jüdische Bevölkerung vor 50 Jahren" analysiert. Der Unterschied von geschriebenen Texten für das gelesene Wort und von geschriebenen Texten für das gehörte Wort wurde offenbar. Der Unterschied zwischen „Schreibe" und „Rede" koste-

te den Redner den Kopf: Jenninger mußte vom zweithöchsten Amt im Staat als Bundestagspräsident zurücktreten.

Schließlich formulierte schon Karl Kraus das Obstakel, das die Auftraggeber und ihre dienstbaren Geister täglich überwinden müssen: „Es genügt nicht, nur keine Gedanken zu haben, man muss auch unfähig sein, sie auszudrücken."

ALEXANDER ROSS

Kathleen Hall Jamieson (1988). Eloquence in an Electronic Age: The Transformation of Political Speechmaking. Oxford UP, New York. Peter Klotzki (2004). Wie halte ich eine gute Rede? München. Reiner Neumann, Alexander Ross (2004). Der perfekte Auftritt – Erste Hilfe für Manager in der Öffentlichkeit. Hamburg. Alexander Ross, Peter Klotzki (2004). „Reden, schreiben, schweigen". Pressesprecher, Heft 8 (Dezember): 42-44. Uwe Pörksen (2004). Was ist eine gute Regierungserklärung? Grundriss einer politischen Poetik. Wallstein, Göttingen.

# Regierungskommunikation

Der Begriff der Regierungskommunikation bezeichnet die Techniken und Inhalte vermittelter Information, die von einer politischen Entscheidungsinstitution (Exekutive) sowohl im Innen- als auch im Außenverhältnis eingesetzt werden. R. teilt sich in *Informationspolitik* (Unterrichtung der Öffentlichkeit über politische Projekte) und *Öffentlichkeitsarbeit* auf. R. lässt sich zudem von verwandten Bereichen wie der Parlaments- und Parteienkommunikation abgrenzen.

**Handlungsrahmen.** Politische Macht ist in Demokratien zeitlich gebunden und steht zudem vor der Herausforderung, für die eigenen Entscheidungen gegenüber der öffentlichen Meinung

um Zustimmung werben zu müssen.

Dadurch kann Regieren ein *responsives Element* erhalten, wenn bei der Entscheidungsfindung die Bewertung durch die Bevölkerung beachtet wird. Dabei orientiert sich Politik unter den Bedingungen der Mediendemokratie an einer medienzentrierten *Darstellungs- und Handlungslogik*. Eine geeignete R. muss daher antizipieren, dass Medien nach spezifischen Aufmerksamkeitsregeln Nachrichten sammeln und selektieren, um so in einem Tausch gegen Informationen Publizität zu bieten.

Gleichzeitig gilt, dass die Anforderungen an eine *transparente Darstellung* von Politik eher steigen, weil Sachverhalte und Entscheidungswege unter den Bedingungen immer ausdifferenzierterer Gesellschaften und internationaler Verflechtungen zunehmend komplexer werden. Dennoch müssen sie so aufbereitet werden, dass sie von der breiten Bevölkerung angenommen werden können.

Dies ist insbesondere unter den Vorzeichen von *Reformdruck* und politischen Prozessen, an deren Ende keiner der betroffenen Protagonisten einen unmittelbaren Benefit erfährt (wie dies beim Umbau der Sozialsysteme in den meisten europäischen Staaten der Fall ist), eine Herausforderung.

Dabei bedient sich moderne Regierungskommunikation zur Identifikation und Steuerung von Debatten zeitgemäßer strategischer Instrumente wie Themenmanagement (➜Issues Management) und gezielter ➜Kampagnen. Weil sich politische Vorhaben nur realisieren lassen und politische Macht nur zu erhalten ist, wenn sie auf *Zustimmung* und *Vertrauen* stoßen, ist R. ein Element praktischer Entscheidungspolitik und eine wesentliche Erfolgsbedingung des Regierens. Daher wird Kommunikation mehr und mehr eine wesentliche Größe im Rahmen strategischer Entscheidungen des Regierungshandelns.

**Geschichte.** In der Literatur der R. wird oft die These vertreten, es handele sich um eine amerikanische Erfindung, die nach dem Zweiten Weltkrieg in Deutschland übernommen worden sei (vgl. ➜Public Relations). R. hat jedoch eine lange Tradition im deutschen Raum und geht auf das Mittelalter und die Streitigkeiten zwischen Kaiser und Papst zurück. Bereits damals wurde R. sowohl als Mittel der Machtausübung als auch zur Machtsicherung genutzt.

Moderne R. begann in Deutschland in der Weimarer Republik, die sich bereits ausführlich mit der Rolle von Öffentlichkeitsarbeit auseinandersetzte. 1949 wurde das Bundespresseamt eingerichtet. Unter den Bundeskanzlern Adenauer und Erhard spielte R. eine große Rolle, z.B. im Rahmen von PR-Kampagnen für die soziale Marktwirtschaft.

Nach der Regierungsübernahme durch die sozialliberale Koalition 1969 häuften sie die Debatten über die *rechtlichen Grenzen* staatlicher Öffentlichkeitsarbeit, die schließlich zu mehreren Entscheidungen des Bundesverfassungsgerichtes führten (die letzten im Jahre 2002). Danach ist die Presse- und Öffentlichkeitsarbeit öffentlicher Körperschaften ausdrücklich zulässig und notwendig, wenn eine gesamtstaatliche Verantwortung zum Tragen kommt. Gleichzeitig ist sie angewiesen, *inhaltliche Richtigkeit* und *Sachlichkeit* einzuhalten und die *Grenze zur ➜politischen Werbung* zu Gunsten der politischen Parteien, die die Regierung bilden, nicht zu überschreiten.

Einer professionellen Gesamtsteuerung von R. obliegt es zudem, auch die Kommunikation der einzelnen *Ressorts* innerhalb einer einheitlichen Strategie zu koordinieren.

**Funktionen.** Das Kommunizieren von politischen Vorhaben dient, über die schlichte Aufgabe des Informierens hinaus, allgemein der *Legitimation* von staatlichem Handeln, indem bei den

Bürgern *Einsicht, Akzeptanz* und *Vertrauen* in die Regierungstätigkeit geschaffen werden soll.

Da Gesetzgebungsprozesse von vielfältigen Konsultationen mit Experten und Interessenverbänden begleitet werden, kommt R. auch die Aufgabe zu, Beziehungen aufzubauen und zu pflegen und die zahlreichen Dialoge zu managen. Als Instrument des →*Krisenmanagements* wird auch die Gestaltungsaufgabe von R. deutlich, z.B. bei der umfassenden Unterrichtung der Bevölkerung in Gefahrensituationen.

**Instrumente.** Das Handlungsrepertoire der R. variiert nach strukturellen und normativen Kontexten des Regierungs- und Mediensystems. So ist in den USA die R. durch das präsidentielle Regierungssystem und eine stark kommerzialisierte Medienlandschaft geprägt. Der Umstand, dass für Einzelfragen immer neue Koalitionen organisiert werden müssen, führt zu anderen Erfordernissen, als im System der Bundesrepublik, das von den zumeist zuverlässigen Regierungsfraktionen und den Mehrheitskonstellationen im Bundesrat bestimmt ist.

Hier, wie in anderen westeuropäischen Staaten, werden Schwerpunkte der R. durch das parlamentarische Regierungssystem, die starke Rolle politischer Parteien sowie die Existenz eines öffentlich-rechtlichen Rundfunks beeinflusst. Damit erhält sie auch nach innen, also gegenüber Partei und Fraktion, eine herausgehobene Relevanz, auch wenn das deutsche Regierungssystem über die herausgehobene Stellung des Kanzlers eine *„mediale Hegemonie"* der Regierung begünstigt.

In jedem politischen System finden sich eine Reihe *formalisierter Kommunikationsprozesse* zwischen den Staatsorganen (Berichte an das Parlament, Beantwortung von Anfragen, Berichte von Behörden usw.).

Mit der *Regierungserklärung* verfügt die Entscheidungsebene über ein wichtiges Instrument, mit dem sich Inhalte transportieren lassen, denen in diesem Format eine große Aufmerksamkeit sicher ist.

Jede Regierung verfügt zudem über eine Reihe *nonverbaler* Kommunikationsmittel wie Bauten, Zeremonielle und Symbole (Flaggen, Hymne). Dies sind hochemotional aufgeladene Instrumente und Wiedererkennungsmerkmale, mit denen Regierungen ihre eigene Herausgehobenheit und Bedeutsamkeit belegen, und ggf. strategisch einsetzen können (z.B. im Rahmen der Inszenierung nationaler und internationaler Ereignisse).

Mit Hilfe der →*Inszenierung* öffentlicher Auftritte prominenter Regierungsvertreter (Gipfeltreffen, persönliche Anwesenheit bei Katastrophen, Auftritte in Unterhaltungssendungen, bei Tagungen und Verbänden usw.) lässt sich die *Distanz des Bürgers* zum Regierungsapparat vermindern, während gleichzeitig *Relevanz* politischen Handelns und Zuverlässigkeit der Verantwortlichen vermittelt werden kann.

Zentral für die R. sind jedoch die Instrumente der *aktiven* Kommunikation in Richtung Öffentlichkeit, Medien und Multiplikatoren. Während die formalen und non-verbalen Instrumente zumeist einer sehr hohen Formalisierung unterliegen und oftmals auch sehr fachspezifisch auf Problemstellungen eingehen müssen, ist die aktive Kommunikation wesentlich einfacher mit Zielgruppen-gerechten Inhalten und verständlichen Botschaften anreicherbar.

In der Praxis spielen alle wesentlichen Instrumente der politischen und der Unternehmenskommunikation eine Rolle. Dies sind zum Beispiel →Kampagnenführung/Campaigning, →Issues Management, klassische Medien- und Pressearbeit. Ihre genaue Anordnung ergibt sich aus der jeweiligen Kommunikationsstrategie.

**Perspektiven.** In jüngerer Zeit ist die Kommunikation über sogenannten *Government Narratives*, verstärkt thematisiert worden, die in einem Begriff komplexe Analyse- und Strategiekonzepte zusammendrängen (z.B. Schlanker Staat, Standort Deutschland, Kampf der Kulturen).

Ebenfalls thematisiert wird eine vermeintliche Tendenz hin zum „*Stillen Regieren*" als Form der R.

Hiermit ist die Verlagerung ggf. kontroverser Debatten in Gremien außerhalb des institutionalisierten Politikbetriebes (Kommissionen, Bündnisse, Koalitionsausschüsse) gemeint.

Auch wenn die Tragweite der künftigen sozialen Veränderungen durch das Internet noch umstritten ist, so lässt sich doch bereits jetzt absehen, dass die Kommunikation über dieses Medium eine erhebliche Bandbreite neuer Instrumente eröffnet.

Durch die Vernetzung von Kommunikationsströmen und das interaktive Element bieten sich vielfache neue Möglichkeiten von der gezielten Fachinformation über *Dialogkommunikation* bis hin zu *Online-Kampagnen*.

**Beispiel.** Die Schlüsselstellung von R. lässt sich gut am Beispiel der spanischen Regierung unter Aznar verdeutlichen.

Nach den Terroranschlägen auf Madrider Vorortzüge am 11. März 2004 verspielte die Regierung innerhalb weniger Tage einen sicher geglaubten Wahlsieg, weil das kompetente →Krisenmanagement der Behörden nicht von einer glaubwürdigen Kommunikation begleitet wurde.

Aus wahltaktischen Gründen baute die Regierung eine offensichtlich haltlose Theorie zu den Hintergründen der Anschläge auf. Dies brachte die Wähler umso mehr auf, da die Informationspolitik der Regierung beim Tankerunglück vor der spanischen Küste wenige Jahre zuvor ebenfalls als unangemessen empfunden wurde.

HEIKO KRETSCHMER

Robert Denton, Gary Woodward (1998). Political Communication in America, Westport, Conn. Frank Esser, Barbara Pfetsch (2003). Politische Kommunikation im internationalen Vergleich. Wiesbaden. Gerhard Hirscher. Karl-Rudolf Korte (Hg.)(2004) Information und Entscheidung. VS. Wiesbaden. Dies. (2000): Darstellungspolitik oder Entscheidungspolitik? Über den Wandel von Politikstilen in westlichen Demokratien, München. Klaus Kamps (Hg.)(1999). Elektronische Demokratie? Perspektiven politischer Partizipation, Opladen / Wiesbaden. Peter Massing (Hg.)(2004). Mediendemokratie. Eine Einführung, Schwalbach. Sarcinelli, Ulrich (Hg.)(1998). Politikvermittlung in der Mediengesellschaft, Bonn. Uwe Pörksen (2004). Was ist eine gute Regierungserklärung? Grundriss einer politischen Poetik. Wallstein, Göttingen

# Reputation

Die Reputation – auch bekannt als das Ansehen oder der Ruf – eines Unternehmens hat eine oft unterschätzte Bedeutung für die Erreichung der Unternehmensziele. Gemäß Betriebswirtschaftslehre zählt die Reputation zu den *immateriellen Vermögenswerten eines Unternehmens.*

„Reputation ist die generelle Einschätzung eines Unternehmens durch seine Stakeholder. Die Corporate Reputation ist demnach die Summe der emotionalen Reaktionen von Kunden, Investoren, MitarbeiterInnen und der Öffentlichkeit gegenüber einem Unternehmen - ob gut oder schlecht, schwach oder stark." (Fombrun, 1996)

Es gilt als allgemein akzeptiert, dass die eigene Reputation eines der wertvollsten Güter eines Unternehmens ist, und dennoch wird meist wenig für den Aufbau der Reputation getan – zumindest im Vergleich zum Millionengeschäft der Image-Werbung. Investitionen in die Reputation können jedoch helfen, *Krisen* zu vermeiden beziehungsweise in Krisenzeiten die *Glaubwürdigkeit* zu erhalten.

Denn die Reputation ist es, die über die Akzeptanz der Anliegen, die Glaubwürdigkeit der Argumentation sowie die *Legitimität* des Handelns bestimmt. Auch Medien und Konsumenten definieren ihr Verhalten gegenüber einem Unternehmen in weiten Bereichen über die zugemessene Reputation.

Als immaterieller Vermögenswert kommt der Reputation die Aufgabe zu, Menschen zum Handeln zu bewegen. Es geht um das *Formen von Verhalten* und die Bedienung der vielschichtigen Interessen und Ansprüchen. Reputation ist mehr als das Image. Bei der Reputation geht es um *Werte und Grundsätze* des Unternehmens und seines Geschäftswesens – die Wahrnehmung dieser Faktoren und die subjektive Überprüfbarkeit. Einfach formuliert, ist unter Reputation zu verstehen, wie Dritte das Unternehmen sehen und bewerten und damit ihre Aktivität – Produktkauf, Unterstützung, Wohlwollen, etc. – legitimieren. Ist diese Wahrnehmung positiv und deckungsgleich mit den Erwartungen, steigt die Reputation aus der Sicht der Stakeholder (➜Stakeholder-Management). Die Reputation ist daher im Kern die Summe aller Aktivitäten eines Unternehmens, die Auswirkungen auf das Umfeld haben.

**Was Reputation bewirken kann:**

- zur Schaffung von Shareholder-value beitragen und das Interesse von Investoren wecken
- die Mitarbeiter zu höherer Produktivität anspornen und die interne Moral heben
- hochqualifizierte Mitarbeiter halten und gewinnen
- Unterstützung aus der Gesellschaft für Anliegen des Unternehmens gewinnen

- helfen, Krisen zu bestehen und die negativen Folgen zu minimieren
- zu Loyalität gegenüber der Marke und dem Unternehmen führen
- eine Hochpreispolitik („premium pricing") stützen
- die Glaubwürdigkeit des Managements erhöhen
- Medien gegen das Wiedergeben von Gerüchten immunisieren
- Wettbewerbsvorteile schaffen

Die Reputation besteht im Kern aus vier Prinzipien, die sich gegenseitig beeinflussen (nach Fombrun):

**Das Prinzip der Zuverlässigkeit:** Je zuverlässiger, sprich berechenbarer, ein Unternehmen in seinen Handlungen in den Augen der Stakeholder erscheint, desto höher ist seine Reputation.

**Das Prinzip der Glaubwürdigkeit:** Je glaubwürdiger ein Unternehmen und seine Spitzen-Repräsentanten in den Augen der Stakeholder sind, desto besser ist seine Reputation.

**Das Prinzip Vertrauenswürdigkeit:** Je vertrauenswürdiger ein Unternehmen, seine Leistungen und Vertreter in den Augen der Stakeholder ist, desto angesehener ist die Firma.

**Verantwortungsbewusstsein:** Je verantwortungsvoller ein Unternehmen in den Augen seiner wichtigsten Stakeholder agiert, desto höher ist seine Reputation.

Anders gesagt, entsteht eine Corporate Reputation durch die Leistungen und die *Selbstdarstellung* eines Unternehmens im Verhältnis zu den *Erwartungen* der Stakeholder. Versteht man Images als Außenwahrnehmungen der Identität eines Unternehmens bei den einzelnen Stakeholdern, dann ist die Reputation das daraus resultierende auf Wahrnehmungen und Empfindungen basierende *Vorstellungsbild des Unternehmens.* Eine Reputation entsteht damit nicht von selbst, sondern muss aktiv errichtet und ausgebaut werden. Auf formaler Ebene bildet sich Reputation primär, sekundär und zyklisch aus (Darstellung nach: Bazil, 2001):

**Primäre Reputation:** Die primäre Reputation beruht auf direkten Kontakten, von Angesicht zu Angesicht, wie zum Beispiel Kontakte mit Mitarbeitern, dem Empfang oder Telefonisten, wobei unvermittelte und persönliche Wahrnehmungen entstehen.

Hier kommt das Phänomen des Ersteindrucks zum Tragen, das besagt, dass bei der ersten Wahrnehmung Annahmen miteinbezogen werden, die die erste Einstellung prägen.

**Sekundäre Reputation:** Hier handelt es sich um vermittelte, nicht selbst erlebte Erfahrungen, die etwa auf der Selbstdarstellung des Unternehmens durch Werbung, Architektur, Opinion-Leader, Medienberichte, etc. begründet wird. Hier können Stereotypen oder Vorurteile prägend wirken.

**Zyklische Reputation:** Die *zyklische Form* der Reputation bedeutet, dass sich Unternehmen tendenziell so verhalten, wie das Management glaubt, die vorherrschenden Einstellungen zu kennen. So bestärkt das Verhalten meist die bestehende Reputation (oder die Annahme davon), ohne Änderungen erreichen zu können. Sind diese Annahmen jedoch falsch, werden nachhaltige Irritationen ausgelöst.

Darauf aufbauend sind folgende sechs Charakteristika zu beachten, die die Reputation prägen und damit zugleich die Hebel zur Steuerung der Reputation sind (nach Fombrun, 1996):

„**Emotional Appeal**" (Bewunderung, Vertrauen, positives Empfinden): Ist das Unternehmen beliebt, gut angesehen? Wird es bewundert und respektiert? Bringen die Stakeholder dem Unternehmen Vertrauen entgegen?

„**Products & Services**" (Qualität, Wert, Innovationskraft): Hier geht es um die Qualität der Produkte und Dienstleistungen sowie um die Innovationskraft und Glaubwürdigkeit.

„**Financial Performance**" (Profitabilität, Wachstumsaussicht, Investitionen): Der finanzielle und wirtschaftliche Erfolg eines Unternehmens, sowie der Umgang mit der wirtschaftlichen Verantwortung sind maßgeblicher Bestandteil des Ansehens.

„**Vision & Leadership**": (Führungsstil, Führungspersönlichkeiten) Hat das Unternehmen eine starke Führung? Welche Visionen? Ist die Unternehmensführung imstande, Chancen und Gefahren auf dem Markt zu erkennen und zu beantworten?

„**Workplace Environment**": (Guter Arbeitgeber, guter Arbeitsplatz, gutes Management) Faktoren wie Mitarbeiterzufriedenheit, Sicherheit und Gesundheit am Arbeitsplatz, interne Karrierechancen, Gleichbehandlung von Männern und Frauen sind ebenso bedeutend wie die Attraktivität für hochqualifizierte Arbeitskräfte.

„**Social Responsibility**" (Verantwortungsbewusstsein, Unternehmen als Bürger): Alle drei Faktoren der →Corporate Social Responsibility, also die Übernahme der wirtschaftlichen, ökologischen und gesellschaftlichen Verantwortung bestimmen die Reputation.

Reputation ist steuerbar, denn sie besteht im Kern aus den Wahrnehmungen der Stakeholder, basierend auf deren Erfahrungen mit dem Verhalten des Unternehmens, seinen Produkten sowie Aussagen von Dritten über die Firma. Reputation Management stellt sicher, dass das Verhalten gegenüber den Stakeholdern einer konsistenten Strategie folgt mit dem Ziel, die entsprechenden Beweisführungen zu intensivieren.

PETER KÖPPL

Ronald Alsop (2004). The 18 Immutable Laws of Corporate Reputation. Wall Street Journal Books, New York. Vazrik Bazil (2001). „Reputation Management". Günter Bentele. Manfred Piwinger, Gregor Schönborn (Hg.)(2001). Kommunikationsmanagement. Strategien, Wissen, Lösungen (Loseblattwerk), Neuwied: Luchterhand. R.L.M. Dunbar, J. Schwalbach (2000) „Corporate Reputation and Performance in Germany". Corporate Reputation Review. 3.2.:115ff. Fombrun, Charles J. (1996). Reputation. Realizing Value from the Corporate Image. Boston 1996.

# Risikokommunikation

Die intelligenteste Überlegung zum Thema Risiko verdanken wir dem Soziologen Niklas Luhmann. Er verdeutlicht, warum die Unterscheidung von Risiko und *Gefahr*, nicht die von Risiko und *Sicherheit* – wie allgemein verbreitet –, sinnvoll ist. Dabei kann vorausgesetzt werden, dass jede Risikoentscheidung prinzipiell unsicher ist. Zwei Möglichkeiten sind zu unterscheiden: „Entweder wird der etwaige Schaden als Folge der Entscheidung gesehen, also auf die Entscheidung zugerechnet. Dann sprechen wir von Risiko, und zwar vom Risiko der Entscheidung. Oder der etwaige Schaden wird als extern veranlasst gesehen, also auf die Umwelt zugerechnet. Dann sprechen wir von Gefahr" (Luhmann 2003: 30-31).

Ein Erdbeben wird als Gefahr wahrgenommen, es sei denn, korrupte Kommunalbeamte und dilettantische Bauherren waren am Werk. Ebenso ist nach Ansicht vieler Menschen die Klimaanomalie El Niño kein Zufall, sondern die Folge weltweiter Umweltbelastung durch die Industrienationen. Wer war Schuld am 11. September? Stellt das weltweite Terrornetzwerk eine Gefahr dar, oder haben die Sicherheitskräfte im Angesicht des Risikos eines Anschlags versagt? Sind wir *Betroffene einer Gefahr* oder sind die *falschen Entscheidungen* getroffen worden? Auch die Argumentation von Organisationen in Wirtschaft und Politik weist auf die Dichotomie von Risiko und Gefahr hin. Ist die prekäre wirtschaftliche Lage eine Folge eigener Entscheidungen oder die zwangsläufige Folge der Krise auf den internationalen Märkten? Da niemals alle Menschen an allen Entscheidungen beteiligt sein können, stehen sich zwangsläufig Betroffene und Beteiligte bzw. Ent-

scheider gegenüber. „Ein Gegensatz, der durch die *Moralisierung* u. a. in den Massenmedien oft erst evident wird." (Schulz/Wachtel 2003: 159).

Ein weiterer Aspekt ist, dass *Laien Risiken anders wahrnehmen* als Experten. Insoweit ist Risikokommunikation immer auch die Auseinandersetzung mit *Wahrnehmungen* und Erwartungen. Beispiele für Risikofragen sind: Ist es gefährlich, in der Nachbarschaft eines Flughafens zu leben? Welche Gefahren gehen von Mobilfunkstrahlen aus? Oder: Welche Folgen haben gentechnisch veränderte Lebensmittel? Risiken sind *Auslöser von Konflikten*, die nicht nur die Reputation einer Organisation – besonders von Unternehmen – schädigen können, sondern auch Marktanteile vernichten oder die Akzeptanz im politischen Raum erodieren. Aus diesem Grund sollten sich Organisationen nicht nur auf das Urteil von Experten verlassen, ob ein Risiko akzeptabel ist oder nicht. *Risikofragen sind Streitfragen* (Issues) und durch Unsicherheiten geprägt. Vor dem zeitlichen Horizont von Entscheidungen ist zwischen einer anstehenden und bereits gefällten Entscheidung zu differenzieren zwischen

- einer noch *anstehenden* Entscheidung, die ex ante bereits die Risikokommunikation berührt und damit ein Issue betrifft (z.B. Gentechnik oder die Gesundheitsreform); und
- einer bereits *getroffenen* Entscheidung, die ex post zum strittigen Thema und damit zum Gegenstand der Risikokommunikation wird, z.B. Reaktorsicherheit.

Dabei geht es nicht allein um die

Frage, ob ein Risiko besteht, wie groß dieses ist und was zum Schutz von Mensch und Umwelt getan werden muss. Denn Risikodiskussionen drehen sich immer auch um wertorientierte, ethische, wirtschaftliche und politische Fragen.

Fragen nach Gerechtigkeit, Kosten und Nutzen, nach dem richtigen Umgang mit Technologien sowie um Vertrauen und Glaubwürdigkeit. Hier, die für eine Organisation – sei es ein Unternehmen, ein Verband oder eine Nichtregierungsorganisation – durchsetzbaren Deutungsmuster zu etablieren, ist eine zentrale Aufgabe der Public Affairs und damit der politisch-gesellschaftlichen Risikokommunikation. Es hängt vom Geschick der Akteure ab, im richtigen Moment zwischen der Rolle des Betroffenen und der des Entscheiders zu wechseln. „Es geht um einen überzeugenden Geltungsanspruch und nicht [nur] um Information. Es geht nicht um Wahrheit, sondern um das, was wahrscheinlich scheint" (Schulz/Wachtel 2003: 156)

SVEN RAWE/JÜRGEN SCHULZ

Niklas Luhmann (2003) Soziologie des Risikos. Berlin: de Gruyter. Paul Slovic (2000) The Perception of Risk, London: Earthscan. Jürgen Schulz, Stefan Wachtel (2003). Issue – das Strittige als rhetorische Kategorie. Grundlegung eines Krisen-Coaching, in: Michael Kuhn, Gero Kalt und Achim Kinter (Hg.), Chefsache Issues Management. Frankfurt am Main: FAZ.

# Skandal

Der Begriff Skandal geht etymologisch auf das griechische *skandalon* zurück. In seiner ursprünglichen konkreten Bedeutung bezeichnet dieses das unter Spannung stehende Stellhölzchen einer Falle, das bei Berührung den Schliessmechanismus auslöst. Durch seine biblische Verwendung erhält *skandalon* seinen metaphorischen Bedeutungskern vom Ärgernis, vom Anstössigen und vom Sündenfall. Unter den Bedingungen der Mediengesellschaft ist ein Skandal (auch: Affäre) das beabsichtigte oder irrtümliche Fehlverhalten angesehener Personen oder Institutionen, das mittels der Medien öffentlich gemacht wird und hohes Aufsehen erregt. Im politischen, gesellschaftlichen Raum werden Skandale zunehmend – mittels der Technik der *Skandalierung* – instrumentalisiert und in der öffentlichen Auseinandersetzung zur Erreichung politischer oder wirtschaftlicher Ziele eingesetzt. Dies erfolgt z.T. systematisch unter den Grundbedingungen einer →Kampagne. Allerdings ist die Technik der Skandalierung historisch betrachtet weitaus älter. So konstatiert Kurt Imhoff: „Die Revolutionen der Moderne beginnen mit Skandalierungskampagnen, welche die *Sittenlosigkeit der Herrschaft* genauso wie ihre Unvernunft anklagen. An den daraus resultierenden *Legitimitätskrisen* zerbrechen die Anciens Régimes. Beispielhaft ist hierfür bereits die französische Revolution: Seit den 1770er Jahren wurden durch pikante, ja geradezu pornographische ‚Enthüllungen' in einer Unzahl von *Schmäh-*

*schriften*, den ‚cahiers scandaleuses', die Frivolität, Korruption und Lügenhaftigkeit des Adels und der Königsfamilie angeprangert." Und Lenin empfahl in seinem Buch „Was tun?" (1903) einer zu schaffenden Organisation von Berufsrevolutionären als wichtigste Aufgabe die Produktion und Verbreitung einer Zeitung zum Zwecke von „Enthüllungen". Man kann den Skandal mit Imhoff als einen etablierter *Deutungsrahmen für moralische Verfehlungen* von Personen oder Personengruppen verstehen. Der Deutungsrahmen Skandal impliziert die Existenz und die Unveränderlichkeit kollektiv verbindlicher Normen und Werte. Er setzt die individuelle Handlungsfreiheit des oder der Skandalierten jenseits der jeweiligen *Rollenfunktionen* voraus.

Der Skandalvorwurf impliziert, dass der moralisch Fehlbare anders hätte handeln können. Damit verneint der Deutungsrahmen Skandal neben strukturellen Handlungszwängen auch den Wandel und die Pluralität von Werten und Normen in einer sich stetig verändernden Gesellschaft.

Die Technik der Skandalierung wurde lange vornehmlich als Instrument im direkten politischen Kampf eingesetzt. Die Medien wurden dabei in der Regel nur als *Projektionsfläche* und *Verstärker* genutzt. Mit dem Wandel des Mediensystems zeichnen sich Skandalierungskampagnen immer häufiger dadurch aus, dass sie von Medien selbstständig in Gang gesetzt werden. Medien – selbst sogenannte Qualitätsmedien – orientieren sich in ihrer Politik- wie in ihrer Wirtschafts-berichterstattung zunehmend nicht mehr an der (kleinen) Gruppe der ernsthaft und intensiv an politischen und wirtschaftlichen Themen orientierten Nutzer.

Unter den Vorzeichen wachsender inter- und intramedialer Konkurrenz und zunehmender Shareholder-Value-Orientierung richten sich Medienunternehmen verstärkt an Einschaltquoten, Auflagenzahlen und Werbeeinnahmen aus. Damit steht als Adressat ein Medienkonsument im Mittelpunkt, der stark an spektakulären und/oder unterhaltsamen Elementen interessiert ist. Die Folge: Techniken der →Personalisierung, →Inszenierung und →Symbolischen Politik prägen die journalistische Arbeit.

Somit hat sich die Darstellung von Skandalen von der Beschäftigung mit gesellschaftlichen Problemen und Strukturen weg bewegt und zu Gunsten einer umfassenden Personalisierung *entpolitisiert*. Politische Auseinandersetzungen werden unter diesen Vorzeichen verstärkt über die Skandalisierung des Verhaltens einzelner Akteure geführt. *Denunziation* und persönliche *Verunglimpfung* prägen zunehmend Auseinandersetzungen – auch innerhalb von Parteien –, deren eigentliche Ursachen in sachlichen Differenzen zwischen Akteursgruppen liegen (vgl. →Negativkampagne).

Wirtschaftsunternehmen sind besonders anfällig für Skandalierungstechniken. Das Medienpublikum reagiert auf die Deregulierung der Wirtschaft (vgl. →Regulierungsmanagement) verstärkt durch eine Art *Re-Regulierung durch Moralisierung* und erhöhte Ansprüche an *Transparenz* und ➔Ethik. Fälle wie Shell/Brent Spar oder Mercedes/Elch-Test zeigen, dass Unternehmen Gefahr laufen, die Dynamik eines Skandals zu unterschätzen. So kann sich ein solcher Skandal leicht zu einer Krise für das gesamte Unternehmen auswachsen.

Durch die ausgeprägte Personalisierung auch in der Wirtschaftsberichterstattung wird die sachbezogene Darstellung von Unternehmen zunehmend abgelöst durch eine stark personenbezogene Form der Präsentation, die das Unternehmensimage auf das Image seines Führungspersonals reduziert.

Die ➔Reputation des Unternehmens werden von der fragilen Reputation ihres Führungspersonals abhängig; Reputationsmanagement reduziert sich so auf die Image-Positionierung von Einzelpersonen im Rahmen eines Starsystems für Unternehmensführer. Die öffentliche Diskussion zu Themen wie Vorstandsgehältern oder Abfindungen demonstriert, wie gefährlich solche Tendenzen selbst für große Unternehmen sein können.

Protagonisten bei der Inszenierung und/oder Verstärkung von Skandalen waren lange Zeit vornehmlich Akteure aus Politik und Wirtschaft mit unmittelbarem Zugang zu medialen Verbreitungsmöglichkeiten. Durch die erhöhte Bereitschaft des Mediensystems, auf Skandaliserungs-Inszenierungen zu reagieren, und durch die neuen Möglichkeiten, die das Internet zur Verbreitung von Skandalmeldungen bietet (News-Sites, Weblogs), steigen aber auch die Chancen von Akteuren mit geringem direkten Einfluss auf Medien (z.B. Nichtregierungsorganisationen), mit ihren Inszenierungen Aufmerksamkeit zu erringen.

Für die Inszenierung von Skandalen – ob in Politik oder Wirtschaft – sind unter heutigen Bedingungen drei Faktoren entscheidend:

- **Fehlverhalten:** Am Anfang steht das – möglichst als unmoralisch deutbare – tatsächliche oder angebliche Fehlverhalten einer Person oder einer Organisation.

- **Empörungs-Kommunikation:** Dazu müssen Kommunikatoren kommen – vorzugsweise Medien –, die mit entsprechenden Selektions- und Interpretationslogiken eine quotenträchtige öffentliche Empörung evozieren können.

- **Publikumsmoral:** Außerdem müssen auf Seiten des Publikums aktualisierbare Moralvorstellungen vorhanden sein.

Professioneller Umgang mit Skandalen und Skandalierungstechniken – im politischen Feld wie in der Wirtschaft – muss sich daher im Sinne des ➔Krisenmanagements und einer systematischen Krisenprävention darauf konzentrieren, adäquat mit diesen drei Faktoren umzugehen: Es müssen – auf der Sach- wie auf der Personenebene – alle potenziellen Skandalursachen identifiziert und in ihren möglichen Auswirkungen analysiert werden; naturgemäß unter Berücksichtigung von konstruierbaren Skandalen.

Es müssen via Monitoring die aktuellen Selektions- und Interpretationslogiken der Medien beobachtet werden.

Schließlich müssen, ebenfalls via Monitoring, die relevanten aktuellen

Moralvorstellungen des Medienpublikums (speziell aber der jeweiligen Stakeholder) beobachtet werden.

**MICHAEL GEFFKEN**

Karl Otto Hondrich (2002). Enthüllung und Entrüstung. Eine Phänomenologie des politischen Skandals. Frankfurt a.M. Kurt Imhof (2000). Öffentlichkeit und Skandal, in: Neumann-Braun, Klaus, Stefan Müller-Doohm (Hg.), Einführung in die Medien- und Kommunikationssoziologie. Juventus, München. Hans Kepplinger (2005). Die Kunst der Skandalierung und die Illusion der Wahrheit. Olzog, München. Thomas Ramge (2003). Die großen Polit-Skandale. Campus, Frankfurt a.M.

# Spin

Der Spin (von engl. *spin*, Drehung, Drall, Eigendrehimpuls) ist eine Bezeichnung für eine kreative, geschickt gefärbte Darstellung oder Interpretation eines (politischen) Sachverhalts in den Medien, der eine positive Berichterstattung auslösen oder negative verhindern soll. Als Technik der →Public Relations versucht Spin, auch bei negativen Fragen und Vorlagen einer sich entwickelnden journalistischen Geschichte einen positiven Drall zu geben. Spin soll die Gegenseite ablenken, zugleich die Aufmerksamkeit immer wieder auf eine geplante zentrale Botschaft lenken. *Spinning* gilt unter Öffentlichkeitsarbeitern als notwendiges Handwerkszeug und professionelle Kommunikationsdisziplin („stay on message", „retain spin control"), die naive Politiker davon abhält, auf faule Tricks der Medien und des politischen Gegners hereinzufallen.

Zugleich wird Spin mit Begriffen wie →Inszenierung, →Symbolischer Politik und allgemeiner mit →Kommunikationsberatung verbunden, auch mit →Professionalisierung. Spin wird aber auch als *graue Propaganda* gesehen und danach in Zusammenhang gebracht mit Techniken des Aus-dem-Zusammenhang-Reißens, Verdrehen der Tatsachen, Pseudo-Dementis, Euphemismen, Mutmaßungen, Streuen von Gerüchten, Verstecken schlechter Nachrichten usw.

In diesem Sinne ist Spin dann Wortverdreherei, Spitzfindigkeit, manipulative Rhetorik, die nicht für die Wahrheit kämpft, sondern nur für ihren Satz – ganz im Sinne der altgriechischen *Sophisten* oder der *Eristrischen Dialektik* (von griech. *Erizein*, streiten, Streitgespräche führen), die der Philosoph Arthur Schopenhauer (1788-1860) in seinen legendären 38 rhetorischen Kunstgriffen definierte als „die Kunst zu disputieren, und zwar so zu disputieren, dass man Recht behält, also per fas et nefas [mit rechten wie mit unrechten Mitteln]."

Spinning ist also nicht neu, nur gab es dafür bis vor kurzem keinen Begriff, der international so schnell so gängig wurde. Der Begriff Spin wurde in den USA in den 80ern populär: Der „Spin Room" oder die „Spin Alley" war während der TV-Debatten abgetrennter ein Bereich für die Pressesprecher der Präsidentschaftskandidaten, wo sie impromptu den anwesenden Reportern ihre Sicht auf den just stattgefundenen Schlagabtausch in die Mikrofone sprachen.

Die Funktion des *Spin Doctor*, der als Sprecher und Medienberater eines Politikers an Themen und Images „herumdoktert" sowie als Wadenbeißer dem politischen Gegner das Leben schwer macht, ist besonders in der Regierungszeit von Tony Blair in London präsent geworden.

Blairs Sprecher Peter Mandelson und Alastair Campbell gehörten als Vertraute des Premiers mit exekutiven Vollmachten zu den mächtigsten Männern in der britischen Politik. Beide waren *control freaks*, besessen davon, die Einheit von Politikformulierung und Präsentation zu sichern und zentral von Downing Street No. 10 zu steuern; beide waren bekannt dafür, Journalisten sehr stark unter Druck zu setzen; beide waren hoch umstritten, wurden von Journalisten eher gefürchtet als respektiert und wurden schließlich selbst in Affären verwickelt.

*Spin doctor* (in den USA auch: *Spin meister*) wurde in den 90er Jahren zur nicht ganz ernst gemeinten Bezeichnung für Politikvermittlungsexperten, angestellte Pressesprecher ebenso wie freie oder Agenturberater, die sich auf die Kommunikation von Ministerien, von Parteien und von Kampagnen spezialisieren.

Kontroverse US-Wahlkampf- und Medienberater wie Dick Morris oder James Carville wurden quasi Popstars. Die populäre US-Fernsehserie „Spin City" (mit Michael J. Fox, Charlie Sheen) stellt als rasante Komödie den zwischen cleverem Politikmanagement und frivolen Medienzirkus changierenden Alltag des New Yorker Bürgermeisterbüros dar.

MARCO ALTHAUS

Paul Begala, James Carville (2003). Buck Up, Suck Up... and Come Back When You Foul Up: 12 Winning Secrets from the War Room. Simon & Schuster, New York. David Herd (2005). Mandelson! Mandelson! A Memoir. Carcanet, London. Mark Hollingsworth (1997). The Ultimate Spin Doctor: The Life and Fast Times of Tim Bell. Coronet, London. Nicolas Jones (1995). Soundbites and Spin Doctors: How Politicians Manipulate the Media - And Vice Versa. Cassell, London. Donald Macintyre (2000). Mandelson and the Making of New Labour. HarperCollins, London. John Anthony Maltese (1992). Spin Control: The White House Office of Communications and the Management of Presidential News. UNC Press, Chapel Hill. Edith Meinhart, Ulla Schmid (2000). Die Spin Doktoren. Manipulationen in der Politik. Czernin, Wien. Christian Mihr (2003). Wer spinnt denn da? Lit, Münster. Peter Oborne (2004). Alastair Campbell. Arurum, London. Ders. (2000). Alastair Campbell: New Labour and the Art of Media Management. Aurum, London. Kieron O'Hara (2004). Trust: From Socrates to Spin. Icon, London. Ulrich Sarcinelli, Jens Tenscher (2003). Machtdarstellung und Darstellungsmacht. Nomos, Baden-Baden. Arthur Schopenhauer (1995). Die Kunst, Recht zu behalten. Insel, Frankfurt a.M. Jens Tenscher (2003). Professionalisierung der Politikvermittlung? Politikvermittlungsexperten im Spannungsfeld von Politik und Massenmedien. VS, Wiesbaden.

# Symbolische Politik

Der Kanzler watete in Gummistiefeln durch das Hochwasser: Gerhard Schröder besuchte Orte mit den größten Flutschäden und lieferte so ein bekanntes Beispiel für symbolische Politik. Der britische Landwirtschaftschaftsminister verzehrte öffentlich mit Genuss Roastbeef und Rindersteak auf dem Höhepunkt der BSE-Krise. Einst ließ Klaus Töpfer nicht nur verlauten, der Rhein sei (dank seiner Politik) wieder sauber – er durchschwamm ihn sogar dienstlich unter medialer Anteilnahme. Und auf der Suche bei einem Politiker mit besonderem Gespür für symbolische Aktionen fällt es schwer, nicht an Jürgen Möllemann zu denken.

Doch auch NGOs wie Greenpeace setzen auf die Symbolik politischer Aktionen wie beim Besetzen von Fabrikschloten oder des ausgedienten schwimmenden Brent Spar-Öltanks, ebenso wie Kali-Bergarbeiter, die sich in Bischofferode an ihren Arbeitsplatz ketteten. Wirtschaftunternehmen, Verbände und Institutionen betreiben ebenso vielfältig symbolische Politik gegenüber ihren Stakeholdern (➔Stakeholder Management), etwa bei ➔Corporate Citizenship/Social Responsibility oder tradierten Formen wie Sponsoring und Wohltätigkeit durch öffentliches Überreichen von Schecks in Gemäldegröße – damit die Summe auch gut zu lesen ist.

Der Grundgedanke der symbolischen Politik ist die *Trennung der Herstellung von der Darstellung von Politik*. Sie vollzieht damit nach, was die Betriebswirtschaft schon viel länger funktional trennt, nämlich Produktion und Absatz.

Die Spannweite ist groß: Symbolische Politik kann komplexe politische Handungen oder Überzeugungen auf einen einzigen Punkt bringen wie Willy Brandt mit seinem Kniefall in Warschau. Sie kann aber ebenso Teil eines inhaltsleeren, dafür *selbstreferenziellen Systems* politischer Öffentlichkeitsarbeit sein als *Werbung ohne Produkteigenschaften*, polemisch gewertet als Ersatz- oder Täuschungshandlung. Der Begriff „symbolische Politik" wurde dabei 1987 vom Politikwissenschaftler Ulrich Sarcinelli

eingeführt; andere Begriffe bezeichnen „Politik als Ritual" wie 1964 Murray Edelman oder sprechen von der „Inszenierung des Scheins" wie 1992 Thomas Meyer. Abseits der Polemik ist symbolische Politik „ein politisches Basis- und Alltagsphänomen" (Sarcinelli); „Politik pur" gibt es nicht, Nennwert und Symbolwert gehören in der Doppelrealität zusammen. Und symbolische Politik ist auch keine Erfindung der Mediengesellschaft.

Symbolische Politik lebt vom „seeing is believing", von medialer Vermittlung besonders durch das Fernsehen. Doch damit sie dort wirken kann, muss sie *formatgerecht* sein. Beim Fernsehen heisst dies: sie muss *visualisierbar* sein, vom Publikum als relevant wahrgenommen werden sowie *Aktion* und *Dramatik* enthalten. Dies wird oft mit *Pseudo-Ereignissen* erreicht – also Handlungen, die darauf angelegt sind, bei Medien die Schwelle zur Nachricht zu überspringen und Berichterstattung auszulösen, selbst bei geringem Nachrichtenwert. Pseudo-Ereignisse finden auch nur statt, wenn Medien verfügbar sind.

Die technische wie inhaltliche Aufnahmebereitschaft von Medien ist damit wesentlich. Aber: Medien beteiligen sich inzwischen nicht mehr nur als Transporteure fremder Inhalte. Sie können eigenes ➔*Agenda Setting* betreiben und tun es für ihre Anliegen. Bei der konzertierten Aktion von *FAZ*, Springer und *Spiegel* gegen die Rechtschreibreform ging es bis zur offenen Konfrontation mit den Gewählten.

Als Kommunikationsmanagement betrachtet, besteht symbolische Politik in dem Prägen wie dem Besetzen von Begriffen, im Identifizieren und strategischen Auswählen von Issues und dem Bestimmen von Themen – oft mit gleichzeitiger Verlagerung vorliegender Probleme auf andere Themen. Eine ausgeprägte → *Personalisierung* und *Emotionalisierung* zählt ebenso dazu wie eine Überhöhung der inhaltlichen Position des Akteurs. Das strittige Issue wird dabei oft zu einer Frage der politischen Grundorientierung oder eines persönlichen oder moralischen Engagements gemacht – und damit weg vom Falsifizierbaren und hin zum Nicht-Falsifizierbaren (Sarcinelli). Es wird genutzt für Kampagnenführung, zum Herstellen von Identität genauso wie als Ersatz für reale Politik und Entscheidungen. In Zeiten eines *permanent campaigning* kann symbolische Politik durchaus auch Fixpunkte der Orientierung setzen.

Als strategisches Kommunikationsmittel ist sie der Versuch der Reduktion der Komplexität von Politik und soll letztlich der Transformation von Wirklichkeit im Sinne des Anwenders dienen.

Die *Wertgeladenheit* ermöglicht der symbolischen Politik die Verwandlung von „verstandener" in *„gefühlte Politik"*. Doch mitunter wird diese Transformation zur Transfiguration, die Erklärung weicht der Verklärung. Bei den Hartz IV-Montagsdemonstrationen war der Effekt zu beobachten: Gerade die Partei, gegen deren Vorläufer die Menschen 1989 auf die Straße gingen, besetzt für sich den zivilen Aufstand als ein Symbol bürgerlichen Protestes durch frühe Vereinnahmung – ohne Scheu und ohne größeren Widerspruch.

Dennoch ist symbolische Politik nicht davor gefeit, sich abzunutzen oder vom Wandel der Einstellungen in der Bevölkerung erfasst zu werden. So verfügten die Castor-Transporte nur über ein weitaus geringeres Potenzial der Mobilisierung als etwa seinerzeit Wackersdorf. Denn auch Symbole leben nicht ewig.

Symbolische Politik kann sogar verlieren, selbst im Moment des größten Sieges eines Präsidenten in Kampfflieger-Montur. Als viriles Symbol der Fähigkeit eines ganzen Landes, sich zu verteidigen und zu kämpfen, erklärte Präsident Bush den Irak-Krieg für beendet – nach der Landung auf dem Deck eines Flugzeugträgers, vor dem Transparent „Mission accomplished". Was beendet sein sollte, wurde zum Dauerthema. Selbst Karl Rove, spiritus rector der Bush-Regierung, wurde später mit der Bemerkung zitiert, wenn es eine Sache gäbe, die er als Fehler ansehe, dann die Flugzeugträger-Szene.

Als relativ neues Phänomen der Symbolik taucht inzwischen die Verbindung von Person und sexueller Orientierung auf: „Ich bin schwul, und das ist gut so" kann in der Rückschau als mit ausschlaggebend für die politische Zukunft des Berliner Regierenden Bürgermeisters Klaus Wowereit angesehen werden. Der politische Stil unbefangener Leichtigkeit des „Regierenden Partymeisters" Wowereit lässt das Regieren zum Lifestyle werden, statt herkömmlicher Staatssymbolik bieten gesellschaftliche Anlässe, Reisen und bunte Events auch in unkonventionellen Umgebungen eine Integrationsfolie für die politische Vielfalt der Hauptstadt. Damit erfährt die Achtundsechziger-Parole, das Private sei politisch, eine Wiederbelebung in einer neuen Form.

Symbolische Politik ist dennoch nicht nur „Style over Substance". Letztlich wird die Wirkung und Nachhaltigkeit auch bestimmt vom Ausmaß einer gewissermaßen *politisch-kognitiven Dissonanz*, der wahrgenommen Lücke zwischen Wort und Tat. Ob sie überhaupt wirkt, hängt nicht zuletzt ab von der *Glaubwürdigkeit* und dem menschlichen Format desjenigen, der sie einsetzt.

Manch einer erhält für seine große Geste eine Machtprämie und kommunikativen Kredit, ein anderer muss seinem symbolisierten Anspruch erst noch gerecht werden.

Bei Willy Brandt ging sein Kniefall um die Welt und in die Geschichtsbücher ein – die 18-Prozent-Aufkleber auf den Schuhsohlen des FDP-Spitzenkandidaten Guido Westerwelles reichten auch 2002 nur zur „Fußnote" eines Wahlkampfjahres.

ALEXANDER ROSS

Murray Edelman (1964). The Symbolic Use of Politics. Urbana. Siegfried Frey (1999). Die Macht des Bildes. Der Einfluss der nonverbalen Kommunikation auf Kultur und Politik. Bern. M. Gmür (2002). Die öffentliche Mensch – Medienstars und Medienopfer. München. Dieter Herbst. Christian Scheier (2004). Corporate Imagery. Cornelsen, Berlin. Werner Kroeber-Riel (1996). Bildkommunikation. München. Thomas Meyer (1992). Die Inszenierung des Scheins. Frankfurt. Ulrich Sarcinelli (1987). Symbolische Politik. Zur Bedeutung symbolischen Handelns in der Wahlkampfkommunikation der Bundesrepublik Deutschland. Opladen.

# Unternehmenskommunikation

„Die Unternehmenskommunikation ist für den Erfolg des Unternehmens entscheidend" – diesem Satz stimmten laut einer von *Capital* 2002 herausgegebenen Studie 93% der befragten Entscheider aus 143 deutschen Unternehmen zu. Und bei der Frage nach den wichtigen oder sehr wichtigen Tätigkeitsfeldern der Unternehmenskommunikation rangiert mit 89% der Angaben Öffentlichkeitsarbeit und ➜Public Relations an erster Stelle.

Unternehmenskommunikation ist ein erfolgskritischer Faktor, das lässt sich aus vielen solchen Untersuchungen, genauer noch mittels der Analyse von Unternehmensstrategien und ihren Umsetzungen belegen. Erfolgreiche

Unternehmen zeichnen sich durch eine (besonders) wirkungsvolle Kommunikation aus. „Wirkungsvolle" Kommunikation fällt allerdings nicht vom Himmel. Sie ist immer Ergebnis der Erkenntnis, dass Unternehmenskommunikation Teil des *strategischen Instrumentariums* des Absenders sein muss.

Weiter gehend als in den Antworten der oben erwähnten Befragung ist Unternehmenskommunikation mehr als nur Öffentlichkeitsarbeit/PR. In diesem Kontext versteht man darunter die *Gesamtheit* der bewusst durchgeführten Kommunikationsmaßnahmen eines Unternehmens und seiner Teile. Das reicht von der klassischen Presseerklärung, über die Vielzahl der Unternehmensdarstellungen in Print und Online, Maßnahmen des Sponsoring im Bereich Kultur, Sport oder Soziales, die Mitarbeiterzeitung, Veranstaltungen für unterschiedliche Zielgruppen bis hin zur Rede des CEO auf der Jahreshauptversammlung und – nicht zu vergessen – der Vielzahl der werblichen Auftritte.

Den in dieser (bei weitem nicht vollständigen) Aufzählung aufgeführten Maßnahmen ist gemeinsam, dass sie jeweils ein *Ziel* verfolgen. Die Adressaten der Kommunikationsmaßnahme sollen nämlich durch die bewusste Wahrnehmung der ausgesendeten Botschaften in eine bestimmte, nämlich für das Unternehmen und die Erreichung seiner (Teil-)Ziele günstige Richtung beeinflusst werden.

Wirkungsvolle Kommunikation verlangt also ein klares Konzept und eine professionelle Umsetzung. Selbst gute Planung verhindert allerdings nicht, dass häufig nicht nur die eigentlichen Adressaten, sondern auch andere erreicht werden. So kann etwa die Ankündigung einer Produktpreiserhöhung zwar den Aktienkurs steigen lassen, andererseits aber auch Kunden veranlassen, sich nach einem anderen Lieferanten umzusehen.

Schon die Erkenntnis, dass auf der Seite der *Rezipienten* selten nur der „Gemeinte" sitzt und die menschliche *Wahrnehmung* einzelne Botschaften nicht nach ihrem (Teil-) Absender und seinen Intentionen unterscheidet, macht also erforderlich, Kommunikation über alle Zielgruppen hinweg einheitlich zu gestalten.

Darin erschöpfen sich die Aufgaben der Unternehmenskommunikation allerdings nicht. Die *Außenwelt* nimmt ein Unternehmen nicht nur über die ihnen zugedachten Botschaften wahr. Sie registriert zusätzlich Dinge, die überhaupt nicht als Kommunikation beabsichtigt waren.

All diese Wahrnehmungen formen das Bild und damit die Meinung der Menschen. Fällt gemessen an ihren Erwartungen das Urteil positiv aus, hat das Unternehmen ein gutes, anderenfalls ein schlechtes Image.

Unternehmenskommunikation muss daher das gesamte Umfeld des Unternehmens im Auge haben und sich als Reflexion aller relevanten Bezugsgruppen und ihrer spezifischen Erwartungen verstehen.

Die zentrale Aufgabe der Unternehmenskommunikation ist daher, das ganze Unternehmen darzustellen. Sie muss „aus einem Guss" gestaltet werden – inhaltlich wie organisatorisch. Der strategischen Dimension dieser Aufgabe entsprechend bedeutet das inhaltlich, durch planvoll gesteuerte Kommunikation sicherzustellen, dass sich die unternehmerischen Zielsetzungen im Markt und in der Gesellschaft, also in dem *komplexen Umfeld* von Konsumenten, Geschäftspartnern, Mitarbeitern, Shareholdern und Stakeholdern, durchsetzen.

Nur die enge Verknüpfung der Unternehmensstrategie mit der Unternehmenskommunikation und ihren Instrumenten führt zu einem stimmigen Gesamtauftritt des Unternehmens und damit zum Erfolg. So erlangen Unternehmen ein eindeutiges Profil, glaubwürdige Aussagen und die Fähigkeit, die Menschen für ihre Ideen und Angebote zu begeistern.

Entsprechend dem Verständnis von Kommunikation als *Führungsaufgabe* bedeutet das organisatorisch die Einrichtung einer Stabsstelle Unternehmenskommunikation mit der Gesamtverantwortung für alle Kommunikationsaufgaben im Unternehmen. Idealerweise ist diese direkt auf der obersten Führungsebene angesiedelt, mindestens aber berichtet sie dahin. Eingebunden sein muss die Verantwortung für die *Marketingkommunikation*, um unterschiedliche Sichtweisen zwischen Corporate und Marketing zu vermeiden. Die Unternehmensziele bestimmen die Marketingziele, nicht umgekehrt. Ausgehend von den übergeordneten Zielen erfolgt die Umsetzung durch die jeweiligen Experten für PR, Marketing, interne Kommunikation etc. in den Linienfunktionen.

Zu den wichtigsten Aufgaben der Unternehmenskommunikation zählt, die Akzeptanz all derjenigen zu erlangen, die in irgendeiner Weise an den Aktivitäten des Unternehmens interessiert, von ihnen betroffen sind oder irgendwelche Erwartungen oder Forderungen an das Unternehmen haben. Die Beantwortung der Fragen dieser Stakeholder (→*Stakeholder Management*) kann entscheidend für die Zukunft des Unternehmens sein, denn unerfüllte Erwartungen schlagen schnell in Enttäuschung um. Die Öffentlichkeit erwartet, dass Unternehmen als „good corporate citizen" (→*Corporate Citizenship*) gesellschaftliches Engagement zeigen. Als Folge

dessen sehen sich die Unternehmen Forderungen ausgesetzt, zur Lösung gesellschaftlicher Probleme beizutragen und dies weit über ihre eigentlichen Aufgaben als Teilnehmer am Wirtschaftsprozess hinaus.

An dieser Stelle setzt die Disziplin der →Public Affairs an. Gelegentlich wird dieser Begriff in den Unternehmen (insbesondere im angloamerikanischen Sprachraum) auch mit den Begriffen *External Affairs* oder *Corporate Communications* gleichgesetzt. In dieser Darstellung steht der Begriff Public Affairs – entsprechend dem engeren Wortsinn – für die Gestaltung der Kommunikation mit den Stakeholdern im „öffentlichen" Raum.

Es gibt kaum ein Thema von gesellschaftlicher Relevanz, das nicht seine Interessenvertretung hat, die daraus Ansprüche an die Unternehmen ableitet. Je größer die Probleme sind, desto höher sind die Erwartungen und desto umfassender die Forderungen an die Unternehmen. Allzu gerne greift die Politik diese Forderungen auf und macht sie sich zueigen.

Als Konsequenz dessen müssen die Unternehmen gesellschaftliche und politische Prozesse in ihrem Denken und Handeln berücksichtigen. Dazu muss kontinuierlich das gesellschaftliche Umfeld (→Arenaanalyse, Umfeldanalyse) des Unternehmens beobachtet werden, um einschlägige Trends, Strömungen, politische Entwicklungen, ihre Akteure und deren Auswirkungen aufs Unternehmen zu identifizieren (→Frühaufklärung, →Monitoring). Mit einem solchen Frühwarnsystem können Unternehmen proaktiv durch eigene Lösungen zur rechten Zeit bestimmten öffentlichen Erwartungen zuvorkommen und damit den Versuch Dritter verhindern, die Spielräume unternehmerischen Handelns, z.B. durch einen breiten Verbraucher-Boykott, einzuengen.

*Freiwilliges* Verhalten dieser Art fördert Image und Vertrauen und beugt negativen Auswirkungen auf die Unternehmensergebnisse vor.

Teil der Public Affairs ist die Kommunikation im politischen Raum. Die direkte Kommunikation mit den politischen Entscheidungsträgern auf allen Ebenen zielt in die gleiche Richtung wie die mit den relevanten gesellschaftlichen Gruppen.

Politik benötigt bei ihrer Aufgabe der Umformung gesellschaftlicher Meinungs- und Willensbildung in konkrete Maßnahmen den intensiven Informationsaustausch auch mit der Wirtschaft. Unternehmen müssen ihre Stakeholder in Politik und Gesellschaft daher frühzeitig über ihre Absichten, Vorhaben und deren Folgen informieren, um so ihre Positionen wirkungsvoll in die gesellschaftliche Diskussion und in die politischen Entscheidungsprozesse einzubringen. Die Initiative für einen solchen Informationsaustausch liegt bei den Unternehmen, sie bedarf eines offenen, ehrlichen und umfassenden Dialogs.

Die Public Affairs haben insoweit innerhalb der Unternehmenskommunikation eine zentrale Rolle.

Je mehr der unternehmerische Erfolg von der öffentlichen Anerkennung und Akzeptanz des Unternehmens abhängt, je mehr diese Faktoren die eigentliche *license to operate* darstellen, umso wichtiger ist die Kommunikation mit den relevanten Bezugsgruppen.

Das erfordert eine an den öffentlichen Erwartungen orientierte Ausrichtung des Unternehmens, seiner Strategie und all seiner Handlungen - und nicht zuletzt die wirkungsvolle Kommunikation.

**KLAUS-PETER JOHANSSEN**

Manfred Bruhn (2002). Kommunikationspolitik: Grundlagen der Unternehmenskommunikation. Verlag Franz Vahlen, München. Dieter Herbst (2003). Unternehmenskommunikation. Cornelsen, Berlin. Klaus-Peter Johanssen (2001). Lokal oder global – ist das die Frage? In Klaus-Peter Johanssen, Ulrich Steger (Hg.): Lokal oder Global? Strategien und Konzepte von Kommunikations-Profis für internationale Märkte. F.A.Z.-Institut für Management-, Markt- und Medieninformationen, Frankfurt: 42 – 75. Ders. (2003) Der öffentliche Raum - unverzichtbares Feld für die Unternehmenskommunikation. In Rupert Ahrens, Eberhard Knödler-Bunte (Hg.): Public Relations in der öffentlichen Diskussion. Die Affäre Hunzinger - ein PR-Missverständnis. media mind Verlag, Berlin: 101-111. Ders. (2003). Strategische Schlüsselaufgabe Unternehmens-Kommunikation. trend- Zeitschrift für Soziale Marktwirtschaft, Berlin, II. Quartal, Heft Nr. 95: 58 – 61.

# Verbandskommunikation

Über die Anzahl der →Verbände, Vereine und sonstige →Interessengruppen in Deutschland gibt es nur Schätzungen, die sich zwischen 250.000 und 300.000 bewegen. Diese Organisationen haben die unterschiedlichsten Ziele und Aufgaben. Sie unterscheiden sich nach Branchen und Fachgebieten. Die einen vertreten unternehmerische Interessen, andere sind gewerkschaftlich geprägt; wieder andere haben ihre Wurzeln in Parteien, in den Kirchen, in Kultur und Sport. Die meisten rekrutieren ihre Mitglieder nach dem Prinzip der Freiwilligkeit. Doch bei allen Unterschieden haben diese Organisationen haben eines gemein: Sie führen Menschen und Gruppen zusammen, bündeln deren gemeinsame Interessen und vertreten diese nach innen in die *Mitgliedschaft* hinein und nach außen in die (Fach)-Öffentlichkeit und gegenüber politischen Entscheidungsträgern (➜Lobbying). Verbandsorganisationen haben es heute nicht leicht.

Ebenso wie andere *Solidarsysteme* beispielsweise die Kirchen oder die Gewerkschaften müssen sie viel Kraft aufwenden, um ihre Mitglieder bei der Stange zu halten. Vorbei sind die Zeiten, in denen es zum Beispiel für Unternehmer eine Frage der Standesehre war, einem Branchenverband anzugehören.

Heute stehen in jedem Unternehmen auch die Mitgliedschaften in Verbänden immer wieder auf dem Prüfstand. Was kostet die Mitgliedschaft, und was bringt sie für das Unternehmen? So lautet die immer wieder gestellte Grundsatzfrage. Zudem wächst die Konkurrenz in vielen Branchen durch die Gründung neuer Spezialverbände.

Deshalb müssen Verbandsorganisationen wie nie zuvor durch nachvollziehbare Leistung überzeugen. Sie müssen ihren Mitgliedern ein attraktives und exklusives *Leistungspaket* anbieten. Doch das allein reicht nicht: Die Leistungen müssen den Mitgliedern und der Öffentlichkeit auch

vermittelt werden. Das ➜Verbandsmanagement ist stark durch Informations- und Kommunikationsmanagement geprägt. Informationen generieren, bearbeiten und distribuieren und daneben *Kommunikationsplattformen* schaffen für die Mitglieder, für politische Zielgruppen, für Journalisten als wichtigste Multiplikatoren, für die (Fach-) Öffentlichkeit – Dies sind die Grundelemente der Verbandsarbeit.

**Kommunikation nach innen.** Voraussetzung für eine erfolgreiche externe Verbandskommunikation ist eine funktionierende *Kommunikation nach innen*. Ziele, Aufgaben und Leistungen müssen den Mitgliedern stets präsent sein. Das Profil muss scharf, die Positionen müssen klar sein. Wer sind wir? Was wollen wir? Wohin wollen wir? Das muß den Mitgliedern immer wieder neu vermittelt werden. Die unverwechselbare Identität – die Corporate Identity – muß gerade in der internen Verbandskommunikation stets mitschwingen.

Tue Gutes und erzähle es deinen Mitgliedern – das ist die Grundbotschaft: „Das leistet Dein Verband für dich, und das bekommst Du nur hier." – „Dieser Verband ist dein Branchenadvokat, der dann am erfolgreichsten ist, wenn auch wirklich alle mitmachen." – „Früher als andere – vor allem früher als Nichtmitglieder – erhältst du branchenwichtige Informationen" – „Bei unseren Veranstaltungen erfährst du, was in der Branche los ist."

**Mitgliederkommunikation.** Die Geschäftsstellen der Verbände kommunizieren mit ihren Mitgliedern persönlich, telefonisch oder schriftlich. Die bewährte regelmäßige Verbindung zu den Mitgliedern sind *Rundschreiben (Newsletter)*. Ob per Post oder via Email verschickt, sollten sie spezifische Anforderungen erfüllen. Zeit ist ein kostbares Gut; die Mitglieder erwarten exklusive und schnelle Informationen kurz und prägnant formuliert. Oft sind Informationsdienste von Verbänden zu ausschweifend, zu kompliziert, zu abstrakt und der Neuigkeitswert ist zu gering. Ausführlichere Stellungnahmen, Gesetzestexte, und umfassende *Positionspapiere* können im Internet innerhalb eines geschlossenen Nutzerbereichs zum Download angeboten werden.

Ein weiteres wichtiges Kommunikationsmittel sind *Geschäftsberichte*, die allerdings nur dann ihr Ziel erreichen, wenn sie als *Branchenberichte* angelegt werden, in denen der Leser neueste Trends und Veränderungen, Zahlen, Daten und Fakten findet. Freilich sollte darin auch die Arbeit des Verbandes in einem Tätigkeitsbericht zum Ausdruck kommen. Allerdings nach Schwerpunkten gegliedert und nachvollziehbar aufbereitet.

Die Mitglieder erwarten von ihrem Verband nicht nur sachliche Dienstleistungen, sondern auch *Emotion*. Ebenso wie Unternehmen müssen Verbände den Ansprüchen einer erlebnisorientierten Klientel Rechnung tragen. Die *Jahrestagungen* von Verbänden bieten die beste Gelegenheit, entsprechende Erwartungen zu erfüllen. Sie sollten als angemessene – keinesfalls übertriebene – Selbstdarstellung der Branche inszeniert werden. Bewährt hat sich dabei eine drei-geteilte Veranstaltungsstruktur: 1. (verbands-) *politischer Kongress*, möglichst mit einem prominenten politischen Repräsentanten als Gast; 2. *Fachkongress* mit hochkarätigen Referenten; 3. *Abendveranstaltung* mit Unterhaltungsprogramm. Auf jeden Fall sollte während einer solchen zweitägigen Veranstaltung allen Teilnehmern genügend *Zeit für informelle Gespräche* eingeräumt werden. Zu oft werden Jahrestagungen mit Arbeits- und Unterhaltungsprogrammen überfrachtet.

**Externe Kommunikation.** Verbände können nur dann wirklich erfolgreich sein, wenn sie auch nach außen mitteilen, wer sie sind, was sie tun und was sie wollen. Voraussetzung dafür ist kontinuierliche Kommunikation. Aufgabenstellungen und (politische) Ziele müssen in diesem stetigen Prozess in klaren Botschaften transportiert werden. Dies gilt für die Rede des Verbandspräsidenten, für das TV-Interview des Geschäftsführers oder die Pressemeldung gleichermaßen.

*Offenheit* und *Transparenz* sind Schlüsselbegriffe für die erfolgreiche Verbandsarbeit. Wer im Stillen verharrt, wird nicht wahrgenommen. Wer sich versteckt, erzeugt Misstrauen. Dagegen ist das Ziel der Verbandskommunikation, Vertrauen zu gewinnen, das Ansehen zu erhöhen und Einfluß zu sichern beziehungsweise noch auszubauen. Der ideale Weg, diese Zielmarken immer wieder zügig zu erreichen, ist eine koordinierte und integrierte Kommunikation, in die alle Kommunikatoren des Verbandes einbezogen werden. Denn jeder von ihnen

– vom Präsidenten und seinen ehrenamtlichen Kollegen bis zu den hauptamtlichen Verbandsmanagern – ist Teil der Gesamtkommunikation. Auf allen Kanälen und auf allen Ebenen mit einer Sprache sprechen – darum geht es in der Verbandkommunikation. Diese Qualität kann freilich nur über ein strategisches Kommunikationsmanagement erreicht werden. Vor diesem Hintergrund hat die Presse- und Öffentlichkeitsarbeit in Verbänden hohen Stellenwert. Sowohl innerhalb der Verbandsgremien als auch in der Geschäftsführung sollte die Öffentlichkeitsarbeit in alle grundsätzlichen verbandspolitischen Fragestellungen einbezogen werden. Die sachliche Information und Kontinuität in der Aussage bilden die Basis einer professionellen Öffentlichkeitsarbeit.

PR-Mätzchen oder Konfetti-Aktionen, die womöglich in der Unternehmenswelt zum Ziel führen, können in der Verbandskommunikation leicht tödlich sein. Was keineswegs heißt, dass Verbands-PR trocken und langweilig sein muss. Allein in Berlin wollen Tag für Tag weit über 1000 Verbände und Interessenvertretungen ihre Botschaften bei Politikern und Journalisten unterbringen. Rund 2000 Meldungen von Lobbyisten, Politikern und PR-Abteilungen laufen täglich bei manchen Wirtschaftsjournalisten auf. Wer da nicht im Papierkorb landen will, muss sein Handwerk verstehen. Professionelle Kommunikationsarbeit in einem Verband ist eine Führungsaufgabe, die hohe Qualifikationen voraussetzt. Bewährt hat sich dabei eine umfassende journalistische Erfahrung.

*Instrumente externer Kommunikation.* Äußert sich ein Verband zu Ereignissen oder Entwicklungen, die von allgemeiner Bedeutung sind, so transportiert er dies via Pressemitteilung. Damit diese auch tatsächlich ihren Niederschlag in den Medien findet, müssen mindestens drei Kriterien erfüllt sein: 1. die wichtige Botschaft; 2. die handwerklich-journalistische Qualität; 3. die richtigen Adressaten.

Eine Voraussetzung für aktuelle Pressearbeit sind schnelle Abstimmungsprozesse. Wer für jede Pressemitteilung noch Gremienbeschlüsse braucht, hat kaum Chancen, an der öffentlichen Meinungsbildung mitzuwirken. Bei wirklich herausragenden Ereignissen werden Pressekonferenzen veranstaltet. Zur kontinuierlichen Öffentlichkeitsarbeit gehört auch das Verfassen eigener Beiträge des Präsidenten oder Vorsitzenden bzw. der Geschäftsführung und den Öffentlichkeitsarbeitern, die in Zeitungen oder Fachpresse veröffentlicht werden. Dazu kommen Vorträge und Teilnahmen an öffentlichen Expertenrunden, Talks oder Podiumsdiskussionen. Zu Journalisten, die dem Verband nahe stehen, sollte ein besonders enger Kontakt gepflegt werden Hierzu eignen sich persönliche Gespräche ebenso wie *Hintergrundzirkel* mit ausgesuchten Journalisten. Dabei sollte das vertrauliche Gespräch die Grundlage bilden.

**HANS-JOACHIM FUHRMANN**

Günter Bentele, Tobias Liebert, Michael Vogt (2001). PR für Verbände und Organisationen. Luchterhand. Rolf Hackenbroch (1998). Verbände und Massenmedien. Deutscher Universitäts-Verlag. Stephan Becker-Sonnenschein, Manfred Schwarzmeier (2002) (Hg.). Vom schlichten Sein zum schönen Schein? VS, Wiesbaden.

# Interessenrepräsentation

Interessenrepräsentation umfasst die organisatorischen, inhaltlichen und kommunikativen Managementaufgaben bei der Vermittlung und Vertretung spezifischer politischer Interessen und Interessengruppen.

In diesem Abschnitt widmen sich die Beiträge der Rolle wirtschaftlicher und gesellschaftlicher Akteure bei der Politikformulierung, Techniken und Strategien direkten und indirekten Lobbyings sowie den Organisationsformen der Vertretung in Form von Unternehmensrepräsentanzen, Verbänden, Beratermandaten und strategischen Allianzen.

Sie vermitteln praktische und theoretische Einsichten und relevante Hilfsmittel für die Mitgestaltung politischer Entscheidungen durch Einflussnahme auf Entscheidungsträger und Multiplikatoren. Sie sensibilisieren aber auch für die besondere und wachsende Verantwortung der Interessenorganisationen, die legitimatorischen Defizite und rechtlichen Grauzonen der interessegeleiteten Politikberatung, für die Bedeutung von Netzwerken und der Einhaltung professioneller Standards innerhalb eines von starkem Wettbewerb um Aufmerksamkeit und Beteiligung geprägten Tätigkeitsfeldes.

# Anhörung

Anhörungen, auch *Hearings* genannt, sind Sitzungen, bei denen sich Abgeordnete (oder bei einem Ministerium Beamte und Leitung) durch Sachverständige und Interessenvertreter informieren lassen und diese befragen. Im →Lobbying und auch in den →Public Relations können Anhörungen ein wichtiger Ansatzpunkt für die Zielgruppenkommunikation sein.

Anhörungen wurden 1951 in das Geschäftsordnungsrecht des Deutschen Bundestages aufgenommen (damals als „öffentliche Informationssitzungen"). In den ersten vier Wahlperioden (1949-1965) fanden insgesamt nur 8 Anhörungen statt. Heute wird im Gesetzgebungsprozess des Bundestages zu nahezu jedem wichtigen Gesetz eine Anhörung durchgeführt. In der letzten Wahlperiode (1998-2002) fanden insgesamt 271 Anhörungen (im Regelfall zu Gesetzentwürfen) statt.

Anhörungen haben sich zu einem wichtigen Instrument zur Vorbereitung parlamentarischer Entscheidungen und zur Auseinandersetzung über eine Materie entwickelt. Die Zunahme der Anhörungen hängt mit der *Zunahme der Ausschüsse* des deutschen Bundestages, aber auch mit der immer größer werdenden *Komplexität* der Gesetzgebungsvorhaben und des gleichzeitig steigenden Einflusses der Verbände und Unternehmen zusammen.

Ziel der Anhörungen ist zunächst die *Informationsbeschaffung*. Das Parlament soll durch die Anhörung eine Möglichkeit erhalten, auf den in der Gesellschaft vorhandenen Sachverstand zurückzugreifen. Durch Anhörungen soll das parlamentarische Verfahren *effektiver, praxisnäher* und auch *transparenter* werden.

Im parlamentarischen Gesetzgebungsverfahren gehört die Durchführung einer Anhörung durch den federführenden Ausschuss zu einem der wichtigsten Rechte und Einflussmöglichkeiten der *Opposition*. Es handelt sich um ein klassisches *Minderheitenrecht*.

Ein Ausschuss ist verpflichtet, eine Anhörung über eine ihm vom Plenum des Deutschen Bundestages überwiesene Vorlage durchzuführen, wenn ein Viertel der Ausschussmitglieder diese verlangt (vgl. § 70 GOBT). Er muss dann auch die von der Minderheit benannten Auskunftspersonen anhören, es sei denn, der Ausschuss hat mit Mehrheit eine Begrenzung der Anzahl der Sachverständigen beschlossen. Dann kann von der Minderheit nur der ihrem Stärkeverhältnis im Ausschuss entsprechende Anteil an der Gesamtzahl der anzuhörenden Auskunftspersonen benannt werden.

Bei nicht überwiesenen Vorlagen, d.h. wenn der Ausschuss im Wege der Selbstbefassung eine Sachmaterie aus seinem Geschäftsbereich behandelt, findet eine Anhörung nur aufgrund eines Mehrheitsbeschlusses statt. In der Regel werden Anhörungen aber *einvernehmlich* beschlossen. *Unterausschüsse* können Anhörungen nur im Auftrag des Gesamtausschusses durchführen.

Die *Gestaltung* der Anhörung hängt sehr stark von den jeweiligen Sachgebieten, von der Praxis der jeweiligen Ausschüssen und nicht zuletzt von den jeweils handelnden Parlamentariern ab. Die Ausschüsse können insbesondere das *Thema,* die *Dauer,* die *Anzahl* der Anzuhörenden, einen *Fragekatalog* und den konkreten *Ablauf* der Anhörung bestimmen. In der Regel werden diese Modalitäten zwischen den Fraktionen einvernehmlich festgelegt. Die Ausschussmehrheit kann aber letztlich alle diese Modalitäten bestimmen. Zu beachten sind aber auch Minderheitenrechte, wie z.B. die Anhörung der von der Minderheit benannten Auskunftspersonen und ein anteiliges Fragerecht.

Streitpunkt zwischen den Fraktionen ist oftmals die *Terminierung* der Anhörung. Regierungsfraktionen haben in der Regel ein Interesse daran, eine Anhörung schnell zu terminieren, damit das Gesetzgebungsverfahren nicht aufgehalten wird. Die Oppositionsfraktionen wollen über die Anhörung und die Ausschussberatungen noch Einfluss nehmen und sind deshalb eher an einer längerfristigen Terminierung interessiert.

Die Fraktionen einigen sich bei den meisten Anhörungen auf eine Gesamtzahl von Anzuhörenden. Entsprechend dem Stärkeverhältnis kann dann jede Fraktion eine Anzahl von Sachverständigen benennen. In der *Auswahl der Anzuhörenden* ist jede Fraktion frei.

Die Fraktionen können auch selbst entscheiden, ob sie beispielsweise einen bestimmten Verband oder nur einen bestimmten Vertreter dieses Verbandes benennen. In der Regel entscheidet jede Fraktion zugunsten der Sachverständigen, Interessenvertretern und anderen Auskunftspersonen, die die jeweilige Position teilen.

Die Teilnahme an einer Anhörung ist für viele Interessenvertreter und auch unabhängige Sachverständige der Beweis dafür, dass sie bei dem Thema der Anhörung über Einfluss verfügen. Dies stärkt ihre Stellung gegenüber ihren Mitgliedern und in der Öffentlichkeit.

Die *Liste* der Anzuhörenden wird abschließend zwischen den Fraktionen abgestimmt. Eingeladen werden die Anzuhörenden dann über das *Sekretariat* des Ausschusses. Die Sachverständigen werden mit der Einladung regelmäßig aufgefordert, *schriftliche Stellungnahmen* zu dem Anhörungsthema an den Ausschuss zu übersenden. In einigen Ausschüssen ist es Praxis, den Sachverständigen dazu einen *Fragekatalog* zu übersenden. Dieser kann einheitlich gestaltet sein, oder unterteilt in die Fragen der einzelnen Fraktionen. Oftmals werden die Anzuhörenden aber auch nur gebeten, zu der jeweiligen Vorlage Stellung zu nehmen.

Nicht geladene Verbände oder Interessengruppen können dem Ausschuss ebenfalls schriftliche Stellungnahmen zuleiten. Dieser verteilt sie dann in der Regel an die Mitglieder des Ausschusses. Auch der *Ablauf* der Anhörungen ist in den einzelnen Ausschüssen unterschiedlich. Teilweise erhalten die Fraktionen jeweils ein *Zeitkontingent*, teilweise lässt der Vorsitzende *Fragen im Wechsel* zu. Der Ablauf und die Dauer werden vor einer Anhörung zwischen den *Obleuten* der Fraktionen festgelegt.

Im Gegensatz zu den Ausschussberatungen sind die Anhörungen grundsätzlich *öffentlich*. Dadurch kann sich eine Anhörung allerdings auch zu einem Instrument der Beeinflussung und der öffentlichen Meinungsbildung entwickeln. In der Anhörung werden deshalb von den Fraktionen häufig nur Fragen an die von ihnen benannten Sachverständigen gestellt, damit die eigene Beurteilung des Gesetzentwurfs untermauert wird. Dennoch werden in den Anhörungen regelmäßig *neue Aspekte* herausgearbeitet, die dann zu *Änderungsanträgen* führen und damit den Gesetzentwurf noch verändern. An der Befragung beteiligen sich die Ausschussmitglieder, teilweise aber auch andere Abgeordnete.

Oftmals wird das Fragerecht aber nur von den Obleuten und Berichterstattern der jeweiligen Fraktionen ausgeübt. Über die Anhörung wird vom Sekretariat des jeweiligen Ausschusses ein *Wortprotokoll* gefertigt, das öffentlich zugänglich ist.

Für die *Entschädigung* von den geladenen Auskunftspersonen gelten verwaltungsinterne Richtlinien. Danach erhalten aber Vertreter oder Beauftragte einer Gewerkschaft, eines Verbandes oder eines Fachkreises ebenso wie Angehörige des Öffentlichen Dienstes grundsätzlich keine Entschädigung und Reisekostenvergütung.

Anhörungen werden regelmäßig auch schon während der Ausarbeitung eines Gesetzentwurfs von den jeweils federführenden *Bundesministerien* durchgeführt. Ob, und wann die Bundesministerien vor Entscheidungen Verbände oder externe Sachverständige anhören, liegt allein in deren Ermessen.

Bei wichtigen Gesetzgebungsvorhaben ist die Durchführung einer Anhörung vor dem Beschluss durch die Bundesregierung die Regel.

Da diese Anhörungen grundsätzlich *nicht öffentlich* sind, von der Fachebene des Ministeriums durchgeführt werden und politische Entscheidungen oftmals noch nicht getroffen wurden, sind die Chancen, auf die konkrete Ausgestaltung des Gesetzentwurfs Einfluss zu nehmen, relativ gut.

Dies gilt insbesondere dann, wenn Sachverhalte vorgetragen werden, bei denen das Ministerium über wenig Know-how verfügt.

Oftmals werden die Verbände aber auch beteiligt, in dem ihnen ein Entwurf einer Gesetzesvorlage zugeleitet wird und sie zu diesem *schriftlich Stellung* nehmen können (➜Regierungsverfahren, ➜parlamentarische Verfahren).

**GEORG KLEEMANN**

Joseph Bücker, Heinrich Ritzel (2004) Handbuch für die Parlamentarische Praxis, Kommentar zur Geschäftsordnung des Deutschen Bundestages, Neuwied 2004. Michael Brenner (1993), „Interessenverbände und öffentliche Anhörungen", Zeitschrift für Gesetzgebung: 35 ff. Hans-Joachim Mengel (1983), „Die Funktion der parlamentarischen Anhörung im Gesetzgebungsprozess". Die Öffentliche Verwaltung: 226 ff. Friedrich Walter Appoldt (1971), Die Öffentlichen Anhörungen („Hearings") des Deutschen Bundestages, Berlin.

# EU-Angelegenheiten

## European Affairs

Für viele Themen der Public Affairs liegt der Schlüssel in Brüssel. Die legislativen Kompetenzen der Europäischen Union sind seit der Gründung der Europäischen Wirtschaftsgemeinschaft (EWG) 1957 kontinuierlich erweitert worden. So werden mittlerweile fast 80 Prozent der EU-weiten wirtschaftsrelevanten Gesetzgebungen von der EU-Ebene initiiert.

Obwohl bislang nicht alle Politikfelder einen gleich hohen Grad an *Vergemeinschaftung* aufweisen, kann die EU bereits heute als der entscheidende Weichensteller für die Mehrzahl aller Politikvorhaben im EU-Raum bezeichnet werden. Der nationalen Ebene bleibt damit häufig nur noch – mit entsprechend eingeschränkten Handlungsspielräumen – die *Implementierung* der Gesetze.

Mit der 1987 in Kraft getretenen Einheitlichen Europäischen Akte (EEA) wurden die EG-Verträge um neue Aufgabenbereiche erweitert und die Verwirklichung eines gemeinsamen Binnenmarktes bis Ende 1992 beschlossen.

Die Stärkung der damit einhergehenden gesetzgeberischen (in erster Linie regulativen) Kompetenzen der EU-Institutionen und das Binnenmarkt-Projekt führen seit Mitte der 1980er Jahre zu einem starken Anstieg von ➜Interessengruppen in Brüssel. Schätzungen gehen davon aus, dass mittlerweile 15.000 Lobbyisten – Tendenz steigend – Zugang zu den Brüsseler Institutionen suchen. Zum Vergleich: Die Europäische Kommission verfügt etwa über 24.000 Mitarbeiter.

Im Gegensatz zu den stabilen und konstanten nationalen politischen Systemen ist die EU eine Konstruktion sui generis, die dem *permanenten Wandel* unterliegt. Von den Interessenvertretungen in den Hauptstädten der Mitgliedsstaaten erfolgreich angewandte Strategien und Taktiken sind nicht ohne weiteres auf Brüssel übertragbar.

Die Interessenvertretung auf europäischer Ebene erfordert eine sehr hohe *Flexibilität* und *Anpassungsfähigkeit* sowie eine präzise Kenntnis der Besonder- und Eigenheiten der Institutionen, ihrer Mitarbeiter sowie der formalen und informalen Aspekte der Entscheidungsverfahren.

**Europäische Kommission**. Die Kommission ist die Hüterin der europäischen Verträge und Rechtsvorschriften. Sie allein verfügt über das *Initiativrecht*, d. h. die Ausarbeitung und Vorlage von Vorschlägen für neue europäische Rechtsvorschriften. Als Exekutivorgan der EU setzt die Kommission die europäische Politik um und gestaltet das politische Tagesgeschäft.

Dabei ist sie nicht mit nationalstaatlichen Institutionen wie z. B. Fachministerien zu vergleichen. *Politische*

*Ideologien* und *Parteizugehörigkeiten* spielen in der Kommission bislang eine untergeordnete Rolle. Die *Fachressorts*, die so genannten *Generaldirektionen* (GD) verfügen innerhalb der Kommission über eine hohe Autonomie. Entscheidungen müssen allerdings letztlich vom Kollegium der 25 Kommissare angenommen werden.

Mit den nationalen Ministerien vergleichbar ist die Verbindung zwischen den Aufgaben der Ressorts und ihren politischen Präferenzen. So steht die GD Umwelt grundsätzlich für eine eher „grüne" Politik, während die GD Unternehmen einen eher unternehmensfreundlichen Kurs verfolgt.

**Komitologie.** Ein europäisches Unikat ist dabei die *Komitologie*. Als Komitologie wird das Ausschusswesen bezeichnet, das die Kommission bei ihrer Arbeit unterstützt. Diese i. d. R. technischen Ausschüsse beschäftigen sich mit der Implementierung, aber auch Überarbeitung von *Verordnungen* und *Richtlinien* und sind u. a. mit Beamten der nationalen Ministerien besetzt.

**Europäisches Parlament.** Demgegenüber besaß das Parlament in den frühen Phasen der europäischen Integration faktisch keinen Einfluss auf die Politikentwicklung. Durch die Vertragsrevisionen seit den späten 1980ern wurden für das EP jedoch neue Partizipationsformen geschaffen, welche über die bisherige *Anhörungspflicht* hinausgehen und dem Parlament nun in einer Reihe von Bereichen *Mitentscheidungskompetenzen* einräumen.

Schlüsselperson für ein bestimmtes Anliegen ist dabei der *Rapporteur* (Be-richterstatter) im für den Richtlinienentwurf oder Verordnungsvorschlag zuständigen Ausschuss des EP. Änderungsvorschläge des Berichterstatters werden nach der Diskussion im Fachausschuss dem Plenum des EP vorgelegt und dort beraten.

**Rat der Europäischen Union.** Der Rat (früher: Ministerrat) ist das höchste Entscheidungsgremium der EU und das wichtigste gesetzgebende Organ. Der Rat ist das Forum der Regierungsrepräsentanten der 25 Mitgliedstaaten.

Je nach Themenbereichen, die auf der Tagesordnung stehen, ist jedes Land mit seinem zuständigen Fachminister vertreten (Auswärtige Angelegenheiten, Finanzen, Verkehr usw.).

*Politische Grundfragen* werden im Rat auf Ebene der Staats- und Regierungschefs entschieden. Die Interessenvertretung beim Rat muss sich an den Mehrheitserfordernissen der jeweiligen Entscheidungen orientieren. Erste Anlaufstelle sind in der Regel die *Ständigen Vertretungen* der Mitgliedsstaaten bei der Europäischen Union, denn im *Ausschuss der Ständigen Vertreter* (AStV) beim Rat werden die von der Kommission vorgelegten Gesetzesvorhaben zuerst geprüft.

**Unregulierte Interessenvertretung.** Auf europäischer Ebene kann – ähnlich wie in den meisten Mitgliedsstaaten – von einem *unregulierten System der Interessenvertretungen* gesprochen werden. Es existieren lediglich erste Ansätze für *Kodizes* oder Vorgaben im Hinblick auf den Umgang durch Exekutive und Legislative mit Interessengruppen. Darüber hinaus treffen in Brüssel die stark divergierenden nationalen Traditionen des *Umgangs mit Lobbyisten* aufeinander. So gelten beispielsweise Briten als offen und zugänglich, während deutsche Abgeordnete und Kommissionsbeamte den Interessenvertretern häufig skeptisch und zurückhaltend gegenüberstehen. Allerdings ist damit keine Aussage darüber getroffen, inwiefern die Entscheidungsträger bereit sind, im Einzelfall mit Interessenvertretern zusammen zu arbeiten. Wesentlich für eine konstruktive Zusammenarbeit ist eine professionelle Herangehensweise.

Häufig scheitern die Vorhaben der Interessenvertreter weniger an der Weigerung der europäischen Akteure, sondern vielmehr an handwerklichen Fehlern der Lobbyisten. Oftmals werden falsche Personen angesprochen. Anstatt spezifischer sachlicher Informationen werden allgemeine, einseitige und häufig nicht ausreichend fundierte Positionspapiere verschickt und immer wieder ist Lobbying nur auf *kurzfristige Schadensbegrenzung* ausgerichtet („*last minute lobbying*"), statt eine langfristigen Strategie zu verfolgen. Interessenvertretung, die erst nach Vorlage des Referentenentwurfs oder mit der Anhörung im Europäischen Parlament einsetzt, kann in den meisten Fällen keinen oder nur noch marginalen Einfluss ausüben.

Die Bedeutung der Interessenvertretung auf europäischer Ebene ist mittlerweile größtenteils anerkannt. Unternehmen, die Wert und Chancen einer eigenständigen Interessenvertretung in Frage stellen, verkennen sowohl ihre Einflussmöglichkeiten als auch den potenziellen Schaden.

Die Auffassung, dass die Mitgestaltung von Gesetzen nur global agierenden Großkonzernen möglich ist, greift zu kurz. Übersehen wird bei dieser Betrachtungsweise, dass der entscheidende Teil des Lobbying im Rahmen der *discretionary powers* geleistet wird. Mit *discretionary powers* wird der Ermessensspielraum der EU-Kommission bei der Anwendung der bestehenden Gesetze bezeichnet. In diesem Bereich können professionelle Interessenvertreter durch fundierte Fachkenntnis und die richtige Herangehensweise erheblich gestaltend eingreifen.

Die Liste der Beispiele, wo eine Nichtbeachtung dieses Handlungsspielraums zum Fiasko für einzelne Unternehmen wurde, ist lang und reicht von der Rückzahlung von Fördergeldern eines deutschen Autoherstellers bis zu der Verhinderung der geplanten Fusion zweier US-amerikanischer Elektrokonzerne durch die EU-Kommission.

Im Vergleich zur nationalstaatlichen Ebene unterscheidet sich der *Lobbymarkt Brüssel* sowohl qualitativ als auch quantitativ. Interessenvertreter, die national aktiv sind – hierzu gehören u. a. nationale Fach- und Dachverbände, Unternehmen, Anwaltskanzleien und Public Affairs Beratungen – werden durch europäische Akteure ergänzt (z. B. Verbände und ➔strategische Allianzen).

Unterschiedliche Auffassungen gibt es, wie die Rolle der ➔Verbände zu bewerten ist. Während viele Unternehmen durch Kompromisslösungen auf Verbandsebene ihre eigenen Belange unzureichend vertreten sehen *(Heterogenitätsproblematik)*, beobachten die Institutionen der EU keine zwangsläufige Schwächung der Verbände. Die Ursache für diese ungleiche Bewertung mag darin liegen, dass die EU-Institutionen ein grundsätzliches Interesse an gebündelten und repräsentativen Informationen haben.

Lobbyisten von Unternehmen vertreten demgegenüber i. d. R. *Partikularinteressen*. Aber auch hier gilt: Kann ein

Unternehmen technische Expertise und nicht nur Propaganda beisteuern, stößt es auf offene Türen bei der EU.

**WERNER P. BOHRER/SVEN RAWE**

Justin Greenwood (2003): Interest Representation in the European Union, London: Pelgrave. Peter Husen (2002): Professionelle Lobby/Public-Affairs Agenturen: Neue Formen der Interessenvertretung auf EU-Ebene. Diplomarbeit, Freie Universität Berlin. Markus Jachtenfuchs, Beate Kohler-Koch (Hrsg.) (2003): Europäische Integration, 2. Aufl., Opladen: Leske + Budrich. Irina Michalowitz (2005). EU Lobbying: Robin Pedler (Hg.)(2002). European Union Lobbying: Changes in the Arena. Palgrave, London. Rinus van Schendelen (2002): Machiavelli in Brussels. The Art of Lobbying the EU. Amsterdam: Amsterdam University Press.

# Fundraising

Der Begriff Fundraising stammt aus den USA. Das Substantiv *fund* bedeutet Geld oder Kapital; das Verb *to raise* kann mit „etwas aufbringen, zusammentragen" übersetzt werden. Wörtlich heißt Fundraising daher Geldsammlung oder Kapitalbeschaffung. Andere Begriffe sind z.B. Beschaffungsmarketing, Spenden- oder Schenkungsakquise, Sozialmarketing.

Marita Haibach definiert: „Beim Fundraising geht es um die Erstellung einer Kommunikationsstrategie für die Beschaffung von Finanzmitteln, und zwar vor allen Dingen für Mittel, die *nicht nach klaren Förderkriterien* vergeben werden und *nicht regelmäßig* fließen." Dabei kann Fundraising sich an private wie an staatliche Geldgeber wenden. Praktiker betonen, dass Fundraising auch *Friend-raising* sei: Die gezielte Gewinnung von Freunden und Förderern, die die Ziele einer Organisation aus eigenem Antrieb dauerhaft unterstützen. Fundraising ist

damit eine eng mit Kommunikation verknüpfte Aktivität der Organisation und Artikulation von Interessen.

Die Zwecke, um deren Förderung es geht, können sehr unterschiedlich sein – von gemeinnützigen, öffentlichem Interesse verpflichteten Zwecken bis hin zu rein privatwirtschaftlich orientierten Vorhaben. Die Felder, für die Fundraising von Bedeutung ist, sind vielfältig; es geht meist um die Förderung von Aktivitäten in Sport, Kultur, Umwelt, Soziales und Politik.

Besonders wichtig ist das Fundraising naturgemäß für *gemeinnützige Zwecke*, denn Non-Profit-Organisationen sind auf Mittelzuflüsse von außen angewiesen. Auch Institutionen wie Museen, Theater und sonstige Kulturinstitutionen werben in zunehmendem Ausmaß Spendengelder ein. Eine wesentliche Rolle spielen →Parteispenden für politische Parteien.

Alle potenziellen Geldgeber von Non-Profit-Organisationen – und damit auch von Parteien – werden mit einer Vielzahl von Vorschlägen und Anliegen konfrontiert. Sie können spenden, müssen aber nicht. Daher gilt es für den Fundraiser, die *Motive* und *Erwartungen* möglicher Spender herauszufinden und möglichst *individualisierte Kommunikationspläne* zu entwickeln. Im Prozess folgt dann die konsequente Umsetzung der Planung, Controlling und Evaluation schließen sich an.

Je nach Zielgruppe und konkretem Inhalt der Aktivitäten stehen Fundraising viele Methoden zur Verfügung, die zum großen Teil aus dem Bereich des *Direkt- und Dialog-Marketings* stammen. Zu den Methoden gehören:

- Persönliches Gespräch
- Spendenbrief (Mailing)
- Telefon-Fundraising
- Events / Benefiz-Veranstaltungen
- Bußgeld-Marketing (Einnahmen durch staatliche Bußgelder)
- Einwerben von Großspenden
- Einwerben von Testamentsspenden und Erbschaftsmarketing
- Online-Fundraising

Dazu kommen Aktivitäten wie Spendenaktionen mit Medienpartnern (z.B. ein Spendenmarathon) oder Haus- und Straßensammlungen sowie projektbezogenes Sponsoring durch (Marken-) Unternehmen und die Gründung einer eigenen Stiftung.

Fundraising, das auf *Kleinspenden* bei einfachen Bürgern (Mitglieder, Anhänger, Freunde, Nachbarn, Kunden usw.) zielt, wird naturgemäß anders strukturiert als die Großspendenakquise bei vermögenden Personen oder Verhandlungen über die Förderung durch eine *Unternehmensstiftung*, die

ihren Auftrag durch →Corporate Citizenship/ →Corporate Social Responsibilty erhalten hat.

**Geberkultur.** Zum *Spendenaufkommen* in Deutschland gibt es nur Schätzungen (jährlich zwei bis fünf Milliarden Euro). Im letzten Jahrzehnt stagniert die Spendenbereitschaft, nur Einzelereignisse – zum Beispiel die Flutkatastrophe 2002 mit ca. 250 Millionen Euro Spenden – erhöhen sie kurzfristig. Im Gegensatz zu Zeitspenden, also ehrenamtlichem Engagement z.B. im Verein, ist die Geldspendenkultur ist nicht sehr ausgeprägt: Während in den USA fast 80 Prozent der Bürger hin und wieder Geld spenden, sind es in Deutschland nur rund 40 Prozent. Süddeutsche spenden fast doppelt so viel wie Norddeutsche, und die Ostdeutschen sind das Schlusslicht. Der Löwenanteil wird kurz vor Weihnachten gespendet, und drei Viertel des Gesamtvolumens gehen an Organisationen, die humanitäre Hilfe leisten. Nur zwischen 3 und 4 Prozent des Volumens gehen jeweils in Felder wie Umweltschutz, Tierschutz sowie Kultur- und Denkmalpflege, so die Charity*Scope-Erhebungen 2004 der GFK Nürnberg. Die Zahl öffentlicher *Spendenaufrufe* aber ist stark angestiegen, der *Wettbewerb* wächst weiter, weil die Aufgaben, die mit Spenden finanziert werden müssen, wachsen. Zudem sind die Bürger nicht unbedingt geiziger, aber vorsichtiger geworden. Was Spendenorganisationen tatsächlich mit den Geldern tun, ist nicht immer transparent; eine Übersicht zu bekommen, welche Organisation für einen bestimmten Zweck die geeignetste ist, ist für Spender ebenfalls nicht einfach. Medienberichte über *unseriöse Sammlungen*, Geldwaschanlagen oder auch nur administrative Wasserköpfe belasten die Freigiebigkeit. Das grundsätzlich Ja zur Spende, aber auch das gezielte *„Upgrading"* der Spender zu regelmäßigen Gebern, die wachsende Summen spenden, wird schwierig.

**Professionalisierung.** Umso wichtiger ist die Professionalität der Fundraiser. Fundraising wird immer häufiger hauptamtlich und durch *Spezialisten* betrieben, die moderne Technik und Marketing einsetzen (Datenbankgestütztes Kundenbindungsmanagement u.a.).

Der *Deutsche Fundraising Verband / Bundesarbeitsgemeinschaft Sozialmarketing* hat als Berufsverband rund 900 Mitglieder (Stand 2004). Im *Deutschen Spendenrat* sind rund 60 Organisationen vertreten, die auf professionelles Fundraising Wert legen.

Als wichtige Plattform für den Wissensaustausch hat sich der gemeinsame jährliche Fundraising-Kongress herausgestellt. Gemeinsam haben sie auch als erste Aus- und Weiterbildungseinrichtung in Deutschland 1999 die Fundraising-Akademie in Frankfurt a.M. etabliert, um die ➜Professionalisierung in diesem Feld voranzutreiben. Inzwischen bieten rund zwei Dutzend auf Sozialmarketing spezialisierte Agenturen Beratung für Organisation, Kommunikation und ganze ➜Kampagnen für das Spendenwesen an. Diese sind inzwischen auch in das Geschäft mit Weiterbildung für Fundraising in kleinen und mittleren Vereinen, Initiativen und Stiftungen eingestiegen. Als

Fachblätter dienen Publikationen wie *ProFundraising*.

Fundraising ist stark von personalen Komponenten abhängig. Das stellt hohe Anforderungen an Persönlichkeit und Auftreten; gefragt sind:

- Persönlichkeitskompetenz (z.B. Kreativität, Identifikation mit den Inhalten)
- soziale und kommunikative Kompetenz (z.B. Kontaktfähigkeit, Einfühlungsvermögen)
- Fachkompetenz (z.B. Marketingwissen, IT-Kenntnisse)
- Organisationstalent und Führungskompetenz (z.B. Planungskompetenz, Durchsetzungsvermögen).

*Transparenz* im Fundraising wird immer wichtiger. Bei großen Organisationen sind öffentliche Rechenschaftsberichte ab über Einnahmen, Mittelverwendung, Projekte und Strukturen inzwischen üblich. Auf der Akquiseseite wird Spendern häufig die Möglichkeit eingeräumt, zwischen verschiedenen *Verwendungszwecken, Projekten* und *Kampagnen* zu wählen. Nach Vorbild von Non-Profit-Organisationen wie Greenpeace haben Parteien, insbesondere Bündnis90/Die Grünen und die FDP mit dem „Bürgerfonds", die Projektspende ausgebaut.

**MICHAEL GEFFKEN**

Martin Biesel (2002). „Kampagne mit Gewinn: Fundraising – Bürgerfonds 18/2002". in: Marco Althaus, Vito Cecere (Hrsg.). Kampagne! 2. Lit, Münster: 229-244. Peter-Claus Burens (1998). Der Spendenknigge. München. Ken Burnett, Jennie Thompson (2002). Relationship Fundraising. London. Barbara Crole, Christiane Fine (2003). Erfolgreiches Fundraising – auch für kleine Organisationen. Orrel Füssli, Zürich. Fundraising Akademie (Hg.). (2003). Fundraising. Handbuch für Grundlagen, Strategien und Instrumente. Gabler, Wiesbaden. Marita Haibach (2002). Handbuch Fundraising: Spenden, Sponsoring, Stiftungen in der Praxis. Frankfurt/Main, New York. Detlef Luthke (1997). Fundraising als beziehungsorientiertes Marketing. Entwicklungsaufgaben für Nonprofit-Organisationen. Augsburg. Birgit Oldopp (2002). Dialog statt Rasselbüchse.

Professionelles Fundraising für politische Kassen, in: Marco Althaus (Hrsg.). Kampagne! Lit. Münster. Hans Rosegger, Helga Schneider, Hans-Josef Hönig: (2000).

Database Fundraising. Ettlingen. Michael Urselmann (1999). Fundraising. Erfolgreiche Strategien von führenden Nonprofit-Organisationen. Bern, Stuttgart, Wien.

# Grassroots Lobbying

„Lobbying from the grassroots", also „Lobbying von den Graswurzeln her", ist in den USA das Um und Auf von Lobbying-Kampagnen. Es geht dabei um die Mobilisierung möglichst breiter Bevölkerungskreise für die eigenen Anliegen – eben den „Graswurzeln" der Gesellschaft. Im Vordergrund steht die Überlegung, dass ein Interesse, das von Hunderten, vielleicht Tausenden Menschen unterstützt wird, einfacher politische Aufmerksamkeit findet als das singuläre Anliegen eines Unternehmens oder Verbandes. *Betroffene* Menschen, ob Mitarbeiter, Anrainer, Kunden oder Wähler, verfügen in ihrer Artikulation der Interessen über mehr Glaubwürdigkeit als ein Vorstandsvorsitzender, der sein Anliegen als Interesse „der Betroffenen" ausgibt.

In den USA werden primär die *Wahlkreise* bestimmter Abgeordneter mobilisiert, um „ihrem" Abgeordneten ein Anliegen deutlich zu machen. Aufgrund des Persönlichkeitswahlrechts sind solche Aktionen meist mit hohen Erfolgsaussichten ausgestattet. „Pressure from back home" gehört zu einem machtvollen Stilmittel.

Das im deutschen Sprachraum weitgehend vorhandene Verhältniswahlrecht blockiert Aktionen dieser Art bis zu einem gewissen Grad. Jedoch kann sich wohl auch kein Bürgermeister oder Regional-Abgeordneter einem akkordierten Appell „seiner" Wähler

verwehren. Die in Westeuropa bekanntesten Formen der ➔Mobilisierung sind Streik, Demonstration oder auch Arbeitsniederlegungen und ähnliche Instrumente aus dem Fundus der Gewerkschaften. Natürlich können *Protestmärsche* oder *Demonstrationen* auch für die Anliegen von Unternehmen eingesetzt werden, wobei die Mobilisierung ungleich schwieriger ist.

Grassroots-Lobbying für Unternehmen und Verbände ist ein Prozess, durch den ein Unternehmen oder eine Organisation Personen identifiziert, rekrutiert und aktiviert, die im Interesse des Unternehmens oder der Organisation aufgrund der übereinstimmenden Auffassung zu einem Thema politische Entscheidungsträger kontaktieren.

Mobilisiert werden dabei meistens Personen, die in einem *Näheverhältnis* zum Unternehmen oder zur Organisation stehen, etwa Mitglieder, Mitarbeiter, Anrainer, Kunden oder Pensionisten. Der potenzielle Kreis, aus dem Grassroots-Aktionen aktiviert werden können, variiert je nach Aufgabe und Zielsetzung und beinhaltet nahezu alle Stakeholder-Gruppen.

Grassroots ist ein bisher in Europa von Unternehmen und Verbänden weitgehend vernachlässigtes Instrument, das jedoch von Non-Profit-Organisationen seit geraumer Zeit massiv und erfolgreich eingesetzt wird. Etwa in Form von *Unterschriftenlisten, Petitionen, Menschenketten, Versammlungen* und *Demonstrationen* – klassischen Instrumenten sozialer Bewegungen also.

Den meisten Unternehmen fehlt allerdings die Erkenntnis, welche starke politische Stimme ihre Mitarbeiter, Kunden, Anrainer oder Pensionisten für das Interesse des Unternehmens artikulieren könnten.

Grassroots-Aktivitäten werden in erster Linie über folgende Kommunikationsmittel realisiert: *Massenbriefe, Massenfaxe, Massen-E-mails* oder konzertierte *Telefonaktionen*. Tausende Briefe an einen Abgeordneten sind nicht nur für ihn selbst Dokumentation einer bestimmen Interessenlage, sondern auch dem Umfeld nicht zu verheimlichen.

Bei dieser Vorgehensweise steht die *Quantität* der Aktion im Vordergrund, die ein singuläres Interesse aus seiner Isolation holt. Vor allem Postkarten, die nur mehr unterschrieben werden müssen, werden zu solchen Zwecken in großen Auflagen vorgedruckt.

Deutlich effektiver als der Versand von vorgetexteten Faxbriefen oder Postkarten ist es, seine Grassroots von der Notwendigkeit zur individuellen, zielgerichteten Aktivität zu überzeugen.

Allerdings ist es dabei von entscheidender Bedeutung, die zu mobilisierende Personengruppe zuerst ausführlich zu informieren und zu motivieren, damit diese dann selbst verfasste Briefe zu einem bestimmten Anliegen an den oder die Entscheidungsträger senden. Etwa durch Informationsveranstaltungen, Rundschreiben (Newsletter) oder Unterlagen.

Eine weitere Variante sind orchestrierte *persönliche Besuche* möglichst vieler Personen beim Entscheidungsträger. Also etwa persönliche Besuche von einzelnen Zahnärzten bei den Gesundheitssprechern der Parteien, wenn es um die Frage der Definition neuer Abrechnungssysteme geht.

Wenn ein gutes Dutzend – oder mehr – persönlich betroffener Zahnärzte innerhalb eines bestimmten Zeitraumes vorstellig werden und alle dieselben Botschaften und Forderungen artikulieren, entsteht ein beeindruckendes Meinungsbild.

Auch hier gilt: ohne tiefgehende inhaltliche und argumentative Vorbereitung, Unterstützung bei der Terminkoordination und der Auswahl der Ansprechpartner droht Effizienzverlust.

Sämtliche Aktionen dieser Art sind in enger Korrelation zwischen der *Homogenität* der zu mobilisierenden Gruppe und der betreffenden Thematik zu sehen.

Je homogener die Gruppe, umso offener und kreativer kann Grassroots-Lobbying funktionieren. Hingegen müssen die *Vorgaben, Anleitungen* und die *Kontrolle* mit abnehmender Gruppenhomogenität steigen.

So sind die Mitarbeiter eines Unternehmens eher für persönliche Briefe zu gewinnen, mit denen der Erhalt der Betriebskrankenkasse argumentiert werden soll.

Der Protest der Studenten gegen Studiengebühren ist allerdings besser mit vorgefertigten Protestbriefen und Unterschriftslisten zu bewerkstelligen.

Grassroots werden in Europa auch vermehrt als Instrumente von politischen Parteien und Mitgliederverbänden eingesetzt und zwar als Maßnahmen zur Gewinnung, Pflege und Mobilisierung von *Mitgliedern*.

Von *„Astroturf"* spricht man bei Grassroots-Aktivitäten, die bereits auf den ersten Blick als konstruierte Aktivitäten von Personengruppen wahrzunehmen sind, die entweder in dieser Form als Gruppe in der Gesellschaft nicht existiert, unglaubwürdig erscheint oder nur Slogans wiedergibt, ohne die eigene Betroffenheit widerzuspiegeln – meistens auch alles zusammen. Aktivitäten dieser Art gehen am Ziel der Entscheidungsbeeinflussung vorbei, weil sie sich schnell als un-

glaubwürdig erweisen und sich kein Politiker davon beeindrucken lassen wird, jedenfalls nicht auf Dauer.

**PETER KÖPPL**

Marcia Avner (2002). The Lobbying and Advocacy Handbook for Nonprofit Organizations. Amherst Wilder Foundation, Saint Paul. Donald E. deKieffer (1997). The Citizen's Guide to Lobbying Congress. Chicago Review, Chicago. Edward Grefe, Marty Linsky (1995). The New Corporate Activism: Harnessing the Power of Grassroots Tactics for Your Organization. McGraw-Hill, New York. Ken Kollman (1998). Outside Lobbying: Public Opinion & Interest Group Stratgies. Princeton UP, Princeton. Peter Köppl (2003). Power Lobbying. Das Praxishandbuch der Public Affairs. Wie professionelles Lobbying die Unternehmenserfolge absichert und steigert. Linde international. Wien. Christopher Kush (2004). The One-Hour Activist. Jossey Bast, San Francisco. Charles S. Mack (1989). Lobbying and Government Relations. A Guide for Executives. Quorum Books, New York. Public Affaris Council (Hg.)(2000). Winning at the Grassroots: A Comprehensive Manual for Corporations and Associations. PAC, Washington. Barry R. Rubin (1997). A Citizen's Guide To Politics In America. How the system works and how to work the system. M.E.Sharp, New York.

# Interessengruppen

In modernen Gesellschaften ist zu beobachten, wie sich entlang von gemeinsamen Interessen Gruppen bilden. Je weiter sich solche Gesellschaften entwickeln, desto mehr Interessengruppen lassen sich identifizieren.

Interessengruppen sind daher Gruppen von Menschen, die gleiche oder ähnliche politische, soziale, ökonomische, religiöse, kulturelle, geschlechtliche, ethnische oder andere Interessen aufweisen und organisatorische Strukturen ausgebildet haben, die Interessen zu *bündeln, abzugleichen und zu vertreten*. Je mehr sich Gesellschaften aus ihren Traditionen lösen, desto mehr Interessengruppen wird es geben. Der Zuwachs an Interessengruppen ist

Begleiterscheinung der *Modernisierung* und *Individualisierung* einer Gesellschaft.

Mit dieser Auffassung der Gesellschaft als Ansammlung von Interessengruppen verbunden ist auch der Anspruch, dass diese Interessengruppen ihre Interessen *nicht nur gegenüber dem Staat*, sondern auch gegenüber konkurrierende Interessengruppen formulieren. Aus der amerikanischen politischen Theorie (Federalist Papers) kommt daher die Vorstellung, dass es möglichst viele Interessengruppen geben soll, die sich *gegenseitig in Schach halten*. Denn bei wenigen Interessengruppen würde die Gefahr der Herrschaft einer Interessengruppe über den Rest der anderen bestehen. *Pluralistische* Theorien sehen daher das Neben- und Gegeneinander von Interessengruppen als wichtiges Element einer demokratischen Ordnung an. Nur dadurch lasse sich auch die höchstmögliche Berücksichtigung aller Interessen bei politischen Entscheidungen berücksichtigen.

**Organisation der Interessen.** Die Existenz von vielfältigen Interessen in modernen Gesellschaften bedeutet nicht, dass sich die Bürger ihrer Interessen immer bewusst sind. In der Regel bedarf es der *Bewusstmachung* und der *Organisation* der Interessen.

Der Begriff der Interessengruppe umfasst ein breites Spektrum unterschiedlichster organisatorischer Formen. Nicht enthalten in diesem Begriff sind *latente* Interessen und *spontanes kollektives Handeln* wie in sozialen Bewegungen, oder Handeln, das sich in *informellen* Beziehungen zeigt.

Der Begriff Interessengruppe bezeichnet daher diejenigen Interessengruppen, die die Frage der Organisationsfähigkeit positiv beantworten und *dauerhafte Organisationsstrukturen* ausbilden konnten. Einher geht damit immer auch eine *Verstetigung* und *Formalisierung* des kollektiven Handelns, was bei verschiedenen, schon längere Zeit bestehenden Interessenorganisationen zur Ausbildung einer eigenständigen *Bürokratie* führte.

Nach Olson werden Interessengruppen gegründet, um für die Mitglieder kollektive Güter zu erwerben oder zu produzieren. Die Mitglieder finden sich entweder durch *Anreize* oder durch *Mitgliedschaftszwang* bereit, an der Erstellung der kollektiven Güter mitzuwirken. Die gemeinsame Organisation erleichtert es, die Ressourcen zu konzentrieren und zielgerichtet zur Erreichung von kollektiven Gütern einzusetzen. Die verschiedenen Interessen sind aber unterschiedlich organisations- und konfliktfähig, so dass nicht alle Interessen durchsetzungsfähige Interessenorganisationen ausbilden konnten. Es gibt daher mehr und mächtigere Interessenorganisationen von Produzenteninteressengruppen als von Konsumenteninteressengruppen oder von altruistischen Gruppen.

Die Organisationsfähigkeit dieser Interessengruppen hängt wesentlich von den *Ressourcen* und von der *Konfliktfähigkeit* dieser Interessen ab. Je *homogener* eine solche Gruppe ist und je mehr *Veto-Macht* sie entfalten kann, desto leichter fällt es ihr, ihre Interessen wirkungsvoll zu vertreten. Insgesamt ist die Tendenz zu beobachten, dass durch die herrschende *ökonomische Logik* allgemeine, außerhalb der Produktionssphäre angesiedelte Interessen strukturell benachteiligt sind.

Hinzu kommt, dass *kleine Gruppen* sich besser organisieren können als große Bevölkerungsgruppen (z.B. Verbraucher). Dies hängt mit der Logik des Gruppenhandelns zusammen (Olson 1968). Der individuelle Nutzen der Beteiligung nimmt mit der Gruppengröße ab. Ein *Trittbrettfahrerverhalten* setzt ein und als Folge davon schwindet die Macht großer Gruppen. Kleine Gruppen dagegen sind im Vorteil, weil der individuelle Nutzen gegenüber den Aufwand für die Beteiligung um ein vielfaches höher ist.

**Kommunikation.** Ein wichtiger Aufgabenbereich der Interessengruppen ist es, die artikulierten Interessen ihrer Mitglieder zu bündeln und miteinander zu *vermitteln*. Denn je größer die Gruppe, desto heterogener die Interessen und desto größer der Organisationssaufwand. In einem zweiten Schritt werden die gebündelten und vermittelten Interessen gegenüber Politik, anderen Interessengruppen und Öffentlichkeit vertreten.

Der gesellschaftliche Wandel macht sich als Organisationswandel der Interessengruppen bemerkbar. Das System der Interessengruppen folgt aber nur mit einiger Verzögerung dem gesellschaftlichen Wandel hin zur Dienstleistungs- und Wissensgesellschaft. Erkennbar wird dieser Wandel innerhalb der Interessengruppenorganisationen durch die Zunahme der *Dienstleistungsorientierung* gegenüber den Mitgliedern (➜Verbandsmanagement, ➜Verbandskommunikation) und durch die ➜Professionalisierung der Interessenvertretung nach außen. Dies hat zur Folge, dass ➜Lobbying ausgebaut wird. Insgesamt nimmt die Zahl der Interessengruppen zu, wobei sicher immer mehr Gruppen um spezielle und eng definierte Interessen bilden.

Hinzu kommen die zunehmenden Handlungsprobleme großer Interessengruppen. Dadurch verstärkt sich insgesamt die Tendenz, dass kleine, schlagkräftige Interessengruppen bessere Chancen bekommen, ihre Interessen durchzusetzen. Folge davon ist, dass *Gemeinwohl als Leitkategorie* des politischen Handelns ausgedient hat. Mit Ernst Fraenkel ist Gemeinwohl nur die Resultante der divergierenden Interessen am Ende des politischen Prozesses. Eine Gesellschaft der Interessengruppen verträgt keine dominierenden Gemeinwohlvorstellungen.

➜**Verbände und Vereine** sind die beiden juristischen Hauptformen, die von Interessengruppen als Organisationsformen benutzt werden. Auch wenn der Verein die dominierende Organisationsform von Freizeitaktivitäten und bürgerschaftlichen Engagement ist und die Verbandsform der Bündelung und Repräsentation von Interessen dient, so kann diese Einteilung nur eine Grobstruktur abbilden. Schätzungen zufolge gibt es mehr als 350.000 Vereine und etwa 5.000 Verbände, von denen rund 1.800 in der Lobbyliste des Deutschen Bundestages eingetragen sind.

Interessengruppen artikulieren sich entlang den *Spaltungs- und Konfliktlinien* der Gesellschaft. Ökonomische Interessengruppen haben sich schon sehr frühzeitig mit dem Beginn der kapitalistischen Entwicklung herausgebildet und ihnen gegenüber Gruppen (Gewerkschaften), die die Interessen der abhängig Beschäftigten vertreten. Entlang dieser dominanten Konfliktlinie vermehren sich die Interessengruppen auf beiden Seiten aber weiter, weil Wirtschaftsinteressen sich differenzieren und sich neue Konstellationen bilden.

Der Konfessionskonflikt bildet eine weitere Linie entlang der unterschiedliche und gegensätzliche Interessengruppen entstanden sind. In der Folge von *sozialen Bewegungen* (Frauenbewegung, Arbeiterbewegung, Umweltbewegung) sind neue Interessengruppen entstanden. Eine großen Zahl von Interessengruppen findet sich im sozialen Bereich (Sozialanspruchsvereinigungen, Selbsthilfegruppen, Sozialleistungsvereinigungen), auf dem Feld von Freizeit und Erholung (Sportvereine, und –verbände, Geselligkeits- und Hobbyvereine) und auf dem Gebiet von Wissenschaft und Kultur (wissenschaftliche Vereinigungen, Bildungswerke). Hinzu kommen Gruppen, die allgemeine und nicht-ökonomische Interessen vertreten, sogenannte →Public-Interest Groups.

In der gesellschaftlichen Wirklichkeit ist ein Ungleichgewicht an Macht und Einfluss zwischen den zahlreichen Interessengruppen zu beobachten. Viele Interessengruppen sind nur latent vorhanden. Die Organisation dieser Interessen ist mit so hohen Kosten verbunden, dass bislang eine wirkungsvolle Artikulation unterblieb. Zu

den *schwer organisierbaren* Interessen zählen die Interessen von künftigen Generationen, Frauen, Kindern, Verbrauchern, Arbeitslosen oder Ausländern. In diesen Bereichen ist eine systematische Organisations- und Repräsentationsschwäche zu verzeichnen.

Als Folge davon entstehen *Macht- und Einflussasymmetrien* zwischen den unterschiedlichen Interessengruppen. Daraus kann ein *Legitimitätsdefizit* für politische Entscheidungen erwachsen, wenn diese unter dem starken Einfluss gut organisierter Interessen zustande kommen.

**RUDOLF SPETH**

Ulrich von Alemann (1989). Organisierte Interessen in der Bundesrepublik Deutschland, Opladen. Klaus von Beyme (1980). Interessengruppen in der Demokratie, 5., völlig umgearb. Aufl., München. Jeffrey M. Berry (1997). The Interest Group Society, 3rd ed. New York. Olson, Mancur (1965). The Logic of Collective Action, Cambridge. Peter Raschke (1978). Vereine und Verbände. Zur Organisation von Interessen in der Bundesrepublik Deutschland, München.

# Lobbying

Lobbying ist die beabsichtigte Beeinflussung von politischen Entscheidungsprozessen durch Personen, die nicht an diesen Entscheidungen beteiligt sind. Zu den Entscheidungen gehören vor allem Gesetze, Verordnungen, Novellierungen und Regulierungsvorschriften.

Im weiteren Sinne sind damit sämtliche Institutionen und Behörden *Adressaten* des Lobbying, die diese Regelungen vorbereiten, ausführen und kontrollieren. Damit ist auch die Vergabe

von Fördermitteln, Zuschüssen oder öffentlichen Aufträgen inkludiert.

Sämtliche Aktivitäten, die zwar solche Entscheidungen beeinflussen, diese Beeinflussung jedoch Zufall ist und so nicht beabsichtigt war (Kriege, Katastrophen etc.) sind nicht als Lobbying zu verstehen.

Lobbying stammt ursprünglich vom Lateinischen „labium" ab und bedeutet Vorhalle oder Wartehalle. Heute werden unter Lobbying die Aktivitäten von gesellschaftlichen Gruppen, Wirtschaftsverbänden und Firmen im Vorhof der Politik verstanden. Damit kommt der *informelle Charakter* des Lobbyismus zum Ausdruck, wonach politische Entscheidungen nicht nur in Plenarsälen getroffen werden, sondern vor allem im vorpolitischen Raum der Willensbildung. Ausgangspunkt ist auch tatsächlich die Hotel-Lobby des „Willard Hotel" in Washington. Hier zwischen Weißem Haus und Capitol trafen Abgeordnete und Wirtschaftsvertreter zusammen. Präsident Ulysses Grant (1869-77) beschimpfte die in der Lobby wartenden Interessenvertreter, so die Anekdote, erstmals als „those damned lobbyists".

**Lobbying in den USA.** Für das Funktionieren des politischen Systems der USA ist Lobbying heute eine Selbstverständlichkeit. Das Verb *to lobby* und selbst die Substantive Lobbying und Lobbyist sind im Vergleich zu Europa heute fast schon wertneutrale Begriffe; sie werden (oft alternativ zum Begriff *Advocacy*) sogar von Nichtregierungsorganisationen und Bürgerinitiativen gebraucht. Ohne die Unterstützung der Lobbies werden keine Präsidenten und Abgeordnete gewählt, ohne Druck und Gegendruck entstehen keine Gesetze. Lobbyisten sind in jeder Hauptstadt sämtlicher Bundesstaaten zu finden, ihre Zahl beläuft sich auf rund 200.000 Personen, allein in Washington sind es 40.000 registrierte Lobbyisten, die sich eigene Berufsverbände, Einrichtungen und Verhaltensregeln gegeben haben.

Aufgrund des *Persönlichkeitswahlrechts* sowie der nach europäischen Verhältnissen *schwachen Parteistrukturen* sind die politischen Amtsinhaber

und Kandidaten darauf angewiesen, sich ihre Unterstützungen von anderen Gruppierungen als ihrer Partei zu holen. Das Persönlichkeitswahlrecht führt außerdem dazu, dass jeder gewählte Amtsinhaber seinen Wählern verantwortlich ist – respektive über Wiederwahl oder Abwahl zur Rechenschaft gezogen wird. Lobbyisten treten daher möglichst mit dem direkten *Konnex zum jeweiligen Wahlkreis* in Erscheinung (➔ *Grassroots Lobbying*). Ein wesentliches Element des Lobbyismus ist die finanzielle Unterstützung der wahlwerbenden Kandidaten durch Spenden über Political Action Committees (PAC). Seit 1946 existiert der Federal Regulation of Lobbying Act, ein Gesetz, dass mehr Transparenz bringen sollte. Das Gesetz ist weltweit einzigartig und verdeutlicht den offenen Umgang des politischen Systems mit Lobbying. Das Gesetz verpflichtet die Lobbyisten, sich registrieren zu lassen und Auskunft über Auftraggeber und Honorare zu geben. 1995 wurde dem Gesetz der Lobbying Disclosure Act hinzugefügt, der die Registrierungs- und Offenlegungspflicht auf zwei Mal pro Jahr ausdehnt.

**Lobbying in Europa.** Die historischen Grundlagen des europäischen Lobbyings bilden die Cliquen und Kamarillen des Adels, der Höflinge und die Bittsteller anderer Stände an den Höfen ihrer absolutistischen Herrscher. Einflussnahme auf regierende Herrschaftshäuser ist mit der europäischen Geschichte eng verbunden. Die *Petition* gilt als eine der frühesten Versuche von Gruppen, Einfluss auf die Entscheidungsfindung der sie regierenden

Eliten zu nehmen. Die *Handwerker-zünfte* und *Gilden* des Mittelalters sowie die *Kammerdeputationen* und *Börsenvereine* der Kaufleute waren die Vorläufer des Verbandswesens. Die Entstehung kapitalistischer Wirtschaftsstrukturen im nationalen Rahmen förderte die Ausprägung unterschiedlicher Interessenverbände. In der Verbreitung der politischen Partizipation sahen auch die Verbände ihre Chance, wirtschaftliche Nachteile durch Zuhilfenahme politischen Einflusses bei den Organen des Staates auszugleichen. Dies war schon früh in Großbritannien der Fal. In den westeuropäischen Staaten existieren seit langem legistische *Reglementierungsversuche*, um das Agieren der Interessensgruppen in geordnete Bahnen zu lenken.

1947 wurde in der Schweiz die Mitwirkung von Interessenverbänden an politischen Entscheidungen in der Verfassung verankert. Diese „Vernehmlassung" eröffnet Interessenten und Betroffenen die Möglichkeit, ihre Anliegen den Entscheidungsträgern auszuführen. Das „Utredning" genannte Mitspracherecht der Interessenverbände in Schweden verläuft in Form von öffentlichen Enqueten. Seit 1972 haben sich in Deutschland Verbände und deren Vertreter registrieren zu lassen, um Zugangsrecht zum Bundestag und Beteiligung an Anhörungen zu erlangen (sog. „Lobbyliste").

Da sich Lobbyisten historisch gesehen immer in den Machtzentren ausbildeten, sind auch *Brüssel* und *Strassburg* als Entscheidungszentren der Europäischen Union zu europäischen Lobbying-Hauptstädten geworden. Da den Brüsseler Behörden der bürokratische Unterbau in den Mitgliedsstaaten fehlt, jedoch die Interessen der Mitgliedsländer sowie der Interessengruppen koordiniert werden müssen, steht hier Lobbying an der Tagesordnung.

Bereits Walter Hallstein, der erste Kommissionspräsident, forderte die Einbeziehung der Interessengruppen in die Entscheidungsfindung, da er sie als „Integrationsfaktor" nutzen wollte. Hallstein war der Meinung, das Lobbies „potenziell schon Vorkompromisse der nationalen Realitäten ausarbeiten und damit fürchterliche Fehler der EG-Bürokratie verhindern helfen können."

1988 rief der Cecchini-Bericht zu mehr Unternehmens-Lobbying auf: „Business cannot afford to sit passivly by, idly expecting governments to keep to long-term commitments, unaided. There is a need of more active political involvement, in the sense of constructive input to policy".

Welche Bedeutung die *EU-Kommission* der Arbeit der Lobbies zuerkennt, ist aus dem Amtsblatt der Europäischen Gemeinschaften vom 5. März 1993 unter dem Titel „Ein offener und strukturierter Dialog zwischen der Kommission und den Interessengruppen" zu erkennen.

Hier wird betont, dass die Kommission gegenüber „Anregungen von außen stets aufgeschlossen" ist und die „sehr wertvollen" Anregungen und Informationen der Lobbies „begrüßt". Seit 1992 schließlich gibt es einen Code of Conduct für Lobbyisten.

**Bedeutung des Lobbying.** In einer

pluralistischen Gesellschaft ist Lobbying also ein fixer Bestandteil der partizipativen Demokratie. Die seit den 1970er Jahren in der deutschsprachigen politikwissenschaftlichen Literatur Platz greifende Verneinung der Existenz von Lobbying in Europa wurde durch die politische Realität längst überholt. Und auch die Diskussion, ob Lobbying die Antithese zur Existenz von großen Interessenvertretungsverbänden wäre, ebbt aus pragmatischen Gründen bereits wieder ab. Denn ebenso wie Lobbying ein Instrument solcher Verbände sein kann, gibt es längst eine *Koexistenz* der Lobbying-Aktivitäten von Verbänden, Vereinen, Unternehmen und NGOs.

Seit rund 60 Jahren wächst der Kanon an wissenschaftlicher und praxisorientierter Literatur zum Thema beständig an, was zugleich eine →Professionalisierung mit sich bringt. Die Kernaufgaben von Lobbying im modernen Verständnis sind:

- **Interessenvertretung.** Lobbying ist die punktuelle und systematische Vertretung der spezifischen Interessen zum Vorteil eines Auftraggebers.
- **Informationsaustausch.** Realisiert wird Lobbying durch den Input von relevanten Informationen in Verbindung mit legitimen Interessen zum Vorteil sowohl der Entscheidungsträger als auch des Unternehmens / Verbandes.
- **Informelles Vorgehen.** „Informell" steht für die Kardinalregel, dass Lobbying vom Prinzip her nichtöffentlich ist und nicht im Scheinwerferlicht der massenmedialen Öffentlichkeit stattfindet, sondern meist in persönlichen Gesprächen. Erst in Kombination mit →Public Affairs erhält Lobbying eine öffentliche Komponente.

Bei den in der Praxis zum Einsatz kommenden Lobbying-Instrumenten ist prinzipiell zwischen zwei Bereichen zu unterscheiden:

(1) **Direktes Lobbying:** Dazu zählen sämtliche Wege der direkten und persönlichen Kommunikation, also das *Vier-Augen-Gespräch* zwischen dem Lobbyisten und dem Entscheidungsträger bzw. seinen Mitarbeitern. Die Voraussetzung für erfolgreiches direktes Lobbying ist neben *Fachwissen* vor allem die detaillierte Kenntnis um den *Handlungsspielraum* und die *Sachzwänge* des Gegenübers.

Es geht dabei nicht um Überredung, sondern um *Überzeugungsarbeit* etwa in Form von persönlichen Briefings, Planung und Umsetzung von parlamentarischen Instrumenten, Vorformulierung, Schaffung von Entscheidungsgrundlagen für die Politik, Kanalisierung von Wissen (Studien, Umfragen, Gutachten, etc.) oder Briefing von Experten für Anhörungen, Enqueten oder Lobbying-Termine.

(2) **Indirektes Lobbying.** Indirektes Lobbying wird meist als Unterstützung von direktem Lobbying eingesetzt. In der Informations- und Interessenvermittlung zwischen Interessent und Adressat wird zumindest eine Zwischenstufe eingeführt. Zu den wichtigsten Maßnahmen zählen:

**Interessenkoalitionen.** Meist punktueller Zusammenschluss mehrerer Unternehmen oder Organisationen mit einem gemeinsamen Interesse, das gegenüber der Politik artikuliert wird (vgl. → *Strategische Allianzen*).

**Cross Lobbying.** Lobbying des eigenen Anliegens in die Branchen-, Interessen- und Fachverbände hinein, mit dem Ziel, dass diese dann das eigene (Partikular-) Interesse vorantreiben. Wichtig in Ländern mit starken Interessensverbänden.

→**Grassroots Lobbying.** Mobilisierung von breiteren Personengruppen, die gegenüber der Politik ein Interesse artikulieren und vertreten.

**Politische Inserate (Advocacy Advertising,** vgl. →politische Werbung). Einsatz von Anzeigen, um Druck auf Entscheidungsträger auszuüben oder Öffentlichkeit für einen (behaupteten) Missstand herbeizuführen (z.B. in Form von „offenen Briefen").

**Unterstützung von Politikern.** Die finanzielle, personelle oder organisatorische Unterstützung von Wahlkämpfen durch Unternehmen und Verbände gewinnt im deutschsprachigen Raum immer größerer Bedeutung, da damit ein positives Arbeitsklima für späteres Lobbying hergestellt wird. Dieser Bereich ist aber rechtlich eng begrenzt (→Parteispenden).

PETER KÖPPL

Klaus Broichhausen (1982). Knigge und Kniffe für die Lobby in Bonn. Langen-Müller/Herbig, München. Peter Köppl (2003). Power Lobbying. Das Praxishandbuch der Public Affairs. Wie professionelles Lobbying die Unternehmenserfolge absichert und steigert. Linde international, Wien. Ders. (2001). "The acceptance, relevance and dominance of lobbying the EU Commission – A first-time survey of the EU Commission's civil servants". Journal of Public Affairs ,1.1 January: 69. Sonia Mazey, Jeremy Richardson (Hg.)(1993). Lobbying in the European Community. Oxford University Press, Oxford. Hans Merkle (2003). Lobbying: Das Praxishandbuch für Unternehmen. Primus, Darmstadt. Robin Pedler (Hg.)(2002). European Union Lobbying: Changes in the Arena. Palgrave, London. Rinus van Schendelen (1993). National Public and Private Lobbying. Dartmouth Publishing, Aldershot. Manfred Strauch (Hg.)(1993). Lobbying. Wirtschaft und Politik im Wechselspiel. FAZ, Frankfurt a.M.

# Lobbyist

Lobbyist ist eine natürliche Person, die im *Auftrag* eines Dritten (Unternehmen, Organisation, Verband) als Angestellter oder im Rahmen eines Dienstvertrages →Lobbying, d.h. die Beeinflussung von Entscheidungsprozessen in Politik und Verwaltung, ausübt. Einige Gesetze verschiedener Länder, die Lobbying regulieren, definieren Lobbyisten ausschließlich als diejenigen Interessenvertreter, die bezahlt und hauptberuflich zum Hauptzweck der Beeinflussung den direkten Gesprächskontakt zu Abgeordneten, Ministern und Beamten suchen. Es gibt zahlreiche Definitionen, aber keine völlig überzeugende; es bleiben immer Grauzonen und unterschiedliche Meinungen, was ein Lobbyist ist.

Vergleicht man die internationale Literatur, so fällt außerdem auf, dass das Image der Berufsbezeichnung Lobbyist deutlich negativer ist als der Begriff Lobbying selbst. Es gibt kaum einen Forschungsstrang, der sich systematisch mit Selbstbild, Berufsethos, Qualifikation oder Ausbildung von Lobbyisten beschäftigt. Hingegen existiert – zumindest im anglo-amerikanischen Bereich – weit reichende

Literatur über das Tätigkeitsfeld und die Instrumente des Lobbyings.

Obwohl die Diskussion über Bedeutung und Notwendigkeit von Lobbying im deutschsprachigen Raum beständig steigt, finden sich kaum Professionisten, die die Berufsbezeichnung „Lobbyist" auf ihrer Visitenkarte führen. Zu behaftet scheint der Begriff zu sein. Gängiger sind die Bezeichnungen „Repräsentant", „Leiter Verbindungsbüro", „Public Affairs Consultant", „External Affairs", „Government Relations", „Beauftragter für Regierungsbeziehungen", „Regulatory Affairs", im österreichisch-schweizerischen Sprachgebrauch z.B. auch „Industriekonsulent" und ähnliches. Hinter all diesen Bezeichnungen steckt jedoch zumindest teilweise die Aufgabe der aktiven Vertretung und Durchsetzung der jeweiligen Interessen gegenüber Politik, Verwaltung und der angelagerten Bereiche. Zum Teil vermischt sich dieser Aufgabenbereich mit dem weiteren Feld der →Public Affairs, mitunter auch mit der Aufgabe der Corporate Communications.

Lobbyisten treten in zwei Erscheinungsformen an den Tag:

**Inhouse-Lobbyist** ist eine Person, die angestellt für ein Unternehmen oder eine Organisation die Tätigkeiten des Lobbyings ausführt und in die jeweilige Hierarchie eingebunden ist.

**Contract-Lobbyist** hingegen ist ein externer Auftragnehmer, der entweder als Einzelperson oder im Rahmen von Beratungsunternehmen die Anliegen und Interessen des Auftraggebers gegenüber der politischen Entscheidungsfindung wahrnimmt. Er agiert unabhängig von internen Hierarchien und zumeist projektbezogen (englisch umgangssprachlich auch „hired gun" oder „hidden hand").

Beiden Ausformungen gemein ist, dass es sich in aller Regel um Personen mit einer politischen Berufsvergangenheit handelt, die ihr Wissen um Inhalte und Prozesse nach dem Ausscheiden aus der Politik für Unternehmen oder Organisationen zur Verfügung stellen.

Ein stimmiges Berufsbild ist vor allem in Europa erst im Entstehen. Die persönlichen Skills werden jedoch meist als multidisziplinäre Anforderung beschrieben: Je 20 Prozent Expertise in den Bereichen Recht, Politik, Wirtschaft, Diplomatie und Kommunikation.

PETER KÖPPL

Gunnar Bender, Lutz Reulecke, Martin D. Ledwon (2003). Handbuch des deutschen Lobbyisten. FAZ, Frankfurt a.M. Alexander Bilgeri (2001). Das Phänomen Lobbyismus. BoD, Norderstedt. Steven John (2002). The Persuaders: When Lobbyist Matter. Palgrave-MacMillan, London. Ralf Kleinfeld, Annette Zimmer, Ulrich Willems, (2005). Lobbying: Strukturen, Akteure, Strategien. VS, Wiesbaden. Christian Lahusen, Claudia Jauß (2001). Lobbying als Beruf. Interessengruppen in der Europäischen Union (Europarecht und Europäische Integration). Nomos, Baden-Baden. Weitere Literaturhinweise siehe Artikel „Lobbying".

# Netzwerk

Netzwerk ist ein analytischer Fachbegriff, der auf einem Anglizismus (*network*) beruht, der im Deutschen nichts anderes bedeutet als Netz. Ein

Netz ist eine Systemstruktur, die aus einer Menge von Knoten und Verbindungen besteht; über die Knoten laufen Informationen. Eine Netzwerkanalyse (s.u.) ist eine Methode zur Untersuchung von Sozial- und Kommunikationsstrukturen, z.B. zwischen Politikern, Beamten, Journalisten, Sachverständigen und Interessenvertretern in einem Policy-Netzwerk (➜Politikfeldanalyse). Verschiedene Wissenschaften haben die Theorie aus Mathematik und Technik übernommen, insbesondere Betriebswirtschaftslehre, Kommunikationswissenschaften und Soziologie. Er spielt zunehmend in Politik- und Verwaltungswissenschaften eine wichtige Rolle, wo staatliches Handeln als Systemteil der ➜Governance begriffen wird.

**Netzwerke und Public Affairs.** Public Affairs sehen Netzwerke vorrangig als *soziales Kapital*, haben also eine *instrumentelle Sicht*: Die Verwendbarkeit von Netzwerken steht im Vordergrund. Ein Netzwerk ist quasi die *Infrastruktur* für die Gewährung von politischer, wirtschaftlicher, inhaltlicher oder emotionaler Unterstützung.

Netzwerke sind insbesondere im ➜ *Stakeholder-Management* wichtig, um über die rechtlichen Verfahren und politischen Institutionen hinaus die sozialen Beziehungen und Interaktionsformen zu erfassen, die für das Erreichen eigener Ziele wichtig sind.

In Politik, Wirtschaft und Gesellschaft werden *traditionelle Begriffe* wie Eliten, Koalition, Kooperation, Beziehungsgeflecht, informelle Strukturen zunehmend durch Netzwerk verdrängt. Der Begriff dient auch der Beschönigung, z.B. mit der Annahme, Netzwerke seien ein herrschaftsfreier Raum und bildeten sich ganz von selbst.

Netzwerke basieren auf dem Management sozialer und geschäftlicher Kontakte, um *Vorteile* zu erlangen. Der Sprung vom klassischen Klubwesen, das mit Einrichtungen der Konsensfindung und Vergemeinschaftung eine Ergänzung zu Entscheidungsgremien und Machtbasen schuf, ist nicht allzu groß. Tatsächlich entpuppen sich viele Netzwerke als *Seilschaften, Zirkel, Kreise, Cliquen* oder „Vitamin B" herkömmlicher Natur. Andererseits wachsen – durch Internet-Technologie und die Bereitschaft der jüngeren Generation, sich ad hoc immer wieder neuen Gruppen anzuschließen und alte zu verlassen – völlig neue Netze, die das Prinzip „Jeder kennt jeden – um sechs Ecken" professionell zur Kontaktsuche nach Projektpartnern, Mitarbeitern, Wissenstauschpartnern und Terminen einsetzen. Kommerzielle, gemeinnützige und staatliche Stellen (z.B. Technologie- und Wirtschaftsförderagenturen) bieten sich dafür als *Dienstleister* an. Anders als hierarchische und dirigistische Organisationen mit klar formulierten Zielen verknüpfen Netzwerke Akteure und Gruppen, die zum Teil sehr unterschiedliche Ziele haben, *freiwillig kooperieren* und darum nur eine *lose Organisationsform s*uchen – in einer Art freier Arbeitsgemeinschaft mit meist hoher Unverbindlichkeit.

**Netzwerkanalyse.** Netzwerke können analysiert werden nach den Eigenschaften der Knoten (zentrale Machtposition, periphere Position), den

Beziehungen (symmetrisch oder asymmetrisch, stark oder schwach, Unterstützungsformen, Wert und Häufigkeit übermittelter Informationen u.a.) und der Struktur (Dichte, Verbundenheit, Teilnetze, Löcher u.a.). Netzwerkanalysen verfolgen Netzwerkpfade, um dem *Informationsfluss* auf die Spur zu kommen.

Das Denken in Netzwerken setzt die Annahme voraus, dass das Ganze mehr ist als die Summe seiner Teile (ähnlich dem Systemdenken). Gruppen und Organisationen sind selten vollständig abgeschlossene Gemeinschaften („Closed shops"), sondern haben grenzüberschreitende Beziehungen. Ob man dann der These „Die Welt setzt sich aus Netzwerken und nicht aus Gruppen zusammen" folgen mag, ist auch in den Public Affairs eine wichtige praktische Frage.

**Netzwerkarten.** Netzwerke lassen sich nach den Eigenschaften seiner Knoten lassen sich folgende Netze unterscheiden: *Strategische* Netzwerke sind solche, die Verbindungen zwischen Akteuren und Organisationen aufbauen und pflegen, um bestimmte gemeinsame Interessen durchzusetzen (➜Strategische Allianzen, ➜Grassroots Lobbying, ➜Mobilisierung). *Regionale* Netzwerke haben als Schwerpunkt die Kooperation in einem geografischen Gebiet. *Policy*-Netzwerke (➜Public Policy, ➜Politikfeldanalyse) arbeiten in einem Politikfeld in der inhaltlichen Politikformulierung zusammen. *Kompetenz*-Netzwerke knüpfen Verbindungen zwischen Experten, Forschern und Anwendern. *Innovations*-Netzwerke sollen durch gemeinsame Anstrengun-

gen und Bündelung von Kompetenzen neue Lösungen für Probleme finden, die die Mitglieder einzeln nicht erreichen können. *Karriere*-Netzwerke dienen der effizienten Information über freiwerdende Arbeitsplätze und der Nutzung von Aufstiegschancen. *Virtuelle* Netzwerke werden ohne Ortsbindung durch Intranet und Internet eingerichtet. Sie haben den Vorteil geringen Aufwands beim Erstkontakt (z.B. Weblogs, Newsgroups, Wikis), müssen aber durch reale Treffen ergänzt werden („Meet-ups").

**Arbeit mit Netzwerken.** Im Rahmen einer Public-Affairs-Aufgabe kommt es oft vorrangig darauf an, (a) vorhandene Netzwerke zu identifizieren, dort die Ansprechpartner zu finden, die an Entscheidungsprozessen beteiligt sind oder sie beeinflussen können; (b) neue Netzwerkknoten herzustellen, (c) Brücken zwischen getrennten Netzwerken herzustellen oder (d) völlig neue Netzwerke aufzubauen.

Voraussetzung für jede Art des Netzwerks ist *Vertrauen* – Netzwerkbeziehungen sind Vertrauensbeziehungen, auf denen die Kooperation aufbaut. Diese bedarf einer Verstetigung durch Moderatoren, Mediatoren und Manager. Insofern sind für die Pflege von Netzwerken mit all ihren gruppendynamischen Prozessen klassische Fähigkeiten der Mediation und ➜politischen Führung gefragt.

Der Auf- und Ausbau von Netzwerken gelingt nur, wenn neben inhaltlichen Interessen und den Kommunikationsmöglichkeiten der Mitglieder die Regeln, die auch Netzwerke haben müssen, bekannt sind; und wenn trotz der strategischen Ausrichtung genug Raum für die Selbstorganisation der Mitglieder bleibt. Denn die wichtigste *Motivation* für Netzwerkmitgliedschaft ist, dass man sie selbst gestalten kann. Dieses demokratische, *partizipative* Element bringt *Steuerungsprobleme* mit sich. Die Erwartungen sind hoch: an authentische Begegnungen, Offenheit und Transparenz, möglichst viele Dialogkanäle, die unkontrolliert genutzt werden dürfen.

Netzwerke bieten die Chance, Fremden in geschützter Umgebung zu vertrauen, Isolation zu überwinden, Wissen zu gewinnen und weiterzugeben, eine von oben vorgegebene Agenda zu umgehen, den eigenen wie den gemeinsamen Vorteil des Netzwerks immer neu zu definieren. Lebendige Netzwerke sind nicht steuerbar wie eine hierarchische Organisation, und sie erlauben den Initiatoren nicht, die internen Regeln autoritär zu verändern. Das gibt ihnen gesellschaftliche *Legitimität* auch in der Interessenvertretung. Der Preis dafür ist, dass sich ein Netzwerk in völlig neue Richtungen entwickeln kann und sich auch seine Größe und Komplexität schnell ändern kann.

**Wissenschaftliche Analyse.** Bisher fehlen wissenschaftliche Prognoseinstrumente, um sicher voraussagen zu können, wann ein soziales oder politisches Netzwerk gut funktioniert oder nicht. Anspruchsvolle Public-Affairs-Strategien können dennoch Ergebnisse des rund 30 Jahre alten Forschungszweigs der *Sozialen Netzwerk-Analyse* (SNA-Fachverband: International Network for Social Network Analysis, www.insna.org) nutzen. Die SNA ist in der Lage, die Beziehungen zwischen Entscheidungsträgern und einflussreichen Akteuren als Knotenpunkte formal zu berechnen und grafisch zu visualisieren (Graphen, Matrix). Dies gelingt z.B. mit Hilfe sozialwissenschaftlicher Statistik- und Grafiksoftware, die deutlich weiter geht als das Zeichnen einfacher Stakeholder-Karten (➔Stakeholder-Management). Das Problem dieser Forschungstechniken ist der hohe zeitliche und personelle Aufwand für Erhebung (meist Interviews) und computergestützte Auswertung sowie der hohe Formalisierungsgrad – eine wissenschaftliche Herangehensweise, die vom intuitiven Geschäft politischer *„Beziehungsmakler"* und *„Kontaktmanager",* selbst wenn diese Datenbanken und Direktmarketingsoftware nutzen, weit entfernt ist.

MARCO ALTHAUS

Aderhold, Jens (2004). Form und Funktion sozialer Netzwerke in Wirtschaft und Gesellschaft: Beziehungsgeflechte als Vermittler zwischen Erreichbarkeit und Zugänglichkeit VS. Wiesbaden. Albert-Laszlo Barabasi (2003). Linked: How Everything Is Connected to Everything Else and What It Means for Business, Science, and Everyday Life. Plume, New York. Diller, Christian (2002). Zwischen Netzwerk und Institution: Eine Bilanz regionaler Kooperationen in Deutschland. VS, Wiesbaden. Hollstein, Betina / Straus, Florian (2005). Qualitative Netzwerkanalyse: Konzepte, Methoden, Anwendungen. VS, Wiesbaden. Jansen, Dorothea (1999): Einführung in die sozialwissenschaftliche Netzwerkanalyse. VS, Wiesbaden. Schenk, Michael (1995): Soziale Netzwerke und Massenkommunikation. J.C.B. Mohr, Tübingen. Johannes Weyer (2000). Soziale Netzwerke, Oldenbourg, München. Bernhard Waszkewitz (2000). Gruppen, Cliquen und Vereine - und wie sie sich und andere regieren. Eine Einführung in die Psychologie sozialer Systeme. Ibidem, Stuttgart.

# NGO-Management

Management von Nichtregierungs-Organisationen (Non-Governmental Organisations, NGO) bedeutet die Verwaltung und Steuerung der gesamten Organisationsstruktur und Projektarbeit. Für die erfolgreiche Abwicklung von Projekten und Aufgaben ist ein gezielter Einsatz von Personal, Finanzmitteln und Material unerlässlich. Planung, Organisation, Führung, Koordination, Kontrolle und Evaluation sind dabei die Handwerkszeuge.

NGOs sind dem Nonprofit-Sektor zuzurechnen und zeichnen sich durch ihre (relative) Unabhängigkeit vom Staat und eine gemeinnützige Orientierung aus. Sie müssen eine formelle Struktur sowie eine eigenständige Verwaltung aufweisen und auf freiwilliger Basis arbeiten, das heißt: keine Zwangsmitgliedschaft beinhalten (Anheier u. a. 1997, S. 15). Sie bilden einen wesentlichen Teil der Zivilgesellschaft. Der Begriff NGO beinhaltet weder eine inhaltliche bzw. thematische Begrenzung noch eine Festlegung auf eine bestimmte Größe oder einen bestimmten geographischen Raum. Sowohl lokale Umweltschutzorganisationen als auch international agierende Menschenrechtsorganisationen fallen unter den NGO-Begriff. Es gibt breit aufgestellte Organisationen (vgl. →Public Interest Group) mit einer Vielzahl von Themen, die sie auch intern koordinieren müssen, und Single-Issue-NGO, die sich stark spezialisieren und deshalb mit geringen Ressourcen in ihrem Bereich als Experten hohe Anerkennung finden. Es gibt Organisationen, deren Herkunft bei den sozialen Bewegungen liegt, und andere, die eher den Wohlfahrtsorganisationen zuzurechnen sind; und eine Vielzahl anderer Typen, die die gemeinsame Definition widerspenstig machen. Im politischen Feld lassen sich NGO danach unterscheiden, ob sie schwerpunktmäßig (a) als *politische NGO* Lobbyarbeit betreiben, um Interessenvertretung und im normativ-kulturellen Raum Were und Ziele zu verändern, (b) als Vermittler zwischen Akteuren agieren oder (c) technische und soziale Leistungen für ihre Zielgruppen erbringen, z.T. als Vertragspartner für den Staat oder andere öffentliche Auftraggeber. Letztere werden oft als *„Service-NGO"* bezeichnet; sie betreiben zwar auch Lobbying und Öffentlichkeitsarbeit, aber nicht so intensiv und stark reformorientiert und mit geringerem Mobilisierungspotenzial wie die politischen NGO.

**Die Steuerung** der internen Abläufe von NGOs weicht erheblich von den Aufgaben ab, mit denen das Management von privatwirtschaftlichen Unternehmen konfrontiert ist. Vor allem die Finanzierung, das Personalwesen und die interne Entscheidungsfindung unterscheiden sich vom gewerblichen Bereich und auch den Abläufen in staatlichen Stellen.

**Die Finanzierung** von NGOs erfolgt hauptsächlich durch *Spenden, Mitgliedsbeiträge, Sponsoring* und *öffentliche Zuschüsse*. Daher sind sowohl Kompetenzen im →Fundraising als auch die professionelle Selbstdarstellung in der Öffentlichkeit für die Sicherung der Finanzbasis einer NGO entscheidend. Hinzu kommt die Berücksichtigung unterschiedlicher *Mitgliederinteressen*. Die Führung einer NGO muss die Organisationsziele und -strategien sowohl für ihre Mitglieder als auch für die Öffentlichkeit transparent gestalten, um beide von ihrer Arbeit zu überzeugen und sich langfristig zu behaupten. Nur eine überzeugende Innen- und Außendarstellung ermöglicht eine erfolgreiche Positionierung im zivilgesellschaftlichen Umfeld und schafft die Basis für die Akquisition der notwendigen Finanzmittel.

Neben der Frage der Finanzierung ist die *Personalpolitik* ein zentraler Bestandteil des NGO-Managements. Das Personal einer NGO setzt sich aus *hauptamtlichen* und *ehrenamtlichen* Mitarbeitern zusammen. Diese heterogene Struktur erfordert ein hohes Maß an Organisationsaufwand, um den effizienten Einsatz der Arbeitskräfte zu gewährleisten. Gleichzeitig stellt sie große Herausforderungen im Hinblick auf *Motivation, Integration* und *Qualifikation*. Der Ausgleich des unterschiedlichen Wissensstands von hauptamtlichem und freiwilligem Personal und die Lösung der damit häufig verbundenen Konflikte sind in diesem Zusammenhang genauso wichtig wie die Aufrechterhaltung der Glaubwürdigkeit der NGO. Da eine NGO im Gegensatz zu Unternehmen in der Regel keine monetären Anreize bieten kann, ist es für die langfristige Motivation ihrer Mitarbeiter und Freiwilligen entscheidend, dass sie ihre Inhalte und Ziele glaubwürdig nach innen und außen vertritt.

Hinsichtlich der *Entscheidungsstrukturen* sind gemeinnützige Vereinigungen gewöhnlich nicht streng hierarchisch aufgebaut, sondern fußen auf stark *partizipatorischen* Prinzipien. Informelle Machtstrukturen und der Einfluss von charismatischen Führungspersonen spielen jedoch für die Entscheidungsfindung oft eine große Rolle. Daher gestaltet sich der Willensbildungsprozess innerhalb von NGOs meist schwieriger als in klar hierarchisch strukturierten Unternehmen.

Die Herausforderungen an das Management von NGOs sind in den letzten Jahren gewachsen. So spielt die mediale →Inszenierung für das langfristige Überleben der NGOs eine immer größere Rolle. Bei der Gratwanderung zwischen Inszenierung und Glaubwürdigkeit hat das Erscheinungsbild einiger NGOs in der Vergangenheit deutlich gelitten. Mangelnde Transparenz, fragwürdige Fundraisingmethoden und skandalheischende PR-Aktivitäten einzelner NGOs greifen zunehmend die hohen moralischen Ansprüche des gesamten Nonprofit-Sektors an und untergraben sein legitimatorisches Fundament. Viele NGOs konstatieren einen Rückgang von Spenden und Mitgliederzahlen. Verbunden mit den ebenfalls sinkenden öffentlichen Zuschüssen hat dies die schwierige Finanzsituation der Organisationen und die Konkurrenz zwischen den NGOs deutlich verschärft. Die Anforderungen der Geldgeber an *Transparenz, Rechenschaftslegung, Effizienz* und *Qualität* steigen. Auch stellt der Rückgang von dauerhaftem ehrenamtlichem Engagement hin zu spontaner und kurzzeitiger Projektmitarbeit die NGOs vor neue Herausforderungen.

Unter derartig veränderten Rahmenbedingungen reicht der Einsatz für die „gute Sache" nicht mehr aus. Die letztlich unverzichtbare kontinuierliche *Evaluierung* der eigenen Arbeit ist für NGOs allerdings sehr viel schwieriger als für Unternehmen, weil ihre ideellen Ziele häufig weit gefasst und nur schwer quantifizierbar sind. Andererseits eröffnen sich den NGOs durch diese Entwicklungen neue Handlungsspielräume. Das Nischendasein der NGOs gehört der Vergangenheit an. Sie sind heute im nationalen und internationalen Feld anerkannte und gefragte Partner von Regierungen, internationalen Organisationen und Unternehmen. Die aus den 1980er und 90er Jahren bekannten ideologischen Gräben zwischen NGOs und der Privatwirtschaft verschwinden zusehends.

*Kooperationen mit Unternehmen* im Rahmen von Projekten der ➔Corporate Social Responsibility bieten den NGOs neue Möglichkeiten, ihre Finanzsituation zu konsolidieren. Die zunehmende Abhängigkeit von öffentlichen Fördermitteln bei vielen NGO ist aber eine Warnung, dass das Management eine variable Mischfinanzierung sicherstellen muss. Sich in diesem Spannungsfeld zwischen gemeinnützigem Engagement, professioneller Selbstdarstellung und wirtschaftlichen Interessen zu bewegen, ohne die Glaubwürdigkeit und die finanzielle Unterstützung zu verlieren, verlangt nach einem professionellen NGO-Management. Effizientes Personal-, Projekt- und Finanzmanagement sind genauso wichtig wie die Mobilisierung der kreativen Energien von Mitarbeitern und Freiwilligen und eine professionelle Öffentlichkeitsarbeit. Nur dann kann sich eine NGO in der immer größer werdenden Zahl von gemeinnützigen Organisationen, die im Wettbewerb um Aufmerksamkeit, Fördergelder und qualifiziertes Personal stehen, einen Namen machen.

**DOMINIK MEIER**

C. Badelt (Hg.) (1999), Handbuch der Nonprofit-Organisationen. Schaeffer-Poeschel, Stuttgart. Janina Curbach (2003). Global Governance und NGOs: Transnationale Zivilgesellschaft in internationalen Politiknetzwerken. VS, Wiesbanden. Claudia Langen, Werner Albrecht (2001). Zielgruppe: Gesellschaft: Kommunikationsstrategien für Nonprofit-Organisationen. Bertelsmann Stiftung, Gütersloh. David Lewis (2001). Management of nongovernmental development organizations: an introduction. Routledge, London. Stefan Nährlich, Annette Zimmer (Hg.) (2000). Management in Nonprofit-Organisationen. Band 2, Leske+Budrich, Opladen, 2000.

# Parteispenden

Finanzielle Anreize für die Politik sind legitimer Teil vieler Public-Affairs-Strategien von Unternehmen und finanzkräftigen Verbänden. Dazu gehören Parteispenden, da sie ein wichtiger Teil der ➔Parteienfinanzierung sind. Die Ziele reichen von allgemeiner *„Landschaftspflege"* der Beziehungen (so spenden einige Großunternehmen gleichzeitig an SPD, CDU, CSU, FDP und Grüne, um bei allen ein positives Gesprächsklima zu schaffen) über die Unterstützung für bestimmte Positionen, Personen oder Projekte bis zum Versuch der Einflussnahme auf konkrete Entscheidungen.

In der Praxis ist zwar im Vergleich zu den Parteispenden der *ökonomische* bzw. *wirtschaftspolitische Hebel* eines Unternehmens oder einer Branche eindeutig wichtiger – dazu gehören sowohl *positive Anreize* wie die Aussicht auf höhere Steuereinnahmen für die öffentlichen Haushalte, auf zusätzliche Arbeitsplätze, Ansiedlungen und Konjunktureffekte, oder auf freiwilliges finanzielles Engagement eines Unternehmens im Rahmen von →Corporate Citizenship und →Public-Private Partnership, als auch *negative Incentives* wie z.B. die Drohung, ein Werk zu schließen und die Produktion an andere Orte zu verlagern. Auch persönliche Unterstützung eines Wahlkampfes durch Firmen- oder Verbandschefs, Inserate, Aktionen und Parallelkampagnen können erhebliche Bedeutung erlangen. Aber Parteispenden stehen, da sie als *direkte Zuwendungen* den Politikern zugute kommen, besonders unter öffentlicher Beobachtung und juristischer Beschränkung (in Deutschland vor allem durch §25 *Parteiengesetz* und durch *Steuergesetze*).

**Sorgfaltspflicht.** Das Public-Affairs-Management darf bei der Frage, ob eine Parteispende sinnvoller Teil einer Strategie ist, nicht nur das eigene Interesse im Auge haben. Spenden sind aufgrund steigender Kosten und sinkender Einnahmen bei Politikern stets willkommen, aber für Geber und Empfänger wie Nitroglyzerin: sehr nützlich, doch bei falschem Gebrauch hochexplosiv.

Da nicht alle Politiker und Parteikassierer mit dem Spenden- und Steuerrecht professionell umzugehen wissen (und einige die Spielregeln auch gar nicht genau wissen wollen), ist es Aufgabe der Public Affairs, sich von Juristen, Steuerberatern und Wirtschaftsprüfern genau beraten zu lassen – übrigens auch direkt durch die Schatzmeistereien der Bundesparteien, die versierte Experten haben. Auf einfache mündliche Zusicherungen örtlicher Funktionäre sollte man sich hingegen nicht verlassen. Die besondere Sorgfalt beim Spenden ergibt sich aus der *Nähe von Geld, Macht und Recht*. Das Parteiengesetz verbietet klar die Annahme von „Spenden, die der Partei erkennbar in Erwartung oder als Gegenleistung eines bestimmten wirtschaftlichen oder politischen Vorteils gewährt werden" (§25 (2) Nr. 7), so genannte *„Einflussspenden"*. Rechtlich ist dies praktisch nicht zu fassen, aber trotzdem schnell ein Grund für einen →Skandal (vgl. auch →Korruption).

Aus Parteisicht ist es fast unmöglich, allen Forderungen beim Thema Spenden gleichermaßen gerecht zu werden: Für die Parteitätigkeit ausreichende Beträge sollen ihnen mit breiter Zustimmung der Bürger zufließen, keine Abhängigkeiten von den Geldgebern schaffen und keine Gefahr für die Chancengleichheit im Parteienwettbewerb sein. Dies macht die Spendenakquise schwierig – zumal eine lautstarke Minderheit jeden Spender der Bestechung und jeden Parteifunktionär, der eine Spende annimmt, der Bestechlichkeit verdächtigt. Dass die Alternative – die öffentliche Finanzierung – die Parteien in noch stärkere Abhängigkeit vom Staat bringen würde, stört diese Minderheit wenig.

**Spende als Bürgerengagement.** Unter den verbreiteten Klischees über Parteispenden wird leicht vergessen, dass Spenden zuerst eine Form demokratischer Beteiligung sind – im Prinzip ein *Freiheitsrecht* wie die Grundrechte auf Meinungs-, Vereinigungs- und Koalitionsfreiheit: Bürger wirken an der demokratischen Willensbildung durch Spenden mit; Bürger finanzieren Parteien, so wie sie auch auf andere Weise für Parteien aktiv werden können, wenn sie ihrer Politik zustimmen. Teil der Parteienfreiheit ist ihre Finanzierungsfreiheit: Demokratische Parteien sind gleichermaßen politisch, organisatorisch und ökonomisch auf die Bürger angewiesen, darum konkurrieren sie eben nicht nur um Wählerstimmen und Freizeit der Bürger, sondern auch um ihr Geld. Dagegen steht jedoch in der Praxis eine politische Kultur, die die Parteien nicht vorrangig als gemeinnützige Vereine aus der Mitte der Gesellschaft ansieht, sondern als Teil des Staates, der auch für ihren Unterhalt aufkommen soll.

Seit rund 15 Jahren experimentieren die Parteien mit verschiedenen modernen Methoden des ➔Fundraising vom Serienbrief an Zielgruppen inner- und außerhalb der Partei über das „Fundraising Dinner" und Spendengalas bis zur Online-Spende. In Bundes- und Landesverbänden sind *Spendenreferate* eingerichtet worden, die ständig auf der Suche nach neuen Ideen sind. Sie kommunizieren systematisch mit Zielgruppen, nehmen Bezug auf aktuelle Politik, starten spezielle Spendenprojekte und erläutern im Detail, was Parteiarbeit teuer macht und wofür sie Geld benötigen.

Inzwischen sind bei allen Parteien die meisten Beiträge und Spenden solche unter 3000 Euro. Das lässt auf eine breite *gesellschaftliche Verankerung* schließen. Es sollte aber nicht übersehen werden, das viele der Geber ohnehin Mitglieder, hauptamtliche Parteiarbeiter oder auch Mandatsträger sind, von denen erwartet wird, dass ein Teil der Diäten an die Partei fließt (Eine *„Abgeordnetenspende"* ist aber von der *Mandatsträgerabgabe* als funktionsbezogener zusätzlicher Mitgliedsbeitrag zu unterscheiden; die Mandatsträgerabgabe wird intern auch als *„Parteisteuer"* bezeichnet).

Weit verbreitete Freude am Schenken nach dem Motto „Geld für gute Taten" haben die Parteien auch in intensiven Wahlkämpfen mit populären Kandidaten bisher nicht auslösen können. Das mühsame Kleinspenden-Marketing reicht weder in seiner Professionalität der Methoden und des Personals noch in seinem Volumen an die deutscher Wohlfahrtsverbände, Umweltschutzinitiativen, Bildungseinrichtungen oder Kulturstiftungen heran, die im Deutschen Spendenrat und Deutschen Fundraising Verband organisiert sind. Das liegt auch daran, dass die Parteien bisher nicht bereit sind, die notwendigen *Investitionen* in ein professionelles, von Datenbank-Technologie und Dialogkommunikation geprägtes, personalaufwändiges Fundraising-System zu tätigen. Die Parteien haben daher beim Fundraising eher ein Organisations- als ein Akquiseproblem.

**Spenden juristischer Personen.** Während Privatspenden meist als Privatangelegenheit gesehen werden, liegen Spenden juristischer Personen (z.B. GmbH, AG, KGaA) in einer anderen Kategorie. Solche Spenden sind in Deutschland anders als in anderen Ländern *legal. Ausgeschlossen* sind als Spendengeber jedoch öffentlich-rechtliche Körperschaften, Parlamentsfraktionen, politische Stiftungen, gemeinnützige Stiftungen und Unternehmen, Unternehmen mit einer öffentlichen Beteiligung von mehr als 25 Prozent, Unternehmen im Ausland.

In Deutschland haben sich in den Beratungen für ein neues Parteiengesetz die meisten Sachverständigen nicht auf eine Verbotsforderung einigen können. Die Begründung: Ob mit einer Spende politischer Einfluss verbunden sei, hänge nicht von der Rechtsform des Spenders ab, sondern von der Höhe der Spende. Außerdem zeigten die Erfahrungen anderer Länder, dass das Problem der *Umwegfinanzierungen* (Geldwäsche) bei einem Verbot eher zu- als abnehme. Da juristische Personen zwar kein Wahlrecht, aber das Recht zur politischen Mitwirkung haben, beschränkte ein Verbot die Grundrechte. Schließlich würde ein solches Verbot die Parteien un-

gleich treffen: besonders CSU und FDP, aber auch die CDU.

Der Anteil der Spenden juristischer Personen am Gesamtspendenaufkommen liegt bei allen Parteien nur im unteren einstelligen Prozentbereich. Der Hauptgrund dürfte darin liegen, dass diese Spenden seit längerem *keine Steuervorteile* bringen.

**Parteispenden im Steuerrecht.** Parteispenden können von natürlichen Personen steuerlich geltend gemacht werden, aber der Gesetzgeber will die Chancengleichheit der Bürger dabei erhalten: Möglichst viele Steuerpflichtige sollen die Möglichkeit besitzen, die Vergünstigungen tatsächlich und in gleicher Weise zu nutzen.

Derzeit können *natürliche Personen* 3300 Euro (Verheiratete 6600) jährlich geltend machen. Bis zur Höhe von 1650 Euro (Verh. 3300) werden sie berücksichtigt, indem 50 Prozent der Spende von der Steuerschuld abgezogen werden. Weitere 1650 Euro (Verh. 3300) können als Steuer mindernde Sonderausgaben angerechnet werden. Zuwendungen an mehrere Parteien werden zusammengerechnet.

**Spenden als Betriebsausgaben.** Juristische Personen (z. B. AG, GmbH, KGaA) können Parteispenden nicht als Betriebsausgaben geltend machen. Bei einer Personengesellschaft (z. B. OHG, KG, GmbH & Co. KG) ist das zwar de iure auch so, aber die Spenden werden anteilig im Rahmen der Gewinnfeststellung den Gesellschaftern im Verhältnis ihrer Beteiligungsquote zugerechnet. Bei der Einkommensteuererklärung der Gesellschafter gelten die Regeln für natürliche Personen.

**Berufsverbände und Spenden.** Berufsverbände können nach dem Körperschaftsteuergesetz bis zu 10 Prozent ihrer Einnahmen für die unmittelbare oder mittelbare Förderung politischer Parteien verwenden, dies beeinträchtigt ihre Steuerfreiheit nicht. Allerdings werden darauf 50 Prozent *Körperschaftsteuer* fällig.

**Spenden an Wählervereinigungen.** Was eine Partei ist, ist im Parteiengesetz definiert. Spenden an Vereine ohne Parteicharakter werden aber steuerlich wie eine Parteispende behandelt, wenn diese Vereine mit eigenen Kandidaten an Wahlen in Bund, Land oder Kommune beteiligt waren, der Verein zuletzt mindestens ein Mandat errungen oder dem zuständigen Wahlleiter angezeigt hat, dass er an der nächsten Wahl teilnehmen will.

**Publikationspflichten.** Parteispenden sind im *Rechenschaftsbericht* der Partei, der als *Bundestagsdrucksache* veröffentlicht wird, aufzuführen, wenn deren Gesamtwert je Spender 10.000 Euro im Jahr übersteigt. Spenden, die 50.000 Euro übersteigen, müssen die Schatzmeister dem Bundestagspräsidenten sogar unverzüglich anzeigen *(Ad-hoc-Anzeige),* der diese dann zeitnah in Form einer „Unterrichtung" als Bundestagsdrucksache veröffentlicht. Anonyme Spenden über 500 Euro müssen ebenfalls gemeldet werden. *Barspenden* über 1000 Euro sind verboten: Der Gesetzgeber erlaubt Bar-Kleinspenden als *„Tellersammlungen",* aber keine *„Koffergeschäfte".*

Die Begründung für die Melde- und Publizitätspflichten: Der Wähler solle über die Kräfte unterrichtet werden, die die Politik der Partei bestimmen, und er solle die Übereinstimmung zwischen den politischen Programmen und dem Verhalten derer zu prüfen, die mit Hilfe finanzieller Mittel auf die Parteien Einfluss zu nehmen suchen. Die Verfassung verbietet Parteien nicht, von großen Privatfinanziers abhängig zu sein – es muss nur transparent sein.

In den Rechenschaftsberichten der CDU, CSU und FDP finden sich bisher die größeren Volumina. Zu den *Großspendern,* die bis zu sechsstellige Beträge überweisen, gehören Großbanken, Versicherer, Firmen verschiedener Industriebranchen, Wirtschaftsverbände und liquide Privatleute.

Die Liste der Großspender in den Rechenschaftsberichten ist bei allen Parteien recht kurz. Es ist ein offenes Geheimnis, dass Finanzverantwortliche aller Ebenen häufig zur *Stückelung* des Spendenbetrags auf verschiedene Parteigliederungen bereit sind, was externen Prüfern selten auffällt. Nicht immer ist die Stückelung aber vom Geber beabsichtigt. Wenn z.B. eine Konzernzentrale einer Bundespartei und zeitgleich ihre rechtlich unabhängige Filiale einer Parteigliederung spendet und dies unabhängig voneinander geschieht, ist dies keine illegale Stückelung.

Ebenfalls bekannt ist, dass Stückelungen häufig auf Strohmänner wie z.B. Verwandte erfolgen, wenn die Spender auf *Anonymität* Wert legen. In der Regel legen sie – aus vielen und durchaus legitimen Gründen – auf Anonymität sogar sehr viel Wert, und manche Kassierer geben routiniert Ratschläge, wie diese Anonymität erhalten bleiben kann. Dass dabei auch noch illegale Steuervorteile für die Strohmänner entstehen und ein höherer staatlicher Zuschuss an die Partei (*„matching funds"*, die Prämie für das Einwerben von Kleinspenden) zu den Spenden ausgelöst wird, macht die Sache nur noch schlimmer. Der Verstoß gegen das Parteiengesetz wird durch Steuerhinterziehung und Subventionsbetrug ergänzt. Aufgedeckt werden solche Verstöße selten. Bundes- und Landesparteien werden zwar durch *Wirtschaftsprüfer* intensiv geprüft, aber in allen anderen Gliederungen sind es nur wenige Stichproben. Hinzu kommt, dass Spender Parteien auch dadurch mit einer quasi gestückelten Großspende beschenken können, dass sie mehrere eigenständige Organisationen bedienen, die nicht direkt der Partei-Schatzmeisterei unterstehen. Bei Spenden z.B. an einen Parteijugendverband, der laut Satzung zwar Teil der Partei, aber eine eigenständige Organisation ist, bewegen sich die Geber bereits in einer Grauzone.

**Direktspenden.** Auf *personenbezogenen Wahlkampfkonten* sammeln Kandidaten Spenden für die über die Parteiaktivitäten hinausgehenden individuellen Wahlkampfaktionen. Für Unternehmen und Organisationen, aber auch für Privatpersonen sind diese Spenden zumindest in der politischen Wirkung oft attraktiver als eine Parteispende, denn das Geld versickert nicht in einem Apparat. Für den einzelnen Politiker hat derselbe Betrag möglicherweise eine höhere Bedeutung als für seine Partei. Die Kandidaten sind Kontoinhaber, nicht die Partei, und sie bestimmen wie beim Privatvermögen selbst über die Verwendung der eingegangenen persönlichen Unterstützungsgelder. Kandidaten müssen Spenden nicht automatisch an die Partei weiterleiten, es sei denn, sie sind ausdrücklich für die Partei gedacht. Nur dann sind sie *„Empfangsboten"* für ihre Partei. Wenn der Spender von der Partei verlangt, dass sie das Geld einem bestimmten Politiker z.B. für dessen Wahlkampf zur Verfügung stellt, muss er eine *Zweckbestimmung* angeben.

Wie ein Politiker mit einer Überweisung oder einem Briefumschlag voller Geldscheine, der ihm bei einer Veranstaltung zugesteckt wird, umgeht, zu der der Spender allgemein sagt: „Dieses Geld ist für Ihre politische Arbeit gedacht", bleibt ihm selbst überlassen. Wenn der Inhalt des Umschlags nicht die Barspendengrenze überschreitet, kann er ihn legal behalten. Allerdings sind Spenden an einen Kandidaten steuerpflichtig, denn diese gelten als *Schenkung* unter Lebenden im Sinne des Erbschaft- und Schenkungsteuerrechts. Eine *Spendenquittung* der Partei gibt es für den Geber nicht: Es ist keine Steuer mindernde Parteispende, auch wenn das Geld im Sinne der Partei verwendet werden soll und wird. Wer bereits Abgeordneter ist, muss seine *persönlichen Bezüge* – je nach den geltenden, nicht strafbewehrten *Verhaltensregeln* für Abgeordnete – offen legen (dies gilt nicht für Bewerber ohne Mandat). *Anonyme Direktspenden* können angenommen werden, bis zur Barspendengrenze auch bar. Direktspenden müssen allerdings bis Jahresende zur Berücksichtigung im Rechenschaftsbericht der Bundespartei gemeldet werden.

**Weitere Unterstützungsleistungen.** Bei den Sach- und Dienstleistungen für Parteien gibt es eine Vielzahl von Möglichkeiten. Manche werden als unentgeltliches ehrenamtliches Engagement gewertet, andere müssen als geldwerte Zuwendungen verbucht, gemeldet und publiziert werden. Dies hängt vom Einzelfall ab. Parteien können auch zinslose oder günstige *Darlehen* aufnehmen, die sie in ihrer Vermögensrechnung aufführen müssen. Die Zinsersparnis ist eine geldwerte Zuwendung, also praktisch eine Spende, jedoch nicht im steuerrechtlichen Sinn. Die private Darlehenspraxis, die der PR-Berater Moritz Hunzinger zur Politik pflegte, gehört allerdings nicht in den Themenkreis Parteispende.

**Parallelaktionen.** Wenn Organisationen oder Firmen etwa im Wahlkampf zugunsten einer Partei Anzeigen schalten, Aktionen oder Kampagnen starten, sind dies keine geldwerten Zuwendungen, solange sie unabhängig von den Parteien geführt werden. Zwar wird es in der Regel Absprachen mit der Partei geben, aber „Parallelaktionen" sind als freie Meinungsäußerung unreguliert.

**Event Sponsoring.** Viele ungeklärte rechtliche Probleme bringt die noch junge Praxis des Sponsoring bei *Partei-veranstaltungen* (Parteitage, Regionalkonferenzen): Unternehmen und Organisationen zahlen hohe Mieten z.B. für Ausstellungsfläche ihrer Stände oder einen Beitrag für die Platzierung ihres Logos (Mappen, Bühnen, Loungebereiche usw.). Manches Sponsoring-Paket enthält dann für die Sponsoren auch noch einen Platz am Tisch der Spitzenpolitiker beim gemeinsamen Abendessen. Externe können auch Kosten für einzelne Events, Raummiete, Catering, Geräte, Servicepersonal oder Dienstleistungen übernehmen. Die Partei verbucht diese Beträge z.B. als *„Einnahmen aus Veranstaltungen"*, die nicht der Publikationspflicht für Spenden über 10.000 Euro unterliegen. Sponsoringleistungen von Firmen sind zudem meist *steuerlich absetzbare Betriebsausgaben*. Noch problematischer wird es, organisiert z.B. eine Firma ein Unternehmeressen, bei dem ein Politiker auftritt, der dort auch um Spenden werben will. Handelt es sich nicht um eine Parteiveranstaltung, und wird vom Veranstalter nicht direkt zu einer Parteispende aufgefordert, profitiert die Partei von einer „grauen" Spende.

MARCO ALTHAUS

Literaturhinweise siehe ➔Parteienfinanzierung.

# Public Interest Group

Public Interest Groups sind eine spezieller Typ von ➔Interessengruppen, der sich in den letzten Jahrzehnten außerordentlich stark entwickelt hat. Während Interessengruppen in der Regel ökonomische, berufliche und soziale Interessenvertreten, bildeten sich immer mehr Interessenorganisationen um allgemeine oder öffentliche Interessen. Der Begriff NGO für Nichtregierungs-Organisationen oder Non-Profit-Organisationen spezifiziert nicht, was hier gemeint ist: Public Interest Groups zeichnen sich dadurch aus, dass sie das *Allgemeinwohl* im Auge haben und Interessen vertreten, die nicht ausschließlich den Mitgliedern der Gruppe oder ihrer besonderen Klientel zugute kommen.

Der Begriff der Public Interest Group kommt aus der amerikanischen Praxis der Interessengruppenforschung und bezeichnet dort Interessengruppen, die Interessen vertreten, die von den ökonomischen Interessen ihrer Mitglieder verschieden sind. Vielmehr bringen diese Gruppen die Werthaltungen ihrer Mitglieder zum Ausdruck. Sie verstehen sich nicht als Interessenvertretungen einer Minderheit, sondern der großen Mehrheit der Bürger. Sie verfolgen Gemeinwohlbelange und Interessen, die die *Gesellschaft als Ganze* betreffen: Bürgerrechte, Verbraucherrechte, Frauenrechte, Umwelt, zukünftige Generationen, Minderheitenrechte oder transparente demokratische Staatspraxis mit effizienter Verwaltung („good government").

Vielfach sind Public Interest Groups nicht mehr primär im nationalstaatlichen Rahmen aktiv. Gruppen wie Greenpeace, Amnesty international und Transparency International haben von Beginn an ihr Wirkungsfeld länderübergreifend definiert. Eine spezielle Form sind international tätige NGO, die beispielsweise für den Schutz der Weltmeere, des Regenwaldes oder für eine faire Weltwirtschaftsordnung kämpfen. Als manchmal nahezu mitgliederlose, zum Teil eher als Expertennetze und operative → *Think Tanks* aufgestellte Organisationen stellen NGOs auf der internationalen Ebene bei Fachkonferenzen und bei der UNO Expertise zu Verfügung und machen Lobbyarbeit.

Im Inland erhalten z.B. Verbraucherschutzzentralen durch staatliche Zuschüsse und die Einrichtung von lokalen und regionalen Filialen quasi-institutionellen, scheinbar öffentlich-rechtlichen Charakter – in der öffentlichen Wahrnehmung verstärkt durch die wachsenden staatlichen Aktivitäten in diesem Bereich, die auch Unternehmen zu neuen Konzepten in den verbraucherpolitisch orientierten Public Affairs führen (→Verbraucherpolitische Angelegenheiten/Consumer Affairs).

Trotz der Entstehung aus sozialen Bewegungen und bewegungsmäßigen Protestform entwickeln sich viele Public Interest Groups zu hoch effizienten Interessenvertretungsorganisationen. Sie nutzen dabei die gängigen Lobbymethoden und Methoden des PR, der Kampagnenführung, Mitgliedermobilisierung und die Möglichkeiten der Klage (Verbandsklage, Sammelklage, Modellprozesse). Sie positionieren sich reformorientiert und als *„watchdogs"*, als Wächter bestimmter Rechte und Prinzipien.

Die ersten modernen Public Interest Groups in Amerika waren Bürgerrechtsgruppen, Frauenrechtsvereinigungen, Verbraucherschutz- und Umweltgruppen in den 60er Jahren, die allerdings z.T. auf eine Tradition jahrzehntelanger Organisation seit dem 19. Jahrhundert zurückblicken konnten. Auch in Europa bildeten sich bereits vor 150 Jahren Gruppen, die allgemeine oder Interessen von benachteiligten breiten Bevölkerungsgruppen vertraten, teilweise mit engem Bezug zu karitativen Organisationen, Bildungseinrichtungen und Stiftungen.

In der Folgezeit ist das Spektrum dieser Gruppen immer breiter und vielfältiger geworden. Damit ist die in der *Pluralismusforschung* dominante These, wonach sich *Allgemeininteressen* und *moralisch motivierte Gruppen* nur sehr schwer oder kaum organisieren lassen, in der Praxis de facto widerlegt worden.

In der Theorie der Interessengruppen wurde diese Organisationsschwäche mit den für Individuen und Mitglieder entstehenden hohen Kosten und geringen Erträgen einer gemeinsamen Organisation begründet. Bei Allgemein- oder Umweltinteressen würden die individuellen Auszahlungen sogar gegen Null gehen. Die Gefahr des Trittbrettfahrens schien unüberwindlich hoch. Dennoch haben sich in allen westlichen Demokratien zahlreiche Public Interest Groups gegründet und erhalten vielfach erheblichen Einfluss.

Das verstärkte Auftreten von Public Interest Groups seit den 70er Jahren hat mit gesellschaftlichen Veränderung zu tun: Veränderung der Beschäftigungsstruktur (Dienstleistungsgesellschaft), Bildungsexpansion und kultureller Wertewandel. Damit erhöhten sich die *Organisationschancen* der allgemeinen Interessen. Hinzu kommt, dass die Public Interest Groups gegenüber dem traditionellen ökonomischen Verteilungskonflikt eine neue politische Konfliktlinie zum Ausdruck bringen, Konflikte um Identität und Anerkennung und um Zukunftsfragen der Gesellschaft.

Public Interest Groups sind durch ihre Entstehungsgeschichte eng mit sozialen Bewegungen verwoben. Dadurch wurde zum Teil auch ihre Aktions- und Organisationsweise geprägt. Mit den sozialen Bewegungen nutzen sie zu Beginn die Protestformen der Straße mit dem Ziel öffentliche Aufmerksamkeit herzustellen. Ein wesentliches Element von Public Interest Groups hat sich dadurch erhalten. Sie adressieren Information und Wirkung nicht nur an den politischen Apparat und an die politischen Entscheider, gleichrangiges Ziel ist die politisch interessierte *Öffentlichkeit*. Sie ist für diese Gruppen eine wichtige Ressource, die immer wieder durch öffentliche Aktionen mobilisiert wird. Die Öffentlichkeit und die Medien stellen Unterstützung für die Anliegen bereit.

Public Interest Groups reagieren auf die Schwäche der Parteien und der Großorganisationen. Sie lösen sich, im Gegensatz zu vielen traditionellen Interessengruppen, von der Bindung an einzelne Parteien und profitieren von der *Thematisierungsschwäche der Parteien*. Diese haben es nicht geschafft, die neuen Konfliktlinien in ihr Programm zu übernehmen.

Public Interest Groups als Vertreter einer „neuen Politik" oder *postmaterialistischen* Politik unterscheiden sich von den traditionellen Interessengruppen, die in der Regel verbandlich organisiert sind, auf vielfache Weise. Im Gegensatz zu einem →Verband (Personenmitgliederverband) haben diese neuen Gruppen nicht zwingend viele Mitglieder. Die Macht der Public Interest Groups leitet sich nicht aus der Anzahl ihrer Mitglieder ab, sondern aus den Themen, den Aktionen und der öffentlichen Aufmerksamkeit, die diese Gruppen erzeugen. Wichtiger als die formale Mitgliedschaft sind die Unterstützungsbereitschaft durch Spenden und der Zugang zu den Medien. In traditionellen Interessengruppen haben die Mitglieder inzwischen quasi Kundenstatus und lassen sich bei einer hohen Dienstleistungsmentalität nur schwer mobilisieren. Public Interest Groups hingegen weisen eine andere, *intensivere Mitgliederbindung* auf und können ihre Mitglieder auch besser mobilisieren. Dies hat allerdings besondere Konsequenzen für interne Struktur, Organisations- und Kommunikationsformen, wie sie im Nonprofit-Sektor üblich sind (→NGO-Management).

→Fundraising (systematische Spendenakquise) ist eine der wichtigsten Methoden, um finanzielle Ressourcen zu mobilisieren. Voraussetzung dafür ist, dass die zentralen Themen der Gruppen moralisch integer und öffentlichkeitswirksam zur Geltung gebracht werden.

Daher nimmt für diese Gruppen die Medienarbeit mittels PR eine besondere Stellung ein. →Kampagnen sind für Public Interest Groups eine wichtige Aktionsform.

RUDOLF SPETH

Berry, Jeffry M. (1977). Lobbying for the People, Princeton N.J., Princeton University Press. Raschke, Joachim (1988). Soziale Bewegungen. Ein historisch-systematischer Grundriss, 2. Aufl., Frankfurt / New York. Heins, Volker (2002). Weltbürger und Lokalpatrioten. Eine Einführung in das Thema Nichtregierungsorganisationen, Opladen 2002.

# Recht und Lobbying

Das →Lobbying, verstanden als wechselseitiger, sachbezogener Informationsaustausch, als interessengeleitete Kontaktpflege und politische Überzeugungsarbeit zwischen Interessenvertretern (→Lobbyisten) und politischen Entscheidungsträgern, ist strukturell und inhaltlich durch rechtliche Vorgaben geprägt.

Das Recht bildet den Rahmen, ist der Gegenstand, aber auch Instrument des Lobbyingprozesses. Das Wissen um die relevanten rechtlichen Zusammenhänge ist Grundvoraussetzung erfolgreichen Lobbyings.

**1. Recht als Rahmen des Lobbying.** Recht bildet den Rahmen für Lobbying in zweierlei Hinsicht: Zum einen bewegt sich Lobbying im politischen Raum in rechtlich vorgegebenen organisatorischen Strukturen und Verfahrensabläufen.

Deren fundierte Kenntnis ist erforderlich, um die richtigen Adressaten für die politische Überzeugungsarbeit zu identifizieren und die Interessen wirksam – und zum geeigneten Verfahrenszeitpunkt – in den Entscheidungsprozess einzubringen. Zum anderen definiert und markiert das Recht aber auch die Grenzen politischer Lobbyingarbeit.

**Organisationsrechtlicher Rahmen.** In organisationsrechtlicher Hinsicht ist die politische Interessenvertretung durch Lobbyisten in den *Geschäftsordnungen* von Bundesregierung und Bundestag reguliert, wo Anhörungsrechte und -prozeduren beschrieben werden, etwa in § 70 der Geschäftsordnung des Deutschen Bundestages (GOBT) über öffentliche Anhörungen der Bundestagsausschüsse oder in §§ 47, 48 der Gemeinsamen Geschäftsordnung der Bundesministerien (GGO) über die Beteiligung von Fachverbänden bei der Erstellung von Gesetzentwürfen durch Bundesministerien. Die sogenannte „Lobbyliste" beim Deutschen Bundestag ermöglicht eine Akkreditierung von Interessenvertretern, die an offiziellen →Anhörungen und sonstigen amtlichen Kommunikationsformen teilnehmen wollen.

Ein weitergehender spezifischer Regulierungsrahmen für den spezifischen Bereich des Lobyings existiert indes nicht. Das von der FDP jahrelang geforderte und diskutierte *Verbändegesetz* wurde nicht realisiert. Die genannten Regelungen sind indes bereits feinmaschiger als in vielen anderen Staaten.

Auf europäischer Ebene hat Lobbying von Beginn des *europäischen Integrationsprozesses* an eine prominente Rolle gespielt. Verbände, NGOs und Unternehmen sind auf vielfältige Weise in die Entscheidungen der EU einbezogen. Gleichwohl existiert auch hier nur ein wenig verbindliches Regularium. Von immerhin politischer Relevanz sind das „Weißbuch Europäisches Regieren" (KOM (2001) 428) sowie die Mitteilung der Kommission vom 11. Dezember 2002 (KOM (2002) 704), worin sich die Kommission zu mehr Offenheit, Verantwortlichkeit und Transparenz verpflichtet und Mindeststandards im *Konsultationsverfahren* festlegt. Im Europäischen Parlament bestehen spezielle Regelungen für „akkreditierte" Lobbyisten in den Rules of Procedure (Rule 9 (2), Annex IX). Dazu auch →EU-Angelegenheiten/European Affairs.

**Rechtliche Grenzen des Lobbying.** Eine wesentliche Grenze des Lobbyings wird im Parteiengesetz definiert, das strenge rechtliche Maßstäbe an die →Parteienfinanzierung durch →Parteispenden anlegt. Darüber hinaus bildet das Strafrecht, insbesondere mit den *Korruptionsdelikten* der Bestechung und Bestechlichkeit, der Vorteilsannahme und der Vorteilsgewährung, §§ 331 ff. des Strafgesetzbuches (StGB) sowie der Wähler- und Abgeordnetenbestechung gemäß §§ 108b, 108e StGB, die strafbewehrte Grenze des Lobbyings (vgl. →Korruption).

Grenzen im Sinne grundsätzlicher Maßstäbe ergeben sich für Lobbying-Aktivitäten schließlich auch aus dem Verfassungsrecht. Ein wesentlicher, zentraler Bestandteil moderner Lobbyarbeit ist die Begleitung des Verfahrens der Rechtssetzung und politischer Willensbildung auf nationaler und europäischer Ebene. Lobbying ist damit ein quasi vorkonstitutioneller Bestandteil des Prozesses politischer Willensbildung und demokratischer Entscheidungsfindung.

Vor diesem Hintergrund ist Lobbying auch an den *Wertentscheidungen der Verfassung* zu messen. Einerseits sollte eine Entwertung der Verfassung und seiner demokratischen Institutionen durch falsch verstandenes Lobbying in Form einer *„Herrschaft der Verbände"* (Theodor Eschenburg) verhindert, andererseits sollte die *positive Funktion des Lobbyings* im Sinne einer pluralistischen Einflussnahme auf das politische System beachtet und gewahrt werden. Denn ein funktionierendes System der Interessenvertretung bildet ein notwendiges *Gegengewicht zur Macht des Parteienstaates.*

Nicht zuletzt um vor diesem Hintergrund die notwendige Transparenz, Offenheit und Kontrollierbarkeit zu gewährleisten, hat sich die Politikberatungsbranche zum Teil selbstgeschaffenen *Verhaltenskodizes* unterworfen. Diese haben zwar keine unmittelbare rechtliche Relevanz, bei entsprechender Akzeptanz und nachhaltiger Anwendung könnten sie aber durchaus einen sogenannten *Soft Law Status* erlangen.

**2. Recht als Gegenstand des Lobbyings.** Lobbying bewegt sich stets in einem spezifisch rechtlichen Umfeld, dessen Fragestellungen die Lobbying-Arbeit unmittelbar beeinflussen. Die dabei auftretenden rechtlichen Fragestellungen sind so zahlreich und vielfältig wie die Betätigungsfelder der Lobbyisten. Denn das Lobbying macht nicht selten eine rechtliche Aufarbei-

tung des jeweiligen regulatorischen Umfelds und eine fachliche Einschätzung von Gesetzgebungsinitiativen erforderlich.

Analyse und Klärung des politisch-rechtlichen Umfelds sind ebenso von Bedeutung wie das Abfassen von rechtlichen *Positionspapieren* und *Gutachten* sowie die Erarbeitung und Umsetzung einer kohärenten rechtlich-politischen Strategie. Schließlich sind rechtliche Gesichtspunkte nicht zuletzt auch bei der Einfügung der Strategie in das europäische/internationale rechtliche und politische Umfeld sowie bei *rechtspolitischem* ➜*Monitoring* zu beachten.

Diese Erkenntnis hat dazu geführt, dass insbesondere in rechtlich sensiblen Bereichen Rechtsanwälte immer stärker in den Lobbyingprozess eingebunden werden.

Die betreffenden Anwälte nehmen für sich in Anspruch, neben rein juristischen Aspekten eines Falles auch den Bedarf an Politikberatung zu decken. Diese Entwicklung, die eine lange Tradition in den USA aufnimmt, hält in zunehmendem Maße auch in Europa und in der Bundesrepublik Einzug, wo sich mittlerweile eine Reihe von nationalen und internationalen Sozietäten auf die Beratung an der Schnittstelle von Recht, Politik und Wirtschaft spezialisiert haben.

Die politische Tätigkeit von Anwälten endet indes regelmäßig dort, wo das eigentliche Lobbying beginnt. Für die *Rechtsanwälte* ist es wichtig, die eigene Glaubwürdigkeit und damit die juristische Kompetenz in dem Verfahren nicht aufs Spiel zu setzen.

Der deutsche Rechtsanwalt bleibt im Übrigen, auch wenn er sich im Bereich des Lobbying rechtsberatend betätigt, stets an die Vorschriften der Bundesrechtsanwaltsordnung (BRAO) gebunden: nach § 1 BRAO ist er unabhängiges *Organ der Rechtspflege* – und gerade kein rein interessengeleiteter „Rechtsdealer".

**3. Recht als Instrument des Lobbyings.** Anknüpfend an das Recht als Rahmen und Gegenstand des Lobbyings bildet das Recht ein entscheidendes Instrument der Arbeit des Lobbyisten. Dies gilt zum einen insoweit, als sich die Lobbyarbeit rechtlich vorgegebener Verfahren zur Durchsetzung ihrer Ziele bedient, indem etwa ein Bundestagsabgeordneter auf Anregung eines Lobbyisten eine parlamentarische Anfrage an die Bundesregierung stellt. Von besonderer Bedeutung als Instrument der Lobbyarbeit ist zum anderen aber auch präzise und durchdachte *juristische Argumentation* zur Erreichung des gewünschten Ziels.

Nicht selten wird der Lobbyist die Erfolgsaussichten seiner Bemühungen durch eine überzeugende wirtschafts-, umwelt-, medien-, europa-, völker- oder verfassungsrechtliche Argumentation, die sein Begehren stützt, erheblich erhöhen können.

Soll das Recht in dieser Weise als Instrument des Lobbying genutzt werden, etwa durch den Einsatz entsprechender Rechtsgutachten, ist das Lobbying auf eine fundierte rechtliche Beratung zur Umsetzung seiner Ziele dringend angewiesen.

JÖRG KARENFORT

Joseph H. Kaiser (1998) in Josef Isensee, Paul Kirchhof, Handbuch des Staatsrechts der Bundesrepublik Deutschland, Band II, Demokratische Willensbildung – Die Staatsorgane des Bundes, C. F. Müller Juristischer Verlag, Heidelberg, 2. Auflage: 149 ff. (§ 34 Verbände). Dieter Grimm (1994) in Ernst Benda, Werner Maihofer, Hans-Jochen Vogel, Handbuch des Verfassungsrechts der Bundesrepublik Deutschland, Verlag Walter de Gruyter, Berlin, New York, 2. Auflage: 657 ff. (§ 15 Verbände). Gunnar Bender, Lutz Reulecke (2003). Handbuch des Deutschen Lobbyisten. Wie ein modernes und transparentes Politikmanagement funktioniert, F.A.Z.-Institut für Management, Markt- und Medieninformationen, Frankfurt am Main.

# Regulierungsmanagement
## Regulatory Affairs

Regulierungs- oder auch Regulationsmanagement (englisch auch: Regulatory Affairs) beschreibt eine Managementaufgabe, die in erster Linie von Unternehmen, aber auch von Verbänden, NGO und anderen Interessenvertretern überall dort wahrgenommen werden muss, wo die Durchsetzung der eigenen Interessen durch staatliche Regulierungsmaßnahmen berührt wer-

den. Insbesondere aus Sicht von Unternehmen und ihren Verbänden bestehen die Kernaufgaben des Regulierungsmanagements in der Analyse der ökonomischen und damit *betriebswirtschaftlichen Wirkungen* von Regulierung sowie die Bestimmung der daraus abzuleitenden realistischen Ziele. Damit verbunden sind das →Stakeholder-Management, die entsprechenden →Lobbying-Prozesse sowie ein auf den jeweiligen Regulierungsrahmen abgestelltes Produkt- und Preisangebot.

Juristisch und anwaltlich geprägte Prozesse, die überwiegend in der Hand von *Rechtsabteilungen* und *Kanzleien* mit *Fachanwälten* liegen, werden zunehmend ergänzt durch ein stärker ganzheitlich und politisch geprägtes Management der Regulierungsangelegenheiten. Besonders deutlich wird dies z.B. bei den Zulassungsverfahren für Arzneimittel im Politikfeld Gesundheitspolitik, steuerfreien Lebensversicherungen und Vorsorgepolicen oder in internationalen Handelsfragen (Zölle, Ein- und Ausfuhrbeschränkungen u.a.).

Insbesondere die *Liberalisierung* von Märkten, die *Deregulierung* und die *Privatisierung* ehemals staatlich kontrollierter Unternehmens- bzw. Politikfelder im Netzinfrastrukturbereich (Post, Bahn, Telekommunikation, Energie) hat die o.g. Akteure dazu gezwungen, sich verstärkt in den damit verbundenen politischen Prozess einzuschalten.

**Privatisierung der Netze.** Mit Beginn der neunziger Jahre wurden in Deutschland und anderen europäischen Staaten ehemalige Staatsunternehmen der Netzindustrien in großem Umfang privatisiert. Dieses vollzog sich übergreifend in ähnlicher Weise und begann in der Regel mit einer organisatorischen Aufspaltung der nach wie vor staatlichen Unternehmen in den *„Besitz der Netzinfrastruktur"* und die *„Dienstleistung auf dem Netz".* Erst dann erfolgte die „formelle Privatisierung" der Unternehmen, d. h. der Wechsel von einer öffentlich-rechtlichen in eine private Rechtsform, in der der *Staat häufig Hauptanteilseigner* ist.

Der abschließende Schritt einer umfassenden, auch materiellen, Privatisierung, d. h. der Verkauf von Unternehmensanteilen und der Rückzug des Staates als Haupteigentümer, ist seither mit unterschiedlichem Erfolg betrieben worden. Während die Anteile der Deutschen Bahn AG nach wie vor zu hundert Prozent vom Bund gehalten werden, hat dieser seinen Besitz an der Deutschen Post und der Telekom – auch unter dem Druck steigender Staatsdefizite – reduziert, hält jedoch immer noch erhebliche Anteile.

Bereits mit dem ersten Schritt der Privatisierungen, der Aufspaltung des Unternehmens in Netzesbesitzer und Netzdienstleistung erkannte der Gesetzgeber, dass das Ziel seiner Privatisierungsbemühungen, d. h. die *Herstellung einer Wettbewerbssituation* in einem staatlich regulierten Markt mit staatlichem Monopolisten allein durch dessen Überführung in ein Unternehmen privater Rechtsform nicht zu erreichen sein würde. Zusätzlich war eine *institutionelle Trennung* von Netz und Dienstleistungen notwendig, da der ehemalige staatliche Monopolist seine Kontrolle über das Netz gegenüber neuen Wettbewerbern ausnutzen würde.

Um langfristig auch anderen Wettbewerbern den diskriminierungsfreien Zugang zum Markt zu gewährleisten, schien daher eine Kontrolle des ehemaligen Monopolisten und damit eine erneute Regulierung des Wettbewerbs notwendig. Diese Einsicht wurde noch dadurch verstärkt, dass – wie im Fall der Deutschen Bahn – auch die formal getrennten Unternehmen des Netzbesitzes und des Netzbetriebes nach wie vor unter dem Dach eines Konzerns vereint blieben. In Ländern, wie z. B. Großbritannien, ist man hier andere Wege bei der Privatisierung der Bahn, allerdings mit ebenfalls sehr zwiespältigen Erfahrungen, gegangen. Die tatsächliche Trennung auch der (Interessen) von Netzbesitzern und Netzbetreibern in zwei gänzlich unabhängige Unternehmen führte in Großbritannien bei den Netzinhabern zu umfangreichen Gewinnabschöpfungen. Notwendige Investitionen in die Infrastruktur blieben aus. Nach zahlreichen Zwischenfällen kaufte die englische Regierung Anteile am Bahnnetz in großem Umfang zurück, um den Betrieb sicherstellen zu können.

**Regulierungsbehörden.** Zur Erreichung einer Wettbewerbssituation wurde mit der Einrichtung unabhängiger *Regulierungsbehörden* begonnen. Für den Bereich der Bahn ist dieses das Eisenbahnbundesamt, für die Bereiche Telekommunikation und Post die Regulierungsbehörde für Telekommunikation und Post (RegTP).

Regulierungsbehörden sind formal von den jeweiligen Bundesministerien unabhängige *Bundesoberbehörden*, die innerhalb eines Marktes Wettbewerb ermöglichen und herstellen sollen. Sie unterscheiden sich durch diese aktive Aufgabenstellung z.B. vom *Bundeskartellamt* (BKA), welches primär den Wettbewerb innerhalb eines Marktes sicherstellen soll.

Zur Herstellung dieses Wettbewerbs kann die zuständige Regulierungsbehörde (beispielsweise durch Preisregulierungen) aktiv in das Markt- und Wettbewerbsgeschehen *proaktiv eingreifen*, während das BKA dieses nur *rückwirkend und einzelfallbezogen* tun darf.

Die mit der Marktöffnung einhergehende Umgestaltung staatlicher Regulierungen stellt für etablierte Monopolanbieter, ebenso wie für neue und potentielle Marktteilnehmer, erfolgs- und wettbewerbsrelevante Anforderungen dar. Entscheidungen und Arbeitsweise der Regulierungsbehörden zu beobachten, einschätzen zu können und in eigenen Entscheidungen zu antizipieren, ist eine unternehmerische Aufgabe mit strategischer Bedeutung, ohne die sich politische Prozesse nicht effektiv beeinflussen lassen.

**Kooperation mit Behörden.** Unternehmen in regulierten Märkten sind in der Verfolgung eigener Interessen auf die *Zusammenarbeit mit den Regulierungsbehörden* angewiesen. Um die Interessen des Unternehmens dabei wirkungsvoll zu artikulieren und durchzusetzen, bedarf es auf unternehmerischer Seite eigener strategischer Konzepte auf Basis empirischer und ökonomischer Argumentationen.

Für die *internen Strukturen eines Unternehmens* ergeben sich hieraus veränderte Anforderungen, als bei Unternehmen in weniger regulierten Märkten. Insbesondere der Implementierung eines effektiv arbeitenden Regulierungsmanagements kommt dabei eine besondere Bedeutung zu. Fragen der Informations- und *Aus-*

*kunftspflicht* gegenüber der Regulierungsbehörde, aber auch die Möglichkeiten, juristisch und politisch gegen Entscheidungen der Regulierungsbehörde vorzugehen, sind hier genauso wesentlich, wie ein funktionierendes Austauschverhältnis mit den jeweiligen Regulierungs- und Aufsichtsbehörden.

Die Regulierungs- oder Aufsichtsbehörde ist die wesentliche Verbindungsstelle zwischen privaten Akteuren innerhalb eines Marktes und den gesetzgebenden Instanzen. Sie ist als Teil des Verwaltungsapparates in den Vorstadien der Gesetzesformulierung direkt beteiligt und hat somit wesentlichen Einfluss auf die zukünftige Ausgestaltung von Unternehmensfeldern und Märkten.

SVEN RAWE

Jörg Borrmann, Jörg Finsinger (1999). Markt und Regulierung. Vahlen, München. Roland Czada, Susanne Lütz, Stefan Mette (2003) Regulative Politik. Zähmungen von Markt und Technik, Leske + Budrich, Opladen. Günter Knieps, Gert Brunekreeft (2002). Zwischen Regulierung und Wettbewerb: Netzsektoren in Deutschland. Physica, Heidelberg. Klaus König, Angelika Benz (1997). Privatisierung und staatliche Regulierung: Bahn, Post und Telekommunikation, Rundfunk, Nomos, Baden-Baden. Andreas Siemen (1999) Regulierungsmanagement in der Telekommunikationsindustrie, Wiesbaden, Deutscher Universitätsverlag.

# Strategische Allianzen

Strategische Allianzen in den Public Affairs sind Zusammenschlüsse mit dem Ziel der Durchsetzung gemeinsamer Interessen. Andere Begriffe dafür sind *Interessenkoalition* oder *Issue-Koalition*. Anders als die Mitgliedschaft in Verbänden sind Strategische Allianzen meist nur auf Zeit und thematisch eng fokussiert (Special bzw. Single Issue) angelegt. Strategische Allianzen folgen ähnlichen Prinzipien wie die Errichtung von Koalitionen in der Politik, von Unternehmensfusionen in der Wirtschaft oder Bündnissen in der Diplomatie. Voraussetzung ist ein gemeinsames Interesse eines Akteurs mit anderen Unternehmen, Verbänden, Non-Profit-Organisationen oder Institutionen. Dieses gemeinsame Interesse kann breit oder sehr eng definiert sein. Die *Übereinstimmung* kann sich sogar nur auf bestimmte Mittel oder Verfahren zur Erreichung ren zur Erreichung von Zielen beziehen.

Kennzeichnend ist der strategische Ansatz, ein Partikularinteresse so mit anderen Partikularinteressen zusammenzufügen und zu verbünden, dass (a) ein allgemeines, möglicherweise sogar Gemeinwohl orientiertes Interesse entsteht und daraus *höhere Akzeptanz* und *Legitimität* erwächst, (b) das thematische Spektrum erweitert wird, (c) wertvolle *Ressourcen* (Informations- und Kommunikationskanäle, politische Netzwerke, Personal, Zeit, Geld) konzentriert genutzt werden und (d) eine höhere *Aufmerksamkeit* bei politischen Entscheidungsträgern, Stakeholdern und Medien erreicht wird.

Die Kooperation kann *horizontal*, d.h. zwischen Unternehmen die auf derselben Wirtschaftsstufe stattfinden, *vertikal* zwischen Unternehmen auf verschiedenen Wirtschaftsstufen entlang der Wertschöpfungskette angesiedelt sein oder als *diagonale* Allianz eine Brücke zwischen den drei Gesellschaftssektoren Staat, Wirtschaft und Non-Profit schlagen.

Kennzeichnend ist in jedem Fall aber, dass das *Bündnis eher locker* ist und so die *Flexibilität* und *Selbstständigkeit* der beteiligten Unternehmen weitgehend erhalten bleibt.

**Ungewöhnliche Partner.** Hohe Aufmerksamkeit erreichen vor allem Allianzen, in denen sich z.B. wirtschaftliche oder politische Rivalen, Antagonisten oder Gruppen mit oberflächlich kaum erkennbaren inhaltlichen Bezügen zusammenschließen. Die Bildung einer solchen Allianz überspringt konventionelle Erwartungen zu nahe liegenden Koalitionspartnern.

Beispiele dafür sind u. A. das Informationszentrum Mobilfunk, in dem sich die führenden Mobilfunkanbieter zusammengeschlossen haben, um trotz ihrer Konkurrenz gemeinsam über Fragen der Gesundheit und Infrastruktur zu informieren (horizontale Allianz); oder die „Allianz pro Schiene" als Bündnis von Verkehrsunternehmen, Gewerkschaften und Fahrgastverbänden, die gemeinsam für Vorteile der Bahn gegenüber anderen Verkehrsträgern (Straßen, Luftfahrt, Schifffahrt) eintreten (vertikale Allianz). Noch breiter angelegt ist etwa die „Initiative D21", die durch Kooperation mit staatlichen Institutionen den Weg in die Informationsgesellschaft auf allen relevanten politischen Feldern aktiv mitgestalten möchte (diagonale Allianz).

**Themenspektrum.** Das Themenspektrum von Strategischen Allianzen ist breit gefächert. Bei fast allen liegt jedoch ein besonderes Gewicht auf der *Kommunikations- und Kampagnenfähigkeit*. Das geht so weit, dass es Strategische Allianzen gibt, deren Kern eine reine Kommunikationskampagne ist. Ein Beispiel dafür ist die „Initiative Neue Soziale Marktwirtschaft" (INSM), die als Reaktion auf ein allgemeines Stimmungsbild in der Bevölkerung (schlechtes Image von Unternehmen und Unternehmertum) eine auf die Wirtschafts- und Gesellschaftsordnung zielende Werbekampagne vorantreibt.

Variantenreicher, aber auch kampagnenorientiert funktionierte die von AOL und der Bürgerinitiative „Internet ohne Taktung" initiierte, Politiker, Verbraucherschützer, Wissenschaft, Unternehmen und Verbände einbindende „Stop the Clock"-Kampagne für die Einführung einer Flatrate in Deutschland. Hier stand ein spezifisches *Regulierungsthema* in Fokus (vgl. →Regulierungsmanagement und →Grassroots Lobbying).

**Bündnistypen.** Strategische Allianzen können nach ihrer zeitlichen Anlage und Dauer unterschieden werden. *Ad-hoc-Allianzen* bilden sich kurzfristig ohne lange Vorplanung, meist aus taktischen Gründen und für aktuelle politische Zwecke. In der Regel wird hier keine völlig neue Organisation gebildet. Die Allianz beschränkt sich vielmehr auf Absprachen und Koordination des gemeinsamen Vorgehens, um möglichst vielspurig zu kommunizieren. Längerfristig angelegte Allianzen errichten dagegen oft eine eigene Organisation, die unter Aufsicht und Mitwirkung der Initiatoren eigenständig geführt wird und als solche auch in der Öffentlichkeit auftritt. Die Grundlage dafür bildet dann eine verbindliche *Rechtsform* (z.B. e. V., GmbH oder gGmbH) mit erklärtem Satzungszweck für die neue Organisation. Auch eine solche Struktur kann auf Zeit eingerichtet werden. Das erhält die Flexibilität aufrecht und eröffnet Handlungsspielräume, die eine auf Dauer angelegte Mitgliedschaft in einem Verband in der Regel nicht zulässt.

**Erfolg oder Misserfolg** strategischer Kooperationen sind schwer zu messen, da die Kriterien von Fall zu Fall unterschiedlich sind. Auffallend ist jedoch, dass immer mehr Unternehmen dazu übergehen, punktuelle Koalitionen mit anderen Akteuren einzugehen, um ihre Interessen gezielter durchzusetzen. Eine Umfrage unter großen deutschen Unternehmen im Herbst 2004 ergab, dass mehr als Zweidrittel dieses Public Affairs Instrument inzwischen nutzen; 14 Prozent beurteilten solche Koalitionen als sehr erfolgreich, 58 Prozent als erfolgreich.

**Aufwand für eine Allianz.** Strategische Allianzen können sehr schlagkräftige Instrumente sein, und hohe Akzeptanz ermöglichen. Doch keine Unternehmenspartnerschaft ist ein Selbstgänger.

Bündnisse müssen gut vorbereitet, sorgfältig abgesprochen, mit Umsicht praktiziert und wechselnden Anforderungen angepasst werden. Wichtig für den Erfolg ist die *Einbindung der strategischen Führungsebene* der beteiligten Partner. Nur so sichert man für die Führung der Allianz ein Höchstmaß an *Verbindlichkeit* und *Entscheidungskompetenz.*

In der Praxis ist der Aufwand daher oftmals hoch. Nicht immer herrscht unter den Partnern Einigkeit über die einzusetzenden Mitteln und Maßnahmen, selten können Aufgaben und Verantwortlichkeiten ganz gerecht und proportional verteilt werden und leicht führen unterschiedliche Führungs- und Unternehmenskulturen zu *Missverständnissen.*

Werden diese Probleme unterschätzt, steigt das Risiko zu scheitern. Auch die *ungleiche Belastung* der Partner und schlechtes *Konfliktmanagement* können ein Bündnis schnell wieder sprengen.

Als Faustregel gilt: a) je klarer das Thema, das eine Allianz zusammengebracht hat, das gemeinsame Ziel und der Handlungsspielraum im Vorfeld definiert sind, desto größer sind die Chancen auf Erfolg; b) je höher die Zahl der Partner und je stärker ihre Unterschiede in Struktur und Selbstverständnis, desto größer das Risiko.

Hoher Abstimmungs- und *Koordinationsbedarf* ergibt sich auch mit etablierten Fach-, Branchen- und Berufsverbänden, Repräsentanzen und Unternehmensabteilungen, die im Geschäftsfeld der neuen Organisation tätig sind.

Dieser Koordinationsbedarf kann eine neue Organisation bei der Umsetzung ihrer Ziele deutlich verlangsamen, möglicherweise sogar lähmen und so die Hoffnungen auf große Schlagkraft enttäuschen.

Neben den vielen Chancen, die sich durch Strategische Allianzen eröffnen, bieten solche Bündnisse auch Angriffspunkte: Die gemeinsame Positionierung in einem Themenfeld ist immer auch ein unmissverständlicher *Anspruch auf Meinungsführerschaft.*

Zudem bedeutet jede Koalition immer auch eine bewusste *Ausgrenzung* derjenigen, die nicht teilhaben an der neuen Partnerschaft.

Beides ruft fast automatisch Kritiker, Konkurrenten und Gegnern auf den Plan. Insbesondere wenn ein Missbrauch von Einfluss vermutet wird, kann die Größe einer Allianz auch zum Nachteil und zum Gegenstand von Kontroversen werden.

Hier ergeht es Strategischen Allianz wie Unternehmensfusionen: Manche Zusammenschlüsse werden als legitim und sinnvoll begrüßt, andere rufen als vermutete *Kartell- oder Monopolbil-*

*dung* Widerstände auf den Plan, weil sie Verbraucher, Wettbewerber und andere Stakeholder bedrohen.

Nicht jede Strategische Allianz ist daher Image fördernd und führt zum Ziel. Allianzen erfordern vielmehr detaillierte Vorbereitung, Einordnung in die strategische Planung ihrer Partner und eine Abwägung der Vor- und Nachteile in Organisation und Kommunikation.

**DAGMAR WIEBUSCH**

Marcia Avner (2002). The Lobbying and Advocacy Handbook for Nonprofit Organizations. Amherst Wilder Foundation, Saint Paul. Edward Grefe, Marty Linsky (1995). The New Corporate Activism: Harnessing the Power of Grassroots Tactics for Your Organization. McGraw-Hill, New York. Larraine Segil (2001). Strategische Allianzen. Systematische Planung und Durchführung von Unternehmensallianzen. Midas, St. Gallen. Dagmar Wiebusch (2002). Public Affairs Agenda: Politikkommunikation als Erfolgsfaktor. Hg. Gregor Schönborn. Luchterhand, Paderborn.

# Umweltpolitische Angelegenheiten

## Environmental Affairs / Sustainability Management

Für die Public Affairs haben die umweltpolitischen Angelegenheiten eine herausragende Stellung. Zum einen lösen sie intensives →Lobbying und öffentliche →Kampagnen aus (z.B. beim Dosenpfand). Ob die Interessenvertretung für ein Unternehmen oder eine Organisation gut funktioniert, stellt sich oft bei Umweltthemen heraus. Gerade diese erfordern aber mehr als kleinteiliges, kurzfristiges Denken. Die allfällige Forderung nach Nachhaltigkeit gilt für die Public-

Affairs-Strategie ganz besonders. Unternehmen begriffen in den 80er Jahren, dass es nicht sinnvoll ist zu warten, bis der Staat detaillierte Vorschriften erlässt oder Greenpeace-Aktivisten auf dem Schornstein sitzen.

Sie gehen heute in vielen Fällen freiwillig über die Mindeststandards hinaus, suchen den (weiterhin schwierigen) Dialog mit Umweltpolitikern und –gruppen, das Produktmarketing wird mit Öko-Anreizen gekoppelt (Kasten Bier kaufen heißt Regenwald retten). Vorstandspressekonferenzen präsentieren Umweltberichte und die Investor Relations-Abteilung Banken-analysten die Nachhaltigkeit der Geldanlage in einer „Sustainability Road Show". Sie lassen ihre Umweltstandards durch Öko-Audits prüfen, sie sind Mitglieder von Arbeitsgruppen wie „Econsense", sie engagieren sich durch Stiftungen lokal und global und investieren kontinuierlich in die Entwicklung ökologischer Produktlinien und –verfahren.

Kein Wunder, dass Deutschland heute in vielen Bereichen Weltmarktführer in Umwelttechnologie ist. Aber diese Entwicklung hat erstens ihre problematischen Seiten und zweitens einen Preis. Die *Beziehungspflege* und *Mitgestaltung* aller Themen in Bezug auf Umweltschutz, Gewässerschutz, Tierschutz hat sich zu einem *zentralen außerökonomischen Kriterium der Unternehmensbewertung* entwickelt, und zwar sowohl in der sensiblen *Verbraucher- und Mediensicht* wie bei der Politik. Erst recht, seit *Nachhaltigkeit (Sustainability)* zum zentralen Begriff der Rio-Deklaration 1992, der Agenda 21, des Kyoto-Protokolls und der Agenda 2010 geworden ist.

Das Ergebnis ist im Idealfall eine verbesserte Zusammenarbeit von Wirtschaft und Staat. Gesetzgeber und Verwaltung regulieren zwar weiter intensiv und detailliert, bewegen sich aber in Richtung *stärker marktorientierter Mechanismen*, um umweltpolitische Ziele zu erreichen. Die Politik akzeptiert, dass ökologische Anreize das Eigeninteresse von Unternehmen in Gang setzen können. Zugleich ist die

frühere Polarisierung zwischen Wirtschaft und Umweltbewegung Dialog und Kooperation mit etablierten umweltpolitischen Organisationen gewichen. Die Globalisierung und das verminderte Wirtschaftswachstum stellen die Public Affairs nun auf die Probe, ob sie den Interessenausgleich zwischen hohen Ansprüchen der Gesellschaft, großen Versprechungen der Wirtschaft und *hohem wirtschaftlichem Druck* moderieren können.

Umweltpolitik entwickelte sich in den 80er Jahren zu einem erstrangigen Politikfeld. Inzwischen ist die Umweltgesetzgebung ein engmaschiges *Netz der Regulierung*, in dem sich Unternehmen schnell verfangen können. Es kann sehr teuer werden, gegen die Vorschriften zu verstoßen. Es ist aber oft auch sehr teuer, die Vorschriften zu erfüllen. Neben Geldbußen haben die Behörden auch die Möglichkeit, Informationen über die Umweltstandards einer Firma zu veröffentlichen, sie können Verwaltungs- und Zivilrecht einsetzen oder die Staatsanwaltschaft bemühen – je nach Gesetzeslage. Dagegen stehen ökonomische Anreize: von *Steuervergünstigungen* über *Investitionszuschüsse* bis zu *Tauschsystemen* (z.B. Kohlendioxid-Emissionshandel an der Börse).

Wenn Gesellschaft und Politik mehr wollen als das Erfüllen von Minimalstandards durch die Unternehmen, dann funktioniert das nicht mit Regulierung. Das funktioniert nur, wenn die Wirtschaft proaktiv Umweltkriterien in die Unternehmensführung einbringt und sich selbst daran misst. Das tut sie zum Teil auch, erstaunt stellte man in den letzten Jahren das *„Greening of Business"* fest. Steckt dahinter der Glaube an ein ökologisches Wirtschaftswunder? „Green Management" gehört zum Themenbereich der →Corporate Social Responsibility und →Corporate Citizenship.

Der Zusammenhang wird besonders deutlich, wenn Umweltthemen und sonstiges Engagement direkt verknüpft werden, z.B. bei Recycling-Rücknahme von Althandys oder Tonerkartuschen Spende des Unternehmens für gemeinnützige Region, in der das Altgerät abgegeben wurde.

Aber nicht immer besteht die Möglichkeit, aus einer Öko-Aktion einen großen PR-Bonus zu gewinnen. Wenn ein Unternehmen im Büro den Stromverbrauch seiner PCs senkt oder seine Techniker im Außendienst ihre Fahrtrouten optimieren und Benzin sparen lässt, ist das nicht spektakulär.

Unternehmen, die eine „grüne" Strategie verfolgen, integrieren in ihre Geschäftsprozesse die Einhaltung aller gesetzlichen Vorschriften, die kontinuierliche Risikominimierung für Mensch und Umwelt über den gesamten Produktlebenszyklus, und den Aufbau partnerschaftlicher Beziehungen mit den Kunden.

Solche Unternehmen durchlaufen meist drei Phasen: (1) die Vermeidung von Verschmutzung, Müll und Emissionen; (2) die Einführung von *Product Stewardship* als Verantwortung für die eigenen Produkte während ihres gesamten Lebensweges; (3) die Entwicklung innovativer, sauberer Technologien, die die Nachhaltigkeit unterstützen.

Schritt 1 ist der einfachste, bei diesem sind die meisten Unternehmen auch noch stehen geblieben – wohl wissend, dass sie die nächsten Schritte auch irgendwann gehen müssen. Einige wenige Pioniere sind schon bei Stufe 3 und investieren große Summen. Einige streben auch *Partnerschaften und Kooperationsabkommen* mit umweltpolitischen Nonprofit-Organisationen oder auch Regulierungsbehörden an.

Ein Beispiel dafür ist der Unilever-Konzern. Es gibt kein Unternehmen, das mehr Fisch und Meeresfrüchte auf dem Weltmarkt kauft (für Tiefkühl-Produkte). Weil aber die Fischbestände immer weiter sinken, begann Unilever sich Sorgen zu machen, ob „Käpt'n Iglo" demnächst noch genug Kabeljau verarbeiten kann. Der Konzern baute mit dem World Wildlife Fund (WWF) das Marine Stewardship Council auf, um Standards für nachhaltige Fischerei zu setzen. Solche Koalitionen entstehen immer häufiger: Die wirtschaftliche Sinnhaftigkeit erschließt sich im Rückblick sofort, erfordert aber eine Strategiefähigkeit im nichtökonomischen Bereich.

In der Praxis sind solche Unternehmensentscheidung nur dann zu erwarten, wenn (1) der *Vorstand* sich wirklich zum Nachhaltigkeitsprinzip bekennt und die Verantwortung für Umweltangelegenheiten an der Spitze zuweist; (2) Führungskräfte und Mitarbeiter im operativen Teil des Unternehmens ins *„going green"* einbezogen werden; (3) umweltbezogene *Verhaltensrichtlinien* für das Unternehmen explizit formuliert werden; (4) interne

*Anreize* geschaffen werden, die entsprechendes Verhalten belohnen.

Bei diesen weitreichenden Veränderungen geht es offensichtlich nie allein um ökologische oder moralische Fragen, sondern stets auch um Kostenreduktion, effiziente neue Technologie, Marketingchancen und die Strategiefähigkeit einer Firma im Wettbewerb.

Wenn Umweltschutz einen Beitrag zur Wertschöpfung leistet, steht das Interesse der Shareholder auch nicht gegen das der Stakeholder, und für die Volkswirtschaft scheint eine neue *umweltschonende Wachstumspolitik* möglich, weil Umweltschutz als Kostenfaktor zum Nutzenfaktor werden kann.

Die radikalen Verfechter dieser These verlangen darum vom Staat eine ökologische Steuerreform, die eine Effizienzrevolution und den Öko-Kapitalismus entfesselt. Es gibt gute Gründe, hier skeptisch zu sein. Der Konflikt zwischen unternehmerischem, konsumtiven Ressourcenverbrauch und ökologischer Ressourcenschonung ist nicht völlig aufzulösen. Schon gar nicht in einem globalen Wettbewerb.

MARCO ALTHAUS

Franz Alt (2002). Das ökologische Wirtschaftswunder. Aufbau, Berlin. Jens Clausen, Thomas Loew, Kathrin Klaffke (2002). Nachhaltigkeitsberichterstattung. Schmidt, Berlin. Paul Hawken, Jürgen Dünnebier (2000). Öko-Kapitalismus. Riemann, München. Rudolf Häberli, Rahel Gessler, Walter Grossenbacher-Mansuy (2002). Vision Lebensqualität. Nachhaltige Entwicklung: ökologisch notwendig, wirtschaftlich klug, gesellschaftlich möglich. VDF an der ETH, Zürich. Michael Hülsmann, Georg Müller-Christ, Hans-Dietrich Haasis (2004). Betriebswirtschaftslehre und Nachhaltigkeit. DUV, Wiesbaden. Herbert Klemisch (2004). Umweltmanagement und ökologische Produktpolitik. Hampp, Mering. Petra Mathieu (2003). Unternehmen auf dem Weg zu einer nachhaltigen Wirtschaftsweise. DUV, Wiesbaden. John Wasik (1996). Green Marketing and Management. Blackwell, Oxford.

# Unternehmensrepräsentanz

Eine Untemehmens- bzw. Konzernrepräsentanz in der Hauptstadt ist Standort für die Informations- und Kommunikationsarbeit zwischen dem jeweiligen Unternehmen und politischen Entscheidungsträgern, aber auch *Informationsdrehscheibe* für Personen aus dem Politikumfeld, diplomatische Vertretungen, Medien, gesellschaftlichen Gruppen u.a. Dort befmdet sich auch in der Regel der *Arbeitsplatz für die Lobbyisten* des Unternehmens.

Mit der Einrichtung einer Unternehmensrepräsentanz, die auch ein einfaches Büro sein kann, verbinden einige Unternehmen *repräsentative Funktionen* mit der Öffentlichkeitsarbeit (z. B. Automobilkonzerne mit exklusiven Showrooms ihrer schönsten Autos) und damit mit Veranstaltungen und Publikumsverkehr.

Je nach Größe und Lage kann und soll die Repräsentanz dann selbst für „repräsentative" Pflichten als Ort der Selbstdarstellung und Begegnung und für weitere Veranstaltungen genutzt werden.

Die Arbeit in der Repräsentanz dient der firmenspezifischen Interessenvertretung und Politikgestaltung mit dem Ziel, zu informieren bzw. Informationen zu erlangen, um den von der

Politik gesetzten Rahmen für die wirtschaftliche Betätigung des Unternehmens zu sichern und zu erweitern, um sich für öffentliche Ausschreibungen zu positionieren oder um administrative und politische Entscheidungsprozesse zu unterstützen. Sie dient aber auch der kontinuierlichen Informationsbeschaffung sowie dem →Monitoring und der Bewertung firmenrelevanter Themen.

Dazu sollte der Lobbyist seinerseits regelmäßig und vollständig über alle relevanten Vorgänge im Unternehmen informiert und in wichtige Planungen und strategische Überlegungen einbezogen werden.

Merkmale des in Repräsentanzen ausgeübten Firmenlobbyings in Berlin sind:

- *direkte Vorstandszuordnung*,
- *direkter Rückgriff auf die Abteilungen* und Stabsbereiche des Vorstandes bzw. der Firma,
- *Residenzpflicht* der Lobbyisten am Regierungssitz,
- *Repräsentantenstatus* der Lobbyisten als offizieller Botschafter und Ansprechpartner ihrer Firma,
- aktive *Mitwirkung* in der politischen Community, also Anwesenheit und Mitarbeit bei politischen Events, Tagungen, Fachveranstaltungen, Gutachtergremien, Anhörungen, gesellschaftspolitischen Initiativen; in Verbänden sowie Netzwerk-Organisationen und informellen Lobbyistenkreisen (z.B. in Berlin das Collegium).

Die Unternehmensrepräsentanz verdeutlicht den Anspruch an direktes und transparentes Lobbying.

Die Firma des Lobbyisten ist – anders als bei manchen Auftraggebern der Lobbyisten in Agenturen und Beratungsgesellschaften – klar erkennbar, seine Tätigkeit ist dauerhaft, er ist präsent.

Er tritt damit unmittelbar auf und hat neben dem Vorstand seines Unternehmens das Monopol der politischen Vertretung in seiner Person als Angestellter der Firma und durch seine Funktion als Hausherr der Repräsentanz.

Eine Unternehmensrepräsentanz in der Hauptstadt ist für die meisten großen Unternehmen selbstverständlich, bietet sie doch *Sichtbarkeit* auf der politischen Bühne und firmenspezifische Möglichkeiten für Information und Kommunikation, sowie zur Außendarstellung und Interessenvertretung, die weit darüber hinausgehen, was ein Verband oder eine Lobbyagentur zu leisten in der Lage sind.

**WOLF-DIETER ZUMPFORT**

Gunnar Bender, Lutz Reulke, Martin Ledwon (2003). Handbuch des deutschen Lobbyisten. Frankfurt: FAZ. Alexander Bilgeri (2001). Das Phänomen Lobbyismus. Norderstedt: BoD. Ralf Kleinfeld, Annette Zimmer (2004). Lobbying. Opladen/Wiesbaden: VS Verlag für Sozialwissenschaften. Peter Köppl (2003). Power Lobbying: Das Praxishandbuch der Public Affairs. Wie professionelles Lobbying die Unternehmenserfolge absichert und steigert.Wien: Linde. Thomas Leif, Rudolf Speth (Hrsg.) (2003). Die stille Macht. Opladen/Wiesbaden: VS Verlag für Sozialwissenschaften. Hans Merkle (2003). Lobbying. Das Praxishandbuch für Unternehmen. Darmstadt: Primus. Robin Pedler (Hg.)(2002). European Union Lobbying: Changes in the Arena. Palgrave. London. Rinus van Schendelen (2002): Machiavelli in Brussels. The Art of Lobbying the EU. Amsterdam: Amsterdam University Press.

# Verband

Verbände umfassen den intermediären Raum zwischen der Lebenswelt des einzelnen und den Institutionen des politischen und z.T. auch des ökonomischen Systems. Sie sind Zusammenschlüsse mit einer *freiwilligen Mitgliedschaft* (anders als z.B. Kammern), übernehmen die Vertretung individueller Interessen und Bedürfnisse sowie in einigen Fällen die Produktion von Dienstleistungen.

Sie stellen ferner organisierte soziale Gebilde dar, was ein gewisses Ausmaß an *interner Formalisierung* und *Strukturbildung* sowie der Grenzziehung gegenüber der Umwelt impliziert und sie etwa von lockeren Bürgerinitiativen oder spontanen politischen Aktionen unterscheidet. Sie haben in modernen Gesellschaften durch die verfassungsmäßigen *Grundrechte* und die *Koalitionsfreiheit* eine legale Basis erhalten, in deren Rahmen sie Einfluss auf die Politik nehmen.

Zu den Mitteln, die Verbände dabei einsetzen, gehören Informationspolitik (durch Stellungnahmen und Anhörungen), aber auch öffentlicher Druck und Demonstration sowie personelle Verflechtungen, →Lobbying, →Parteispenden bis hin zur →Korruption.

In Verbänden findet die Vielfalt gesellschaftlicher Interessen ihren Ausdruck; so umfasst etwa die „Lobby-Liste" des Deutschen Bundestages, die eigentlich eine Verbände-Liste ist, 1800 Einträge. Allerdings spiegeln sie nicht alle in der Gesellschaft vorhandenen Interessen wider. Zugleich spielen die Ressourcen, die ein Verband zur Lösung bestimmter Probleme zur Verfügung stellen kann (etwa Expertise und Einrichtungen) eine Rolle. Daher besteht zwischen einzelnen Verbänden ein Machtgefälle, was zu kritischen Debatten über ihre Funktion und Legitimation geführt hat.

Die Vielzahl und Unterschiedlichkeit von Verbänden lässt sich in Anlehnung an von Alemann durch eine *Typologie gesellschaftlicher Handlungsfelder* strukturieren. Diese umfassen

- Verbände im Wirtschaftsbereich und in der Arbeitswelt (z.B. Unternehmerverbände, Gewerkschaften, z.T. Verbraucherverbände)
- Verbände im sozialen Bereich (z.B. Sozialanspruchs- und Sozialleistungsverbände, Selbsthilfegruppen)
- Verbände im Bereich Freizeit und Erholung (z.B. Sport- und Musikvereine)
- Verbände im gesellschaftspolitischen Bereich (z.B. politische Gruppen, →Public Interest Groups).
- Verbände im Bereich von Religion, Kultur und Wissenschaft (z.B. Kirchen, Sekten, wissenschaftliche Verbände, Bildungswerke, Kunstvereine).

In der Realität übergreifen sie jedoch vielfach diese Einteilung und sind gleichzeitig in mehreren Handlungsfeldern aktiv bzw. teilweise auch, wie bei den großen Dachverbänden, aus mehreren, z.T. relativ unabhängigen Organisationen zusammengesetzt.

In Anlehnung an vier grundlegende theoretische Ansätze lassen sich verschiedene *Struktur- und Handlungsmuster* unterscheiden. Verbände artikulieren und repräsentieren die unterschiedlichen Interessenlagen einer modernen, pluralistischen Gesellschaft und gelten als notwendiges Element im demokratischen Willensbildungsprozess. Ihre Legitimität wird gerade auch gegenüber einem staatlichen Souveränitätsdenken betont.

Die *Pluralismusforschung* befasst sich intensiv mit den vielfältigen Aktivitäten von Interessengruppen und ihre Einflußnahmen auf staatliche Entscheidungen. Dabei betont eine v.a. in der Bundesrepublik wichtige *Neopluralismus*-Schule die Bedeutung von (staatlich gesetzten) Verfahrensregeln der Konfliktaustragung und die innere demokratische Verfassung der Verbände. Im Unterschied dazu konzentriert sich der *Neokorporatismus*-Ansatz auf Verhandlung und die Durchführung abgestimmter Maßnahmen im Bereich der Wirtschafts- und Sozialpolitik.

Im Mittelpunkt stehen v.a. die zentralisierten Großverbände wie die Gewerkschaften und Arbeitgeberverbände, Landwirtschaftsverbände sowie Wohlfahrts- und Ärzteverbände und ihre Steuerungspotentiale. Zudem wird die *verbandliche Selbstregulierung* („Private Interessenregierungen") wie z.B. in der *technische Normung* untersucht.

*Systemtheoretische* Ansätze betonen den Beitrag, den Verbände für das politische System leisten. Eine wichtige Funktionsbestimmung ist die der Integration sowie die Unterscheidung zwischen Interessenaggregation durch Parteien und die Interessenartikulation durch Verbände.

Die frühen Vertreter dieser Richtung sind wegen ihrer statischen und System stabilisierenden Orientierung vielfach kritisiert worden; beispielsweise im Hinblick auf harmonische Gleichgewichtsvorstellungen oder die Annahme, dass eine gewisse Apathie der Mitglieder durchaus funktional sei.

Verbände und ihre Mitglieder werden ferner (v.a. in der neuen politischen Ökonomie) als Akteure werden betrachtet, die danach streben, ihren Nutzen zu maximieren. Ein solches rationales Verhalten lässt jedoch die Mitarbeit in einem Verband als wenig effizient erscheinen, da die Ergebnisse der Verbandspolitik, etwa eine gesetzliche Regelung, häufig allen Bürgern und nicht nur Mitgliedern zugute kommt. Besonders bei großen Verbänden wird Trittbrettfahrer-Verhalten problematisch und muss seitens der Organisation durch selektive Anreize wie Zeitschriften, Beratung und andere Dienste ausschließlich für Mitglieder kompensiert werden. Auch das politische Verhalten und die gesamtgesellschaftlichen Auswirkungen von Interessenorganisationen läßt sich nach diesem Argumentationsmuster erklären: *kleine Verbände* sind im Unterschied zu großen und umfassenden Organisationen eher in der Lage, Kosten abzuwälzen und verhindern dadurch effiziente Entscheidungen in Politik und Wirtschaft. Insgesamt hat sich inzwischen die Vorstellung durchgesetzt, dass die Verbändelandschaft äußerst *heterogen* ist und nicht durch einen theoretischen Ansatz befriedigend zu erklären ist.

Gegenwärtig fokussiert sich die Forschung zunehmend auf *Krisenerscheinungen* v.a. der Tarifparteien; bei diesen zeigt sich eine *nachlassende Rekrutierungs- und Bindungsfähigkeit*, was mit Schlagworten wie „Aussterben der Stammkunden" oder „Tarifflucht"

signalisiert wird. Dies ist die Folge der gewandelten soziökonomischen und politischen Rahmenbedingungen und mangelnder organisatorischer Anpassung andererseits.

JOSEF SCHMID

Alemann, Ulrich von (1987). Organisierte Interessen in der Bundesrepublik; Opladen. Schmid, Josef (1998). Verbände. Interessenvermittlung und Interessenorganisationen. Ein Lehr- und Arbeitsbuch. München. Aus Politik und Zeitgeschichte (2000): Themenheft Verbände, B 26-27/00. Bonn. Sebaldt, Martin (1997). Organisierter Pluralismus. Kräftefeld, Selbstverständnis und politische Arbeit deutscher Interessengruppen, Opladen.

# Verbandsmanagement

Verbände sind in Deutschland in vielfältiger Art und Weise in politische Entscheidungen eingebunden. Als Akteure innerhalb des politischen Systems vertreten sie die Interessen ihrer Mitglieder gegenüber der Politik, Wirtschaft und Gesellschaft. Verbände sind aber häufig auch selbst *Adressat der Politik*, z. B. wenn es gilt, bei der Implementierung politischer Entscheidungen ihr Repräsentationsprivileg gegenüber den Mitgliedsunternehmen zu nutzen (bei *freiwilligen Selbstverpflichtungen* und *Selbstregulierungen*). Verbände befinden sich somit in einer Position, in der sie zwar die Interessen ihrer Mitglieder nach außen vertreten, gleichzeitig aber auch aus diesem Grund eingegangene Verpflichtungen mit der Politik gegenüber ihren Mitgliedern durchsetzen. Wird an dieser Stelle von Verbänden gesprochen, so sind damit in erster Linie Unternehmensverbände gemeint. Der Begriff umfasst grundsätzlich auch eingetrage-

ne und nicht-eingetragene Vereine genauso wie Kammern oder z. B. Kirchen.

**Vereinigungs- u. Koalitionsfreiheit.** Verbände erhalten ihre rechtliche Legitimation durch die Vereinigungsfreiheit und Koalitionsfreiheit des Artikels 9 GG, im Sinne der politischen Interessenvertretung auch in Verbindung mit Artikel 17 (Petitionsrecht) zu sehen.

Verbände sind aber als solche im Grundgesetz nicht erwähnt. Danach haben alle Deutschen das Recht, Vereine und Gesellschaften zu bilden. Die Vereinigungsfreiheit gilt also nicht nur für Personen oder Personengruppen, sondern auch für Gesellschaften des bürgerlichen oder Privatrechts (OHG, GmbH, AG etc.). Das Gesetz versteht unter einem Verein – unabhängig von der Rechtsform – jede Vereinigung, zu der sich eine oder mehrere Personen(gruppen) zu einem gemeinsamen Zweck freiwillig zusammengeschlossen und einer *organisierten Willensbildung* unterworfen haben. Von der Vereinigungsfreiheit zu unterscheiden ist die Koalitionsfreiheit (Art. 9, Abs. 3 GG). Diese räumt „jedermann das Recht zur Wahrung von Arbeits- und Wirtschaftsbedingungen Vereinigungen zu bilden" ein. Die Koalitionsfreiheit schützt insbesondere *Gewerkschaften* und *Arbeitgeberverbände*. Während sich Unternehmensverbände in der Ausübung ihrer Tätigkeit überwiegend der Rechtsform eingetragener Vereine bedienen, sind Gewerkschaften (traditionell bedingt) häufig nicht in Vereinsregister eingetragene Vereine.

**Wirtschaftsverbandstypen.** Inhaltlich lassen sich Unternehmensverbänden in Wirtschaftsverbände (z. B. der Bundesverband der Deutschen Industrie, BDI), und Arbeitgeberverbände (z. B. die Bundesvereinigung der Deutschen Arbeitgeberverbände, BDA) unterscheiden. *Wirtschaftsverbände* vertreten die wirtschaftlichen Interessen der Unternehmen, während *Arbeitgeberverbände* Unternehmen in deren Position als Arbeitgeber, d. h. in gesellschafts- und sozialpolitischen Interessen (z. B. Tarifverhandlungen) vertreten.

Darüber hinaus lassen sich Verbände auch organisatorisch nach Dachverbänden und Mitgliederverbänden unterscheiden. BDI und BDA sind *Dachverbände*. Sie rekrutieren ihre Mitglieder selbst aus branchenübergreifenden *Spitzenverbänden*, während Mitgliedsverbände ausschließlich Unternehmen als Mitglieder haben.

**Personal und Infrastruktur.** Personelle und infrastrukturelle Ressourcen zwischen Dachverbänden und Verbänden unterscheiden sich sehr stark. Dachverbände wie BDI und BDA arbeiten in ihren Hauptgeschäftstellen in Berlin jeweils mit ca. 150 Mitarbeitern in eigenen Fachabteilungen sowie mit zusätzlichen *Kontaktbüros* u. a. in Brüssel, Washington und Tokio.

Diese Verbände werden im internen Verbandsmanagement von einem *Hauptgeschäftsführer* bzw. *mehreren Geschäftsführern* geführt. Die Geschäftsführer arbeiten hauptamtlich für den Verband und sind für die Arbeit des Verbandes sowie dessen strategische Ausrichtung verantwortlich. Geschäftsführer unterstützen in dieser Funktion den ehrenamtlich arbeitenden Präsidenten des Verbandes. Dieser steht dem Verband formal vor, übernimmt aber vorwiegend repräsentative Aufgaben. Kleinere Unternehmensverbände werden hingegen häufig von ehrenamtlichen Geschäftsführern geleitet. Die Geschäftsstellen dieser Verbände bestehen zumeist aus weniger als fünf Angestellten, der Geschäftsführer ist häufig über ein eigenes Mitgliedsunternehmen mit dem Verband verbunden.

**Mandatsgeschäftsführung.** Die dennoch umfangreichen und anspruchsvollen Aufgaben auch kleinerer Verbände haben hier das Modell der *Mandatsgeschäftsführung* von Verbänden entstehen lassen.

Die Geschäftsführung eines Verbandes wird dabei an einen *externen Dienstleister* übertragen. Damit muss für den Verbandsbetrieb keine eigene Infrastruktur (einschließlich der personellen Ressourcen) aufgebaut und vorgehalten werden. In Zeiten sinkender Mitgliedszahlen stellen Mandatsgeschäftsführer für Verbände die Möglichkeit dar, Kosten in erheblichem Maße zu senken, da der Aufwand für eine eigene Geschäftsstelle mehr als 350.000 Euro jährlich betragen kann.

**Finanzierung.** Die Finanzierung des Geschäftsbetriebes erfolgt in Unternehmensverbänden fast ausschließlich über *Mitgliederbeiträge*. Weitere Mittel können über *Spenden* und *Sponsoring* eingeworben werden.

Die Finanzierung von außerordentlichen Maßnahmen erfolgt i. d. R. auf Basis von *Sonderumlagen*. Die Höhe von Mitgliedsbeitrag und Sonderumlage orientiert sich dabei an der Größe des Mitgliedsunternehmens.

**Innerverbandliche Demokratie.** Die Organisation von Verbänden ist je nach historischer Entwicklung höchst unterschiedlich, doch folgt sie meist dem beschriebenen Schema: Mitgliederversammlung, ehrenamtliches Präsidium und Vorstand, hauptamtliche Geschäftsführung, gemischt besetzte Ausschüsse. Die Beschlussfassung in den Verbandsgremien erfolgt je nach Satzung mit einfacher oder qualifizierter Mehrheit. Diese Mehrheiten ergeben sich nicht von selbst, zumal die Mitglieder auf dem Markt oft miteinander in Konkurrenz, Kunden-Lieferanten- oder Abhängigkeitsverhältnissen stehen. Ob es um Lohnniveau, technische Normen, Steuerparagraphen, Handels- oder Ausbildungsstandards geht: Jeder Verband ist zumindest zum Teil dem Charakter nach eine *Solidargemeinschaft*, in der die Kompromissbereitschaft und die Einhaltung demokratischer Regeln, auch von Mehrheitsbeschlüssen, von zentraler Bedeutung sind. Abstimmungsprobleme und zeitintensive Willensbildung mögen nach außen den Eindruck von Schwerfälligkeit vermitteln. Sie sind aber die Folge der demokratischen Verbandsverfassung.

**Interessenartikulation.** Um die Interessen der Mitgliedsunternehmen nach außen wirkungsvoll kommunizieren zu können, bedarf eines funktionierenden Managements innerhalb des Verbandes – umso mehr, wenn Verbände durch *heterogene Mitgliederstrukturen* gekennzeichnet sind (unterschiedliche Unternehmensgrößen, Absatzmärkte, Zielgruppen etc.).

Die Interessenbildung und –festlegung innerhalb eines Verbandes ist damit eine wesentliche Determinante des Erfolges für die glaubhafte Positionierung und Akzeptanz als Verhandlungspartner gegenüber Entscheidungsträgern in Politik und Verwaltung. Für die Interessenartikulation und Interessendurchsetzung sind dabei die Generierung eigener *Fachinformationen* und die Bereitstellung von Expertisen unerlässlich. Diese entstehen auch in den spezialisierten *Ausschüssen* eines Verbandes.

Verbände verfügen über branchenspezifisches Fachwissen und technisches Know-How, welches es bei der Einflussnahme auf politische Entscheidungsprozesse gilt. Dies unterstreicht auch die Notwendigkeit eines funktionierenden Informations- und →Wissensmanagements innerhalb eines Verbandes. Hierzu zählt die frühzeitige Sondierung und Erzeugung von Interessenkoalitionen über die eigenen Verbandsgrenzen hinaus.

**Managementqualifikation.** Die Leistungsfähigkeit eines Verbandes ist vom Organisationsgrad und der Professionalität des Managements abhängig.

Eine entscheidende Variable dabei ist die personelle und materielle Ausstattung eines Verbandes. Von besonderer Bedeutung ist in diesem Zusammenhang die Qualifikation der Mitarbeiter und insbesondere der Führungsspitze eines Verbandes. Hervorragende Kenntnisse in Fragen des klassischen Managements sind genauso unerlässlich, wie strategische Fähigkeiten und operative Kompetenz im Bereich der internen Kommunikation mit Mitgliedern und Gremien, der Interessenrepräsentation (➜Lobbying) und der politischen Kommunikation (➜Public Relations) mit allen relevanten Stakeholdern des Verbandes.

Hierzu zählt ein Datenbank-basiertes Wissens- und Kommunikationsmanagement genauso, wie der Einsatz von modernen Informationstechnologien.

SVEN RAWE

Lakes, Beate (1999): Strategische Verbandsführung, Wiesbaden, Deutscher Universitäts-Verlag. Martell, Helmut (2002): Verbandslobbyismus in der politischen Welt. In: Becker-Sonnenschein,Stephan / Schwarzmeier, Manfred (Hrsg.): Vom schlichten Sein zum schönen Schein? Kommunikationsanforderungen im Spannungsfeld von Public Relations und Politik, Wiesbaden:Westdeutscher Verlag, 105-124. Triesch, Günter / Ockenfels, Wolfgang (1995): Interessenverbände in Deutschland. Ihr Einfluss in Politik, Wirtschaft und Gesellschaft, München. Olzog. Steltemeier & Rawe (2003):Verbändeumfrage: So arbeiten deutsche Interessenverbände, Berlin. Zechlin, Jürgen (1999): Verbandsmanagement im Strukturwandel. Analysen - Kommentare - Erfahrungen, Köln, Fossil-Verlag.

# Verbraucherpolitische Angelegenheiten

## Consumer Affairs

Es gehört zu den wichtigsten gesellschaftlichen Verpflichtungen von Unternehmen, Verbrauchern nicht nur Güter und Dienstleistungen zur Verfügung zu stellen, sondern dies auch preisgünstig, kundenfreundlich, unbürokratisch und sicher. Die Politik lässt keinen Tag aus, um dies der Wirtschaft (und auch ihren Lobbyisten) deutlich zu machen; und diese antwortet nicht selten mit nahe liegenden Retourkutschen über die Responsivität und Effizienz des öffentlichen Sektors.

Service, Kundendienst und Produktqualität sind aber nur eine Seite der verbraucherrelevanten Themen. Bei Verbraucherpolitischen Angelegenheiten (Consumer Affairs) geht es um die Beobachtung, Analyse und Bewertung des *Konsumentenverhaltens* sowie der Tätigkeit von *Verbraucherschutzorganisationen.* Aufgabe der Public-Affairs-Verantwortlichen ist es, *Verbrauchervertrauen* zu erhalten und den *Absatzmarkt zu schützen,* indem zu weit gehende Schutzbestrebungen und Überregulierung verhindert werden. Der „mündige Verbraucher" muss noch etwas zu entscheiden haben, dazu gehören auch akzeptable Risiken.

Dazu gehört es, Unternehmen und Verbände darin zu unterstützen, Informations- und Kommunikationsprogramme bei Verbraucherfragen und wichtigen Trends zu entwickeln (➜Issues Management), auch im Sinne der *Teilhabe und Beteiligung von Verbrauchern* bei Produktinnovationen. Sie beugen so juristischen Auseinandersetzungen, Schadenersatzforderungen, Imageschäden durch ➜Kampagnen und übertriebener Regulierung (➜Regulierungsmanagement) vor. Nicht wenige Politiker bauen ihre Karrieren auf einem Image als Verbraucheranwalt, und Organisationen und Medien kennen die Brisanz vieler Verbraucherthemen.

Public Affairs kann auch Prozesse des *Qualitätsmanagements* (z.B. ISO-Normen) begleiten, die Entwicklung freiwilliger *Verhaltenskodizes* oder Qualitätssiegel für eine Branche, das *Beschwerdesystem* für Kunden und die Kommunikation von *Rückrufaktionen* bei fehlerhaften Produkten.

Public Affairs reagieren damit auf die *Verbraucherschutzbewegung* (*Konsumerismus*), die die ungleiche Beziehung zwischen Käufer und Verkäufer zugunsten des Käufers verändern will. Dabei nutzen Verbraucherschützer viele Möglichkeiten des direkten und indirekten ➜Lobbying, um Gesetzgeber und Behörden zu beeinflussen.

Ihre Forderungen lassen sich so zusammenfassen: (1) Recht auf *Gesundheit* und *Sicherheit:* Schutz gegen die Vermarktung von gefährlichen oder gesundheitsschädlichen Gütern und Dienstleistungen; (2) Recht auf Unterrichtung, *Aufklärung*, umfassende Information: Schutz gegen betrügerische oder irreführende Informationen, Werbung, Etikettierung, und Verpflichtung der Hersteller und Händler zur

Weitergabe aller für eine informierte Kaufentscheidung relevanten Informationen über das Produkt; (3) Recht auf Schutz der wirtschaftlichen Interessen und der *Auswahlmöglichkeiten:* die Möglichkeit, zwischen verschiedenen Produkten und Dienstleistungen zu akzeptablen, transparenten *Preisen* ohne Qualitätseinbußen wählen zu können; (4) Recht auf *Gehör* und politische Interessenvertretung bei verbraucherrelevanten Entscheidungen. Diese von einer amerikanischen *Consumer Bill of Rights* (1960) inspirierte, von der Europäischen Kommission 1975 aufgegriffene Rechteliste müsste heute ergänzt werden durch (5) das Recht auf *Datenschutz* und Privatsphäre: Schutz vor Weitergabe persönlicher Daten ohne Einwilligung, vor aufdringlicher Werbung (Spam, Telemarketing) usw.

**Marktentwicklungen.** Hersteller, Handel und Verbraucher sehen sich heute einem komplexen *Produktangebot* gegenüber. Ein PC ist komplizierter als ein Rechenschieber, und auch ein VW Golf ist heute ein sehr viel komplizierteres Produkt als vor 25 Jahren. Je komplexer die Güter werden, desto schwieriger wird es selbst für den technisch versierten Käufer, ihre Qualität ohne hinreichende Zusatzinformationen zu beurteilen. Auch Dienstleistungen werden immer spezialisierter angeboten. Die Leistungen eines Anwalts, Steuerberaters, Krankenhauses oder einer Hochschule sind teuer, aber für den Laien schwierig zu bewerten (➜Professionalisierung).

Zugleich nimmt die Zahl der *Werbebotschaften* täglich zu, sowohl die

Medien als auch der Werbestil fordern dem Verbraucher immer mehr ab. Er konsumiert Unmengen von Werbung, doch in der Reizüberflutung liegt ein geringer Informationswert für die rationale Kaufentscheidung.

Schließlich sind *Haftungsfragen* und die Sicherheit von Produkten in der Vergangenheit oft übergangen worden. Ob es um allergieauslösende Kosmetika, Überspannung in Elektrogeräten, unfaire Verträge bei Krediten und Geldanlagen, Zusatzstoffe in Lebensmitteln, Abgase von Motoren, gebührenpflichtige Mehrwert-Telefondienste, Giftrückstände in Kleidung oder unbekannte Risiken von Gentechnik-Tomaten geht: Da niemand außer den Herstellern selbst dafür sorgen kann, dass die Produkte unbedenklich sind, wenden sich die Verbraucher an sie.

**Gesetzgebung.** Der Gesetzgeber ist mit zahlreichen Vorschriften den Forderungen der Verbraucherschutzbewegung gefolgt, z.B. Informationspflichten, Sicherheitsstandards, Preisüberwachung, Produkthaftung, Diskriminierungsverbote. Hinzu kam die Errichtung einer ganzen Reihe von Regulierungsbehörden, Beiräten der Ministerien und Forschungsinstituten, die ebenfalls der Überwachung dienen.

Verbraucherschutz ist wie Umweltschutz eine klassische *Querschnittsaufgabe*. Welches Ministerium sich um einen Missstand oder Regelungsbedarf kümmert, war bis zur Bildung des Bundesministeriums für Verbraucherschutz (2000) stets unklar. Auch in der EU-Kommission gibt es eine Generaldirektion Gesundheit und Verbraucherschutz.

Ein Verbraucherschutz-Gesetzbuch gibt es nicht, stattdessen regeln Technische Vorschriften und Einzelgesetze (zunehmend auch EU-Vorschriften) die Problematik, oft in Verbindung mit Arbeitsschutz, Umweltschutz und anderen Gebieten. Verbraucherschutzvorschriften finden sich in so unterschiedlichen Normen wie dem BGB, dem Lebens- und Futtermittelgesetzbuch, Arzneimittelgesetz, im Mieterrechtsreformgesetz oder der Insolvenzordnung.

**Historischer Ursprung.** Der Beginn des Verbraucherschutzes in Deutschland ist eng mit der Arbeiterbewegung verknüpft, aus den Konsumgenossenschaften entstanden, dann auch Mietervereine und Baugenossenschaften. Die Frauenbewegung spielte ebenfalls eine große Rolle. Später kam die Ökologiebewegung hinzu.

Verbraucherschutz ist aufgrund seiner gesellschaftlichen Herkunft nicht nur eine staatliche Aufgabe, sondern wird vor allem bei Beratung und Veröffentlichungen durch Vereine getragen *(Verbraucherzentralen, Hausfrauenvereine)*. Diese erhalten meist *öffentliche Zuschüsse*, z.B. aus den Wirtschaftsministerien der Länder. Neben den allgemeinen Organisationen gibt es *Kundenvereinigungen*, die von Privatpersonen (z.B. Fahrgastverband Pro Bahn) oder von kleineren und mittleren Unternehmen (z.B. Verband der Postbenutzer oder Energieverbraucher) getragen werden. Auch *Wohlfahrtsverbände* wie AWO, Caritas und Diakonie sind im Verbraucherschutz aktiv (z.B. Schuldnerberatung).

**Warentest.** Für den deutschen Verbraucherschutz spielen vergleichende

Warentests von allgemein anerkannten Organisationen eine wichtige Rolle. Seit 1964 ist es die von der Bundesregierung ins Leben gerufene unabhängige *Stiftung Warentest*, die erheblichen Einfluss auf Konsumentscheidungen hat. Heute sind Hersteller auf gute Testergebnisse stolz und nutzen sie in der Werbung, aber der Stiftungsgründung gingen massive politische und juristische Auseinandersetzungen zwischen Verbraucherschutz-Lobby und Wirtschaft voraus.

**Verbraucherschutz-Lobby heute.** Professionelle Lobbyarbeit als Dachverband von 16 Länder-Verbraucherzentralen und 21 Einzelvereinen betreibt der 2000 (mitten im größten deutschen Lebensmittelskandal, der BSE-Krise) gegründete Verbraucherzentrale Bundesverband (VZBV), in dem die Arbeitsgemeinschaft der Verbraucherverbände, der Verbraucherschutzverein und die Stiftung Verbraucherinstitut aufgegangen sind. Neben dem Lobbying sind Verbraucherrechtsschutz und die Weiterbildung der in der Verbraucherarbeit Beschäftigten seine Aufgaben.

Mit „Wahlprüfsteinen" nimmt er Einfluss auf die Parteien im Wahlkampf.

Er nutzt neben eigenen Publikationen auch die Medienwirkung von Verbraucherthemen. Daneben sind aber zahlreiche andere Verbände und Vereine aktiv, die ihrerseits Verbraucher- und Nachfragerinteressen vertreten.

**Medien.** Die Medien setzen heute stark auf praktische Ratgebermagazine und Serviceseiten, Internetseiten zu Verbraucherthemen sind populär. Der massive Konflikt zwischen hohem Qualitätsanspruch und Nachhaltigkeit einerseits und Discounter-Schnäppchenjägerei andererseits stärkt, ebenso wie die mediale Dynamik bei ➔Skandalen, die Bedeutung der verbraucherpolitischen Angelegenheiten.

MARCO ALTHAUS

David Bosshart (2004). Billig: Wie die Lust am Discount Wirtschaft und Gesellschaft verändert. Ueberreuter, München. Bundesministerium für Verbraucherschutz, Ernährung und Landwirtschaft (Hrsg.) (2003): Verbraucherinformation als Instrument der Verbraucherpolitik - Konzeptpapier des wissenschaftlichen Beirates „Verbraucher- und Ernährungspolitik beim BMVEL, Hannover/Berlin. J. Lackmann (2002) (Hrsg.). Verbraucherpolitik und Verbraucherbildung, PH, Weingarten. Ursula Hansen, U. Schrader (2001). Nachhaltiger Konsum – Forschung und Praxis im Dialog. Campus, Frankfurt. Klaus Henning (2004). Verbraucherschutz und Partizipation aus der europäischen Perspektive. BVW, Berlin. Werner Kroeber-Riel, Peter Weinberg, (2004). Konsumentenverhalten. Vahlen, München.Renate Künast (2000). Klasse statt Masse. Econ, Berlin. Edda Müller (2001): Grundlinien einer modernen Verbraucherpolitik, in: Das Parlament, H. 24: 6-15.

# Strategie, Führung und Ethik

Strategisches Denken zu ermöglichen und in einem konflikt-reichen Umfeld strategisch zu führen, legitimiert den Beitrag der Public Affairs zur Wertschöpfung und Effektivität von Unternehmen und Organisationen.

In diesem Abschnitt gehen die Beiträge auf die zentralen Konzepte und Theorien ein, die für ein umfassendes Public-Affairs-Programm die Grundlage sind: Sie beschäftigen sich mit den persönlichen, strategischen und institutionellen Be-dingungen für das Erreichen politischer Ziele im Kontext des Wettbewerbsverhaltens aller Beteiligten und der notwendi-gen Planungsprozesse.

Manches strategische Dilemma basiert auf einem ethischen Problem; um es lösen zu können, steht die Auseinander-setzung mit Werten, Normen und Verhaltensregeln an erster Stelle. Dies gehört zu den Führungsfunktionen in Unterneh-men und politischen Organisationen. Führung ist nicht das gleiche wie Management, bedingt jedoch erfolgreiches, effek-tives Management.

Während Führung die Werte und Ziele einer Gruppe artiku-liert, muss Strategie das Erreichen dieser wertgebundenen Ziele mit Hilfe des Managements sicherstellen. So arbeiten sich die Übersichtsartikel durch das Spannungsfeld zwischen Werteorientierung und Ergebnisorientierung, zwischen Zweck, Ziel und Wahl der Mittel.

# Corporate Citizenship

Corporate Citizenship (CC) ist ein vergleichsweise junger Begriff, dessen Bedeutung seit den neunziger Jahren des vergangenen Jahrhunderts jedoch geradezu exponentiell in Kreisen der Wirtschaft, der Politik und der Wissenschaft zugenommen hat. Eine häufig vorzufindende Übersetzung ins Deutsche ist die des *gesellschaftlichen* oder *bürgerschaftlichen Engagements von Unternehmen.*

Corporate Citizenship äußert sich im Bestreben eines Unternehmens als *„guter Bürger der Gesellschaft"* wahrgenommen zu werden. Die Bedeutungszunahme des Ansatzes kommt in der vermehrten Bezugnahme in der Unternehmenskommunikation bei vielen Firmen zum Ausdruck sowie in der Erklärung des World Economic Forum zu Global Corporate Citizenship, in der Schaffung des Global Compact der Vereinten Nationen, in zahlreichen wissenschaftlichen Publikationen und der Schaffung von wissenschaftlichen Instituten, die sich der Forschung und Lehre zum Thema Corporate Citizenship verschrieben haben.

Ungeachtet der starken wissenschaftlichen Auseinandersetzung mit der Thematik und der Anwendung von bzw. der Bezugnahme auf CC insbesondere in weiten Kreisen transnationaler Unternehmen gibt es keine einheitliche Definition von Corporate Citizenship. Die bestehenden *Definitionen und Ansätze* lassen sich zum Großteil jedoch zwei Gruppen zuordnen, die sich durch ihr Verhältnis zu →Corporate Social Responsibility (CSR) unterscheiden.

*Definitionen der ersten Gruppe* sind dadurch gekennzeichnet, dass Corporate Citizenship verschiedene Formen wohltätiger Handlungen des Unternehmens umfasst und auch als (strategische) Philantropie bezeichnet. Im anglo-amerikanischen Raum wird dies häufig als *Corporate Giving* oder „giving back to society" beschrieben. Ein Zurückgeben an die Gesellschaft insofern, als dass die Gesellschaft Unternehmen wirtschaftliche Erfolge erst ermöglicht.

Eine beispielhafte Form dieser Sichtweise äußert sich in dem Viersäulen-Modell zu CSR von Carroll (1998). Danach umfasst CSR eine ökonomische, rechtliche, ethische und eine philantropische Verantwortung. Letztere wurde von Carroll als Corporate Citizenship bezeichnet. In diesem Verständnis nimmt Corporate Citizenship folglich einen *Teilbereich* von Corporate Social Responsibility ein.

*Definitionen der zweiten Gruppe* erachten Corporate Citizenship und Corporate Social Responsibility als *austauschbare Begriffe.* Bestehende konzeptionelle Überlegungen zu CSR bekommen danach nur ein neues Gewand durch die Benennung als Corporate Citizenship. Umfangreichere konzeptionelle Neuerungen bleiben dabei aus. Ein Vertreter dieser Sichtweise ist wiederum Carroll, der einige Jahre nach der Entwicklung seines Viersäulen-Modells zu CSR von den *vier Gesichtern des Corporate Citizenship* spricht. Diese vier Gesichter entsprechen den vier Säulen von Corporate Social Responsibilty.

Hier stellt sich die Frage, weshalb der neue Begriff des Corporate Citizenship eingeführt wurde, wenn sich dahinter bereits bestehende Ansätze „verbergen"?

Als Erklärungsansatz hierfür können die Begrifflichkeiten an sich herangezogen werden. Viele Unternehmensvertreter sind gegenüber dem Begriff Corporate Social Responsibility nicht grundsätzlich positiv eingestellt, da er so interpretiert werden könnte, dass Unternehmen bisher nicht verantwortlich gehandelt hätten oder dies dem bisherigen Geschäftverhalten entgegenstehe. Hingegen hat Corporate Citizenship insofern einen *positiveren Bedeutungsumfang*, als dass sich Unternehmen im Rahmen von Corporate Citizenship als Teil der Gesellschaft verstehen und ihren *Platz neben anderen Organisationen und Bürgern* einnehmen.

In dieser Gemeinschaft sind die Mitglieder gegenseitig voneinander abhängig und *aufeinander angewiesen*. Citizenship fokussiert damit auf die *Rechte und Verantwortlichkeiten* der Mitglieder in der Gemeinschaft. Somit ist es nicht weiter verwunderlich, dass der Ausdruck Corporate Citizenship und das Verständnis von Unternehmen als guter Bürger erst von Praxisvertretern entwickelt und von Seiten der Wissenschaft erst danach aufgegriffen wurde.

Aus Sicht von Vertretern einer neueren dritten Richtung greift ein derartiges Übertragen von Citizenship bzw. Citizen auf Unternehmen jedoch zu kurz. Danach können Unternehmen *nicht den Status von Bürgern erlangen*, sondern vielmehr ist es ihre Aufgabe, bestimmte Aspekte von *Citizenship für Bürger zu übernehmen*. Diese, seit einigen Jahrzehnten teilweise von staatlichen Institutionen übernommenen Aspekte betreffen Sozialrechte (z.B. Recht auf Bildung), Bürgerrechte (z.B. Versammlungsfreiheit) und politische Rechte (z.B. Recht auf Teilhabe an politischen Prozessen). Es ist jedoch fraglich, ob diese Sichtweise Anklang findet. Wenn Unternehmen *Aufgaben des Staates* (wieder) wahrnehmen sollen oder gar müssen, ist der Aspekt der *Freiwilligkeit in Frage gestellt*. Corporate Citizenship geht jedoch nicht nur über die eigentliche Geschäftätigkeit hinaus, sondern erfolgt freiwillig.

Dementsprechend stoßen heute primär die beiden ersten Sichtweisen auf Interesse. Sieht man CC als philantropischen Ansatz an, so kommen hier insbesondere drei instrumentelle Umsetzungsvarianten zum Tragen:

- **Corporate Giving:** Unterstützung von gemeinnützigen Organisationen, Projekten oder Aktivitäten durch Spenden; Errichtung von gemeinnützigen Stiftungen usw.
- **Corporate Volunteering:** Einsatz von Personalressourcen eines Unternehmens für gesellschaftliche Anliegen; Unterstützung durch Geld- und

Sachmittel des Unternehmens usw.

Bewegt sich das Verständnis von Corporate Citizenship in Richtung CSR, so beschränkt sich CC nicht auf einzelne Wohltätigkeitsaktionen, sondern *folgt einer langfristigen und koordinierten Strategie*, nutzt die spezifischen Kompetenzen und Ressourcen des Unternehmens, bildet Partnerschaften und kommuniziert hierzu aktiv mit den ➜ Stakeholdern.

Im Unterschied zu der vorherrschenden CSR-Literatur diskutieren Publikationen zu CC stärker *operative Umsetzungsmaßnahmen*, die auch explizit den für das Unternehmen anfallenden *Nutzen* konkreter zu klären versuchen.

Zusätzlich zu den philanthropischen Maßnahmen erlangen vor allem folgende *explizite Aktivitäten des CC* Bedeutung:

- **Official Giving,** bei dem auch eine gezielte Werbewirkung auf das Unternehmen fällt: Sponsoring, Fördermittel des Unternehmens, unentgeltliche Zurverfügungstellung von Produkten usw.
- **Know-how Support:** Übernahme kaufmännischer Arbeiten für NGOs, Unterstützung bei der Erstellung von betriebswirtschaftlichen Konzepten von NGOs usw.
- **Corporate Community Investment:** Regionales Engagement an Standorten

Zu den wichtigsten *impliziten Aktivitäten des CC* zählen:

- **Geschäftsintegrität:** Redlichkeit im Verhalten gegenüber Stakeholdern
- **Art der Produkte und Produktqualität:** keine gesellschaftlich problematischen Produkte und keine versteckten Mängel
- **Verteilungsgerechtigkeit:** die vom Unternehmen erarbeitete Wertschöpfung wird gerecht verteilt

Dabei können mit Corporate Citizenship diese *Ziele* verfolgt werden:

- Legitimation der Unternehmenstätigkeit und Sicherung der sozialen Akzeptanz („reservoir of goodwill")
- Verbesserung der Ausgangslage für Kooperationen mit gesellschaftlichen Anspruchsgruppen („licence to cooperate")
- Reduktion von Widerständen und Reibungsverlusten im Umgang mit gesellschaftlichen und politischen Akteuren („licence to operate")
- Steigerung der Wettbewerbsfähigkeit des Unternehmens
- Steigerung des allgemeienen Unternehmenswertes
- Aufbau und Sicherung von Reputation und positivem Image

Ein allgemein akzeptierter Ansatz von Corporate Citizenship existiert bisher nicht. Maßnahmen zur *Operationalisierung* von Corporate Citizenship werden derzeit laufend weiter entwickelt und getestet, wobei teilweise die Grenze zu den primär geschäftsorientierten Kommunikations- und Marketingaktivitäten verschwimmt, wie zum Beispiel beim Sponsoring.

Die Herangehensweise über die Definition von Citizenship als Bürgerschaft und die Ableitung von Rechten und Pflichten eines Unternehmens als in die Gesellschaft eingebettete Institution kann hilfreich sein, zukünftig zu allgemein anerkannten Grundcharakteristika von Corporate Citizenship zu gelangen. Gegenwärtig gibt es jedoch noch starke Unterschiede im Verständnis, wie stark Corporate Citizenship marktorientiert sein soll oder darf, welche Themenbereiche darunter fallen und vor allem wie das Verhältnis zu anderen Ansätzen wie Corporate Social Responsibility, Corporate Philantropy, Stakeholder-Dialog aussehen kann.

FRANK DUBIELZIG, STEFAN SCHALTEGGER

Carroll, A. (1998): „The Four Faces of Corporate Citizenship", Business and Society Review, Vol. 100/101, 1-4. Habisch, A. & Schmidpeter, R. (2003): Corporate Citizenship: Gesellschaftliches Engagement von Unternehmen in Deutschland. Berlin: Springer. Marsden, C. (2000): "The New Corporate Citizenship of Big Business: Part of the Solution to Sustainability?", Business and Society Review, Vol. 105, Nr. 1, 9-25. Matten, D.; Crane, A. & Chapple, W. (2003): „Behind the Mask: Revealing the True Face of Corporate Citizenship", Journal of Business Ethics, Vol. 45, Nr. 1, 109-120. McIntosh, M.; Thomas, R.; Leipziger, D. & Coleman, G. (2003): Living Corporate Citizenship: Strategic Routes to Socially Responsible Business. London.: Financial Times Prentice Hall.

# Corporate Governance

Die zunehmende Bedeutung der Auswirkungen des Verhaltens von – vor allem großen – Unternehmen auf die Gesellschaft in wirtschaftlicher, politischer, technischer, kultureller und sozialer Hinsicht sowie auf die Natur machten diese Unternehmen immer mehr zum Gegenstand der öffentlichen Diskussion und des öffentlichen Interesses. Als Teil eines übergeordneten Systems hat das Unternehmen nicht nur bestimmte Rechte, die ihm zugesprochen werden, sondern auch bestimmte *Pflichten* zu übernehmen. Deshalb bezeichnet man Großunternehmen als quasi-öffentliche Institutionen beziehungsweise → *Corporate Citizenship*. Die sich daraus ergebenden Pflichten hat es sowohl gegenüber den unmittelbar betroffenen Gruppen (wie beispielsweise Mitarbeitern, Konsumenten, Lieferanten und Kapitalgebern) als auch gegenüber den nur mittelbar betroffenen Gruppen der Gesellschaft (z. B. Anliegergemeinde, Medien, Nichtregierungsorganisationen, Staat) wahrzunehmen.

Dazu kam, dass sich in der vergangenen Dekade Vorfälle gehäuft haben, die als grobe Verletzungen der einem Unternehmen als Corporate Citizen auferlegten Pflichten zu verstehen sind. Vor allem aufgrund von Fehlverhalten des Topmanagements, das nicht nur auf *grobe Managementfehler*, sondern auch auf *unethisches*, in einigen Fällen sogar *kriminelles Verhalten* zurückzuführen war, haben insbesondere die Aktionäre, aber auch andere Anspruchsgruppen Schaden erlitten. Deshalb ist der Ruf nach einer wirksamen Unternehmenssteuerung und -überwachung, einer verbesserten Corporate Governance, erklungen, um solche Vorkommnisse durch entsprechende Strukturen und Regeln möglichst zu verhindern.

**Unternehmensverfassung.** Unter Corporate Governance versteht man die gezielte Gestaltung sämtlicher Grundsätze und Regeln seitens der Organisation, die den in ihr herrschenden Strukturen zugrunde liegen und mit deren Hilfe das Verhalten der obersten

Führungskräfte bewertet und überwacht werden kann. Im Vordergrund stehen die *Struktur des Vorstandes* sowie die Beziehungen zwischen dem Vorstand und seinen verschiedenen Anspruchsgruppen im Innen- und Außenverhältnis.

Ziel einer Corporate Governance ist die Erhaltung oder Erhöhung der gesellschaftlichen Akzeptanz des Unternehmens, insbesondere seitens seiner Anspruchsgruppen. Zentrales Element einer Corporate Governance ist die *Transparenz*, welche durch die geschaffenen Regeln und Grundsätze eine größere Kontrollierbarkeit bewirkt. Dies ermöglicht den Anspruchsgruppen, unternehmerisches Verhalten und seine *Resultate jederzeit zu überprüfen.* Gleichzeitig bildet die Corporate Governance für die Führungskräfte auf Seiten des Unternehmens *Leitlinie und Orientierung ihres Handelns.*

Corporate Governance reduziert somit Unsicherheit innerhalb der Beziehungen des Unternehmens mit seinen Anspruchsgruppen und beugt unethischem Verhalten des Managements vor. Dies führt zu einer besseren Integration der unterschiedlichen Anforderungen der verschiedenen Anspruchsgruppen. Das Unternehmen erreicht auf diese Weise eine hohe *Glaubwürdigkeit* bzw. eine hohe gesellschaftliche Akzeptanz seines unternehmerischen Handelns. Damit dient Corporate Governance der Umsetzung des Konzeptes des Corporate Citizenship.

Die zentrale Frage im Rahmen einer Corporate Governance ist also für ein Unternehmen, wie Regeln und Grundsätze inhaltlich formuliert werden sollen und wie es sich zu verhalten habe, damit es den – teilweise widerstrebenden – Anforderungen seiner Anspruchsgruppen gerecht wird. Dies wird vor allem durch eine Einbindung der Anspruchsgruppen in einen aktiv geführten Diskurs geleistet, der auch zu einer verbesserten Transparenz der verschiedenen Anforderungen der Anspruchsgruppen führen soll.

**Verhaltenskodex.** Es sind verschiedene Richtlinien aufgrund privatwirtschaftlicher und behördlicher Initiative entstanden, um klarer zu fassen, was ein Unternehmen unter Corporate Governance zu verstehen hat. Zu nennen sind z. B. der *Deutsche Corporate Governance Kodex*, der *Swiss Code of Best Practice in Corporate Governance* oder der amerikanische *Sarbanes-Oxley Act*. Manche dieser Richtlinien wurden in die *Kotierungsreglemente der Börsen* aufgenommen und gelten für die börsenkotierten Unternehmen. Das Schwergewicht der Regelungen liegt dabei auf finanziellen Aspekten. Die wichtigsten Ziele der verschiedenen Kodizes lassen sich wie folgt zusammenfassen:

- Die Zusammensetzung des Vorstandes soll zu einer guten Corporate Governance beitragen, operatives Management und strategisches Controlling sollen getrennt werden, unabhängige Persönlichkeiten sollen Einbezug finden.
- Eine transparente *Finanzberichterstattung* und aufschlussreichere Daten aus dem internen *Controlling* sollen die Corporate Governance verbessern.

- Gehalts- und Bonuszahlungen an das Management sollen so gestaltet werden, dass sie im Sinn der Corporate Governance wirksam sind.
- Die Stellung der Aktionäre gegenüber Management und Verwaltungsrat soll gestärkt werden. Die Teilnahme an Aktionärsversammlungen soll auch via Internet-Technologien möglich sein (Online-Stimmabgabe).
- Die institutionellen Investoren, die einen immer größeren Aktienanteil besitzen, sollen ihre Überwachungsrolle aktiver wahrnehmen, da eine große Zahl von Kleinaktionären nur beschränkt dazu fähig ist.
- *Fremdkapitalgeber* (Banken, Kapitalmarkt, Obligationäre) sollen besser informiert werden, was auch die Beurteilung durch Rating-Agenturen verbessert.

Wichtig ist, dass es sich bei diesen Zielen um allgemeine Orientierungspunkte zur Gestaltung des Umsetzungsprozesses einer Corporate Governance handelt. Inhaltliche Vorgaben in Bezug auf die zu vermittelnden Werte werden weitgehend vermieden bzw. bleiben auf allgemein anerkannte Grundsätze ordentlicher Geschäftsführung und das Prinzip der Verhältnismäßigkeit beschränkt.

JEAN-PAUL THOMMEN

Baums, Theodor/ Buxbaum, Richard M./ Coffee, John C. (1996). Corporate Governance. Optimierung der Unternehmensführung und der Unternehmenskontrolle im deutschen und amerikanischen Aktienrecht. Otto Schmidt Verlag, Köln. Baums, Theodor (Hrsg.) (2001). Bericht der Regierungskommission Corporate Governance – Unternehmensführung, Unternehmenskontrolle, Modernisierung des Aktienrechts, Otto Schmidt Verlag, Köln. Monks, Robert A. G./Minow, Nell (2001). Corporate Governance, 2. Auflage, Blackwell Publishing, Malden-Oxford-Melbourne-Berlin. Thommen, Jean-Paul (2003). Glaubwürdigkeit und Corporate Governance, 2., vollständig überarbeitete Auflage, Versus Verlag, Zürich. Vater, Hendrik/ Bender, Christian/ Hildenbrand, Katharina (Hrsg.) (2004). Corporate Governance – Herausforderungen an die Management-Kultur, Verlag Paul Haupt, Bern-Stuttgart-Wien.

# Corporate Social Responsibility

Corporate Social Responsibility (CSR) hat sich erst in den letzten Jahren zu einem schillernden Begriff in der Unternehmenswelt entwickelt. Seine Geschichte lässt sich jedoch bis in die erste Hälfte des letzten Jahrhunderts zurückverfolgen.

Die Tatsache, dass CSR in den letzten Jahren in der festzustellenden Intensität Einzug in Geschäftsleitungssitzungen hält und auch von der Wissenschaft intensiv zum Thema geforscht und diskutiert wird, ist vor allem auf den Wandel der gesellschaftlichen Rahmenbedingungen durch die zunehmende Globalisierung zurückzuführen. Hierzu zählen in erster Linie die zunehmende Bedeutung der Medien und die Weiterentwicklung der Informations- und Kommunikationstechnik, die *Unternehmen immer transparenter* für verschiedene gesellschaftliche Gruppen macht, aber auch eine stärkere Berücksichtigung gesellschaftlicher Aspekte bei *Kaufentscheidungen*, der *Arbeitsplatzwahl* von Mitarbeitern, *Anlageentscheidungen* von Investoren usw.

Zu CSR gibt es so viele Definitionen wie Facetten der Gesellschaft. Ins Deutsche wird der Begriff häufig als soziale oder gesellschaftliche Verantwortung eines Unternehmens übersetzt: Verantwortung insofern, als dass Unternehmen nicht unabhängig von Ihrem Umfeld agieren können, sondern in Wechselwirkung mit der Umwelt und der Gesellschaft stehen und folglich in diese eingebettet sind. Unternehmen tragen gegenüber verschiedensten gesellschaftlichen Gruppen Verantwortung.

Dies sind unternehmensintern die Mitarbeiter und das Management, unternehmensextern unter anderem Nicht-Regierungs-Organisationen, Behörden, Anwohner, Shareholder usw. oder allgemein formuliert alle Gruppen, die einen Anspruch an ein Unternehmen geltend machen: so genannte Anspruchsgruppen (➜Stakeholder-Management).

Durch diese Gruppen werden zunehmend neben den ökonomischen Ansprüchen auch ökologische und soziale Ansprüche an Unternehmen herangetragen. CSR spiegelt somit sowohl einen *Anspruch* als auch einen *Ansatz*, den Anspruch zu erfüllen, wider. Stakeholder verlangen CSR von Unternehmen, da sie von deren Wirkungen betroffen sind – und mit CSR versuchen Unternehmen den sozialen und ökologischen Ansprüchen zu begegnen, indem sie auf freiwilliger Basis soziale und umweltbezogene Aspekte in ihre Unternehmenstätigkeit und in die Wechselbeziehungen mit den Stakeholdern integrieren. Das heißt, CSR dient einem Unternehmen

dazu, Verantwortlichkeiten und Pflichten gegenüber seinen Stakeholdern wahrzunehmen und dadurch deren nachhaltigkeitsbezogenen Anforderungen zu begegnen.

Eine derart weite Begriffsauffassung von CSR, also die Berücksichtigung auch von Umweltbelangen, führt dazu, dass Corporate Social Responsibility als ein Konzept zur Erreichung einer *nachhaltigen Entwicklung* gesehen wird. Der Einbezug von Umweltbelangen unter das Dach von Corporate Social Responsibility wird nicht grundsätzlich explizit in der Literatur genannt.

So entwickeln Schwartz & Carroll (2003) aufbauend auf dem vielzitierten *Viersäulen-Modell* von Carroll einen CSR-Ansatz mit *drei Dimensionen unternehmerischer Verantwortung*: ökonomische, rechtliche und ethische Verantwortung.

Der *soziale Aspekt ökonomischer Verantwortung* liegt darin, dass ein Unternehmen von der Gesellschaft gewünschte Güter und Dienstleistung zu einem fairen Preis anbietet. Durch den Verkauf der Güter und Dienstleistungen sichert das Unternehmen Arbeitsplätze und trägt zum Wohlstand der Gesellschaft bei.

Die Verantwortung gegenüber dem Gesetz *(rechtliche Verantwortung)* markiert die zweite Säule des CSR-Konzepts von Schwartz & Carroll. Ein Unternehmen muss sich an die von der Legislative als gesetzgebende Vertretung der Gesellschaft aufgestellten Gesetze halten.

Die dritte Säule *(ethische Verantwortung)* beinhaltet die Einhaltung von

Regeln und Normen, die, obwohl nicht gesetzlich verankert, von Unternehmen einzuhalten sind. Diese Regeln und Moralvorstellungen, die von der Gesellschaft vorgegeben werden, können den Spielraum eines Unternehmens durchaus stärker begrenzen, als dies gesetzliche Regelungen schaffen.

Die Einhaltung dieser Vorgaben kann als Handeln im Rahmen der *Legitimität* verstanden werden.

Die vierte Säule des Ursprungsmodells – *Wohltätigkeit/Philantropie* – geht in die Bereiche ökonomische und ethische Verantwortung auf.

Jeweils abhängig davon, ob ein derartiges Unternehmensverhalten aus ethischen Gesichtspunkten oder aber aus ökonomischen, primär marktwirtschaftlichen Gründen, erfolgt.

Auch dieses Verständnis ermöglicht prinzipiell die Einbeziehung von Umweltbelangen in ein CSR-Konzept, da sowohl ein umfangreicher Gesetzeskatalog mit umweltbezogenen Vorgaben existiert, als auch in der Gesellschaft bestimmte Vorstellungen über den Umgang mit der natürlichen Umwelt existieren.

Kennzeichnend für CSR sind somit:
- explizite Berücksichtigung sozialer und ökologischer Aspekte,
- Freiwilligkeit der Einführung,
- Integration in alle Geschäftstätigkeiten, klare Stakeholderorientierung,
- Berücksichtigung dieser Aspekte über das gesetzlich vorgeschriebene Maß hinaus, zur Schaffung gesellschaftlichen und unternehmerischen Mehrwerts.

Die *Themenfelder sozialer Verantwortung*, die im Rahmen von CSR Be-

rücksichtigung finden können, lassen sich entweder direkt den drei genannten Dimensionen zuordnen oder liegen in den Schnittflächen der Verantwortungsbereiche.

Die nachfolgenden Aspekte können die für die Implementierung und Dokumentation von CSR relevant sein:
- *Mitarbeiterrechte:* Nicht-Diskriminierung, Aus- und Weiterbildung, Information und Partizipation, Soziale Sicherheit usw.
- *Menschenrechte:* Kinderarbeit, Zwangsarbeit, Versammlungsfreiheit der Mitarbeiter, Rechte indigener Bevölkerung usw.
- *Standortverhalten:* Wohltätigkeit, Dialogorientierung, Partnerschaften mit Kommunen, Arbeitsplätze
- *Geschäftsverhalten:* Corporate Governance, Einhaltung des geltenden Rechts, Korruption, Einfluss entlang der Wertschöpfungskette usw.
- *Umweltschutz:* Ressourcenverbrauch, Emissionen, Abfall, Artenschutz usw.

All diesen Aspekten gerecht zu werden ist ein hoher Anspruch. Bisher existiert kein umfassendes und allgemein anerkanntes CSR-Konzept, das eine systematische Berücksichtigung der genannten Aspekte erlaubt.

Es werden jedoch verschiedene Methoden und Ansätze diskutiert, die das Potenzial haben könnten, die *Umsetzung von CSR* stark zu unterstützten. Hierzu gehören zum Beispiel der Corporate Citizenship Ansatz, die Sustainability Balanced Scorecard, Sustainability Reporting, Sozialstandards usw. Auch sind erste Richtlinien zur Implementierung eines CSR-

Managementsystems entwickelt worden. Die einzelnen Prozessschritte sind dabei an den Aufbau bestehender Managementsysteme angelehnt.

Eine gute Operationalisierung von CSR ist damit jedoch noch nicht gewährleistet, da zum Beispiel noch umfassende Ansätze fehlen, die ein systematisches *Monitoring und Messen der gesellschaftlich relevanten Unternehmensleistung* erlauben.

Es bleibt abzuwarten, ob die verschiedenen Bemühungen auf politischer, unternehmerischer und wissenschaftlicher Ebene zu einer angemessenen Handhabbarkeit und Umsetzung von Corporate Social Responsibility führen.

FRANK DUBIELZIG, STEFAN SCHALTEGGER

Carroll, A. (1996). Business & Society. Ethics and Stakeholder Management. Cincinnati: South-Western College Publishing, 3. Auflage. Peter Köppl, Martin Neureiter (Hg.)(2004). Corporate Social Responsibility. Leitlinien und Konzepte im Management der gesellschaftlichen Verantwortung von Unternehmen. Linde, Wien Europäische Kommission (2001). Grünbuch Europäische Rahmenbedingungen für die soziale Verantwortung der Unternehmen. Luxemburg: Amt für Amtliche Veröffentlichungen der Europäischen Gemeinschaften. Anne Lawrence, James Weber, James Post (2002). Business and Soceity: Stakeholders, Ethics, Public Policy. McGraw-Hill Irwin, New York. Leipziger, D. (2003). The Corporate Responsibility Code Book. Sheffield: Greenleaf. Österreichisches Normungsinstitut (2004). Corporate Social Responsibility. Guidance for the Implementation of Corporate Social Responsibility. CSR Guidelines. Wien: Österreichisches Normungsinstitut. Schwartz, M. & Carroll, A. (2003). „Corporate Social Responsibility: A three-domain approach", Business Ethics Quarterly, Vol. 13, Nr. 4, 503-530.

# Ethik und Politik

Politisches Handeln, im engeren Sinne verstanden als das Agieren von Berufspolitikern in modernen demokratischen Regierungssystemen, vollzieht sich in einem komplexen Netz von zwischenmenschlichen Beziehungen und organisierten Interessen. Politiker sind konfrontiert mit konkreten Erwartungen von Mitgliedern der eigenen Partei, politischen Kooperationspartnern, von Lobbyisten, oder im taktischen Sinne von politischen Widersachern. Auch die abstrakte Verpflichtung des Vertrauensverhältnisses der Berufspolitiker zu denjenigen Bürgern, die als Wählerschaft ihren Weg zur aktuellen Machtposition in der repräsentativen Demokratie letztendlich ermöglicht haben, übt einen moralischen Druck auf das individuelle Selbstverständnis und die Handlungsorientierung der Politiker aus. Die wachsende Bedeutung von medialer Öffentlichkeit in den modernen Gesellschaften bedingt zudem eine →Inszenierung von Politik und die Erfordernisse der marktgerechten Selbstdarstellung von Politik in der Mediendemokratie untergraben Authentizität und Glaubwürdigkeit der Berufspolitiker in immer stärkerem Maße.

*Politikverdrossenheit* in den modernen Demokratien ist ein Resultat dieser Eigendynamik berufspolitischen Handelns. Auch die Steigerung zivilgesellschaftlicher *Selbstverantwortung des Bürgers* kann die Auflösung dieses Dilemmas repräsentativ organisierter Demokratien nicht leisten.

Politische *Macht* ist zum einen aufgrund der persönlichen Ausübung von starkem gesellschaftlichem Einfluss mit der Wahrnehmung von großer Verantwortung, d.h. mit einem hohen moralischen Anspruch verbunden. Zum anderen aber erzählt die Geschichte des politischen Handelns zugleich eine Geschichte des *unehrenhaften Handelns* der Menschen, eine Geschichte gewalttätiger Auseinandersetzungen um die Macht im Staate und den größten Einfluss in der Gesellschaft. Menschliche *Schwäche* dokumentiert sich in der Betrachtung der Handlungsbereiches der Politik über Jahrhunderte in einer Aneinanderreihung von Lügen, Korruptions- und Betrugsfällen und öffentlichen Skandalen: Politik gilt als *schmutziges Geschäft* (vgl. →Negativkampagne) und ist ebenso derjenige Tätigkeitsbereich der Gesellschaft, der *Gerechtigkeit* in der Gemeinschaft durch das verantwortungsbewusste Handeln von ausgewählten Vertreten gesellschaftlicher Interessensgruppen und unterschiedlicher politischer Richtungen erst ermöglichen soll. Die Situation erscheint *paradox* und es stellt sich die Frage, ob und inwieweit im Handlungsfeld der Berufspolitiker ethisch begründetes Handeln überhaupt einen Platz finden kann.

Doch die *Integrität* der politischen Akteure und ihrer politischen Berater bewährt sich gerade in dieser Situation widersprüchlicher Anforderungen und Erwartungen, in der ethisch reflektierte Handlungsorientierung herausgefordert wird, d.h. in der Frage nach der Begründung ihrer Entscheidungen: Welche Wege und Mittel erweisen sich als geeignet und zugleich auch als ethisch vertretbar, um sich im politischen

Kampf nicht nur durchzusetzen, sondern auch die eigenen politischen Zielsetzungen im Rahmen des modernen demokratischen Rechtsstaates auf legitime Weise zu erreichen.

**Unterschiedliche Logik.** Zwischen Politik und Ethik besteht in diesem Sinne ein genuines *Spannungsverhältnis:* Das Nachdenken über *Moral* (gesellschaftliche Verhaltensnormen innerhalb einer bestimmten Gesellschaft) und die *ethische Begründung* (systematisch-theoretische Reflexion auf der Metaebene) von Normen für Politik und die Handlungsorientierungen der Politiker folgen scheinbar einer anderen Logik als die Frage nach der erfolgreichen Stabilisierung einer gerechten Gesellschaftsordnung und dem strategisch geschicktem Handeln politischer Akteure.

Bereits in der Antike wird das Verhältnis von Ethik und Politik zum Gegenstand systematischer Betrachtungen. So gelten *Platon* in der Konstruktion eines Idealstaates nur Philosophen (Politeia, 7. Buch) als fähig, die Idee des Guten zu erkennen und auch zu vermitteln. Ihre Königsherrschaft ist deshalb die beste Lösung für die Staatslenkung. „Im Namen des Guten" aber wird gerade durch diese Identität von politischer Macht und ethischer Alleinkompetenz ein potenzieller *Missbrauch* der Regierungsgewalt zu totalitärer Herrschaft möglich gemacht.

Für Platons Schüler *Aristoteles*, dessen Untersuchung von der Praxis des Zusammenlebens der Menschen und nicht von den Ideen ausgeht, treten die Tätigkeit des Philosophen und des Politikers auseinander. Mit seinem Ansatz der „Praktischen Philosophie" betont Aristoteles trotz systematischer Differenzierung von Handlungsformen den *unauflöslichen Zusammenhang von Politik, Ethik und Ökonomie*. *Politische Klugheit* derjenigen Bürger, die sich für die Steuerung der Polis praktisch engagieren, qualifiziert sich neben der Weisheit der rein theoretisch tätigen Philosophen als die Tätigkeit, die dem Menschen als *„zoon politikon"* (Politik, 1.Buch) größtes Glück und Autonomie bescheren kann: Glückseligkeit aber als allgemein von den Menschen geteiltes Lebensziel verspricht nur die „Tätigkeit der Seele gemäß der vollkommenen Tugend" (Nikomachische Ethik 1.Buch).

Ethik ist dementsprechend Teil der Politischen Wissenschaft, und *die Tugend des Politikers* gilt als unabdingbarer Bestandteil seiner Eignung für die politische Tätigkeit, Formen der Gerechtigkeit zu bestimmen und tätig umzusetzen.

Erst in der Renaissance vollzieht sich durch das Werk von *Niccolo Machiavelli* („Der Fürst") ein *Paradigmenwechsel* in der theoretischen Analyse des Verhältnisses von Politik und Ethik: Das Kriterium der *Effektivität* der politischen Entscheidung tritt an die Stelle der normativ aufgeladenen Orientierung am tugendbedingten „Glück" des Handelnden und der Gemeinschaft.

Machiavelli fordert als erster eine *radikale Trennung von Politik und Moral*. „Richtige Politik" steht für ihn in direkter Relation zu den konkreten, historisch-politischen Ausgangsbedingungen der Entscheidungen und des Handelns des politischen Akteurs. Sie dient der *Stabilisierung der Machtverhältnisse*. Das Zusammenspiel von *Kraft, Mut, Wille und Tüchtigkeit* (*virtù*) des Politikers mit spezifischen Handlungsbedingungen, zusammengesetzt u.a. aus Sachzwängen, verfügbaren Mitteln und der Gunst des rechten Augenblicks für die politischen Absichten bedingt den Erfolg des politischen Handelns.

Das Ziel der Politik reduziert Machiavelli zunächst allein auf den *Machterwerb und Machterhalt* zugunsten eines *uomo virtuosi*. Dessen dominierende Machtposition im Staate erklärt er in der ergänzenden Abhandlung der „Discorsi" nur als notwendige Etappe auf dem Weg zu einer republikanischen Regierungsform und widerlegt dadurch rein machttheoretische Fehlinterpretationen seines Werkes.

An Machiavellis Analyse des Verhältnisses von Politik und Ethik knüpft *Max Weber* in seiner klassischen Schrift „Politik als Beruf" (1919) an, indem er konstatiert, dass im Handlungsfeld der Politik die Erreichung guter Zwecke häufig nicht ohne den Einsatz moralisch bedenklicher Mittel oder unbeabsichtigte negative Nebenfolgen möglich sei.

Weber differenziert politische *Verantwortungsethik*, die eben diesem Umstand in der Entscheidungsbegründung explizit Rechnung trägt, idealtypisch von der *Gesinnungsethik*.

Letztere pflegt sich nur durch ihre guten Absichten zu rechtfertigen und jedes moralisch verwerfliche politische Mittel abzulehnen. Da das entscheidende Mittel der politischen Macht die

Ausübung legitimer Gewaltsamkeit ist, begibt sich nach Weber doch gerade der gesinnungsethisch orientierte Politiker durch das Engagement im Handlungsfeld der Politik in die Gefahr, *im Namen des Guten* den absoluten Machtansprüchen politischer Religionen Folge zu leisten.

Angesichts dieses unauflöslichen Spannungsverhältnisses von Politik und Ethik verweist Weber auf die eminente Bedeutung der persönlichen Befähigung zur ethischen Reflexion und sachlichen Urteilsfähigkeit der politischen Akteure selbst – Fähigkeiten, die er im Gegensatz zur Erfahrung der modernen demokratischen Regierungssysteme der Gegenwart Frauen grundsätzlich nicht zuschreiben will.

Da „keine Ethik der Welt (...) ergeben (kann, i.E.): wann und in welchem Umfang der ethisch gute Zweck die ethisch gefährlichen Mittel und Nebenerfolge ,heiligt' " (Weber, M., S.58), wird die Befähigung der politischen Akteure, der verführerischen Kraft der *Droge Macht* ebenso wie *politischen Prophetien* zu widerstehen, jedoch zur Schlüsselfrage praktischer Politik.

**Ethische Kompetenz.** In Kenntnis der Alternativen von ethischen Begründungsansätzen politischer Handlungsorientierungen und Entscheidungen stehen Politiker in der Gegenwart weiterhin unvertretbar als Person in der Verantwortung.

Ethische Problemstellungen können geklärt und Handlungsalternativen erörtert werden, doch auch heute bleiben im Hinblick auf die anfangs geschilderten Herausforderungen der Mediendemokratie Berufspolitiker, ob Frau oder Mann, letztendlich auf ihre *Kompetenz als ethisch und sachlich geschulte Person* zurückgeworfen.

So steht es – mit Jürgen Leinemann, einem profunden Kenner der Berufspolitik, abschließend zusammengefasst – „nach wie vor in der Verantwortung jedes einzelnen Politikers, sich aus eigener Kraft *gegen den Sog des politischen Betriebs* zur Deformation zu stemmen und die eigene humane Substanz zu verteidigen" („Die wirklichkeitsleere Welt der Politiker", München, 2004: 446).

Das Spannungsverhältnis von Ethik und Politik bleibt unauflöslich, es ist immer wieder neu zu bestimmen. Dies eröffnet – perspektivisch gewendet – jedoch auch immer wieder allen Berufspolitikern als Repräsentanten des Volkes die privilegierte Chance, einen individuellen und verantwortungsbewussten Beitrag zur Verbesserung der *politischen Kultur* zu leisten.

ELKE SCHWINGER

Arthur Isak Applbaum (1999). Ethics for Adversaries. Princeton UP, Princeton. Robert Denton (2000). Political Communication Ethics: An Oxymoron? Praeger, Westport. Dirk Käsler (1991). Der politische Skandal. Opladen. Niccolo Machiavelli (1990). Politische Schriften (1513 ff) FaM. Thomas Meyer (2003). „Die Theatralität der Politik in der Mediendemokratie" in: „Aus Politik und Zeitgeschichte" (Beilage Das Parlament) B53: 12-19. Herfried Münkler (2000). „Das Ethos der Demokratie" in: „Politische Vierteljahresschrift" (PVS) 2000: 302-315. Schwinger, Elke (2000). „Politisches Handeln – Ein Beruf, eine Frage des Geschlechts oder etwa spezifischer Handlungskompetenzen?" in Zeitschrift für Frauenforschung 2: 81-100. Weber, Max (1919/1987). Politik als Beruf. Berlin.

# Ethik und Wirtschaft

Ethik unterscheidet richtiges und falsches Handeln. Sie stellt Verhaltensregeln oder zumindest Prinzipien bereit, mit denen wir beurteilen könne, ob wir moralisch handeln, wie wir über andere Denken, wie wir sie behandeln und wie wir behandelt werden möchten. Die Quellen dieser ethischen Ideen sind zahlreich, und ihre Normen und Werte stehen oft miteinander in Konflikt. Ethik in der Wirtschaft, im Beruf *(Berufsethik, Professionelle Ethik)* und insbesondere in der Interessenvertretung für Unternehmen und Organisationen steht in einem ganzen Minenfeld voll solcher Konflikte, in dem die ethischen Prinzipien oft nicht mehr klar sichtbar und offenbar nicht durchsetzungsfähig sind.

Da Marktwettbewerb zudem auf *Eigeninteresse als Antriebskraft* beruht und der Wettbewerb die Gewinnmargen immer enger werden lässt, werden in einer permissiven Kultur häufig die Standards so interpretiert, dass der Freiraum maximal und die Verantwortlichkeit minimal ist. Der *Kapitalismus als „institutionalisierte Versuchung zu moralischer Niedrigkeit"* (Karlheinz Messelken) ermuntert in derzeitigem Zustand mit Shareholder-Value-Denken, traditioneller Führungskultur und Wirtschaftskrise zu brutalem Sanierertum: „Böse Bosse wirken Wunder", heißt es. Die Finanzmärkte belohnen diese Einstellung, und das durch Globalisierung entstehende *Machtvakuum* behindert die (selbst angeschlagene und orientierungslose) Politik, regulativ etwas dagegen zu setzen.

**Neue Standards.** Zugleich aber steigen die Ansprüche der Gesellschaft an Unternehmen und Organisationen stark an. Die allgemeine Wahrnehmung von *Ohnmachtsgefühlen unten, Abzockermentalität oben* hat Konsequenzen. Mag die Liberalisierung, Privatisierung, Deregulierung den Unternehmen entgegen kommen, so vollzieht sich in Politik, Medien und Gesellschaft doch zugleich eine *Re-Regulierung* durch das Anziehen ethisch-moralischer Schrauben – sei es durch den Absturz an der Börse, den ein handfester →Skandal auslöst, sei es durch Ausschluss von Ausschreibungen und Vergabeverfahren nach einem →Korruptions-Fall, sei es durch einen Verbraucher-Boykott, sei es durch juristische Auseinandersetzungen oder die Drohung mit gesetzgeberischen Maßnahmen („hard" statt „soft regulation"). Zudem sind ethische Standards, schon immer ein *Kooperationsprodukt*, heute nicht nur national definiert: Nicht-Regierungsorganisationen (z.B. Transparency International) haben *universelle Standards*; Kataloge wie die „Global Reporting Initiative" und der „UN Global Compact" und die Richtlinien von EU-Behörden, WTO, IWF und Weltbank stehen dem nicht weit nach. Dies alles spielt in der Debatte um

→Governance und →Politische Steuerung eine große Rolle.

**Analytischer Rahmen.** So stellen sich im Management mindestens drei Fragen gleichzeitig. Ist der Nutzen einer Entscheidung größer als die Kosten? Ist die Entscheidung fair und gerecht? Respektiert sie die Rechte aller Beteiligten? Eindeutig ethisch richtig ist eine Entscheidung nur, wenn die Antwort auf alle drei Fragen Ja lautet. Soweit die Theorie. In der Praxis ziehen unterschiedliche Stakeholder unterschiedliche Informationsquellen heran, bemessen Kosten und Nutzen auf unterschiedliche Weise, sehen Rechte und Gerechtigkeit durch verschiedene Brillen. Eindeutige Antworten sind daher selten, die *Abwägung* ist schwierig.

Welches Gewicht die einzelnen Abwägungsfaktoren aber haben, und wie Kosten, Nutzen, Recht und Fairness definiert sind, darauf hat die Führung eines Unternehmens oder einer Organisation großen Einfluss.

**Wirtschaftsethik** ist inzwischen eine etablierte wissenschaftliche Disziplin. Sie untersucht, wie und wann ethische Überlegungen das *Gewinnprinzip beschränken* sollen. Unternehmen erfinden ihre ethischen Regeln nicht völlig neu, sondern betten sich in die *ethischen Vorstellungen ihrer Stakeholder* ein. Dies wird nicht einmal von radikalen Marktwirtschaftlern bestritten, die die gesellschaftliche Aufgabe von Firmen ausschließlich in der Bereitstellung von Gütern und Dienstleistern sehen und sonst in nichts.

Wirtschaftsethik spielt in vielen Unternehmensbereichen eine Rolle: Produktionsbedingungen, Bilanzen und Wirtschaftsprüfung, Finanzen und Investments, Marketing und Werbung, Informationstechnologie und Gesundheitsschutz, Umwelt- und Verbraucherfragen, Beziehungen zu Lieferanten, Personalfragen von Bewerbungsverfahren bis zur sexuellen Belästigung am Arbeitsplatz.

Es gibt handfeste Gründe, weshalb sich Firmen ethisch richtig verhalten sollten: um die Erwartungen ihrer Geschäftspartner und sonstigen Stakeholder zu erfüllen, um ihre geschäftliche Performance zu verbessern, um dem Gesetz zu entsprechen, um Schaden abzuwenden, und um die persönliche Integrität der eigenen Führung und Mitarbeiter zu erhalten. Wenn die →Reputation, aufwändig durch →Public Relations und bei Markenunternehmen durch teure Werbung gepflegt, dauerhaft *zur Wertschöpfung beitragen* soll, dann sind aus aufgeklärtem Eigeninteresse Risiken für die Reputation möglichst systematisch zu vermeiden. *„Ethics pays"*, konstatieren inzwischen viele Studien: Unternehmen, die in ethische Standards und entsprechende Führungsinstrumente investieren, auch ohne auf externen Druck dazu gezwungen zu sein, bauen kontinuierlich mehr Vertrauenskapital auf, steigern die Leistung und den Unternehmenswert, geben der Firma Charakter, den Verantwortlichen Handlungsmaßstäbe und dem Standort einen guten Ruf.

Das ist nicht nur nach außen wichtig. Sinken die ethischen Standards, ist es nur eine Frage der Zeit, bis die Mitarbeiter ihr eigenes Unternehmen übervorteilen. Betrug, Missbrauch und

➜Korruption fangen immer klein an und wachsen wie ein Krebs, der sich nur mit Früherkennung und beherzten Therapien bekämpfen lässt.

**Moralische Entwicklung.** Die Managementlehre versucht, *persönliche „Unternehmerethik"* (eigene Werte, Charakter, teils auch Spiritualität und Religiösität) und *institutionelle „Unternehmensethik"* in einem gemeinsamen Rahmen moralischer Entwicklung zu verbinden.

Die Parallele zur moralischen Entwicklung von der Kindheit zum gereiften Erwachsenen wird bemüht: Auch Unternehmen und Organisationen versuchen zunächst, wie kleine Kinder, ganz einfach Bestrafung zu vermeiden; sie gehorchen, weil sie es müssen. Später streben sie, wie Jugendliche, nach Belohnung und Anerkennung durch Freunde, Familie und ihre unmittelbaren Bezugsgruppen. Die egozentrische Sicht weicht allmählich einer gruppenbezogenen. Mit zunehmender Reife kommt die Gesellschaft als Ganzes in den Blick: ihre Grundordnung, ihre Gesetze, Traditionen. Je weiter sich diese Perspektive entwickelt, desto mehr spielen prinzipielle Überlegungen eine Rolle für das Verhalten – universelle Prinzipien wie Gerechtigkeit, Fairness, Solidarität, Menschenrechte und politische Überzeugungen.

Wo stehen in dieser Entwicklung die Führungskräfte? Veranwortung tragen ja nicht abstrakte Strukturen, sondern nur Menschen. Sie fällen die Entscheidungen. Aller Verantwortungsrhetorik zum Trotz belegen Studien, dass Manager ihre Unternehmen vor allem

nach Grundsätzen führen, die eher der ego- und gruppenzentrierten Sicht von Jugendlichen entspricht. Nicht dass sie nicht anders könnten; intellektuell sind sie dazu in der Lage, aber sie definieren ihren Horizont im Alltag vor allem danach, welchen Nutzen oder welche Sanktionen ihr Handeln für sie selbst bringt und was ihr Vorgesetzter und ihre Kollegen als Falsch oder Richtig ansehen. Daraus ergibt sich meist legales und effizientes Verhalten, mehr aber auch nicht.

**Unternehmenskultur und ethisches Betriebsklima.** In der Weiterentwicklung des moralischen Charakters ihrer Führungskräfte haben Unternehmen und Organisationen darum eine wichtige Aufgabe: Das Betriebsklima für ethisches Verhalten, die Diskussion ethischer Ziele, akzeptierte Verhaltensweisen prägen den persönlichen ethischen Entscheidungsspielraum.

Ein wichtiger Sprung ist von der Verfolgung aufgeklärter Eigeninteressen hin zur *freiwilligen Übernahme von Verantwortung* für andere im Sinne der ➜Corporate Social Responsibility und ➜Corporate Citzenship. Diese beiden Elemente des ethischen Betriebsklimas werden ergänzt durch ein drittes: *Integrität* als Spiegelbild einer *gerechten Leistungskultur*, die sich aus (a) persönlicher Moralität der Handelnden, (b) internen Handlungsanweisungen und Verhaltensrichtlinien, und (c) aus Gesetzen und *Berufsgrundsätzen (Professional Codes of Conduct)* ergibt.

**Instrumente ethischer Führung.** Die Frage bleibt, wie man Ethik institutionalisiert, also in die *Alltagsroutine* einbaut und *Sicherheitsventile* schafft. Wie beim Quali-

Wie beim Qualitätsmanagement ist es angezeigt, Mitarbeitern oder Mitgliedern sowohl konkrete Handlungsanweisungen als auch eine allgemeine Richtung vorzugeben (aber sie auch in die darüber mitbestimmen zu lassen).

Mitarbeiter beobachten sehr genau: Geht es nur um die Einhaltung von Standards, um empfindliche Strafen wegen ungesetzlichen Verhaltens zu vermeiden? Oder geht es um Integrität, um die ungefragte Überprüfung eigener Handlungen und Übernahme von Verantwortung aus eigenem Antrieb? Geht es also um ein extern motiviertes Kontrollsystem oder ein System der Selbststeuerung, Selbstverpflichtung und Selbstkontrolle aus eigenem Antrieb?

Es steht völlig außer Frage, dass das *persönliche Beispiel* von Vorstand und Leitungsebenen prägend ist. Leben diese die Prinzipien vor, unterstreichen sie sie durch regelmäßige interne und öffentliche Stellungnahmen, lassen sie Worten Taten folgen, wird das aufmerksam registriert und nachgeahmt. Erst das bereitet in der Regel den Boden für formale Regeln und unterstützende Einrichtungen als Handlungsorientierung für sensible Entscheidungen im Alltag, zum Beispiel:

- *Verhaltenskodex* als freiwillige, nur eingeschränkt einklagbare Leitlinien der Berufsausübung
- Änderung der *Unternehmensverfassung* (➔Corporate Governance)
- Einrichtung von *Ethikstellen* (Ethics Officer, Ombudsmann u.a.)
- Ethik-Hotlines und Helplines für Beratung und Beschwerden
- *Evaluation (Ethics Audit)*

- *Ethik-Mitarbeitertrainings*
- Austausch mit Hochschulen, Weiterbildnern und Forschung
- Entwicklung eines umfassenden *Wertemanagementsystems* für Unternehmen wie z.B. durch Zentrum für Wirtschaftsethik (ZfW), Wangen.

**Professionelle Hilfe.** Spezialisierte Berater, Hochschulinstitute, zahlreiche Publikationen, Arbeitskreise und Verbände zeigen, dass Wirtschaftsethik hohe Aufmerksamkeit in Fachkreisen erhält. Die Kirchen haben diesen Dialog mit der Wirtschaft stark gefördert. Es gibt viele Möglichkeiten, ethische Überlegungen mit Hilfe von außen umzusetzen (Übersicht: Deutscher Server Wirtschaftsethik, http://dsw.uni-marburg.de). 1993 wurde das Deutsche Netzwerk Wirtschaftsethik gegründet (www.dnwe.de, Stand 2004: 450 Mitglieder, Zeitschrift *Forum Wirtschaftsethik*), es ist ein nationaler Verband des European Business Ethics Network (www.eben.org, 1987 in Brüssel gegründet, 760 Mitglieder in 20 Ländern). Als große Berufsvereinigung organisiert die Ethics Officers Association (www.eoa.org) ca. 1000 Leiter von Ethikstellen in US-Firmen.

Weitere Einrichtungen sind: Ethics Resource Center (www.ethics.org), das britische Institute for Business Ethics (www.ibe.org.uk) und das Magazin *Business Ethics* (www.business-ethics.com).

MARCO ALTHAUS

Daniel Dietzfelbinger (2003). Aller Anfang ist leicht. Einführung in die Grundfragen der Unternehmens- und Wirtschaftsethik. München. Georges Enderle et al. (Hg.)(1993). Lexikon der Wirtschaftsethik, Freiburg/Basel. Wilhelm Korff et al. (Hg.)(1999). Handbuch der Wirtschaftsethik, 4 Bde., Gütersloh. Hartmut Kreikebaum (1996). Grundlagen der Unternehmensethik. UTB Schäffer-Poeschel, Stuttgart. Anne Lawrence, James Weber, James

Post (2002). Business and Soceity: Stakeholders, Ethics, Public Policy. McGraw-Hill Irwin, New York. Michael Miersch, Dirk Maxeiner (2001). Das Mephisto-Prinzip: Warum es besser ist, nicht gut zu sein. Eichborn, Frankfurt. Bernd Noll (2002). Wirtschafts- und Unternehmensethik in der Marktwirtschaft. Kohlhammer, Stuttgart. Peter Ulrich (2002). Der entzauberte Markt. Herder, Freiburg.

Ders. (2001). Integrative Wirtschaftsethik. Grundlagen einer lebensdienlichen Ökonomie. Haupt, Bern. Josef Wieland (Hg.)(2004). Governanceethik im Diskurs. Metropolis, Marburg. Ders., Walter Conradi (Hg.)(2002). Corporate Citizenship. Gesellschaftliches Engagement, unternehmerischer Nutzen. Metropolis, Marburg. Ders. (1999). Die Ethik der Governance. Metropolis, Marburg.

# Korporatismus

In einer bekannte Begriffsbestimmung hat Schmitter das Phänomen wie folgt erläutert: „Korporatismus kann definiert werden als ein System der Interessenvermittlung, dessen wesentliche Bestandteile organisiert sind in einer begrenzten Anzahl singulärer *Zwangsverbände*, die *nicht miteinander in Wettbewerb* stehen, über eine *hierarchische Struktur* verfügen und nach funktionalen Aspekten voneinander abgegrenzt sind. Sie verfügen über *staatliche Anerkennung* oder Lizenz, wenn sie nicht sogar auf Betreiben des Staates hin gebildet worden sind.

Innerhalb der von ihnen vertretenen Bereiche wird ihnen ausdrücklich ein *Repräsentationsmonopol* zugestanden, wofür sie als Gegenleistung bestimmte Auflagen bei der Auswahl des Führungspersonals und bei der Artikulation von Ansprüchen oder Unterstützung zu beachten haben." Zugleich unterscheidet er dies vom *Pluralismus*, der stärker wettbewerbsmäßig und in dezentral organisierten Formen verläuft und dem *Syndikalismus*, bei dem eine starke Autonomie der Verbände wesentlich ist.

In einer weniger an der Struktur als an der Funktion ausgerichteten Forschungsperspektive hat Lehmbruch auf die Beteiligung der großen Verbände, v.a. der Tarifparteien, aber auch der Bauern-, Ärzte- und Wohlfahrtsverbände, an der Formulierung und Umsetzung staatlicher Politik abgehoben. Im Hintergrund hat dabei die *keynesianische Wirtschaftspolitik* gestanden und der Versuch, durch die Verhandlung mit den Gewerkschaften und Arbeitgeberverbänden wirtschaftliche *Krisen zu bewältigen*.

Exemplarisch hierfür war in Deutschland die *Konzertierte Aktion*, deren Basis das „Gesetz zur Förderung der Stabilität und des Wachstums der Wirtschaft" (1967) bildet, welches das sogenannte magische Viereck – d.h. die Stabilität des Preisniveaus, ein hoher Beschäftigungsstand, außenwirtschaftliches Gleichgewicht und stetiges, angemessenes Wirtschaftswachstum - als Ziele der staatlichen Wirtschaftspolitik festlegte. Seine Wiederbelebung erfuhr dieses korporatistische Politikmodell mit dem Vorschlag für ein *„Bündnis für Arbeit"*. 1995/96 flopte der erste Bündnis-Versuch; im Bundestagswahlkampf versprach die SPD dann, das Bündnis für Arbeit wieder zu beleben. Hier wurde nach dem Wahlsieg dann eine Reihe von Reformthemen in den Bereichen Wirtschaft, Arbeit, Soziales und Qualifizierung behandelt.

Das weitgehende Scheitern dieses Versuchs zeigt, wie *voraussetzungsvoll* eine solche korporatistische Verhandlungslösung ist:

Zum einen erfordert es von den Verbänden eine *hohe Bereitschaft zum Kompromiss* und die Fähigkeit, seine Basis darauf zu verpflichten.

Zum anderen folgen diese Arrangements einer *Logik des politischen Tausches* – d.h. etwa Lohnzurückhaltung gegen sozialpolitische Reformen oder Kürzungsverzicht, was entsprechende fiskalische Mittel erfordert.

Der Wissenschaftliche Beirat beim Bundesministerium für Wirtschaft und Technologie hat sich mit dieser Thematik befasst und ein skeptisches Urteil gefällt. Seines Erachtens verhelfen korporatistische Institutionen v.a. den *Verbänden*, die durch die Globalisierung zunehmend unter Druck geraten sind, zur *Wahrung ihrer Legitimität und ihres Einflusses*.

Der Regierung erlauben sie die *Bildung von Paketen*, in denen das Gemeinwohl berücksichtigt und die Opfer der beteiligten Parteien gerecht verteilt werden können. Zudem hat die Regierung in einer schwierigen Lage oft das Interesse, dem Wähler eine *aktive Rolle in Konsensgesprächen* zu vermitteln, selbst wenn aus ihnen nicht unbedingt Problemlösungen folgen. Dies wird als *Gefahr der Besitzstandswahrung und Unbeweglichkeit* interpretiert.

Die starke Rolle der Verbände ist gelegentlich auch als *Bedrohung von parlamentarischer Demokratie und staatlicher Souveränität* betrachtet worden, sie wird aber begrenzt durch das Gegengewicht und die Autonomie, die von der staatlichen Bürokratie und den Parteien entfaltet werden sowie durch die politische Kraft neuer sozialer Bewegungen und der Medien.

Ferner wird ihr Einfluss und ihr Handeln durch verfassungsrechtliche Regelungen – vor allem im Rahmen der Koalitionsfreiheit, der Tarifautonomie und des Subsidiaritätsprinzips – geordnet und begrenzt. Zugleich ist zu bedenken, dass Verbände nicht nur nach Macht streben, sondern auch Kommunikationskanäle zwischen den Bürgern und der Regierung darstellen und zudem über ein hohes Maß an Fachinformationen verfügen.

In historisch-vergleichender Perspektive basiert der in verschiedenen Ländern wie *Österreich*, *Schweden* und der Bundesrepublik feststellbare hohe Verbandseinfluss auf einer eigentümlichen historischen Entwicklung, in der Phänomene wie die Nachwirkungen eines aufgeklärten Absolutismus, wirtschaftliche und politische Krisensituationen sowie spezifische politische Kräftekonstellationen eine wichtige Rolle spielen.

**JOSEF SCHMID, CHRISTIAN STEFFEN**

Ulrich von Alemann, Rolf Heinze (Hg.) (1979). Verbände und Staat. Vom Pluralismus zum Korporatismus. Opladen. Schmid, Josef (1998). Verbände. Interessenvermittlung und Interessenorganisationen. Ein Lehr- und Arbeitsbuch. München. Wolfgang Schroeder, Josef Esser (1999). „Modell Deutschland: Von der Konzertierten Aktion zum Bündnis für Arbeit". Aus Politik und Zeitgeschichte, 37/99: 3-11. Wolfgang Streeck (Hg.) (1994), Verbände und Staat. PVS-Sonderheft 25, Opladen. Wissenschaftlicher Beirat beim Bundesministerium für Wirtschaft und Technologie (2000). Aktuelle Formen des Korporatismus. Gutachten, Berlin, Juni. Web: www.bmwi.de/Redaktion/Inhalte/Downloads/doku479-korporatismus,property=pdf.pd Annette Zimmer, Bernhard Wessels (2001). Verbände und Demokratie in Deutschland. Leske + Budrich, Opladen.

# Korruption

Korruption gilt als moralisch verwerfliches, auf persönlichen Gewinn gerichtetes Handeln, das einen *Verfall des gesellschaftlichen Lebens* bewirken kann – je nachdem, wie sehr es sich verbreitet und wie hoch die gesellschaftliche Akzeptanz dafür ist.

Die Vorteilsnahme erfolgt *heimlich*, sie *missbraucht* eine Macht- oder Vertrauensstellung. Über die ethische Dimension hinaus gibt es eine rechtliche: Im Kern wird bei korruptem Handeln meist ein *Tausch von Leistungen* vereinbart, der *gegen Gesetze verstößt*.

Beim Blick auf die ethische Dimension wird deutlich, dass der Umgang mit dem Phänomen der Korruption in verschiedenen Gesellschaften in starkem Maße sozialen, historischen und kulturellen Einflüssen unterworfen ist.

In Deutschland konzentrierte sich die Diskussion des Themas bis vor wenigen Jahren auf die vorgeblich korruptionsanfälligeren Länder Südeuropas und der Dritten Welt. Dabei galt Korruptionshandeln deutscher Unternehmen im Ausland als durchaus akzeptabel, *Bestechungsgelder* konnten als Betriebsausgaben bis 1998 von der Steuer abgesetzt werden. Durch →*Skandale* wie den Kölner Müllskandal und die Affäre um die Bankgesellschaft Berlin wurde jedoch deutlich, dass auch in Deutschland selbst die Korruption zu einem schwerwiegenden Problem geworden ist. Im Public-Affairs-Bereich spielten zuletzt die Geschäftspraktiken des PR-Beraters Moritz Hunzinger eine Rolle; unter anderem stand die Frage nach Bestechlichkeit, unsauberen Tauschgeschäften und Abhängigkeiten bei den von Hunzinger verursachten Rücktritten von Bundesverteidigungsminister Rudolf Scharping, Landeswirtschaftsminister Walter Döring und dem Abgeordneten Cem Özdemir im Raum. Ohnehin gelten die Arbeitsfelder →Lobbying und →Public Relations als besonders anfällige Arena.

Dem „Bundeslagebild Korruption des Bundeskriminalamtes" zufolge liefen 1994 bundesweit gut 250 Verfahren wegen Korruption; 2003 waren es mit 1100 Verfahren mehr als vier Mal so viele. Der *volkswirtschaftliche Schaden*, der durch Korruption angerichtet wird, lässt sich dabei nur schwer schätzen; der Weltbank zufolge verursacht Korruption jedes Jahr einen Schaden von mindestens einer Billion Dollar (743 Mrd. Euro) für die Weltwirtschaft.

Systematisch lässt sich der Begriff u.a. differenzieren nach den Zielgruppen des Korruptionshandelns:
* Korruption innerhalb der *privatwirtschaftlichen* Sphäre;
* Korruption zur Beeinflussung von *Verwaltungshandeln*; z.B. bei der Vergabe von Lizenzen oder der Vergabe von öffentlichen Bauaufträgen;
* Korruption zur Beeinflussung von

*politischen Entscheidungen*; z.B. bei Gesetzesvorhaben (vgl. →Lobbying).

Neben dem volkswirtschaftlichen Schaden entsteht durch Korruption auch *immaterieller Schaden:* Das Vertrauen der Bürger in den Rechtsstaat und in das Funktionieren der Demokratie wird erschüttert; *Politikverdrossenheit* und die *Verweigerung* gegenüber Gemeinwohlinteressen sind die Folge.

Für Public-Affairs-Arbeit von Unternehmen und Organisationen bedeutet die wachsende Sensibilität der Öffentlichkeit gegenüber dem Phänomen der Korruption, dass alle Aktivitäten in Richtung Politik und Verwaltung, aber auch in Richtung Medien, strengen Maßstäben genügen müssen. Insbesondere sollte jeder Anschein vermieden werden, dass durch die Gewährung materieller Vorteile Wohlverhalten erkauft werden soll, z.B. bei →Parteispenden oder →Public-Private Partnership.

1997 verabschiedete die OECD eine Konvention gegen Korruption, in der sich 34 Industrieländer – darunter auch Deutschland – verpflichteten, in der nationalen Gesetzgebung auch Korruption im Ausland unter Strafe zu stellen und die Steuerabzugsfähigkeit von Bestechungsgeldern abzuschaffen.

Im Dezember 2003 schließlich verabschiedete auch die UN auf einer Konferenz in Mexiko eine Konvention zur Korruptionsbekämpfung. Bisher haben allerdings erst 14 Länder, darunter noch keine der großen Industrienationen, diese Konvention ratifiziert. Sie tritt erst in Kraft, wenn mindestens 30 Länder sie ratifizieren. Die Unterzeichnerstaaten verpflichteten sich zur Rückgabe von Bestechungsgeldern und zur Zusammenarbeit bei der Korruptionsbekämpfung: Dazu gehört es auch, Bankkonten einzufrieren, Vermögen zu beschlagnahmen und die Betroffenen gegebenenfalls auszuliefern. Die Konvention enthält außerdem Mindeststandards für Staatsbedienstete, schreibt die strafrechtliche Ahndung von Korruption in der Privatwirtschaft vor und enthält Vorkehrungen gegen Geldwäsche. Wesentlichen Anteil an der wachsenden öffentlichen Aufmerksamkeit für das Thema Korruption hat die 1993 gegründete internationale Nicht-Regierungsorganisation Transparency International, die sich auf nationaler und internationaler Ebene für die Bekämpfung von Korruption einsetzt. Die Organisation verfolgt oder untersucht dabei keine Einzelfälle von Korruption, sondern tritt für die *Stärkung präventiver Systeme* gegen Korruption ein. Die parteipolitisch unabhängige Organisation mit Hauptsitz in Berlin hat nationale Sektionen in rund 100 Staaten, darunter in Deutschland und in der Schweiz (www.transparency.org).

MICHAEL GEFFKEN

Hans Herbert von Arnim (Hrsg.) (2003). Korruption. Netzwerke in Politik, Ämtern und Wirtschaft. Droemer Knaur, München. Britta Bannenberg, Wolfgang J. Schaupensteiner (2004). Korruption in Deutschland. Portrait einer Wachstumsbranche. Beck, München. Peter Eigen, Transparency International (2003). Das Netz der Korruption. Wie eine internationale Bewegung gegen Bestechung kämpft. Campus, Frankfurt a.M.. Netzwerk Recherche, Transparency International, Bund der Steuerzahler (Hrsg.) (2002). Korruption: Schatten der demokratischen Gesellschaft. Fakten – Trends – Gegenstrategien. VS, Wiesbaden.

# Planspiel

Mit zunehmender Unübersichtlichkeit politisch-gesellschaftlicher Prozesse und der damit verbundenen gesellschaftlichen Differenzierung und Interessenheterogenität gewinnen *handlungsanleitende Analyse- und Lernhilfen* an Bedeutung. *Ungewöhnliche und komplexe Situationen*, in denen die Folgen der eigenen Handlungen, die Erwartungen und Reaktionen der betroffenen Stakeholder nur schwer antizipierbar sind, erfordern den Einsatz entsprechender Instrumente. Planspiele zum *risikofreien Experimentieren* und zum Identifizieren möglicher Strategien und Maßnahmen dienen der Absicherung eigener Entscheidungen und liefern gerade für den Bereich der (Mit-) Gestaltung politischer und gesellschaftlicher Prozesse wichtige Erkenntnisse.

Erste Elemente *militärischer Simulationen* vom Typ des Schachspiels haben ihren Ursprung bereits um das Jahr 1000 vor Christus u. a. in Ägypten, China, Persien und Griechenland. Die eigentliche Geburtsstunde der taktischen Simulation war aber erst Anfang des 18. Jahrhunderts. In der preußischen Armee wurde erstmals ein Sandkasten als Modell benutzt, um damit militärische Operationen zu planen und durchzuspielen. Als Vater des *Wargame* gilt danach Gerhard von Scharnhorst (1755-1813), der als Chef des preußischen Generalstabs in den Befreiungskriegen den Widerstand gegen die Franzosen organisierte. Scharnhorst simulierte im Voraus die Züge seiner Truppen und die möglichen Gegenreaktionen Napoleon Bonapartes. Mit dem Erfolg, dass die Preußen wesentlich zum Sieg über Frankreich beitrugen.

Zweck und Ziel dieser im Laufe der Zeit immer weiter entwickelten Wargames ist die Entwicklung militärischer Strategien zur Schwächung des jeweiligen Gegners unter Minimierung der eigenen Verluste.

Angesichts der *Leistungsfähigkeit dieser Methode* verwundert es nicht, dass auch Management, Ökonomie und Sozialwissenschaften das Konzept des Planspiels und der Simulation für sich entdeckt haben. Es ist auch im politischen Management anwendbar.

Planspiele lassen sich in einen *Aktionsbereich* und einen *Reaktionsbereich* unterteilen. Der Aktionsbereich umfasst die Handlungen und Aktivitäten der Akteure innerhalb der Simulation. Der Reaktionsbereich stellt den mehr oder weniger *formalisierten Teil* des Modells dar, also die *Regeln und Strukturen,* innerhalb derer die Akteure agieren.

Planspiele bieten also nicht nur den Vorteil, dass sie die Interdependenzen der Aktivitäten der beteiligten Akteure darstellen, sondern dass in Kombination dazu auch die Regelstrukturen von Politikfeldern als Variable in die Simulation mit einfließen. So sind Planspiele in der Lage, *komplexe Wirkungszu-sammenhänge* darzustellen und den Teilnehmern die Folgen eigener Entscheidungen und Handlungen zu verdeutlichen. Aber auch Planspiele sind nur bedingt in der Lage, ein Abbild der komplexen Wirklichkeit zu liefern. Umso mehr ist daher eine realistische „Spielsituation" notwendig.

Ein Grund für den zunehmenden Einsatz von Planspielen im Bereich der Strategieentwicklung ist die Beobachtung, dass *herkömmliche strategische Prozesse* häufig an ihre Grenzen stoßen. Hier setzen Planspiele an, um die Realisierbarkeit von Plänen zu testen und *Alternativen zu identifizieren*, wenn es z. B. um ökonomisch relevante Entwicklungen in einzelnen Politikfeldern, die Durchsetzung oder Abwehr von Reform- oder Regulationsvorhaben geht. Dabei werden nicht nur langfristige Strategien entwickelt und durchgespielt, sondern auch *mittelfristige Konstellationen (Ad-hoc-Bündnisse, Allianzen)* lassen sich mit Planspielen simulieren.

Hierzu zählt die Simulation der Kommunikation eines Gesetzgebungsvorhabens oder der Arbeit einer Regierung genauso wie die Simulation von Lobbying-Strategien oder die Identifizierung von grundsätzlichen politisch-gesellschaftlichen Risiken, denen ein Unternehmen oder ein Vorhaben ausgesetzt ist (so gibt es z.B. Simulationen für das Management von →Corporate Social Responsibility-Programmen).

Im Bereich der Public Affairs sind Planspiele dann von besonderer Bedeutung, wenn langfristige strategische Planungen aus Gründen mangelnder Ressourcen (u. a. Zeit und Personal) erschwert oder aufgrund der Komplexität andere Instrumente kaum anwendbar sind. Im Rahmen des Planspiels werden den Teilnehmern *Rollen zugewiesen*. Je nach Aufgabenstellung und Konfiguration des Planspiels gibt es z. B. das Unternehmens-, Verbands-, NGO-, Regierungs-, Anwohner- und Medienteam. Dabei sind die Teams *nicht homogen*, sondern durch interne Interessengegensätze, die Einfluss auf Entscheidungsfähigkeit und letztendliche Entscheidungen haben, gekennzeichnet. Schließlich gibt es noch ein *Kontrollteam*, das z. B. externe Schocks wie plötzliche Rechtsänderungen, politische Skandale auslöst oder Gerüchte streut. Der praktische *Nutzen* von Planspielen ist von ihrer soliden Vorbereitung und Planung abhängig. Diese sollte, wenn möglich in enger Zusammenarbeit zwischen externen Beratern sowie Vertretern des Unternehmens oder der Organisation erfolgen. Gemeinsam werden Ziele, Themen und Anforderungen definiert. Diese bilden dann die Grundlage für die *Handbücher und Spielanleitungen* und die darauf aufbauende Einführung der Teams in ihre Rollen. Planspiele erlauben dabei sicherlich keine definitive Vorhersage der Zukunft. Sie zeigen aber Zukunftsvarianten und entsprechende Reaktionsmöglichkeiten auf. **SVEN RAWE**

James F. Dunnigan (2000): Wargames Handbook, Third Edition, How to Play and Design Commercial and Professional Wargames, Lincoln: Writers Club Press. Dietmar Herz, Andreas Blätte (2000): Simulation und Planspiel in der Sozialwissenschaft. Eine Bestandsaufnahme der internationalen Diskussion, Münster, Lit. Daniel Oriesek, Friedrich Roman (2003) Blick in die Zukunft, in: Harvard Businessmanager, Nr.5, 65.

# Politische Führung

Führung zählt zu den klassischen Themen der Organisationsforschung, während es in der deutschen Politikwissenschaft eher noch randständig ist. Allgemein betrachtet handelt es sich um eine Interaktion, bei der ein Akteur – der Führende – ein auf die Erreichung eines von ihm gesetzten Zieles gerichtetes Verhalten beim anderen Akteur – dem Geführten – auslöst und aufrecht erhält. Der Begriff Führung impliziert, dass es eine gewisse *Hierarchie* gibt. Besonders deutlich wird dies in dem Anspruch der Politik, die Verwaltung zu führen oder innerhalb von Organisation, Personal zu leiten oder programmatische Grundsätze zu formulieren.

Helms unterscheidet mehrere Richtungen der politikwissenschaftlichen Führungsforschung:

- den *normativen* Ansatz, bei dem die Suche nach der „guten Regierung" im Vordergrund steht,
- dem *empirischen* Ansatz, der sich in personenzentrierte, strukturelle und interaktionistische Varianten differenzieren lässt.

Zu den Fragen, die hierbei untersucht werden, zählen zum einen die *Bedingungen*, unter denen Führung erfolgreich von statten geht. Entsprechende Merkmale sind etwa der *Zielerreichungsgrad*, die *Zufriedenheit* und die *Akzeptanz. Personale Merkmale* werden häufig unter dem Stichwort „*Charisma*" (Max Weber) behandelt.

Führungskräfte, die damit ausgestattet sind, verfügen über eine Vision, über ein glaubhaftes, realistisches, erstrebenswertes Ziel. Ferner gelingt es ihnen, dieses Ziel klar zu formulieren und mit starker *Überzeugung* zu präsentieren. Das *außergewöhnliche Verhalten* erweckt die Vorstellung der besonderen Eignung, und die Persönlichkeit hat zudem das *sensible Gespür* gegenüber den Möglichkeiten, welche seine Umwelt zulässt.

Ein entsprechender „*Führungsstil*" kann dabei eher kooperative oder autoritäre Züge annehmen, er geht über die personalen Aspekte hinaus und bezieht zusätzlich die *institutionellen, informellen und situativen Rahmenbedingungen* mit ein. Die Beschäftigung und Bewertung von Führungsstilen im Hinblick auf ihre Relevanz versucht mit dem Problem umzugehen, wie sich die Persönlichkeitsqualitäten eines Führers auf den politischen Gestaltungs- und Entscheidungsprozeß auswirken.

Umgekehrt setzen die Eigenarten politischer Organisationen wie etwa der Parteien – als *freiwillige und demokratische Einrichtungen* – für ihre Führungen spezifische und schwierige Rahmenbedingungen, die sie deutlich von Unternehmen abheben. *Machtgewinn* wird als wichtiges Ziel politischer Führung verstanden, um eine Herrschafts- bzw. Regierungsposition zu erhalten. Dabei geht es in modernen

Demokratien weniger um *Befehl und Gehorsam* bzw. hierarchische Steuerung, sondern vorwiegend um *Planung und Koordination.* Denn politische Führung muss immer darauf aus sein, *Mehrheiten* aus sehr unterschiedlichen Interessengruppen zu schmieden.

Diese Mehrheiten werden im parlamentarischen Raum und im Gesetzgebungsprozess ebenso benötigt wie bei Wahlen und zwischen diesen, was ein permanentes Miteinbeziehen und Überzeugen von Bürger und Institutionen impliziert. Die Herstellung allgemeinverbindlicher Entscheidungen – ein Wesensmerkmal von Politik – greift dabei über einzelne Organisationen hinaus und umfasst die gesamte Gesellschaft, deren Bestandsicherung und Erneuerung.

Dabei stößt politische Führung auf verfassungsmäßige Schranken, die sich v.a. im Prinzip der Gewaltenteilung und der Vorsorge gegen Machtmissbrauch zeigen, sowie auf strukturelle Grenzen der politischen Steuerung relativ autonomer gesellschaftlicher Subsysteme wie der Wirtschaft.

Je *weniger auf Macht als Ressource* der politischen Führung zurückgegriffen werden kann, gewinnt *Kommunikation* an Bedeutung. Ferner wird – sowohl in der politik- wie in der organisationswissenschaftlichen Forschung – das *Vertrauen* der Geführten bzw. der Bürger in die Führungsperson als besonders relevant betont. Damit wird das Phänomen der ➔ *Personalisierung* von Politik verstärkt. Gerade weil politische Gewissheiten an Prägekraft verlieren und sich die Muster von politischer Gefolgschaft verändern, steigt nach Korte die Sehnsucht nach politischer Führung, die sich auch telegen personalisieren lässt. Die Führungsperson fungiert auf diese Weise als sichtbarer *Problemlöser.*

JOSEF SCHMID

James MacGregor Burns (1982). Leadership. Harper, New York. Thomas Ellwein (1970). Regierung und Verwaltung 1: Regierung als politische Führung, Stuttgart. Hans-Hermann Hartwich, Göttrik Wewer (Hg.)(1991). Regieren in der Bundesrepublik 2: Formale und informale Komponenten des Regierens. Opladen: 81-95. Ludger Helms (2000). „Politische Führung als politikwissenschaftliches Problem". Politische Vierteljahresschrif 3:411-434. Karl-Rudolf Korte (2002) Führung in der Politik. CAP Info Newsletter, 19. Jan. München. Axel Murswieck (1981). „Führungsstile in vergleichender Perspektive". Franz Walter (1997). „Führung in der Politik. Am Beispiel sozialdemokratischer Parteivorsitzender". Zeitschrift für Politikwissenschaft 4: 1287-1336. Jürgen Weibler (2001). Personalführung. München.

# Professionalisierung

Von Professionalisierung im politischen Raum wird gesprochen, wenn im Kern entweder die Entwicklung vom Feierabend- zum Berufspolitiker gemeint ist oder die *Verselbstständigung,* technischen *Spezialisierung* und *Kommerzialisierung* von Dienstleistungen für politische Akteure. Professionalisierung im berufssoziologischen Sinn ist ein Prozess der *Berufsaufwertung,* nachdem sich eine Tätigkeit einen eigenen Markt erschlossen und eine hauptberufliche Ausübung ermöglicht hat (Verberuflichung).

Vorrangig konzentriert sich die Professionalisierungsthese in der Politik auf die Herausbildung von *Expertenwissen* und die wachsende Zahl externer Consultants, Agenturen und Dienstleister in den Feldern politische Kommunikation (z.B. Kampagnenführung), Politikmanagement, Politikfeldberatung, Public Affairs. Oft wird Professionalisierung gleichgesetzt mit *Modernisierung* oder auch *Amerikanisierung*, gemeint ist damit die Annäherung an Modelle in den USA, wo relevante Veränderungen früher einsetzten (z.B. starke Medienorientierung der Wahlkämpfe, Aufkommen der Berufsgruppe der Political Consultants, Einrichtung von Public-Affairs-Stäben in Konzernen). Und auch der Vorwurf der *Expertokratie* als Herrschaft der Fachleute über die Laien mit einer Ideologie des *Professionalismus* wird gelegentlich in die Diskussion geworfen.

Wissensbasis und wirtschaftliche Basis sind zwar zentrale Bestandteile der Professionalität und der berufssoziologisch definierten Professionalisierung; die Anforderungen gehen weit darüber hinaus. Darum ist in vielen Berufen auch umstritten, ob das Etikett „professionell" das richtige ist. Das beginnt damit, dass das *Wissensgebiet* angezweifelt wird: Wo – wie in der Politik – jeder meint, ein Experte zu sein, stehen die Chancen für Professionalisierung nicht sehr gut.

**Attribute der Profession.** Eine Profession ist ein akademischer Beruf mit hohem *Prestige*, der teilweise oder überwiegend von selbstständigen Freiberuflern oder leitenden Angestellten mit außergewöhnlich großem Entscheidungs- und Handlungsspielraum in persönlicher Verantwortlichkeit ausgeübt wird. Professionals leben von ihrer individuellen, hochqualifizierten *Leistung*, der *Autorität* und dem *Vertrauen*, das sie sich als Fachleute erwerben; sie beraten und vertreten neutral und fachlich unabhängig auf dem aktuellen Stand der angewandten Wissenschaft. Sie sind *Wissensarbeiter*. Ihre Dienstleistung ist beratend, künstlerisch, wissenschaftlich, erziehend, unterrichtend oder sonst geistiger Art, im Gegensatz zu Gewerbe und Handwerk. Die Leistungen erbringen sie persönlich, eigenverantwortlich und im gemeinsamen Interesse ihrer Auftraggeber und der Allgemeinheit. *Gemeinwohlorientierung, Standespflichten*, die *Unterstellung unter eigenes Berufsrecht und Standesaufsicht* gelten traditionell als Attribute. Weil die Leistung nur von anderen Fachleuten qualifiziert beurteilt werden kann, gehört zur Professionalität eine besondere Verpflichtung auf *Qualität*, kontinuierliche *Weiterbildung* und den Schutz des besonderen Vertrauensverhältnisses zu ihren Kunden, die mit zunehmender Professionalisierung auch nicht Kunden genannt werden, sondern z.B. *Klienten, Mandanten* oder in den Heilberufen *Patienten*.

**Klienten.** Klienten billigen den Experten Kompetenz zu, akzeptieren ihre Problemlösungsmittel und Befunde – insbesondere bei *Krisen*. Professionelle sind im Kern Fachleute für die Krisen

259

anderer Leute. So beanspruchen die Fachleute das Recht, das Problem zu definieren, mit dem die Kunden zu ihnen kommen, und zugleich den Kunden zum Klienten zu erklären.

Der Wortursprung: Ein Klient (lat. *cliens* „der Hörige") war im alten Rom ein rechtloser Mensch, oft ein entlassener Sklave, für den ein Schutzherr (Patron) die Vertretung vor Gericht und den Schutz in der Öffentlichkeit übernahm. Der Mandant hingegen ist zumindest wörtlich ein Auftraggeber: Das *Mandat* ist ein Auftrag mit Vollmacht (lat. *ex manu datum* „aus der Hand gegeben").

**Autonomie und Selbstkontrolle.** Berufsverbände sorgen für die Selbstkontrolle der mit hoher fachlicher Autonomie praktizierenden Freiberufler, für die Entwicklung von Berufsbild, Kollegialität, gezielter Weiterbildung (z.T. mit Zertifizierung, Lizenz, Zulassung nach Fachprüfung), Verantwortungsbewusstsein, professioneller Standards, berufsethischer Kodizes (➔Ethik).

**Honorar.** Die hohe Qualifikation und besondere, auf den Klienten zugeschnittene Leistung soll mit angemessen hoch vergütet werden. Doch nicht die Beschäftigung und der Lebensunterhalt stehen bei Professionen im Vordergrund, sondern die Herausforderung, die in der Aufgabe liegt. Bei diesen Berufen geht es um *Berufung*, und das Honorar für Selbstständige ist nach dem Wortursprung ein „Ehrensold". Statt Honorar ist z.B. bei Anwälten und Ärzten auch der Begriff *Gebühr* üblich. *Leistungsbewertung und Leistungsvergütung* sind anders als beim Stundenlohn voneinander getrennt. Die Leistungsbewertung gilt im Prinzip als innere Angelegenheit, mit der der Kunde nichts zu tun hat. Professionen schaffen sich ihre *Bewertungsstandards* selbst (durch Verhaltenskodizes, Qualitätsdiskussionen, innerprofessionelle Wettbewerbe, Personalvermittlung, Rekrutierung).

In der Praxis sind diese Ansprüche ökonomisch nicht durchzuhalten. Es bleibt aber klares Ziel jeder Professionalisierung, den reinen Preiswettbewerb für professionelle Dienstleistungen auszuschalten.

**Ausbildung.** Zur Professionalisierung gehört eine *lange Ausbildungsphase* durch ein nicht nur praxisnahes, wissenschaftliches Studium und berufliche Lehrzeit (als Volontär, Trainee). In dieser Phase werden analytische und methodische Kenntnisse, technisches und rechtliches Wissen, Problemlösungsfähigkeit u.a. erlernt. Als kompetent gilt dann, wer einen Ausbildungsgang durchlaufen hat, *Zertifikate* vorweisen kann und *Fachprüfungen* absolviert.

Hochschul-Fakultäten, die auf professionelle Berufe vorbereiten, heißen nach der englischen Bezeichnung *Professional Schools*; ihre (meist postgradualen, also auf den Master-Abschluss zielenden) Studiengänge und Weiterbildungsangebote *Professional Programs*. Sie spielen eine wichtige Rolle als Brücke zwischen Praxis und Wissenschaft.

Da sich echte Professionen kontinuierlich um Weiterbildung und die Einbeziehung neuester Forschungsergebnisse bemühen, um eine abgesicherte theoretische Wissensbasis und allgemein akzeptable Leistungskriterien sowie Selbstreflexion zu erreichen, ist dies eine wichtige Begründung für die relativ hohe Autonomie gegenüber dem Staat, staatliche Protektion bei Berufszugang, Fachprüfungen, Zulassung.

**Kritik.** Die historische Entwicklung des Professionalisierungsbegriffs aus Medizin und Jurisprudenz macht die Feststellung von Professionalität bei anderen Tätigkeiten schwierig. Ganz besonders dort, wo der Zugang zu den Berufen weit offen ist und sich keine dominanten Ausbildungswege etablieren.

Da Professionalisierung einen Prozess beschreibt, der eine Richtung und ein Ziel haben muss, werden auch grundsätzliche Fragen aufgeworfen: z.B. wenn Professionalisierung der Politikberatung bedeutet, dass Profi-Berater in der Demokratie eine Stellung haben wie Ärzte im Gesundheitswesen oder Anwälte in der Rechtsordnung.

Professionalisierung ist von führenden Soziologen als entscheidende strukturelle Entwicklung in der Gesellschaft des 20. Jahrhunderts gesehen worden.

Aber nicht alle sehen in Professionen die Speerspitzen des Fortschritts. Kritiker sehen die Professionalisierung vor allem als Versuch der Experten, ihre Klienten für ihre eigenen Zwecke zu benutzen, ihr Marktmonopol gewinnbringend auszubauen und ihre Privilegien zu sichern.

Ziel der Professionellen sei *nicht das Lösen von Problemen*, sondern im Gegenteil ihr Schüren, Verlängern, Provozieren, Dramatisieren und Stabi-

lisieren. In der Maske des uneigennützigen Experten hielten sie ihre Klienten in künstlicher Abhängigkeit. Professionalismus sei eine Ideologie, die die *Machtlosigkeit der entmündigten Klienten* verdecke.

Schließlich hat die Berufssoziologie auf die schleichende Auflösung traditioneller Vorstellungen von Profession hingewiesen, ebenso auf die Möglichkeit der *Deprofessionalisierung* (sozialer Abstieg in die Amateurklasse, Rückfall in den bloßen Beruf).

**Profession als Zukunftsmodell.** Diese Unsicherheiten ändern nichts an der *wachsenden Bedeutung der Professionen* für Dienstleistungs- und Informationsgesellschaften. Im Zeitalter von Experten, Outsourcing und →Netzwerken gilt das professionelle Modell als Zukunftsmodell.

Prototyp ist nicht mehr nur der Arzt oder Anwalt, sondern der freiberufliche Berater ohne staatliches Privileg, ohne Kammer- und Gebührenordnung; ein hochqualifizierter, autonom, in kleinen Teams arbeitender Spezialist, der in flexiblen Vertragsverhältnissen komplexe Probleme mit Expertise, Kreativität und dezentral verfügbarer Technologie löst.

**Professionalisierungsstrategie.** Berufsverbände von weniger etablierten Berufen (z.B. →Public Relations) folgen Professionalisierungsstrategien: Sie können den Prozess, solange Nachfrage nach ihrer Kompetenz besteht, selbst steuern.

Zwar sind nicht alle Berufe gleich weit professionalisierbar. Aber in der Markterschließung, der Abgrenzung, der inneren Differenzierung ist graduelle Aufwertung möglich. Abgrenzung setzt voraus, dass sich eine *Gruppenidentität* herausbildet.

Aus Konkurrenten müssen auch Kollegen in einer Berufsgemeinschaft werden, die sich auf die Einhaltung von *Standards und Sanktionen* verständigen.

Dazu gehört auch, Möglichkeiten zu finden, durch die sich *der freiberufliche Anspruch der Professionals mit der* Einbindung in Organisationen vereinbaren lässt – ob in einer Behörde, einer Fraktion, einer Agentur, einer Anwalts-

sozietät, Unternehmensberatung, einer Partei, einer NGO oder einem Konzern.

**MARCO ALTHAUS**

Marco Althaus (1998). Wahlkampf als Beruf: Die Professionalisierung der Political Consultants in den USA. Lang, Frankfurt a.M. Jens Borchert (2000). Die Professionalisierung der Politik. Zur Notwendigkeit eines Ärgernisses. Campus, Frankfurt. Steven Brint (1994). In an Age of Experts: The Changing Role of Professionals in Politics and Public Life. Princeton UP, Princeton. Melanie Fabel, Hans-Jürgen Hohm (1987). Politik als Beruf. Zur soziologischen Professionalisierungstheorie der Politik. VS, Wiesbaden. Thomas Klatetzki, Veronika Tacke (2005). Organisation und Profession. VS, Wiesbaden. Harald Mieg, Pfadenhauer (2005). Professionelles Handeln. VS, Wiesbaden. Dies. (2003). Professionelle Leistung. UVK, Konstanz. Michaela Ulrike Röttger (2000). Public Relations: Organisation und Profession. VS, Wiesbaden. Jens Tenscher (2003). Professionalisierung der Politikvermittlung. VS, Wiesbaden.

# Public Affairs

Public Affairs (PA) ist das strategische Management von Entscheidungsprozessen an der Schnittstelle zwischen Politik, Wirtschaft und Gesellschaft. Public Affairs organisiert die *externen Beziehungen* einer Organisation, vor allem zu Regierungen, Parlamenten, Behörden, Gemeinden sowie Verbänden und Institutionen – und zur Gesellschaft selbst. Public Affairs heißt Vertretung und Vermittlung von Unternehmens-, Mitarbeiter- und Mitglieder-Interessen im politischen Kontext, direkt durch →Lobbying (auch: *Government Relations*), also Kommunikation mit und Beratung von Entscheidungsträgern; und indirekt über Meinungsbildner und Medien.

Der Resonanzboden der Public Affairs im staatlichen und staatsnahen Sektor ist das *politische* oder *Politikmanagement*. Darunter verstehen wir das Management politischer Prozesse

und politischer Institutionen durch die vom Bürger Gewählten und diejenigen, die gewählt werden wollen. Dazu gehört weit mehr als Regierungs-, Verwaltungs- und Parlamentslehre oder PR für Politiker. *Kommunikation* und *Organisation* bilden die beiden gleich starken Säulen, auf denen die demokratische Praxis des Politikmanagements ruht. Da Public Affairs ohne ständige Bezugnahme auf das Politikmanagement nicht funktioniert, gehört es zur Definition dazu.

**Begriffsabgrenzung.** Public Affairs ist in Deutschland ein junger Begriff, erst seit einem halben Jahrzehnt – ziemlich genau seit dem Umzug der Hauptstadt von Bonn nach Berlin – hat er in Fachkreisen Verbreitung gefunden. Nicht einmal das beste und umfassendste deutsche Standardwerk, das 760-seitige, von 40 führenden Kommunikations- und Politikwissenschaftlern verfasste Handbuch *Politische Kommunikation in der demokratischen Gesellschaft* verzeichnete bei Erscheinen 1998 den Begriff Public Affairs auch nur ein einziges Mal – obwohl er in Brüssel, in Großbritannien und erst recht in den USA schon lange in Gebrauch war. Der Begriff ist nach wie vor diffus, und dies ist nicht nur ein semantisches Problem. Es gab viele Versuche, den ebenfalls diffusen Begriff ➜Public Relations mit dem der Public Affairs zu versöhnen und auch inhaltlich abzugrenzen. Der Minimalkonsens in Praxis und Wissenschaft besteht darin, dass PR die Beziehungen mit Öffentlichkeiten pflegt und entwickelt, die für die jeweilige Organisation von Bedeutung sind. Public Affairs ist jene Praxis der Public Relations, die sich auf Politik und die Öffentlichkeiten richtet, die Politik beeinflussen.

Aber es gibt auch jene Auffassung, die besagt, dass Public Affairs mit PR wenig zu tun habe und schon gar nicht als eine Untergattung zu sehen. Wenn in Konzernen, Anwaltskanzleien und Beratungsgesellschaften Ersatzbegriffe wie *Public Policy, Government Relations, Corporate Communications, Corporate Affairs, Corporate Relations, External Affairs, Regulatory Affairs* verwendet werden, und die ganz Mutigen finden, dass das Wort Lobbying doch eigentlich alles sage und keiner Ergänzung bedürfe – dann zeigt das die Vielfalt der Interpretationen und Schwerpunktsetzungen.

Public Affairs aber ist nachgewiesenermaßen ein Kind zweier Eltern: Public Relations als Öffentlichkeitsarbeit ist der eine Elternteil, die direkte Interessenrepräsentation bei der Politik und Beratung der Politik der andere. Der eine Elternteil ist vom Charakter her eher laut und extrovertiert, der andere eher leise und diskret. Pate und Tutor für das Kind ist die Praxis der ➜Kampagne von Parteien und NGO, in der ➜politisches Marketing und ➜Mobilisierung zentral sind.

Die Trennung zwischen PR und PA wirkt künstlich, weil auch die öffentliche Kommunikation mit ihren ausdifferenzierten Teilbereichen längst den Anspruch erhebt, eine strategische Managementaufgabe zu sein, und weil die Beziehungspflege zu externen Stakeholdern und Interessengruppen so komplex ist, dass die *„Außenpolitik"* eines Unternehmens oder einer Organisation ohnehin ganzheitlich integriert gesteuert werden muss. Und dass PR genutzt wird, um Politikformulierung und die öffentliche Agenda zu beeinflussen, ist auch nicht neu.

Dennoch sind PR- und PA-Praktiker in Deutschland erst dabei, sich gegenseitig kennen zu lernen; sie sind sich teilweise noch sehr fremd, auch wenn sie schon in derselben Arena miteinander arbeiten müssen. Agenturkreative und Rechtsanwälte, Ex-Journalisten und Ingenieure, Sozialwissenschaftler und Kaufleute, Politiker und Manager sind hier zu finden, alle mit unterschiedlichen Fachmethoden, Perspektiven und praktischen Erfahrungen. Von dieser *Interdisziplinarität* lebt Public Affairs.

**Organisationsformen.** Public Affairs ist der Natur nach eine *Querschnittsfunktion*, die in Unternehmen sehr unterschiedlichen Stäben und Abteilungen zugeordnet werden kann, z.B. Unternehmenskommunikation, Rechts- oder Regulierungsabteilung, Planungs- stab oder allgemeines Vorstandsbüro. Entscheidend sind direkte Berichtswe- ge zum Vorstand. Derzeit gehört ein größerer Teil der PA-Verantwortlichen zur Kommunikation, aber die steigende Involvierung auch anderer Vorstände und die notwendige enge Zusammen- arbeit mit der Rechtsabteilung intern und extern mit Anwaltskanzleien deutet auf künftig andere Aufstellun- gen hin. Zuständigkeiten und Arbeits- felder sind im Fluss, die Funktionen sind intern oft nicht ausreichend geklärt und bekannt gemacht.

Das hat auch Auswirkungen auf die *Rekrutierung* des Personals. Ein klassi- scher Konflikt besteht in der Entschei- dung, ob es besser ist, ein Eigenge- wächs des Hauses, also einen Fach- mann, der das Unternehmen sehr gut kennt, zum Public-Affairs-Manager zu berufen; oder einen externen Kenner der Politik, z.B. einen früheren Politi- ker, Mitarbeiter oder Berater von Poli- tikern dafür neu einzustellen. Viele →Unternehmensrepräsentanzen be- antworten die Frage mit einem Sowohl- als-auch, z.B. mit einem gemeinsam verantwortlichen Zweierteam. Im direkten Lobbying wird dann auch auf Parteinähe geachtet (ist z.B. der Leiter des Verbindungsbüros in Berlin uni- onsnah, wird sein Stellvertreter aus dem rot-grünen Lager rekrutiert usw.).

Entscheidend ist aber nicht ein Par- teibuch, sondern die mit vorheriger parteinaher Tätigkeit verbundenen Kommunikationskanäle zu Entschei- dungsträgern. Diese müssen durch

eigenständiges, aktives Sich-Einbringen in die politische Community und Aufbauen eigener →Netzwerke konti- nuierlich ausgebaut werden. Öf- fentlichkeitsarbeit in eigener Sache ist kein Tabu mehr, sondern gefordert als bewusste Präsentation der Public-Af- fairs-Botschafter eines Unternehmens oder einer Organisation als Ansprech- partner.

Die *Qualifikationsanforderungen* sind komplex. Unternehmens- und Branchenkenntnis sind ebenso wichtig wie politisches Urteilsverrmögen, Ge- spür und Prozesswissen, Analyse-, Pro- blemlösungs-, Konzeptions- und Kom- munikationsfähigkeiten, Sensibilität für alle Medienfragen, Verhandlungs- geschick und Streitbarkeit verbunden mit der Bereitschaft, Spitzenpolitikern und hohen Beamten auf gleicher Au- genhöhe zu begegnen.

„Der ideale Public-Affairs-Manager", formuliert Rinus van Schendelen (2002), „ist wie Sokrates, der beständig Fragen stellt, zuhört und das Gehörte hinterfragt. Er ist wie Max Weber, der durch geduldiges Vorbereiten und Analysieren die richtigen Antworten parat hat. Und er ist wie Niccolo Ma- chiavelli, der die sich daraus for- menden Interessen geschickt vertritt."

**Geschichte der Public Affairs.** Dass der Begriff der Public Affairs in Deutschland entdeckt wurde, als die 68er-Generation die politischen Füh- rungspositionen übernahm, ist histo- risch nicht ganz zufällig. Die *Umbrü- che der 60er und 70er* waren ja nicht nur gesellschaftlicher Art; sie änderten auch massiv das Verhältnis zwischen Staat und Wirtschaft. Das Ziel „Mehr

Demokratie wagen" (Willy Brandt) war ja weder nur auf staatliche Institutionen gemünzt, noch wurde es so verstanden. Mitbestimmung der Arbeitnehmer, Ausbau der Sozialen Marktwirtschaft als Konsensmodell, Ausbau des Rechtswegestaats, Verbraucherschutz, Umweltschutz und Ökologie, neuer Städtebau und Ausbau der Verkehrsinfrastruktur, Bildungs- und andere Reformen, Ausbau des Sozialstaates mit seinen Schutz- und Förderfunktionen, Frauenemanzipation, Ausländer- und Migrantenpolitik, europäische Integration – all das und noch viel mehr fand seinen Niederschlag in Regulierung, neuen Behörden und Institutionen, neuen Politikfeldern und neuen Akteuren. Der Staat wuchs, und auch der Dritte Sektor. Und die Medien veränderten sich, in der Zahl, im Inhalt, im Format und im Stil – einerseits mit immer schnellerem Infotainment, andererseits mit Konfrontation, Meinungs- und →Investigativer Journalismus.

Das Ergebnis: Kaum ein Unternehmen, kaum eine Branche konnte es sich in den letzten drei Jahrzehnten noch leisten, Politik und öffentliche Ansprüche zu ignorieren. Was Wirtschaft angeht, ist nicht nur Wirtschaftspolitik. Die Wirtschaft reagierte darauf mit der Aussendung von Lobbyisten, die am Regierungssitz den ritualisierten, diskreten Dialog im kleinen Kreis aufnahmen, und einem Ausbau der Unternehmens- und Marketingkommunikation, die mehr sein musste als Werbung plus Publicity.

Die soziale und ökologische Verantwortung der Wirtschaft wurde ange-sichts des von Medien und Bürgerinitiativen Drucks von den Vorständen in Konzernen und Mittelstand akzeptiert, und schließlich baute man als weitere Säule das wohltätige und auch Image fördernde Sponsoring aus.

In den USA lässt sich die erste *Boom-Phase der Public Affairs 1965 bis 1985* datieren. Vieles von dem, was sich in Deutschland erst unter dem Druck von Globalisierung, Europäisierung, dem politischen Generations- und Regierungswechsel, dem Medienwettbewerb und einem rasant wachsenden Dritten Sektor tut, passierte in den USA tatsächlich schon damals.

Die 70er und frühen 80er ließen die PA-Stäbe schnell wachsen, und eskalierende Auseinandersetzungen mit Gewerkschaften, NGO, Politikern und Regulierungsbehörden sorgten zusätzlich für einen Bedarf an externer politischer Beratung, der (außerhalb der Wahlkampfzeiten) von den entstehenden Berateragenturen, den Political Consultants, gern gegen interessante Honorare befriedigt wurde.

Unternehmen und Verbände hatten nicht nur ihre Lektionen vom linksradikalen *Empowerment* und *Community Organizing* (Ideen u.a. von Saul Alinsky) gelernt, die sich gegen sie gerichtet hatten; sie wendeten sie nun auch selbst an. Die Überlegung: Wer in einer (Medien-) Demokratie immer nur in der Defensive ist und mit seinen Lobbyisten stets als Blockierer dasteht, ist im Saldo immer Verlierer. Je elitärer und abgeschotteter, desto schlimmer. Also versuchten Sie, auch *für* etwas zu sein – und auch *für* ihren Mitarbeiter, Verbraucher, Steuerzahler, den kleinen

Mann auf der Straße. Schließlich erkannten sie, dass Zahl und Engagement ihrer Mitarbeiter für politische Zwecke nutzbar sind, um die Interessen der Firma zu schützen. Allerdings nur, wenn die Mitarbeiter das selbst wollen. Das wiederum setzt ein bestimmtes Betriebsklima voraus.

In der zweiten Hälfte der 80er Jahre war diese Welle des *Corporate Activism* vorbei, Politik, Konzerne, NGO und Medien schienen erschöpft von der Dynamik, die sie entfesselt hatten.

Erst in der *Clinton-Ära* begann er von neuem, ausgelöst durch Rezession und polarisiertem politischen Streit um Wirtschaftspolitik, Gesundheitssystem und die grundlegene Reform des Wohlfahrtsstaates. Dies, gekoppelt mit einer Rückverlagerung politischer Macht auf die Einzelstaaten und Kommunen, waren Stromstöße für die etwas apathisch gewordene Public-Affairs-Funktion der Wirtschaft.

Die alte Bundesrepublik (West) war dagegen, trotz mancher Eruptionen, bis zum Umbruch 1989 ein beschauliches kleines Land mit viel Konsens, korporatistischen Strukturen, ein geordneter Verbände- und Parteienstaat mit gezähmten Medien und experimentierfaulen Bürgern.

Die letzten großen Gesetzgebungsprojekte waren in den 70ern erledigt, man hatte es sich eingerichtet. Kein Vietnam, kein Watergate hatte das Vertrauen in den Staat erschüttert. Weder gab es in den 80ern mit Kohl, Genscher und Lambsdorff einen radikal deregulierenden, Gewerkschafter jagenden Thatcherismus noch eine Phase riskanter Reaganomics. Die mo-

netaristischen Chicago-Boys fanden auf ihrer Welttournee in der *Deutschland AG* kaum Freunde.

Praktisch sahen die Großunternehmen keinerlei Veranlassung, zusätzliche Stabsfunktionen zu schaffen, um politische Entwicklungen zu beobachten und zu beeinflussen. Sie fühlten sich weder vom Markt noch von Politik und Gesellschaft bedroht. Aus Vorstandssicht war die Welt damals einfach: Um die Presse kümmerte sich der Pressechef, um das Recht der Syndikus, um die Politik normalerweise die Verbände, in denen die Firma Mitglied war; und gelegentlich, wenn unbedingt nötig, ein Vorstand, der zum Mittagessen nach Bonn fuhr. Gesellschaftliche Verpflichtungen der Firma gab es auch, aber die bewegten sich fast ausschließlich im lokalen und wohltätigen Bereich. Public Affairs Management gehörte definitiv nicht zu den Managementmoden, die in den 80ern über den Atlantik kamen.

Die deutsch-deutsche Vereinigung und der beschleunigte europäische Einigungsprozess aber waren der zweifache Betonfuss auf dem Gaspedal der Veränderung. In den 90ern liefen die andernorts bekannten Prozesse wie im Zeitraffer ab, natürlich nicht als Kopie, sondern mit sehr deutschem und europäischem Charakter. Europäisch auch deshalb, weil sich Public Affairs andernorts in (West-) Europa schneller entwickelten als in Deutschland. Berlin holt derzeit nicht nur nach, was vor 20 Jahren in Washington passierte, sondern auch, was vor 10 Jahren in Brüssel und London passierte. Die international aufgestellten

Konzerne von DaimlerChrysler bis Sony und die internationalen Beratungsgesellschaften (Agenturen, Anwaltssozietäten, Unternehmensberatungen) bemessen die PA-Funktion deshalb auch nicht ausschließlich nach deutscher Historie, sondern nach dem State of the Art in den Mutterländern des Kapitalismus. Dort ist Public Affairs nicht mehr wie bei uns ein Kind mit den ersten Pickeln, die die Verwandlung zum pubertierenden Teenager ankündigen. Sondern dort haben wir es mit gereiften, erwachsenen Public Affairs zu tun, die man schon aufgrund ihrer Budgets und Personalausstattung ernst nimmt.

Public Affairs beschäftigen sich dort nicht mit der Frage, was Public Affairs ist und wie man das einigermaßen anständig erklären kann, sondern intern mit Qualitätsmanagement, Benchmarking, Quantifizierung, professioneller Aus- und Weiterbildung, Internationalisierung ihrer Tätigkeiten. Dabei können sie auf Unterstützung durch externe Partner bauen, die im Zuge der →Professionalisierung entstanden sind: Eine entwickelte Beratungslandschaft, Professional Schools an den Universitäten, Weiterbildungsanbieter, Fachmedien, Publikationen, Forschungsinstitute, Berufsvereinigungen und Stiftungen, die – wie das Public Affairs Council in Washington – auf jahrzehntelange Arbeit zurückblicken können, um sich systematisch an neue Realitäten anzupassen. Public Affairs sind überdies ein gereifter Arbeitsmarkt für Fach- und Führungskräfte, die in Firmen mit teilweise Jahrzehnte langer Erfahrung arbeiten. Dieser entwickelt sich in Deutschland erst allmählich.

MARCO ALTHAUS

Lloyd Dennis (Hg.)(1996). Practical Public Affairs in an Era of Change. PRSA/UPA, Lanham. Edward Grefe, Marty Linsky (1995). The New Corporate Activism: Harnessing the Power of Grassroots Tactics for Your Organization. McGraw-Hill, New York. Edward Grefe (1981). Fighting to Win: Business Political Power. Harcourt, New York. Peter Köppl (2001). Public Affairs Management. Linde, Wien. Anne Lawrence et al. (2002). Business and Soceity: Stakeholders, Ethics, Public Policy. McGraw-Hill Irwin, New York. Rinus van Schendelen (2002). Machiavelli in Brussels. The Art of Lobbying the EU. Amsterdam University Press, Amsterdam. Dagmar Wiebusch (2002). Public Affairs Agenda. Luchterhand, Neuwied/Kriftel.

# Public Policy

Als Begriff der →Politikfeldanalyse (Politikfeldforschung, Policy-Analyse) beschreibt Public Policy den Bereich der Politik, in dem der Staat als zentraler Akteur durch seine politischen Maßnahmen, d. h. durch *Normen* sowie *Ge- und Verbote* aber auch durch *distributive Maßnahmen* wie Steuern oder Instrumente der Umverteilung, Einfluss auf die Ausgestaltung einzelner Politikfelder nimmt und diese zu steuern und zu gestalten versucht.

Die Vielschichtigkeit des Begriffs Public Policy wird deutlich in den zahlreichen, existierenden Definitionen. Eine der kürzesten aber auch bekanntesten ist die von Thomas Dye: „Public Policy is anything a government chooses to do or not to do." (Dye

267

1972). Ausführlicher ist die Definition von Jenkins, der Public Policy beschreibt „as a set of interrelated decisions taken by a political actor or group of actors concerning the selection of goals and means of achieving them within a specific situation (...)" (Jenkins 1978). Nach Jenkins Definition ist also insbesondere die absichtsvolle Handlung, also ein konkretes Ziel, ein wesentliches Merkmal von Public Policy.

Der Versuch einer Übersetzung, z. B. mit „öffentliche Politiken", macht das Defizit der deutschen Bezeichnung deutlich. Äquivalent zum deutschen Begriff Politik gibt es in der englischen Übersetzung die drei Begriffe *Policy*, *Polity* und *Politics*, die die unterschiedlichen Dimensionen des Begriffs besser erklären.

Während Politics die konfliktären Prozesse des Machterwerbs und Machterhalts sowie die Durchsetzung von politischen Inhalten, Zielen und Interessen innerhalb politischer Prozesse meint (z. B. Vermittlung zwischen Bundesrat und Bundestag, Arbeitskämpfe, Expertenanhörungen), steht Polity für die Ausgestaltung politischer Institutionen sowie die institutionellen Arrangements eines politischen Systems.

Polity beschreibt „die Organisationsform und das Normengefüge, unter denen an einem bestimmten Ort und Zeitpunkt Politik gemacht wird" (Böhret 2001) (z. B. Länder- und Bundeszuständigkeit im Bereich der Bildungspolitik, Tarifautonomie etc.). Der Begriff Policy steht hingegen für die inhaltliche Dimension von Politik, aber auch

für ihre tatsächlichen Wirkungen und Ziele (z. B. Gewässerqualität oder Absenkung der Arbeitslosigkeit). Policy ist gleichzeitig ein Synonym, das „zur Kennzeichnung der Inhalte, der Art und Weise der Bearbeitung der öffentlichen Angelegenheiten bzw. Aufgaben, der gestaltenden Leistung, der Problemlösung und ihrer Instrumente" (Böhret 2001) verwendet wird.

Dieser Definition folgend hat Politik also eine *prozessuale*, eine *institutionelle* und eine *inhaltliche* Dimension. Nachdem zunächst vor allem die beiden ersten Dimensionen im Mittelpunkt des Forschungsinteresses der Politikwissenschaft standen, begann sich die Policy-Analyse seit Beginn der 70er Jahre stärker mit der Erforschung der inhaltlichen Dimensionen von Politik innerhalb einzelner *Politikfelder* zu beschäftigen (z. B. Gesundheitspolitik, Drogenpräventionspolitik, Wohnungsbaupolitik etc.).

Die →Politikfeldforschung (im Englischen *Policy Analysis, Policy Studies* oder auch *Policy Science* genannt) hat sich seit dem als fester Bestandteil der Politikwissenschaft etabliert.

Der Policy Analysis liegt dabei die Annahme zugrunde, dass die Ausgestaltung von Politikinhalten nicht nur durch das zu bewältigende politische Problem vorgegeben wird, sondern, dass auch die Ausgestaltung politischer Institutionen (Polity) und politischer Prozesse (Politics) innerhalb eines Politikfeldes letztendlich die Politikinhalte (Policy) beeinflusst.

Von besonderer Bedeutung aus Sicht der Public Affairs sind das *Zustandekommen* und die *Wirkung* von Public

Policy. Der politische Prozess wird dabei in erster Linie als ein *Prozess der Problemverarbeitung* durch das politische bzw. politisch-administrative System einschließlich der daran formell wie informell beteiligten Akteure oder Stakeholder angesehen.

Das Ziel ist es dabei, Kenntnis und Wissen über *kausale Zusammenhänge* und Interdependenzen innerhalb bestimmter Politikfelder zu erlangen, um so nicht nur zu fachbezogenen sondern auch zu generalisierbaren Aussagen und Erkenntnissen zu kommen, die dann wiederum die praktische Politikgestaltung beeinflussen.

SVEN RAWE

Carl Böhret, Werner Jann, Eva Kronenwett (2001): Innenpolitik und politische Theorie. Ein Studienbuch, Opladen, 4. Aufl., Westdeutscher Verlag Thomas R. Dye (1972): Understanding Public Policy. Englewood Cliffs, New York: Prentice Hall (1978): Policy Analysis. What governments do, why they do it and what difference it makes. Alabama, University of Alabama Press. William Jenkins (1978): Policy Analysis: A Political and Organizational Perspective, London, Martin Robertson. M. Howlett, M. Ramesh (1995). Studying Public Policy: Policy Cycles and Policy Subsystems, Oxford University Press, Toronto. Manfred G. Schmidt (1995). Policy-Analyse. In: Mohr, A. (Hrsg.): Grundzüge der Politikwissenschaft. München, 567-604, Oldenbourg.

# Stakeholder Management

Der Begriff Stakeholder (deutsch etwa: *Anspruchsgruppe*) geht auf das Stanford Research Institute zurück, welches ihn 1963 erstmals verwendet hat. Große Verbreitung erlangt der Begriff allerdings erst Mitte der 80er Jahre durch Edward Freeman, der Stakeholder – unter Bezug auf die Arbeiten des Stanford Research Institute – als „those groups without whose support the organization would cease to exist" (Freeman 1984:31) definiert. Demnach sind Stakeholder Akteure, die, während sie ihrerseits beeinflusst werden, (erheblichen) Einfluss auf die Tätigkeit und Handlungsfähigkeit von Unternehmen oder Organisationen nehmen können und – dies legt die deutsche Übersetzung in Anspruchsgruppen nahe – einen bestimmten Anspruch (materiell oder immateriell) an eine Organisation oder ein Unternehmen stellen. Der Stakeholder-Ansatz geht davon aus, dass beispiels-weise ein Unternehmen über die rein marktlichen, ökonomischen Transaktionen hinaus auf vielfältige Art und Weise mit seinem Umfeld interagiert und in ein *komplexes Beziehungsgeflecht* unterschiedlicher Anspruchsgruppen eingebunden ist.

**Beziehungsgeflecht systematisieren.** Inhalt und Aufgabe von Stakeholder Management ist es daher, dieses Beziehungsgeflecht zu systematisieren: *Identifizierung und Beobachtung* von Stakeholdern, *Analyse ihrer Relevanz* und *Ansprüche*, deren Einordnung sowie die Festlegung und Umsetzung von Strategien zum Umgang mit Stakeholdern. Aus Sicht der Public Affairs setzt die *effektive Realisierung von Unternehmens- oder Organisationszielen* eine genaue Kenntnis aller relevanten Stakeholder und ihrer spezifischen Attribute voraus.

In der Analyse sind, neben der objektiven und subjektiven Betroffenheit

269

und den Erwartungen, insbesondere ihre *Macht- oder Einflusspotenziale* sowie die Attribute *Legitimität* und *Dringlichkeit* in Bezug auf die jeweiligen Anliegen zu berücksichtigen.

**Macht:** Stakeholder unterscheiden sich hinsichtlich der Macht, über die sie unter bestimmten Umständen verfügen und die sie einsetzen können, um ihre Ansprüche durchzusetzen. Macht oder Einfluss bezeichnet die Fähigkeit, einen anderen Akteur entgegen seiner ursprünglichen Absicht zu einer bestimmten Handlung zu bewegen bzw. sich im umgekehrten Fall der Beeinflussung anderer zu entziehen.

**Legitimität:** Stakeholder unterscheiden sich bezüglich der Legitimität ihrer Ansprüche gegenüber einem Unternehmen, einer Organisation, aber auch einem strittigen Thema (Issue). Begründung und Ursprung der Legitimität können unterschiedlichster Art sein, z. B. juristisch, moralisch oder wissenschaftlich. Entscheidend ist, wie die Beanspruchten (z. B. das Management eines Unternehmens) sowie Medien und Öffentlichkeit die Legitimität einschätzen und die Stakeholder wahrnehmen.

**Dringlichkeit:** Stakeholder unterscheiden sich schließlich hinsichtlich der Dringlichkeit, mit der sie ihre Ansprüche gegenüber der Unternehmung geltend machen. Dringlichkeit entsteht zum einen durch das für den Stakeholder unakzeptable zeitliche Aufschieben eines bestimmten Anliegens, z. B. durch die Führung eines Unternehmens, zum anderen ist Dringlichkeit eine Folge der (hohen) Bedeutung, die der Stakeholder dem Anliegen beimisst (vgl. Mitchell et al. 1997: 867).

Jeder Stakeholder kann anhand dieser drei sozial konstruierten und damit keineswegs statischen Attribute beschrieben werden (vgl. u. a. Schuppisser 2002: 32).

Hierfür stehen eine Reihe von analytischen Instrumenten, wie Befragungen, Inhaltsanalysen, Szenariotechniken, Trendanalysen, →Planspiele etc. zur Verfügung. So entsteht ein differenziertes Bild der Stakeholder einer Organisation, ihrer Erwartungen und ihrer Position (als Kartengrafik dargestellt: *Stakeholder Map*).

Vergleichbar einer Wähler- oder Marketinganalyse werden diejenigen Akteure abgebildet, die die eigenen Ziele unterstützen (Unterstützer), die sich gegen die eigenen Ziele wenden (Gegner) und die Unentschiedenen, die für oder gegen die eigenen Ziele und Aktivitäten mobilisierbar sind.

Insofern befasst sich Stakeholder Management immer auch mit Risiken und Chancen, die sich aus den Werten, Einstellungen und Handlungen einzelner Akteure für die eigenen Ziele ergeben. Anwendung finden einzelne Bereiche des Stakeholder Managements
- bei Gesetzgebungsprozessen: zur Analyse der formellen und informellen Akteure;
- bei der Planung von Infrastrukturrojekten: zur Ermittlung möglicher Widerstände;
- im Bereich des →Issues Management: um die Entwicklung von konfliktträchtigen Themen zu bestimmen und entsprechende Maßnahmen einzuleiten.

Von zentraler Bedeutung sind die Erkenntnisse und Möglichkeiten des Stakeholder Managements auch für die Planung und Steuerung von →Kampagnen, bei denen mit *widerstreitenden Interessen* zu rechnen ist sowie im →Krisenmanagement.

Insoweit leistet das Stakeholder Management einen wesentlichen Beitrag zu zwei Schlüsselfragen der Public Affairs: Ist mein Ziel, Vorhaben, Projekt durchsetzbar? Wenn ja, unter welchen Voraussetzungen (Zeit, Ressourcen, Instrumente)?

SVEN RAWE

Gregor von Bonin (2004). Die Leitung der Aktiengesellschaft zwischen Shareholder Value und Stakeholder-Interessen. Nomos, Baden-Baden. R. Edward Freeman (1984): Strategic Management: A Stakeholder Approach, Boston: Pitman Publishing. Kaevan Gazdar, Klaus Rainer Kirchhoff (2002). Unternehmerische Wohltaten: Last oder Lust? Von Stakeholder Value, Sustainable Development und Corporate Citizenship bis Sponsoring. Luchterhand, Neuwied/Kriftel. M. Huber, Joachim Scharioth, Maren Pallas (2004). Putting Stakeholder Management into Practice. Springer, Berlin. Bodo Kirf, Lothar Rolke (2002). Der Stakeholder-Kompass: Navigationsinstrument für die Unternehmenskommunikation. FAZ, Frankfurt a.M. Ronald K. Mitchell, Bradley R. Agle, Donna J. Wood (1997): „Towards a theory of stakeholder identification and salience: Defining the principle of who and what really counts", in: Academy of Management Review, 22 (1997) 2. 853-886. Stefan W. Schuppisser (2002): Stakeholder Management, Schriftenreihe des Instituts für betriebswirtschaftliche Forschung an der Universität Zürich, Band 92, Bern: Haupt. Steven F. Walker, Jeffrey W. Marr (2002).Erfolgsfaktor Stakeholder. Wie Mitarbeiter, Geschäftspartner und Öffentlichkeit zum dauerhaften Unternehmenswachstum beitragen. Redline Wirtschaft/Moderne Industrie, Stuttgart.

## Stakeholder-Matrix des Macht- und Reaktionspotenzials
nach Peter Köppl (2004), Power Lobbying, Linde, Wien

| Beispiel | Kategorien | | | | | |
|---|---|---|---|---|---|---|
| | I bis 5 (I=geringer Einfluss, 5=hoher Einfluss) | | | | | |
| Stakeholder | Zugang zu Medien | Zugang zu polit. Entscheidern | Einfluss auf Zielerreichung | Bisherige Erfolge bei ähnl. Fragen | Art der Reaktion ( + / - / 0 ) | Summe |
| Gruppe I | 2 | 2 | 2 | I | + | +7 |
| Gruppe 2 | 4 | 3 | 5 | 3 | – | -I5 |
| Gruppe 3 | I | 4 | 3 | 2 | 0 | I0 |

**1 Stiller Stakeholder:** Mächtig, aber setzt die Macht mangels Legitimität und Dringlichkeit nicht ein. Wenig Berührung und Interaktion mit dem Unternehmen. Aber: Großes Potenzial, mediale Aufmerksamkeit und Mitwirkungsrechte zu gewinnen.

**2 Diskreter Stakeholder:** Legitime Ansprüche an das Unternehmen, aber ohne Macht, sie durchzusetzen. Geringe Dringlichkeit für das Unternehmen, sich der Ansprüche anzunehmen. Häufig: Non-Profit-Organisationen, die von Spenden und Sponsoring des Unternehmens leben

**3 Fordernder Stakeholder:** Erhebt laut und drängelnd Ansprüche an das Unternehmen. Hat aber keine Macht, sie durchzusetzen. Lästige „Nervensägen". Unternehmen müssen dennoch nicht viel oder keine Aufmerksamkeit widmen.

**4 Dominanter Stakeholder:** Hat die Macht, seine legitimen Ansprüche im/beim Unternehmen durchzusetzen.Aber geringe Dringlichkeit. Gehört zu den etablierten Akteuren, mit dem Unternehmen fest verbunden und in die Entscheidungsprozesse eingebunden. Z.B. gewerkschaftlich bestimmter Arbeitsdirektor in Montanindustrie.

**5 Abhängiger Stakeholder:** Legitime und dringende Ansprüche kann er nur mit Hilfe von dominanten Stakeholdern durchsetzen – er hat dafür nicht die Macht. Zum Beispiel im Feld Umweltschutz.

**6 Gefährlicher Stakeholder:** Mächtig, Ansprüche dringlich. Hat aber geringe Legitimität. Nutzt möglicherweise Druck, Zwang und Erpressung, öffentliche Angriffe. Z.B. mit Image schädigenden Aktionen, wilden Streiks, Verbreitung von Falschinformationen/Propaganda.

**7 Bestimmender Stakeholder:** Macht, Legitimität, Dringlichkeit – dieser Stakeholder ist meist der wichtigste, seine Ansprüche sind eng mit dem Unternehmen verbunden. Er erfordert viel Aufmerksamkeit. Z.B. Aktionäre, die mit sinkendem Börsenwert unzufrieden sind.

Typologie z.T. nach Mitchell/Agle/Wood, „Toward a theory of stakeholder identification and salience: Defining the principle of who and what really counts", Academy of Management Review (22.4: 853-886)

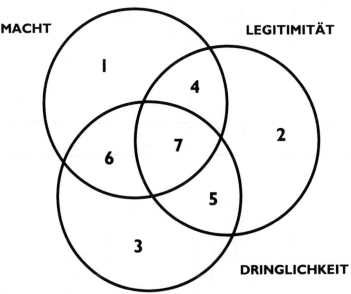

# Strategische Politikberatung

Strategische Politikberatung kann bislang weder auf ein eingeführtes Konzept noch auf eine gängige politische Praxis zurückgreifen. Strategieaspekte werden vielmehr in der praktischen Politikberatung mehr oder weniger explizit *mitgeführt.* Es fehlt sowohl an einem ausgeformten Begriff von politischer Strategie als auch an einer *Konzeptualisierung* strategischer Politikberatung. Aus diesem Grund können hier lediglich *Anforderungen* an eine strategische Politikberatung formuliert werden. Dazu bedarf es der Spezifizierung des Strategiebegriffs, der Hervorhebung wesentlicher Elemente der politischen Strategieperspektive und der Kennzeichnung des besonderen *strategischen Moments.*

Strategie in der Politik ist der Versuch einer spezifischen Form der Rationalisierung politischer Handlungen. Sie orientiert sich an situationsübergreifenden, erfolgsorientierten und dynamischen *Ziel-Mittel-Umwelt-Kalkulationen.* Ziel-Mittel-Umwelt-Kalkulationen sind

- auf gewünschte *Zustände* (Ziele) bezogene,
- systematisierte und berechnende *Überlegungen* (Kalkulationen)
- zu zielführenden *Handlungsmöglichkeiten* (Mittel),
- die *Handlungskontexte,* Konstellation der relevanten *Akteure* und deren jeweiligen *Orientierungen* beachten (Umwelt).

Mit Hilfe systematisierender Ziel-Mittel-Umwelt-Überlegungen können die Strategieakteure konsistente strategische Handlungsalternativen entwickeln. Strategiefragen lassen sich in den *drei Dimensionen*

- der *Strategiefähigkeit,*
- der *Strategiebildung* und
- der *strategischen Steuerung*

analysieren. Jeder dieser Strategiebereiche unterliegt einem eigenen Bezugsrahmen und stellt unterschiedliche Anforderungen an die Akteure.

*Strategiefähigkeit* ist eine Voraussetzung, die Kollektivakteure überhaupt erst in die Lage zu strategischem Handeln versetzt. Dazu Bedarf es der strategischen Selbststeuerungskompetenz, d.h. der Fähigkeit zu zielgerichtet-einheitlichem Handeln.

*Strategiebildung* ist die der strategischen Steuerung vorgelagerte Entwicklungsphase von Strategie, deren Ergebnis im anschließenden Prozess strategischer Steuerung umgesetzt werden muss. Da der Prozess der Verwirklichung von Strategien mit Weiterentwicklungen und Anpassungen an Folgen strategischer Interaktion (also Elementen der Strategiebildung) durchsetzt ist und die Strategieakteure fortlaufend mit der Reproduktion ihrer eigenen Strategiefähigkeit beschäftigt sind, stellt sich Strategie als kontinuierlicher, dreidimensionaler, interdependenter Prozess dar.

*Strategieentwicklung* braucht inhaltliche Orientierung. Das hier vertretene Strategiekonzept wendet sich gegen ein Strategieverständnis, das strategisches Handeln als nur auf Machtziele gerichtetes Handeln versteht. Es geht um die *gleichzeitige Berücksichtigung von*

*Policy-* und *Politics-Aspekten.* Die Bedeutung einer Unterscheidung zwischen Policy- und Politics-Perspektive wird in verschiedenen politischen Dimensionen sichtbar (Sach-, Akteur-, Zeit-, Ziel- und Öffentlichkeitsdimension). Ausgangspunkt der Überlegungen einer Policy-Orientierung ist, dass sich Politik mit den Problemen der Gesellschaft beschäftigt. Für eine Strategiebildung kommt es darauf an,

- das jeweilige Problem zu benennen,
- die Problemeigenschaften zu analysieren,
- Lösungsalternativen zu entwickeln,
- die beteiligten Policy-Akteure zu identifizieren und ihre Verhältnisse untereinander zu klären sowie
- Bedingungen des Politikfeldes genauer zu untersuchen, in dessen Zentrum das Problem liegt.

Aufbauend auf dem Analyseergebnis dieser Elemente können dann politikfeldspezifische Strategien formuliert werden. Strategische Handlungsfelder sind in dieser Perspektive die *Politikfelder*, in der Zeitdimension orientiert man sich vorrangig an der politisch zu bearbeitenden Aufgabe und das öffentliche Bezugsfeld bleibt regelmäßig auf die Diskurse innerhalb einer *kleinen Fachöffentlichkeit* beschränkt.

Bei einer *strategischen Politics-Perspektive* drängen sich in den verschiedenen Dimensionen andere Aspekte in den Vordergrund. Ausgangspunkt strategischer Erwägungen sind nicht mehr ausschließlich die zu lösenden Probleme. Probleme werden vielmehr als *Issues* behandelt. Als politisches Ziel tritt der Machterwerb bzw. -erhalt in den Mittelpunkt strategischer Kalkulationen. An Stelle der Politikfelder werden *Konkurrenz- als Handlungsfelder* bedeutsam.

Zentrale Entscheidungsträger in der Akteurdimension sind die politischen *Parteieliten*, die unter Beachtung von Wählergruppen, politischen Konkurrenten und Öffentlichkeit für sie günstige strategische Entscheidungen im Hinblick auf ihre Politics-Ziele zu treffen versuchen. Den wesentlichen Öffentlichkeitsraum stellt die *massenmediale Öffentlichkeit* her und den politischen Zeittakt geben zentrale Termine und Ereignisse des politischen Prozesses vor. Diese unterschiedlichen Perspektiven von Policy und Politics lassen sich für Analysen und Strategiebildungsprozesse nutzbar machen, müssen für eine strategische Politikberatung *integriert* werden.

### Strategische Perspektiven

| Strategie-Perspektive | Policy | Politics |
|---|---|---|
| Sach-dimension | Probleme | Issues |
| Ziel-dimension | Problem-lösungen | Macht |
| Handlungs-felder | Politikfelder | Konkurrenz-felder |
| Akteurs-dimension | Politikfeld-akteure | Parteieliten |
| Zeit-dimension | Politische Aufgaben-bearbeitung | Politischer Prozess |
| Öffentlich-keit | Fach-öffentlichkeit | Massenmediale Öffentlichkeit |

Die Kategorie des strategischen Moments kann die Kernelemente von Strategie bündeln. Ausgangspunkt einer Kategorie des strategischen Moments sind die längerfristig orientierten Ziel-Mittel-Umwelt-Kalkulationen. Strategische Kalkulationen kennzeichnen immer die systematische Verbindung von Zielen, Mitteln und Umweltbedingungen. Ihre Besonderheit liegt vor allem in der situations- und sachübergreifenden Verknüpfung der einzelnen Elemente.

In zeitlicher Perspektive bedeutet Strategie eine Ausweitung des Betrachtungshorizonts über den Augenblick, das aktuelle Handlungsfeld und die situative Akteurkonstellation hinaus. Strategieakteure verharren bei ihren Entscheidungskalkulationen und Erfolgsbewertungen nicht in der momentanen Situation, sondern versuchen, auf die in weiterer Ferne liegenden strategischen Ziele hinzusteuern. Das *Auslassen unmittelbar erreichbarer Vorteile* gehört dazu ebenso wie die *Niederlage im Jetzt für den langfristigen Erfolg*.

*Sachlich übergreifend* meint zum einen die Erweiterung der Betrachtungsdimensionen von Zielen und Mitteln. Ein Verständnis von Mitteln als ausschließlicher Aspekt der Politics-Dimension wäre verengt. Im Strategiekontext sind *politikfeldspezifische und politikfeldübergreifende Policy- und Politics-Mittel* zu differenzieren. Die potenziell erfolgversprechenden Mittel für das Erreichen der anvisierten Ziele definieren sich im jeweiligen strategischen Bezugsfeld. Die Bestimmung strategischer Mittel als Handlungsmöglichkeiten umfasst Handlungswege, Maßnahmen und verfügbare Ressourcen. Strategische Ziele sind in einer erweiterten Perspektive *Gestaltungs- und Machtziele*.

Sachlich übergreifend meint aber auch die besondere Berücksichtigung unterschiedlicher Umweltbedingungen. Diese Umweltfaktoren werden etwa als spezifische strategische Lagen, übergreifende politisch-institutionelle, sozio-ökonomische und politisch-kulturelle Gelegenheitskontexte und multiple strategische Orientierungen der beteiligten Akteure relevant.

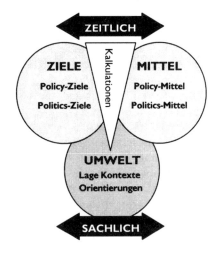

Strategische *Lage- und Kontextanalysen* informieren analytisch über den für das konkrete Ziel entscheidungserheblichen Ausschnitt längerfristiger Umweltfaktoren (z.B. Arenen, Entscheidungsstrukturen, Akteure) und die spezifische Ausgangskonstellation der für die Zielverfolgung relevanten Akteure (z.B. Machtbedingungen, Entscheidungsbefugnisse, Bündnisse).

Dabei müssen sie die innerhalb und zwischen gesellschaftlichen Teilsystemen jeweils unterschiedlichen Orientierungen und Entscheidungsreferenzpunkte der Akteure bei ihren strategischen Kalkulationen berücksichtigen. Die Policy-Politics-Differenz geht in der Kategorie des strategischen Moments mehrdimensional auf. Sie macht auf die strategische Notwendigkeit einer wechselseitigen *Anpassung von Programmrationalität und prozessualer Rationalität* aufmerksam.

Einerseits ist das Erreichen von Machtzielen regelmäßig Voraussetzung für die Verwirklichung politischer Gestaltungsziele, andererseits lässt sich ein Machterfolg ohne die inhaltliche Seite von Politik nur selten erringen. Kurz gesagt: *Policy braucht Politics und Politics braucht Policy.*

Das strategische Moment erschöpft sich aber nicht in der Verknüpfung von Policy- und Politics-Aspekten, wie die ihm ebenso eigenen dynamischen, erfolgsorientierten und zeitlichen Elemente sowie die besondere Betrachtungsperspektive der strategierelevanten Umwelt verdeutlichen.

Die Strategieperspektive steuert das strategische Denken. Sie verbindet nicht nur Policy und Politics, sondern trennt auch zwischen strategisch *relevant und irrelevant.* Auf der Basis strategischer Erfahrungen und strategischen Wissens wird strategisch kalkuliert. Das setzt die Bestimmung des strategierelevanten Umweltausschnitts und der für die formulierten Ziele zentralen, erfolgsrelevanten Faktoren voraus.

In der politischen Praxis zeichnen sich Entwicklungen einer verstärkten Hinwendung zu Strategieüberlegungen und damit eines zunehmenden Bedarfs an strategischer Politikberatung ab.

Eine strategisch orientierte Politikberatung könnte auf der skizzierten konzeptionellen Grundlage aufbauen und damit zu einem *Strategizing praktischer Politik* beitragen.

**RALF TILS**

Althaus, Marco (Hg.) (2001). Kampagne! Neue Strategien für Wahlkampf, PR und Lobbying. 3. Auflage. Münster. Althaus, Marco/Cecere, Vito (Hg.) (2003) Kampagne! 2. Neue Strategien für Wahlkampf, PR und Lobbying. Lit. Raschke, Joachim (2002). „Politische Strategie. Überlegungen zu einem politischen und politologischen Konzept". Jenseits der Regierungsalltags. Strategiefähigkeit politischer Parteien. Nullmeier, Frank/Saretzki, Thomas (Hg.), Frankfurt am Main: 207-241. Tils, Ralf (2004). Politische Strategieanalyse. Ein Untersuchungsansatz und seine Anwendung auf Strategiekonzepte für die Umwelt- und Nachhaltigkeitspolitik (i.E.).

# Strategische Spiele

Strategische Spiele sind formale Handlungsmuster und Prinzipien, die sich aus Studien der Spieltheorie ergeben haben. Spieltheorie (engl. *game theory*) ist die Wissenschaft vom strategischen Denken. Darin geht es immer um *interaktive Entscheidungen,* bei denen *Konflikte und Kooperationsmöglichkeiten* berücksichtigt werden müssen. Strategisches Denken ist zwar mehr Kunst als Wissenschaft – nach Dixit/Nalebuff „die Kunst, einen Gegner zu überlisten, der das gleiche mit Ihnen versucht". Aber Strategie, so komplex die Umstände sein mögen, hat einige *einfache Grundregeln*, die sich formal durch die Mathematik beschreiben lassen.

Public Affairs befindet sich stets in der Situation, dass man nicht nur selbst strategisch zu planen versucht, sondern dass die Stakeholder es ebenfalls tun. Alle Akteure wissen, dass alle Akteure intelligent und strategisch denken, also auch Widerstand gegen eigene Pläne gedanklich vorwegnehmen. Die Folge: Entscheidungen müssen einbeziehen, dass Informationsstand, Risiko und die Reihenfolge bestimmter Handlungen erhebliche Auswirkungen auf das Ergebnis haben können.

Durch die Spieltheorie wird zum Beispiel ersichtlich, *wie und wann Kooperationsmöglichkeiten* entstehen, wann eine „Win-Win"-Situation möglich ist, oder welche zusätzlichen Informationen eingeführt werden müssen, damit sich der *Charakter eines Spiels ändern* kann, damit zusätzliche Handlungsoptionen entstehen. Zugleich sensibilisiert sie für typische *Zwickmühlen und Fallen* bei Entscheidungen, aus denen das Ausbrechen unmöglich ist, wenn man *nicht* den Charakter des Spiels ändert.

Die Spieltheorie hat massiv die Methoden korrigiert, mit denen Märkte modellhaft analysiert und beschrieben werden. Zu den Anwendungen im Feld Public Affairs und politisches Management gehören Strategie für unternehmerischen Wettbewerb, Strategie für Verhalten und →Lobbying in Regulierungs-, Lizenz- und Ausschreibungsverfahren, Strategie für Verhandlungen zwischen politischen Institutionen (z.B. Koalitionsverhandlungen, Vermittlungsausschuss) und zwischen Firmen, Verbänden und Nichtregierungsorganisationen, juristische Strategie, Wahlkampfstrategie, militärische und diplomatische Strategie.

Spieltheorie wird – ähnlich wie →Planspiele und Simulationen, die zum Teil auf ihren Grunddilemmata basieren – vor allem in der Aus- und Weiterbildung für Management, Diplomaten und Offiziere angewandt. Im Bereich der Wahl- und Meinungsforschungsinstitute basieren komplexe Modelle überdies auf Annahmen der Rational-Choice-Schule, die mit der Spieltheorie verbunden ist. In den traditionell theorieskeptischen →Public Relations hat es ebenfalls Versuche gegeben, *PR als Konfliktmanagement* zu beschreiben und darauf die Spieltheorie anzuwenden.

Spieltheorie ist für den Praktiker der Public Affairs eher ein Kompass als ein Prognoseinstrument. Sie bietet *keine Patentrezepte, nur Prinzipien*, die vom Anwender kombiniert werden müssen.

Für ihre Untersuchungen ist es prinzipiell egal, was für ein Spiel gespielt wird – Bedingung ist aber, dass es *feste Regeln* gibt. Dann lassen sich, so die Theorie, alle verfügbaren und rationalen Optionen und optimale Strategien finden. In Politik, Wirtschaft und Gesellschaft sind natürlich nicht alle Konfliktstrukturen klar formalisierbar, und das reale Verhalten weicht oft von der geforderten Rationalität der Spieler ab. Faktoren, die den Spielverlauf wesentlich mitentscheiden, sind oft nicht mit den formalen Anforderungen der Theorie zu vereinen – von der Machtausstattung, Ideologie, emotionalen Gratifikation bis zu professioneller Ethik, Persönlichkeit und Intelligenz. Dennoch sind die Modelle der Spieltheorie für die Praxis fruchtbar, insbesondere in Verbindung mit der →Entscheidungsanalyse. Der Handlungsspielraum wird deutlich erkennbarer, ebenso die Erfolgs- und Misserfolgsaussichten der Optionen.

Spieltheorie unterscheidet etwa danach, ob Entscheidungen unter *Gewissheit oder Risiko* fallen. Sie will den Zufall einrechnen und hantiert mit Wahrscheinlichkeiten. Sie beschreibt Situationen danach, ob die Beteiligten gleichzeitig oder abwechselnd handeln, ob sie untereinander Allianzen bilden oder unabhängig voneinander entscheiden, ob sie gemeinsam gewinnen können und wie viele Verlierer es gibt.

Spieltheorie zeigt auf, wie Entscheidungen gefällt werden sollten und wie sie tatsächlich fallen. Diese *Entscheidungen sind der Dreh- und Angelpunkt* eines Spiels. Der Spielplan besteht aus der Analyse der Ausgangslage, der Handlungsoptionen, dem Finden eines Weges zur Lösung über eine oder mehrere Runden, die Entscheidung. Die Spieltheorie zeigt deutlich, dass, wer A sagt, nicht nur B sagen muss – sondern auch C, D, E und so weiter.

Ein Spiel ist definiert als *Situation gegenseitiger strategischer Abhängigkeit:* Die Folgen einer Entscheidung hängen von denen der anderen Teilnehmer ab. Die Entscheidungsträger sind die Spieler, ihre Handlungen Züge. Die Interessen der Spieler können in striktem Konflikt zueinander

stehen: Gewinnt der eine, verliert stets der andere – das ist das klassische Nullsummenspiel. Häufig sind aber Spiele, bei denen es Konflikt ebenso gibt wie Bereiche gemeinsamer Interessen. Das ermöglicht Kombinationen wechselseitig vorteilhafter oder schädigender Strategien geben.

Wenn aber Spieler gleichzeitig ihre Züge machen, ist es sehr schwer, linear voraus zu denken und von dort zurück zu schließen. Denn es kommt zu einem *Zirkelschluss:* „Ich denke, dass mein Gegner denkt, dass ich denke...“

Die weiteren Umstände des *Spiel- und Strategieraums* werden aufgelistet: Ob die Spieler eher *rivalisieren oder kooperativ* aufgestellt sind, ob sie miteinander *Absprachen* treffen können, wie verbindlich diese sind, ob sie *zusätzliche Informationen* erhalten können, ob sie etwaige *Gewinne teilen* können – all das hat Folgen für die Erfolgschancen der Spieler. Und je mehr Spieler es gibt, desto eher greifen Spielanalytiker wegen der Vielzahl der Optionen auch auf Computerhilfe zurück.

Spieltheorie wird auch in Deutschland im Management und in der Politikwissenschaft zunehmend populär. 2002 sorgte der Kinofilm „A Beautiful Mind“, der vom Nobelpreisträger und Spieltheoretiker John Nash berichtet, für eine populäre Note.

Ein großer Vorteil der Spieltheorie ist, dass sie auch ohne mathematische Kenntnisse verstanden werden kann. Einige grobe Spielkonzepte sind in Fachkreisen geläufig, z.B. Gefangenendilemma, Chicken Game (Brinkmanship, Spiel mit dem Abgrund), Hirschjagd, Kampf der Geschlechter, Ultimatumspiel, Eisverkäufer-am-Strand-Problem, Bandwagon-Effekt (Mitläufereffekt, andere Teilnehmer sollen an Bord springen), Spillover-Effekt (Überschwappen von Konsequenzen auf Unbeteiligte), Lock-in-Effekt (Einrasten eines Gleichgewichtszustands, aus dem der Gegner nur schwer ausbrechen kann), Maxi-Min (Maximierung des Minimum-Ertrags einer Spielsituation und umgekehrt), Mini-Max (das umgekehrte Konzept), Tit-for-Tat (Salamitaktik), Win-Win-Situation. Zum Vokabular für Fortgeschrittene gehören die Adjusted Winner-Methode, Nash-Gleichgewicht, Bertrand-Paradox, Perfect Knowledge Game, Imputation, Quid-pro-quo, Negativ-Null-Summen-Spiel.

Diese Begriffe wirken zunächst abschreckend, doch populärwissenschaftliche Einführungen und gezielte Strategieschulungen und →Planspiele mit interessanten Szenarien machen den Einstieg leicht.

Teamtrainings fördern die gemeinsame Strategiefähigkeit und ermöglichen Strategiebildungserfahrungen.

MARCO ALTHAUS

Andy Bruce, Ken Langdon (2001). Strategisches Denken. Starnberg: Dornling Kindersley. Avinash Dixit, Barry Nalebuff (1995). Spieltheorie für Einsteiger. Strategisches Know-how für Gewinner. Stuttgart: Schäffer-Poeschel. Dietrich Dörner (2000). Die Logik des Misslingens. Strategisches Denken in komplexen Situationen. Reinbek: Rowohlt. Manfred J. Holler, Gerhard Illing (2003). Einführung in die Spieltheorie. Springer, Berlin. Anthony Kelly (2000). Decision Making Using Game Theory: An Introduction for Managers. Cambridge University Press, Cambridge. Marcelline Langer (2004). Der Lobbyist als Stratege. Selbstbild und Selbstverständnis des Lobbyisten unter Berücksichtigung der Spieltheorie. Diplomarbeit, Universität Wien. Fritz W. Scharpf (2000). Interaktionsformen: Akteurszentrierter Institutionalismus in der Politikforschung. UTB, Stuttgart.

# Think Tank

Ein Think Tank ist ein Forschungs- und Beratungsinstitut, das sich mit wissenschaftlicher Qualifikation und Methodik Fragen zuwendet, die auch die praktische politische Arbeit betreffen; es erarbeitet *Lösungsvorschläge* oder erleichtert Politikern und Multiplikatoren den Umgang mit komplizierten Fachinformationen als *Entscheidungsgrundlage*.

Andere Bezeichnungen lauten *Ideenagentur, Denkfabrik, Lotse* für die Politik. Hier wird Wissen gebündelt, ausgewertet und für politische Entscheidungsträger zur Orientierung aufbereitet.

Einige verstehen sich als *Vordenker* mit konzeptionellem Anspruch, andere eher als *Frühwarnsystem* und *Stimmungssensor*. Rund 120 Institute können in Deutschland als Think Tanks bezeichnet werden, mehr als in jedem anderen europäischen Land.

Da sie sich in der Regel als „Hochschule ohne Studenten" ganz auf die Erstellung von *Studien und Gutachten, Publikationen und Beratungsprozessen* konzentrieren können und stark auf ihre →*Netzwerke* achten, sind manche Think Tanks sowohl inhaltlich einflussreich als auch effizient. Die Relevanz und *Öffentlichkeitswirkung* ihrer

Arbeit ist jedoch sehr unterschiedlich, ebenso der Umfang direkter Kontakte zu Entscheidern. Think Tanks beanspruchen eine intellektuelle Rolle in der Politikberatung, die insbesondere als →Wissenschaftliche Politikberatung verstanden wird; teilweise fühlen sie sich einer programmatischen oder ideologischen Richtung verpflichtet und betreiben daher aktiv →*Agenda Setting*. Da anders als z.B. in den USA der Anteil der überwiegend staatlich finanzierten Institute noch sehr hoch ist, gibt es deutlich weniger Antrieb, die Öffentlichkeit zu nutzen und zu diesem Zweck zu polarisieren oder mit besonderer Präsenz für sich selbst zu werben. Der *professorale Charakter* vieler Think Tanks weicht mit zunehmendem Wettbewerb aber der Bereitschaft, sich den Medien zu öffnen, *aktives Marketing* für die eigenen Ideen zu betreiben und in der Aufmerksamkeitskonkurrenz der Berliner Hauptstadt-Events mithalten zu wollen. Zu den Großen gehören z.B.:

- in der Wirtschafts- und Sozialpolitik: Hamburgisches Welt-Wirtschafts-Archiv, Institut für Wirtschaftsforschung der Universität München (Ifo), Rheinisch-Westfälisches Institut für Wirtschaftsforschung (RWI), Institut für Weltwirtschaft, Universität Kiel (IfW), Deutsches Institut für Wirtschaftsforschung Berlin (DIW), Institut für Wirtschaftsforschung Halle (IWH), Hans-Böckler-Stiftung (DGB), Institut der deutschen Wirtschaft (IW), Wissenschaftszentrum Berlin für Sozialforschung (WZB)
- in den Internationalen Beziehungen: Stiftung Wissenschaft und Politik (SWP), Deutsche Gesellschaft für Auswärtige Politik (DGAP), Centrum für Angewandte Politikforschung an der Universität München (CAP), Hessische Stiftung für Friedens- und Konfliktforschung (HSFK)
- im Bereich der operativen Unternehmensstiftungen: Bertelsmann Stiftung, Alfred Herrhausen Gesellschaft, Herbert-Quandt-Stiftung, Robert-Bosch-Stiftung, Hertie-Stiftung
- die parteinahen Stiftungen: Konrad-Adenauer- (CDU), Hanns-Seidel- (CSU), Friedrich-Ebert- (SPD), Heinrich-Böll- (Grüne), Friedrich-Naumann- (FDP), Rosa-Luxemburg-Stiftung (PDS).

Für fast alle politisch ambitionierten ThinkTanks gilt: Soweit sie nicht ganz nach Berlin gezogen sind, unterhalten sie in der Hauptstadt aktive Büros und Repräsentanzen oder versuchen zumindest, regelmäßig in Berlin präsent zu sein. Es gibt aber auch zahlreiche Institute, deren hochspezialisiertes Expertenwissen auch ohne regelmäßige Berlin-Events fast immer eine Nachfrage hat (z.B. im Umweltbereich Wuppertal- oder Öko-Institut).

Seit dem Hauptstadtumzug sind in Berlin auch eine Reihe neuartiger, international ausgerichteter Institute gegründet worden, so das „Berliner Instituts für Bevölkerung und Entwicklung", das „Global Public Policy Institute" oder „Berlin Polis". In Berlin entsteht eine spannungsgeladene Melange aus dem Lager der traditionellen deutschen Institute mit den neuen Initiativen, die PR-Strategien aus den USA übernehmen und das Going public praktizieren. Alle jedoch sind in

Zukunft stärker von *privaten Quellen* abhängig. Da hat nur der auf Dauer gute Karten, der auch Erfolge nachweisen kann und den *Erwartungen seiner Förderer* entspricht: Wissen verdichten, gut aufbereiten, Komplexität verantwortungsvoll reduzieren, weniger Akribie in der Forschung, mehr zugespitzte Empfehlungen verkaufen, prominente Botschafter und Helfer gewinnen, Schwerpunkte setzen auf Trends und Zukunftsthemen zu Beginn einer Themenkarriere: Das sind die Empfehlungen von Praktikern für den wirkungsvollen Think Tank.

Die *Kürzungen bei staatlichen Einrichtungen*, die einen rauen Wind in die herkömmliche Forschungslandschaft blasen, haben jedoch eine Kehrseite. Mit jedem Cent weniger an staatlich finanzierter Forschung wächst die relative Stärke privater Akteure, die Ideen vorrangig über die Medien an die Politik bringen und den Problemdruck dort eher erhöhen als ihn beseitigen.

Think-Tank-Begriff und Modelle stammen aus den USA. Der erste modernen Typs war der Council on Foreign Relations. Er wurde 1921 in New York von Bankiers, Journalisten, Industriellen und Diplomaten gegründet, weil diese den Zickzackkurs der Außenpolitik mit Sorge sahen. Zur selben Zeit entstand in London das Royal Institute for International Affairs (1920), nach seinem Sitz „Chatham House" genannt. Es war die gehobene Version der Politikberatung: distanziert, gelassen, unabhängig finanziert. Der *„Chatham-House-Style"* liefert noch heute die Vorlage für viele Kleingruppen-Gespräche. Später folgte

in den USA die RAND-Corporation (1946) für die Optimierung der Luftwaffen-Strategie. Das Vorbild für akademische, stärker staats- und sozialwissenschaftliche Think Tanks ist die Brookings Institution (1916). Als Antwort auf die liberale Ära entstanden in den 70er Jahren die konservative Heritage Foundaton (1973) und das Cato Institute (1977). Sie liefern die wichtigsten Blaupausen für die Bush-Regierung. *Neugründungen* wie die New America Foundation (1999) zeigen, dass Think Tanks mit guter Finanzausstattung, Vernetzung und Medienwirkung schnell erheblichen Einfluss auf die öffentliche Debatte erhalten können. Manche gelten als *„Lobby-Vereine mit angeschlossener Forschungsabteilung"* sowie Rekrutierungsfelder, als *„Reservebank der Regierung"*. Viele Mitarbeiter kommen aus der Politik und wechseln (oft nach einer Wahl) wieder dorthin. Der Austausch hat praktische Vorteile: Man weiß zum Beispiel, was hohe Beamte lesen und was nicht. Man ist nah am Geschehen, schreibt tagtäglich kurze Papiere für Abgeordnete. Man redet mit und macht mit. Die Distanz zum politischen Betrieb überwinden amerikanische Think Tanks daher leicht. Auf diese Weise werden Think Tanks in Amerika auch häufiger Teil von ➜Strategischen Allianzen und Interessenkoalitionen in der Politik oder bewaffnen diese durch profilierte Thesen und Vorschläge.

**MANUEL LIANOS**

Josef Braml (2004). Think Tanks versus „Denk-fabriken"?. Nomos, Baden-Baden. Winand Gellner (1995). Ideenagenturen für Politik und Öffentlichkeit, VS, Wiesbaden. Martin Thunert (2003). Think Tanks in Deutsch-land – Berater der Politik? Aus Politik und Zeitgeschichte B 51.

# Verhaltensregeln

In Deutschland gelten – wie auch in Brüssel bei der EU und in vielen anderen Ländern – für Abgeordnete und Minister eine Reihe strenger Richtlinien, die die Unabhängigkeit und Würde der Institutionen und vor Gefahren der →Korruption schützen. Im internationalen Vergleich ist das Reglement sehr strikt, wie auch die Diskussion der letzten Jahre über ein weltweites Übereinkommen der UN gegen Korruption gezeigt hat. Interessenvertreter, die auf Politiker einwirken, sollten diese Regeln gut kennen. Es gibt aber auch Verhaltensregeln für Lobbyisten und Politikberater, die zunehmende Bedeutung im Prozess der Professionalisierung haben.

**Verhaltensregeln für Politiker.** Abgeordnete des Deutschen Bundestages unterliegen den zuletzt 2002 verschärften Verhaltensregeln, die in der Anlage 1 der Geschäftsordnung aufgelistet sind. Rechtsgrundlage ist §44a des *Gesetzes über die Rechtsverhältnisse der Abgeordneten*. Hintergrund ist, dass die Mandatsträger für ihre Parlamentstätigkeit ausschließlich aus dem Bundeshaushalt bezahlt werden sollen. Interessenkonflikte sollen vermieden oder im Sinne der Transparenz zumindest klar deklariert werden, zum Beispiel bei der Arbeit in einem Fachausschuss. Zu den Verhaltensregeln gehören umfangreiche Auskunftspflichten gegenüber dem Bundestagspräsidenten über berufliche Tätigkeiten, Nebentätigkeiten, Mitgliedschaften in Gremien (Aufsichtsräte, Verwaltungs- und Beiräte), Ehrenämter, Einnahmen durch Spenden und geldwerte Zuwendungen, Gastgeschenke und dergleichen. Nicht alles, was anzeigepflichtig ist, wird im *Amtlichen Handbuch* des Bundestages veröffentlicht. Verstoßen Abgeordnete gegen die Regeln, kann der Bundestagspräsident die Verletzung öffentlich machen. Viel weiter geht die Sanktion im Regelfall nicht, doch die Veröffentlichung kann erheblichen politischen Schaden verursachen, wenn die Zusammenhänge nicht erklärbar sind, z.B. bei Übergangszahlungen des Ex-Arbeitgebers, Reisen, Geschenke und Vergünstigungen des Ex-Arbeitgebers, Freistellung bei weiter laufendem Gehalt oder Beschäftigung als Teilzeit-Lobbyist neben dem Mandat.

Auch die *Abgeordnetenimmunität* (Art. 46 Abs. 2 Grundgesetz) schützt nicht unbeschränkt. *Abgeordnetenbestechung* ist 1993 ins Strafgesetzbuch aufgenommen worden. Ein Abgeordneter macht sich strafbar, wenn er für ein bestimmtes Stimmverhalten einen Vorteil als Gegenleistung erhält. Dies ist aber ein sehr enger Tatbestand, zumal er an die Abstimmung geknüpft ist, aber nicht an den Prozess von Einflussnahmen vorher.

Für Minister gelten entsprechende Regeln im *Ministergesetz*. Da die meisten Minister auch Abgeordnete sind, unterliegen sie doppeltem Recht.

Wie verschiedene Affären gezeigt haben, liegt das Problem weniger darin, dass Regeln fehlen oder nicht genau genug formuliert wurden, sondern eher in der *Anwendung und Sanktionierung.* Hinzu kommt, dass es für den demokratischen Prozess auch kritisch ist, wenn legitime Kontakte und Willensbildung kriminalisiert werden. Das freie Mandat besagt eben auch, dass ein Politiker durchaus Partikularinteressen vertreten darf. Es gibt einen Unterschied zwischen Beamten und Politikern, der nicht verwischt werden darf. Zudem soll der gewollte Wechsel zwischen Politik und Wirtschaft nicht behindert werden.

**Interessenvertreter und Berater.** Wer Politiker im Auftrag eines Dritten anspricht, muss nicht nur die individuellen Interessen seines Auftraggebers wahren, sondern auch besondere Sensibilität für diese Tätigkeit entwickeln, um weder den Gesprächspartnern noch dem eigenen Auftrag- oder Arbeitgeber Schaden zuzufügen.

Zum einen unterliegen Interessenvertreter *gesetzlichen oder Hausvorschriften.* Verbände, die von den Ausschüssen des Deutschen Bundestages zu Anhörungen eingeladen werden möchten, müssen sich nach Anlage 2 zur Geschäftsordnung in die öffentliche *„Lobbyliste"* des Bundestagspräsidenten eintragen.Wer einen Hausausweis beim Europäischen Parlament erhalten möchte, muss einen Kodex anerkennen. Wer als Lobbyist der US-Regierung und dem Kongress gegenübertritt, muss sich registrieren und regelmäßig seine Kontakte offen legen. Die Vielfalt solcher Vorschriften, die

die Parlamente und Behörden erlassen, ist groß; einige setzen auf Zwang, andere auf Kooperation. Gemeinsam ist allen Regulierungsversuchen die Schwierigkeit, konkrete Kriterien für den Status des Interessenvertreters zu entwickeln (vgl. →Lobbying).

Verbände und Unternehmen, die gegenüber öffentlichen Amtsträgern auftreten, berufen sich zunehmend auf für die Führungskräfte und Mitglieder/Mitarbeiter gültigen Verhaltensvorschriften. Auch Dachverbände sind aktiv, z.B. die Internationale Handelskammer (www.icc-deutschland.de) und der BDI (www.bdi-online.de) mit ihren Empfehlungen und Leitfäden zur Korruptionsbekämpfungen für Geschäftsführer und Vorstände. Hier spielt auch die Kodex-Diskussion um →Corporate Governance eine große Rolle; ein Firmen-Kodex kann auch Ergebnis einer Diskussion um →Corporate Citizenship/ →Corporate Social Responsibility sein. Immer häufiger wird explizit auf Pflichten gegenüber Politik, Behörden und Öffentlichkeit Bezug genommen. Ein Sonderfall sind *Mitarbeiter mit politischem Mandat* haben. Zwar wird bei manchen Unternehmen allgemein das gesellschaftliche Engagement von Mitarbeitern gefördert, zum anderen aber sind ranghohe politische Kontakte durch Mitarbeiter, die Berufspolitiker werden, von großem Wert. Anders als bei gewählten Verbandsfunktionären mit Mandat sind die Vertragsverhältnisse jedoch meist verdeckt. In einigen Branchen, insbesondere der Energie- und Versorgungswirtschaft, ist die personelle Verquickung mit der Politik traditionell eng. Das Bemühen um eine von Transparenz geprägte Firmenkultur wurde in jüngster Zeit z.T. durch Vertragsbeziehungen zu Politikern belastet.

**Berufskodizes.** Zahlreiche Berufsgruppen haben eigene *Standesregeln*, darunter ist das Standesrecht der Rechtsanwälte das bekannteste. Die Verhaltenskodizes, die sich Politikberatervereinigungen gegeben haben, sind zwar nicht durch die Sanktion des Zulassungsentzugs bewehrt, entfalten aber bereits Wirkung durch die Veröffentlichung der Regeln und das Bekenntnis dazu. Man hofft auf eine Wirkung, wie sie auch die Schöpfer der internationalen PR-Grundsätze (*Kodex von Athen* und *Kodex von Lissabon*) vor Augen hatten. Ein Kodex belegt den gemeinsam ausgedrückten Willen zur freiwilligen Selbstkontrolle; zudem ist er Spiegelbild der Gründungsidee eines Verbandes, seines operativen Umfelds und seiner Mitgliedschaft. Ein *Moralkodex* enthält dabei ethische Grundprinzipien der Profession (dazu gehören im Politikbereich die demokratische Ordnung und die Grundrechte), ein *Verhaltenskodex* konkrete Bestimmungen für das Verhalten gegenüber Auftrag- und Arbeitgebern, Berufskollegen, Medien und Öffentlichkeit. Bei konsequenter Anwendungspraxis können auch freiwillige Kodizes klare Standards setzen. So haben die *Society of European Affairs Professionals* (www.seap.nu), die *Association of Professional Political Consultants* (www.appc.org.uk), die *American Association of Political Consultants* (www.theaapc.org) und die *American League of Lobbyists* (www.alldc.org) verschiedene Kodizes. Die britische APPC hat zudem das Registrierungsmodell für Lobby- und Beratungsaufträge freiwillig für ihre Mitglieder eingeführt, die vierteljährlich Klienten öffentlich melden müssen. Die *Deutsche Gesellschaft für Politikberatung* (www.degepol.de) und das *Austrian Lobbying and Public Affairs Council* (www.alpac.at) sind als Spezialvereinigungen mit Kodizes nachgezogen. Auch die die *Deutsche Public Relations Gesellschaft* (www.dprg.de) hat mit dem *Deutschen Rat für Public Relations* (www.drpr-online.de) eine „Verhaltensrichtlinie zur Kontaktpflege im politischen Raum" in Ergänzung der „Sieben Selbstverpflichtungen eines DPRG-Mitglieds" eingeführt. Der Rat nimmt durch öffentliche Rüge oder Mahnung Stellung zu Einzelfällen.

MARCO ALTHAUS

Marco Althaus, Dominik Meier (Hg.) (2004). Politikberatung: Praxis und Grenzen. Lit, Münster.

Deutsche Gesellschaft für Politikberatung (2002). Was ist Politikberatung? Broschüre, Berlin.

# Wissenschaftliche Politikberatung

Wissenschaftliche Politikberatung ist an der Schnittstelle des politisch-administrativen Systems und des Wissenschaftssystems angesiedelt und reflektiert die gestiegene Komplexität politischer Entscheidungen und Problemlösungen sowie die daraus resultierenden höheren Informationsbedarfe. Dieses Wissen wird nun von externen Experten für politische Entscheidungen und deren Evaluation zur Verfügung gestellt. Politikberatung umfasst ebenfalls die Analyse und Optimierung interorganisatorischer →Netzwerke sowie des New Public Managements. Neuerdings kommt das →Monitoring und Benchmarking anderer Länder hinzu.

Besonders bekannt ist der *Sachverständigenrat zur Begutachtung der gesamtwirtschaftlichen Entwicklung (die „Wirtschaftsweisen")*. Im Unterschied zu diesem nur aus Volkswirten zusammengesetzten Gremium erfolgt z.B. die Rekrutierung der Mitglieder des *Sachverständigenrats für die Konzertierte Aktion im Gesundheitswesen* oder auch der *Rürup-Kommission* interdisziplinär und z.T. unter Einbeziehung von Verbandsvertretern.

Die Übergänge zur Interessenvermittlung und neokorporatistischen Verhandlungsrunden wie etwa dem *Bündnis für Arbeit* werden dann fließend und der *Grad an Politisierung* steigt. Dabei lassen sich einige *typische Konstellationen* unterscheiden.

Es ist hilfreich, in Anlehnung an Susanne Cassel zwischen *Politik- und Politikerberatung zu trennen.*

Im ersten Fall steht die – teilweise öffentliche – Beratung einer demokratischen Institution mit dem Ziel, einen *Problemlösungsbeitrag* zu leisten, im Vordergrund. Als Sonderform der Politikberatung kann die *Evaluation* gelten, die stärker empirisch orientiert und auf die Verwaltung bezogen ist.

Im zweiten Fall geht es vorwiegend um Stimmenmaximierung und Machterhalt einzelner Politiker unter Ausschluss der Öffentlichkeit. Dabei spielen die wissenschaftliche Ausrichtung (bzw. das Expertenwissen), eine *politisch-ideologische Übereinstimmung* und existierende persönliche Kontakte (bzw. ein *Vertrauensverhältnis*) zwischen dem zu beratenden Politiker und dem Politik(er)berater eine große Rolle; gelegentlich wird der Wissenschaftler in diesem Prozess zum „Souffleur der Mächtigen", ja sogar zum *Quasi-Politiker*.

Im Zeitalter der Mediengesellschaft greift Politikberatung zunehmend auch über fachliche Aspekte des Politikfeldes hinaus und Experten für Kommunikation und Marketing („spin doctors") gewinnen an Bedeutung.

Adressaten von Politikberatung sind alle drei Gewalten, d.h. die Regierung und die Verwaltung, das Parlament und die Gerichte (im Fall von Gutachten); aber auch große Verbände und Parteien – hier besonders im Bereich Wahlkampf, Marketing und Umfrageforschung – greifen auf dieses Instrument zurück.

Besonders unter der Kanzlerschaft Gerhard Schröders hat die Zahl der *Beratungskommissionen* der Bundesregierung zugenommen, so dass inzwischen schon von der *„Berliner Räterepublik"* die Rede ist. Dabei ist es bislang jedoch *nicht zu dem gelegentlich unterstellten Bedeutungsgewinn von Expertenwissen* gegenüber den demokratisch legitimierten politischen Institutionen gekommen, vielmehr erweist sich Politikberatung als eines

285

unter mehreren Elementen des modernen Regierens. Das Verhältnis von Wissenschaft, Politik und Öffentlichkeit ist von Habermas in drei Grundformen beschrieben worden:

Im *Dezisionismus* wird das Wissen in den Dienst der Herrschenden gestellt; Entscheidungen werden auf diese Weise nicht rationaler getroffen, sondern allenfalls effizienter umgesetzt.

In der *Technokratie* ist das Verhältnis umgekehrt; hier dominiert die „wissenschaftliche Intelligenz".

Im *Pragmatismus* sind die Verhältnisse ausgewogen: „Anstelle einer strikten Trennung zwischen den Funktionen des Sachverständigen und des Politikers tritt im pragmatistischen Modell gerade ein kritisches Wechselverhältnis, das eine ideologisch gestützte Ausübung von Herrschaft nicht etwa nur einer unzuverlässigen Legitimationsbasis entkleidet, sondern im ganzen der wissenschaftlich angeleiteten Diskussion zugänglich macht und dadurch substanziell verändert" (Habermas 1979: 126).

Diese drei klassischen Modelle sind im weiteren Verlauf der Forschung über Politikberatung erweitert und kritisiert worden. Drei Aspekte sind hierbei besonders wichtig:

- wurde die Bedeutung des *situativen Kontextes*, der begrenzten *Informationsverarbeitungskapazitäten* (i.S.v. *bounded rationality*) und der *Pluralismus* wissenschaftlicher Ansätze und Erkenntnisse hervorgehoben.

- ist deutlich geworden, dass Politikberatung für politische Problemlösungen *nur eine* Informationsquelle unter vielen für die Akteure im politisch-administrativen System sind.

- gehen *radikal-skeptische Überlegungen* (etwa Luhmann) davon aus, dass eine externe Beratung bei komplexen Organisationen und Problemen angesichts der strukturellen Schwierigkeiten der Kommunikation zwischen den Systemen von Wissenschaft und Politik grundsätzlich nicht möglich sei und bestenfalls *Irritationen* auslösen könne.

Darüber hinaus kann Politikberatung eine Reihe von Funktionen und Formen wahrnehmen, die von der Rationalisierung politischer Entscheidungen durch frühzeitige Problemerkennung und Bereitstellung wissenschaftlich fundierter Optionen für Problemlösungen über deren *Legitimierung* bis zur *Verzögerung* und *symbolischen Entlastung* reichen.

JOSEF SCHMID

Cassel, Susanne (2002). Politikberatung und Politikerberatung. Bern/ Stuttgart/ Wien. Habermas, Jürgen (1963/1979). „Verwissenschaftliche Politik und öffentliche Meinung" Ders.: Technik und Wissenschaft als ‚Ideologie'. Frankfurt a.M.: 120-145. Heinze, Rolf G. (2002): Die Berliner Räterepublik, Viel Rat, wenig Tat?. Wiesbaden. Siefken, Sven T. (2003). „Expertengremien der Bundesregierung – Fakten, Fiktionen, Forschungsbedarf". ZParl 3: 483-504.

# Autoren

### Dr. Marco Althaus

Dipl.-Politologe, M.A.(USA). Akademischer Direktor am DIPA. Zuvor Leiter Unternehmenskommunikation Deutsche Druck- und Verlagsgesellschaft, Berlin; Leiter der Pressestelle, Nieders. Ministerium für Wirtschaft, Technologie, Verkehr, Hannover; Politikredakteur, *Neue Presse*, Hannover; Redakteur, Verteidigungsministerium, Bonn.

### Dr. Vazrik Bazil

Redenschreiber, PR-Berater für Agenturen, Unternehmen und politische Organisationen mit Schwerpunkt Sprachmanagement (Rede und Text), Impression Management. Redenschreiber im Deutschen Bundestag. Mitbegründer der DPRG-Landesgruppe Sachsen-Anhalt, Vorstandsmitglied des Verbandes der Redenschreiber deutscher Sprache (VRdS).

### Werner P. Bohrer

Dipl.-Kaufmann. – Geschäftsführender Gesellschafter des Beratungsunternehmens EU.select, Brüssel. Zuvor u.a. bei der Wacker-Chemie und SKW Trostberg in leitenden Positionen, Geschäftsführer der SKW-Tochter NIGU-Chemie; bei der Konzernholding VIAG u.a. Leiter des Verbindungsbüros Nordamerika und der VIAG-Vertretung bei der EU in Brüssel.

### Vito Cecere

M.A. – Leiter der Planungsgruppe beim Vorsitzenden der SPD-Bundestagsfraktion, Berlin. Zuvor Leiter Public Affairs bei Vodafone D2, Konzernrepräsentanz, Berlin; Büroleiter des SPD-Bundegeschäftsführers und Referent im Planungsstab des SPD-Parteivorstands sowie in der Kampa, Berlin; Referent für Öffentlichkeitsarbeit beim Beauftragten der Bundesregierung für Kultur und Medien, Bundeskanzleramt, Berlin.

### Frank Dubielzig

Dipl.-Umweltwissenschafter. – Wissenschaftlicher Mitarbeiter am Centre for Sustainability Management (CSM) der Universität Lüneburg. Er befasst sich mit dem Management gesellschaftlicher Themen und der Entwicklung praxisorientierter Konzepte zum Societal Controlling.

### Prof. Dr. Dieter Frey

Professor für Sozial- und Wirtschaftspsychologie und Geschäftsführender Direktor des Departments Psychologie an der Ludwig-Maximilians-Universität München, Akademischer Leiter der Bayrischen Elite-Akademie, Mitglied der Bayerischen Akademie der Wissenschaften. Gutachter der Deutschen Forschungsgemeinschaft. Forschung: Entscheidungsverhalten in Gruppen, Innovation, Einstellungen und Wertesysteme. Mitglied des DIPA-Kuratoriums.

### Hans-Joachim Fuhrmann

Leiter des Geschäftsbereichs Kommunikation + Multimedia des Bundesverbands Deutscher Zeitungsverleger (BDZV) in Berlin, Mitglied der Geschäftsleitung, Geschäftsführer des Kuratoriums Theodor-Wolff-Preis. Zuvor u.a. Pressesprecher der Stadt Dinslaken und Redakteur der Wochenzeitung *Das Parlament*.

### Dr. Hans-Dieter Gärtner

Geschäftsführender Gesellschafter der Gesellschaft für sozialwissenschaftliche Begleitforschung mbH (GESO GmbH), Bodenheim bei Mainz. Zuvor Geschäftsführer der Regionalpresse e.V. und der Nachfolgeorganisation Zeitungs Marketing Gesellschaft (ZMG) in Frankfurt, Pressesprecher in Politik und Wirtschaft sowie Chefredakteur beim F.A.Z.-Institut.

## Michael Geffken

Geschäftsführender Gesellschafter der Deutsches Institut für Public Affairs gemeinnützige GmbH. Zuvor Korrespondent der WirtschaftsWoche in München und Korrespondent in Kalifornien, Chefredakteur der Fachzeitschrift *Werben & Verkaufen*, München. Davor leitete er fünf Jahre lang als Geschäftsführender Gesellschafter die Geffken Mediendienste GmbH.

## Prof. Dr. Michael Haller

Professor für Allgemeine und Spezielle Journalistik an der Universität Leipzig und Leiter der Abteilung Journalistik. Zuvor Mitglied der Geschäftsleitung, Gesellschaft für Medienentwicklung; Ressortleiter bei der *Zeit*, Redakteur und Reporter beim *Spiegel* in Hamburg, leitender Redakteur der *Basler Zeitung* und Autor der *Weltwoche*, Zürich. Mitglied des DIPA-Kuratoriums.

## Michael Hosang

Pädagoge. – Geschäftsführer des IST-Studieninstitut für Kommunikation und Geschäftsführer der ISTIS Informationssysteme GmbH, Düsseldorf. Zuvor IST-Projektleitung für die Eventmanagement-Weiterbildung und Ausbildungsleiter am Düsseldorfer IST-Institut für Sport, Freizeit und Touristik.

## Klaus-Peter Johanssen

Jurist. – Geschäftsführender Gesellschafter der Kommunikationsberatung Johanssen + Kretschmer Strategische Kommunikation, Berlin. Zuvor bei der Deutschen Shell AG als Direktor für Wirtschaftpolitik und Unternehmenskommunikation u.a. zuständig für Presse- und Öffentlichkeitsarbeit, Interne Kommunikation, Public Affairs, Corporate Identity, Marketing.

## Dr. Jörg Karenfort

Jurist, LL.M. (UK). Rechtsanwalt bei Wilmer Cutler Pickering Hale and Dorr LLP, Berlin. Beratung in Europarecht, Wirtschaftsverwaltungsrecht, Public Policy, insbesondere Medien, Telekommunikation, Umwelt. Lehrbeauftragter für Deutsches und Europä-

isches Kartellrecht und Medienkartellrecht, Universität Potsdam.

## Dr. Georg Kleemann

Jurist. – Leiter der Arbeitsgruppe Wirtschaft und Arbeit der CDU/CSU-Fraktion im Deutschen Bundestag. Zuvor an der Deutschen Botschaft in Washington, im Bundesministerium für Wirtschaft und Technologie in Berlin, beim Bundesverband der Deutschen Industrie in Brüssel und Köln sowie Assistent mehrerer Bundestagsabgeordneter.

## Dr. Susanne Knorre

Dipl.-Politologin. – Management Partner der Agentur Weber Shandwick Worldwide, Berlin; Geschäftsführende Gesellschafterin, Grote + Knorre, Hannover. Zuvor niedersächsische Ministerin für Wirtschaft, Technologie und Verkehr, Hannover; Prokuristin und Leiterin der Unternehmenskommunikation, Preussag AG, Hannover. Mitglied des DIPA-Beirats.

## Dr. Peter Köppl

M.A. (USA). – Managing Partner der Kovar & Köppl Public Affairs Beratungsgesellschaft, Wien. Zuvor PR-Berater bei den Agenturen Hochegger.COM und Publico PR, Bereichsleiter Öffentlichkeitsarbeit in der Österreichischen Ärztekammer. Lehrbeauftragter an der Universität Wien und Wifi Wien. Senior Research Fellow am DIPA.

## Matthias Koch

M.A. – PR-Berater (DAPR), freier Journalist, Partner des Unternehmensberatungsnetzwerkes paul und collegen consulting in Berlin. Zuvor PR-Manager für eine große Sparkasse, Berater u.a. bei den Agenturen Ogilvy & Mather Direkt und Reporter PR in Frankfurt/Main, Bonn, Berlin. Vorsitzender DPRG Landesverband Berlin/Brandenburg, Mitglied im Bundesvorstand.

## Heiko Kretschmer

Dipl.-Physiker. – Geschäftsführender Gesellschafter der Kommunikationsberatung Johanssen + Kretschmer Strategische Kommunikation, Berlin. Zuvor Geschäftsleiter von BSMG Worldwide, Berlin; Berater bei weiteren Agenturen. Mehrere Jahre Mitglied des Bundesvorstands einer parteipolitischen Jugendorganisation.

### Dr. Joachim Lang

M.E.S. – Referent der CDU/CSU-Bundestagsfraktion für die Bund-Länder-Koordinierung im Büro des Ersten Parlamentarischen Geschäftsführers. Zuvor beim Bundesrat stv. Sekretär des Agrar- und Städtebauausschusses, stv. Leiter Arbeitsbereich Grundsatzangelegenheiten; zuvor Dezernent für Rüstungskontrollrecht, Zentrum für Verifikationsaufgaben der Bundeswehr.

### Manuel Lianos

Chefredakteur des Fachmagazins *politik&kommunikation*, Berlin. Vor dem Eintritt in die Redaktion beim politikverlag Helios Redaktionsassistent bei der *Oberhessischen Presse* im Politik-Ressort.

### Juri Maier

Dipl.-Politologe. – Managing Partner der Agentur Wegewerk Medienlabor, einer 2000 gegründeten inhabergeführten IT-Agentur für integrierte Gesellschaftskommunikation in Berlin.

### Dominik Meier

M.A. – Partner der European Affairs Consulting Group (eacon) s.p.r.l. und Partner der Politikberatung miller und meier consulting, Brüssel/Berlin. Ehrenamtlicher Vorsitzender der Deutschen Gesellschaft für Politikberatung e.V. (degepol). Zuvor tätig im Europäischen Parlament, im Deutschen Bundestag und für internationale Organisationen.

### Dr. Henk Erik Meier

Dipl.-Politologe. Wissenschaftlicher Mitarbeiter am Lehrstuhl für Politikwissenschaft, Verwaltung und Organisation, Universität Potsdam. Mitarbeiter, Arbeitsgruppe 3, Kommission für die Ermittlung des Finanzbedarfs der Rundfunkanstalten (KEF). Forschung: Medienpolitik, Rundfunkökonomie, Sportpolitik, Ministerialverwaltung, Methodik Poli

### Raphael Menez

Soz. M.A. – Wissenschaftlicher Angestellter an der Universität Tübingen am Lehrstuhl Politische Wirtschaftslehre / Vergleichende Politikfeldanalyse; HBS-Forschungsprojekt: „Interessenverbände in der IT-Branche". Zuvor Wissenschaftlicher Mitarbeiter an der Akademie für Technikfolgenabschätzung Baden-Württemberg und an der Universität Stuttgart.

### Uwe Mommert

Dipl.-Kaufmann (VWA), EDV-Kaufmann – Vorstand der Landau Media AG, einem 1997 gegründeten Dienstleistungsunternehmen für Medienbeobachtung, Analyse, Evaluation und Beratung. Koordinator des Evaluationsausschusses der Deutschen Public Relations Gesellschaft (DPRG).

### Dr. Juliana Raupp

M.A. – Wissenschaftliche Assistentin am Institut für Publizistik- und Kommunikationswissenschaft der Freien Universität Berlin. Forschung: Öffentliche Meinung und Umfrageforschung, politische Kommunikation, PR-Planung, PR-Analyse, PR-Projekte, vergleichende Kommunikationsforschung.

### Sven Rawe

Dipl.-Politologe, M.A. (UK) – Gesellschafter des Deutschen Instituts für Public Affairs, Leiter Praxistransfer. Geschäftsführender Gesellschafter der Strategieberatung Steltemeier & Rawe GmbH. Zuvor bei Edelman PR Worldwide, Frankfurt a.M., wissenschaftlicher Mitarbeiter am Europäischen Zentrum für Staatswissenschaften und Staatspraxis, Berlin, und bei n-tv.

### Alexander Ross

MSc, MAS – Freier Journalist und Autor mehrerer Wirtschaftsbücher. Er berät und trainiert Menschen in Unternehmen und ist Dozent an der Berliner Journalistenschule. Zuvor u.a. als Head Marketing & Communications der Hertie School of Governance in Berlin und als Kommunikationsdirektor der Viviance Group in der Schweiz und Schweden tätig.

**Christian Roth**

M.A. – Wissenschaftlicher Angestellter am
Institut für Politikwissenschaft der Universität Tübingen. Forschung: Politikfeldanalyse
und Politische Steuerung, Politische Ökonomie, Arbeitsmarkt- und Beschäftigungspolitik in Europa.

**Prof. Dr. Stefan Schaltegger**

Ordinarius für Betriebswirtschaftslehre an
der Universität Lüneburg. Vorstand des
Centre for Sustainability Management,
Leiter des MBA-Studiengangs Sustainability
Management. Forschung: operatives Nachhaltigkeitsmanagement, Umweltinformationsmanagement, Umweltrechnungswesen,
Sustainable Finance, Sustainable Entrepreneurship.

**Prof. Dr. Josef Schmid**

Professor für Politische Wirtschaftslehre
und Vergleichende Politikfeldanalyse an der
Universität Tübingen, zuvor Professor für
Vergleichende Politikwissenschaft an der
Universität Osnabrück. Forschung: Wohlfahrtsstaatsvergleiche; Wirtschafts-, Arbeits-
und Sozialpolitik, Parteien und Verbände,
Organisationsforschung.

**Klaus-Peter Schöppner**

Psychologe, Betriebswirt. – Geschäftsführer,
TNS Emnid, Bielefeld. Seit 1975 beim
Markt- Meinungs- und Wahlforschungsinstitut Emnid. Durchführung von ca. 500
Studien für politische Parteien, Ministerien,
Medien, große Wirtschaftsunternehmen,
Verbände. Ständiger Berater von Landesregierungen, Parteien, Verbänden, Unternehmen.

**Prof. Dr. Jürgen Schulz**

Gastprofessor am Studiengang Gesellschafts- und Wirtschaftskommunikation,
Universität der Künste (UdK) Berlin. Berater
für M3arketing-Kommunikation, Identity,
Risiko- und Krisenkommunikation. Zuvor
Tätigkeit im Marketing und Vertrieb bei der
BASF AG, wissenschaftlicher Mitarbeiter an
der UdK. Forschung: Führungskräftekommunikation, Reputationsrisiken und Beratung.

**PD Dr. Elke Schwinger**

Privatdozentin an der Ludwig-Maximilians-
Universität München, freiberufliche Autorin, Mediatorin. Zuvor Wissenschaftliche
Assistentin an der Universität der Bundeswehr. Forschung: Angewandte Ethik,
Berufsethik (Medizin, Politik, Recht, Soziales), Konfliktmanagement, Gerechtigkeitstheorie, Rechtsphilosophie.

**Ulrich Sollmann**

Dipl. rer. soc. – Psychotherapeutische Praxis
in Bochum, Berater und Coach für Wirtschaft, Industrie und Politik sowie Spitzensportler. Schwerpunkte: Persönlichkeitsentwicklung, Kommunikation und Führung,
Visionsmanagement, öffentliche Personen,
mediale Inszenierung, Körpersprache, Körperpsychotherapie, Stress-Management.

**PD Dr. Rudolf Speth**

Privatdozent an der Freien Universität
Berlin, Otto-Suhr-Institut für Politische
Wissenschaft. Freiberuflich tätig als Journalist und Publizist. Zuvor wissenschaftlicher
Mitarbeiter der Enquete-Kommission
„Zukunft des Bürgerschaftlichen Engagements" des Deutschen Bundestages; Dozent
am Bundesamt für den Zivildienst, Zivildienstschule Braunschweig.

**Stefanie Springer**

Dipl.-Sozialwirtin – Wissenschaftliche Mitarbeitern im Institut für Politikwissenschaften in dem gemeinsam mit FATK Tübingen
durchgeführten Projekt „Nova-Net. Innovationen in der Internetökonomie". Forschung: Arbeits- und Organisationssoziologie, Informatisierung und Subjektivierung
von Arbeit, Wissensgesellschaft, Innovationsforschung.

**Christian Steffen**

M.A. – Wissenschaftlicher Angestellter am
Institut für Politikwissenschaft der Eberhard-Karls-Universität Tübingen. Forschung: Vergleichende politische Systemforschung (vergleichende Wohlfahrtsstaatforschung), Politikfeldanalyse, Vergleichende Parteien- und Verbändeforschung und
Industrielle Beziehungen.

**Dr. Eva Traut-Mattausch**

Dipl.-Psychologin. – Wissenschaftliche Assistentin am Institut für Sozialpsychologie der Ludwig-Maximilians-Universität München. Forschung: Interkulturelle Gültigkeit sozialpsychologischer Theorien z.B. in Politik, Finanzen, Gesundheit, Frauen in Führungspositionen, Urteilsverzerrungen bei Preisvergleichen, Humankapital und wirtschaftlicher Erfolg von Unternehmen, Innovationen.

**Prof. Dr. Jean-Paul Thommen**

Titularprofessor an der Universität Zürich, Professor für Allgemeine Betriebswirtschaftslehre, insbesondere Organisation und Personal an der European Business School, International University Schloss Reichartshausen. Forschung: Führung und Coaching, Unternehmensethik, Organisationales Lernen und Wissensmanagement, Change Management.

**Dr. Ralf Tils**

Jurist, Dipl.-Politologe – Wissenschaftlicher Mitarbeiter an der Universität Lüneburg. Zuvor Wissenschaftlicher Mitarbeiter in einem Forschungsprojekt der VW-Stiftung. Forschung: Politische Strategieanalyse, Policy-Analyse, Verwaltungsforschung (insb. Ministerialverwaltung), Regierungssystem der Bundesrepublik Deutschland.

**Dagmar Wiebusch**

Dipl.-Medienpädagogin. – Geschäftsführerin des Informationszentrums Mobilfunk e.V. (IZMF), Berlin. Zuvor Leiterin Public Affairs bei der Agenturgruppe ECC KohtesKlewes; Sprecherin und Medienberaterin des SPD-Parteivorstands in Bonn und Berlin. Lehrbeauftragte für politische Kommunikation an der Heinrich-Heine-Universität Düsseldorf.

**Udo Zolleis**

M.Sc. – Wissenschaftlicher Mitarbeiter am Institut für Politikwissenschaft der Eberhard-Karls-Universität Tübingen. Laufende Promotion über „Charakteristiken und Wandlungen der Christdemokratischen Politik. Eine Analyse anhand der CDU".

Zuvor Grundsatzreferent im Wahlkampfteam der CDU Niedersachsen, Hannover.

**Dr. Wolf-Dieter Zumpfort**

Direktor der TUI AG (früher Preussag AG), Büros Berlin und Brüssel. Ehrenamtlich Stellvertretender Vorsitzender der Friedrich-Naumann-Stiftung. Zuvor selbstständiger Unternehmensberater, Mitglied des Schleswig-Holsteinischen Landtags, FDP-Landesvorsitzender, Geschäftsführer des Unternehmensverbands Westküste, Mitglied des Deutschen Bundestages.

# Register

## A

Abegordneter 65, 66, 67, 68, 71, 72, 73, 79, 95, 178, 186, 187, 195, 253
Abgeordnetenspende 204
Abgeordneter 66, 67, 72, 177, 179, 182, 192, 207, 214, 281, 288
Adenauer, Konrad 155, 280
Advertorial 145
Agenda 5, 9, 18, 32, 34, 40, 42, 45, 67, 97, 99, 100, 104, 108, 119, 125, 131, 134, 151, 167, 199, 220, 221, 263, 267, 280
Agenda-Setting 5, 18, 97, 99, 100, 108, 131, 134, 151
Agentur 10, 103, 120, 146, 147, 149, 183, 185, 224, 240, 259, 267, 287, 288, 289
Aktivist 220
Akzeptanz 13, 101, 132, 133, 156, 158, 161, 171, 172, 213, 217, 219, 229, 237, 239, 253, 257
Allianz pro Schiene 218
Ältestenrat 73
American Association of Political Consultants 284
American League of Lobbyists 284
Amerikanisierung 142, 259
Analyse 5, 9, 12, 13, 14, 15, 16, 21, 27, 30, 31, 32, 34, 37, 38, 42, 44, 48, 52, 53, 56, 60, 91, 121, 122, 135, 140, 141, 157, 169, 199, 213, 214, 230, 245, 255, 264, 267, 268, 269, 270, 278, 285, 289, 291
Anfrage 71, 214
Angriff 33, 128, 130, 131, 132, 272
Anhörung 6, 76, 77, 177, 178, 179, 182, 194, 268
Anonymität 206
Anreiz 189, 201, 202, 203, 221, 223, 226
Anspruchsgruppe 13, 14, 91, 95, 111, 237, 238, 239, 241, 269
Anzeige (Inserat) 103, 117, 145, 149, 195, 208
AOL 218
appellative Funktion 150
Arbeitgeberverbände 226, 228
Arbeitnehmer 65, 123, 265
Arbeitsmarkt 42, 267, 290
Arbeitsplätze 198, 203, 241, 242
Archiv 32, 35, 53, 62, 280
Arena 13, 14, 15, 16, 91, 123, 143, 183, 195, 224, 253, 263
Argumentationshilfen 35
Aristoteles 244
Arzneimittel 215, 232
Ärzteverbände 226
Association of Professional Political Consultants 284
Astroturf 188
Attac 124
Audit 5, 13, 14, 44, 45, 250
Aufklärung 108, 109, 231
Aufsichtsbehörde 217
Auftraggeber 12, 20, 27, 48, 103, 153, 154, 192, 200, 259, 260
Auskunftspflicht 52, 217
Ausschuss 40, 53, 71, 73, 76, 81, 95, 177, 178, 181, 229, 282
Außenpolitik 263, 281
Austrian Lobbying and Public Affairs Council 284
Autonomie 80, 88, 181, 245, 251, 252, 260, 261
Autorität 83, 97, 106, 130, 259

## B

Bahn 215, 216, 217, 218, 232
Bankgesellschaft Berlin 253
Barspende 206
BDA 228
BDI 228
Beamte 95, 96, 97, 177, 181, 195, 197, 264, 281
Befragungsmethode 48
Befragungszeitraum 51
Behörden 7, 52, 95, 96, 97, 156, 157, 191, 193, 216, 221, 231, 241, 247, 262, 265
Belief System 43
Below-the-Line 104
Benchmarking 44, 267, 285
Berater, Consultant 8, 11, 60, 97, 119, 149, 208, 244, 250, 259, 261, 264, 281, 287, 288, 289, 290
Beratung 7, 8, 33, 37, 72, 73, 76, 77, 92, 94, 121, 185, 213, 214, 226, 232, 250, 262, 263, 265, 285, 286, 288, 289
Berichterstatter (Rapporteur) 181
Berlin 19, 22, 51, 54, 60, 63, 69, 89, 92, 97, 110, 119, 121, 150, 162, 169, 172, 175, 179, 183, 214, 223, 224, 228, 230, 233, 238, 240, 246, 252, 253, 254, 262, 264, 266, 271, 279,

280, 287, 288, 289, 290, 291
Bernays, Edward 148
Beruf 7
Berufsbild 153, 196, 260
Berufsethik 195
Berufsverband 192, 206, 260, 261
Beschlussempfehlung 73, 76, 77
Bestechung 204, 212, 254
Beteiligung 40, 69, 82, 98, 101, 128, 176, 189,
    193, 204, 205, 212, 231, 251
Betriebsklima 249
Betriebswirtschaftslehre 30, 60, 120, 158, 167,
    197, 223, 290, 291
Bildung 8
Blogs, Weblogs 29, 39, 113, 164, 198
Boykott 124, 172, 247
Brandt, Willy 167, 169, 265
Brent Spar 164, 167
Briefing 104, 194
Broschüren 21, 146, 149
Brüssel 80, 180, 181, 182, 193, 228, 250, 263,
    266, 287, 288, 289, 291
Bundeskanzler 71, 92, 93, 94, 137, 156, 166
Bundeskanzleramt 93, 94
Bundeskartellamt 216
Bundesrat 39, 40, 68, 69, 72, 73, 74, 75, 76, 77,
    94, 156, 268, 289
Bundesregierung 71, 72, 74, 76, 77, 92, 93, 94,
    179, 212, 214, 233, 285, 286, 287
Bundestag 39, 40, 67, 69, 70, 71, 72, 73, 74, 75,
    76, 77, 177, 179, 190, 193, 212, 225, 268,
    287, 288, 289, 290, 291
Bundestagspräsident 154
Bundestagswahl 118, 140, 142
Bundesverfassungsgericht 93
Bündnis 6, 44, 96, 97, 116, 145, 176, 182, 195,
    198, 217, 218, 219, 220, 251, 252, 256, 278,
    281, 285
Bündnis für Arbeit 251
Bündnispartner 39, 95
Bürger 7, 8, 9, 48, 57, 64, 101, 102, 104, 108,
    115, 116, 117, 118, 119, 123, 124, 128, 129,
    132, 146, 160, 184, 189, 203, 204, 205, 209,
    235, 236, 245, 254, 258, 262
Bürgerbegehren 140
Bürgerinitiative 91, 123, 192, 225, 265
Bürgerrechte 209, 236
Burke, Edmund 133
Bürokratie 189, 193, 252
Bush, George 168, 281

C

Campaigner 124
Campaigning 5, 114, 119, 128, 157

Campbell, Alastair 166
Canvassing 58, 125
Carville, James 166
Castor 168
Clausewitz, Carl von 55
Clinton, Bill 118, 266
Codierung 38
Collegium 224
Community of Practise 63
Consumer Affairs 6, 209, 230
Contract-Lobbyist 196
Controlling 55, 85, 104, 184, 239, 287
Corporate Activism 188, 220, 266, 267
Corporate Affairs 263
Corporate Citizenship 6, 90, 167, 171, 184,
    203, 222, 235, 236, 237, 238, 239, 242, 251,
    271
Corporate Communications 171, 196, 263
Corporate Community Investment 237
Corporate Giving 235, 236
Corporate Identity 173, 288
Corporate Philanthropy 238
Corporate Relations 263
Corporate Social Responsibility 235, 236, 237,
    240, 241, 242, 243

D

Datenbank 31, 32, 36, 38, 39, 40, 53, 54, 56,
    62, 110, 136, 199, 205, 230
Datenerhebung 30, 113
Datenschutz 136, 231
Demobilisierung 124, 128
Demokratie 8, 48, 82, 92, 118, 123, 157, 191,
    194, 229, 243, 246, 252, 254, 261, 265
Demonstration 124, 125, 186, 187
Denotation 151
Denunziation 163
Deprofessionalisierung 261
Deregulierung 163, 215, 247
Deutsche Gesellschaft für Politikberatung
    (degepol) 284
Deutsche Public Relations Gesellschaft 284
Deutschland AG 24, 266
Dezisionismus 286
Direktmarketing 56, 120, 145, 146
Diskussionsentwurf 93
distributive Politik 43
Dixit, Avinash 279
Dokumentation 35
Döring, Walter 22, 253
Drehbuch 34, 35
Dringlichkeit 270, 272
Dritter Sektor 265

## E

E-Government 89, 95, 101
Einfluss 15, 21, 25, 30, 39, 48, 66, 70, 73, 83,
    84, 94, 95, 97, 101, 109, 112, 113, 114, 132,
    134, 140, 151, 164, 169, 176, 178, 179, 181,
    182, 191, 192, 201, 203, 205, 206, 210, 213,
    217, 220, 225, 229, 230, 233, 242, 243, 248,
    252, 256, 267, 269, 270, 271, 281
Einspruchsgesetz 73, 75
Einstellungsfragen 50
Emnid TNS 48, 49, 290
Emotionalisierung 105, 107, 127, 168
Empörung 107, 124, 164
Energie 138, 215
Entertainisierung 107, 142
Entscheidungsanalyse 5, 16, 18, 278
Entscheidungsträger 7, 14, 17, 18, 33, 40, 92,
    96, 97, 99, 102, 103, 104, 147, 150, 172, 173,
    176, 182, 186, 187, 193, 194, 195, 199, 211,
    217, 223, 229, 262, 264, 274, 278, 279
Environmental Affairs 6, 220
E-Partizipation 5, 101, 102
Erfolgskontrolle 20, 38, 39, 148
Erhard, Ludwig 69, 155
Eristische Dialektik 165
Ethik 6, 10, 17, 33, 34, 52, 107, 130, 148, 162,
    164, 234, 235, 238, 239, 241, 242, 243, 244,
    245, 246, 247, 248, 249, 250, 251, 253, 260,
    278, 290
ethisch 8
EU (Europäische Union) 6, 15, 39, 81, 92, 95,
    180, 181, 182, 183, 193, 195, 212, 224, 232,
    247, 267, 287
Europa 106, 147, 186, 188, 192, 194, 196, 210,
    213, 266, 290
Europäisierung 87, 265
Evaluation 5, 19, 20, 21, 22, 38, 39, 40, 41,
    184, 200, 202, 250, 285, 289
Event 5, 102, 103, 104, 105, 107, 145, 147, 149,
    168, 184, 208, 224, 280
E-Voting 101
Experte 17, 41, 46, 51, 53, 92, 95, 108, 156,
    161, 171, 175, 194, 198, 200, 203, 259, 261,
    285
Expertise 97, 183, 196, 209, 225, 229, 261
Expertokratie 259
External Affairs 171, 196, 263

## F

Fachpresse 175
Fachprüfung 260, 261
Fachtagung 31, 35
Fachwissen 66, 194, 229

Faktfragen 50
Fallstudie 5, 22, 23
Familie 35
Fokusgruppe 5, 27, 29, 46
forced-choice-Fragen 50
Fraenkel, Ernst 190
Fragebogen 48, 50, 51
Fraktion 31, 65, 66, 67, 68, 69, 71, 72, 73, 76,
    77, 79, 84, 156, 178, 179, 262, 288
Fraktionsmanagement 5, 65, 68, 82
Frankreich 89, 255
Frauenrechte 190, 209, 232, 265
Freiwilligkeit 84, 173, 236, 242
Frühaufklärung 5, 29, 30, 31, 37, 113, 171
Frühwarnsystem 29, 37, 171, 279
Führungskräfte 8, 46, 122, 130, 137, 164, 222,
    239, 249, 251, 257, 267
Fundraising 6, 183, 184, 185, 201, 204, 211
Funktionäre 78, 84, 203

## G

Gatekeeper 135
Gefahr 23, 33, 90, 119, 129, 161, 164, 188, 203,
    210, 246, 252
Gegner 15, 16, 32, 35, 39, 45, 115, 117, 124,
    127, 128, 129, 130, 131, 165, 166, 255, 270,
    276, 278, 279
Gegnerbeobachtung 5, 12, 32, 33, 34, 35, 51,
    119
Gehör 7, 231
Geld 42, 57, 59, 82, 90, 104, 117, 183, 184,
    203, 204, 207, 217, 236
Geldwäsche 205, 254
Gemeinwohl 190, 217, 252
Generaldirektion 181
Genscher, Hans Dietrich 266
Gentechnik 161, 232
Gerechtigkeit 162, 244, 245, 248, 249
Gerüchte 54, 97, 121, 256
Geschäftsführer 66, 67, 68, 228, 287, 288, 290,
    291
Geschäftsintegrität 237
Geschäftsordnung 65, 71, 75, 93, 94, 95, 179,
    212
Gesellschaft 7, 262
Gesetz 72, 73, 74, 75, 77, 83, 95, 112, 133, 141,
    177, 180, 182, 191, 192, 195, 227, 241, 248,
    249, 251, 253
Gesetz über die Rechtsverhältnisse der
    Abgeordneten 282
Gesetzentwurf 72, 73, 74, 76, 77, 93, 94, 179
Gesetzgebung 70, 72, 92, 93, 94, 179, 232, 254,
    256
Gesetzgebungsverfahren 40, 72, 76, 93, 94,

177, 178
Gesetzgebungsvorhaben 81, 93, 177, 179
Gesinnungsethik 245
Gesundheit 160, 218, 231, 232, 290
Gesundheitspolitik 42, 215, 268
Gesundheitsreform 112, 144, 161
Gewerkschaft 14, 34, 55, 91, 116, 123, 124,
    127, 129, 173, 179, 186, 190, 218, 225, 226,
    228, 251, 265, 266
GGO, Gemeinsame Geschäftsordnung der
    Bundesministerien 93, 94, 212
Ghostwriter 152, 153
Ghostwriting 6, 152, 153
Glaubwürdigkeit 13, 18, 52, 54, 67, 82, 98, 100,
    107, 118, 123, 124, 127, 128, 137, 146, 158,
    159, 160, 162, 169, 186, 201, 202, 213, 239,
    240, 243
Globalisierung 87, 121
Globalisierung 24, 81, 87, 221, 240, 247, 252,
    265
Governance 5, 6, 69, 70, 86, 95, 197, 202, 238,
    239, 240, 242, 248, 250, 251, 289
Government Relations 94, 188, 196, 262, 263
Grassroots 6, 117, 123, 186, 187, 188, 192, 195,
    198, 218, 220, 267
Grauzone 34, 176, 195
Greenpeace 116, 124, 127, 129, 132, 167, 185,
    209, 220
Großbritannien 89, 118, 193, 216, 263
Grundgesetz 70, 71, 73, 75, 92, 227
Gruppendenken 141
Gruppendiskussionen 27, 28, 29

H

Haftung 232
Hallstein, Walter 193
Handelsfragen 215
Handlungsorientierung 142, 243, 244, 250
Hartz, Peter 44, 125, 168
Hauptgeschäftsführer 228
Hauptstadt 169, 192, 223, 224, 262, 280
Hauswurfsendung 144, 145
Heberle, Rudolf 57
Hierarchie 69, 82, 87, 95, 196, 257
Hintergrundzirkel 175
Hochschule 231, 250, 260, 279
Honorar 192, 260, 265
Hume, David 133
Humor 131, 132
Hunzinger, Moritz 172, 208, 253

I

Ideologie 105, 181, 259, 261, 278, 286

Image 21, 117, 118, 121, 135, 144, 149, 158,
    159, 160, 164, 166, 170, 172, 195, 218, 220,
    231, 237, 265, 272
Industrie 103, 228, 232, 271, 288, 290
Informationsmanagement 5, 9, 12, 60, 63, 68,
    97
Informationspolitik 154, 157, 225
Informationsverarbeitung 140, 141
Informationszentrum Mobilfunk 218
Infotainment 107, 136, 265
Infrastruktur 60, 79, 89, 197, 216, 218, 228
Inhaltsanalyse 99, 270
Inhouse-Lobbyist 196
Initiative D21 92, 218
Initiative Neue Soziale Marktwirtschaft 119,
    144, 218
Instinkt 18
Institute 8
Inszenierung 5, 78, 102, 104, 105, 106, 107,
    108, 137, 145, 149, 156, 163, 164, 165, 167,
    169, 201, 243, 290
Integrität 8, 67, 244, 248, 249, 250
Interessen 7, 8, 9, 13, 14, 27, 43, 65, 66, 67, 68,
    84, 87, 91, 92, 94, 96, 97, 112, 117, 133, 149,
    151, 158, 172, 176, 183, 186, 188, 189, 190,
    191, 193, 194, 195, 196, 198, 202, 209, 210,
    211, 214, 216, 217, 219, 225, 227, 228, 229,
    231, 243, 262, 264, 268, 271, 278
Interessenartikulation 226, 229
Interessengruppe 6, 83, 91, 94, 95, 96, 119,
    123, 144, 172, 176, 178, 180, 181, 188, 189,
    190, 191, 193, 196, 208, 209, 210, 211, 226,
    227, 258, 263
Interessenkoalition 85, 194, 230, 281
Interessenkonflikt 8, 17, 282
Interessenvertreter 81, 104, 127, 147, 178, 182,
    197, 211, 212, 214
Interessenvertretung 8, 171, 180, 181, 182, 183,
    190, 194, 199, 200, 212, 213, 220, 223, 224,
    231, 247
Internet 29, 32, 36, 37, 53, 54, 101, 102, 134,
    135, 136, 146, 149, 152, 153, 157, 164, 174,
    197, 198, 218, 240
Internetumfragen 49
Interpellationsrecht 71
Interview 53
Intuition 18, 19
Investigativ (Recherche, Journalismus) 5, 109, 110, 111,
    265
Investitionen 18, 89, 158, 160, 205, 216
Investor Relations 149, 221
Issues 5, 14, 15, 16, 27, 29, 30, 31, 39, 98, 111,
    112, 113, 114, 144, 149, 151, 152, 155, 157,
    161, 162, 168, 231, 270, 274
Issues Management 5, 14, 27, 31, 98, 111, 112,

113, 114, 149, 151, 152, 155, 157, 162, 231, 270

Italien 78, 141

**J**

Journalismus 5, 33, 51, 109, 110, 111, 134, 148, 265

Journalist 21, 35, 53, 54, 81, 95, 104, 110, 119, 129, 130, 131, 134, 147, 149, 165, 166, 173, 175, 197, 263, 281

Jurisprudenz 261

**K**

Kabinett 71, 76, 92, 94

Kampa 33

Kampagne 5, 21, 32, 34, 35, 54, 55, 56, 57, 58, 60, 81, 108, 114, 115, 116, 117, 118, 119, 120, 123, 127, 128, 131, 136, 144, 145, 146, 147, 155, 157, 162, 166, 185, 186, 208, 211, 218, 220, 231, 271, 276

Kampagnenführung 111, 129, 157, 168, 209, 259

Kandidat 34, 58, 82, 115, 117, 132, 144, 145, 146, 147, 192, 204, 206, 207

Kapitalismus 223, 247, 267

keynesianische Wirtschaftspolitik 251

Klient 259, 260, 261

Klientel 95, 96, 129, 174, 209

Know-how Support 237

Koalition 15, 117, 141, 142, 155, 156, 197, 217, 219, 220, 222

Koalitionsfreiheit 204, 225, 227, 252

kognitive Landkarten 43

Kohl, Helmut 266

Kollegialität 8, 67, 260

Kölner Müllskandal 253

Komitologie 181

Kommission 44, 92, 180, 181, 182, 193, 212, 231, 232, 243, 285, 289, 290

Kommune 24, 82, 88, 89, 93, 101, 145, 148, 242

Kommunikation 7, 262

Kommunikationsberatung 5, 120, 121, 165, 288

Kompromiss 17, 75, 82, 83, 108, 229, 252

Konfliktmanagement 219, 277, 290

Konfrontation 116, 127, 131, 167, 265

Konkurrenz 8

Konkurrenzanalyse 5, 32, 33, 34, 51

Konnotation 151

Konsens 83, 112, 129, 133, 266

Konsumerismus 231

kontaktive Funktion 150

Kontrastkampagne 127

Kontrolle 18, 70, 71, 83, 90, 101, 133, 187, 200, 215

Kontrollierbarkeit 64, 213, 239

Konvention zur Korruptionsbekämpfung 254

Konzern 259, 263, 265

Konzertierte Aktion 251, 285

Kooperation 24, 92, 197, 198, 199, 202, 216, 217, 218, 219, 221, 222, 237, 276, 277, 283

Korporatismus 6, 41, 88, 251, 252

Korruption 6, 109, 121, 163, 203, 212, 225, 242, 249, 253, 254, 282

Kosten 16, 30, 48, 78, 79, 81, 89, 96, 103, 119, 131, 136, 146, 162, 191, 203, 208, 210, 226, 229, 248

Krankenhaus 231

Krise 91, 98, 113, 121, 122, 158, 159, 162, 251, 259

Krisenkommunikation 114, 119, 136, 149

Krisenmanagement 5, 90, 121, 122, 157, 271

Krisenprävention 164

Kuchen-Krümel-Prinzip 128

Kultur 8

Kunden 54, 55, 56, 57, 103, 123, 152, 158, 170, 184, 186, 187, 222, 229, 231, 259, 260

Kundenbeziehungen 55

Kundengruppen 55

Kundenwertanalyse 55

Kundenwertmanagement 56, 57

**L**

Lambsdorff, Otto 266

Länder (Bundesländer) 25, 52, 68, 69, 73, 74, 76, 80, 89, 93, 107, 195, 205, 232, 233, 253, 254, 268, 285, 289

Landschaftspflege 203

Legislaturperiode 67, 71, 72, 74, 93

Legitimation 75, 91, 101, 102, 155, 225, 227, 237, 286

Legitimierung 286

Legitimität 92, 98, 105, 109, 130, 158, 199, 217, 226, 242, 252, 270, 272

Leistung 8

Lenin, Wladimir Iljitsch 163

Lesung 73, 75, 76, 77

Liberalisierung 215, 247

Licence to co-operate 237

Licence to operate 237

Lippmann, Walter 99, 134

Lizenz 251, 260, 277

Lobby 84, 95, 104, 183, 192, 195, 225, 233, 281

Lobbying 6, 7, 10, 15, 76, 94, 111, 117, 119, 123, 144, 147, 173, 177, 182, 183, 186, 187, 188, 190, 191, 192, 193, 194, 195, 196, 198,

200, 209, 211, 212, 213, 214, 215, 218, 220,
224, 225, 230, 231, 233, 253, 254, 256, 262,
263, 264, 267, 271, 276, 277
Lobbyist 81, 175, 180, 182, 183, 192, 193, 194,
195, 196, 211, 212, 213, 214, 223, 224, 230,
243, 265, 279
Lobbyliste 283
Locke, John 133
Logik 19, 24, 45, 88, 90, 189, 244, 252, 279
Luhmann, Niklas 139, 160, 161, 162, 286

M

Machiavelli, Niccolo 15, 133, 183, 224, 245,
246, 264, 267
Macht 42, 65, 82, 83, 84, 85, 95, 105, 106, 108,
114, 121, 133, 136, 140, 152, 154, 155, 169,
189, 191, 203, 211, 213, 224, 243, 244, 245,
246, 252, 253, 258, 266, 270, 271, 272, 274
Machtmakler 97
Magazin 145
Mailing 184
Malchow, Hal 56, 60
Management 7, 8, 262
Mandant 260
Mandat 32, 84, 132, 206, 207, 260
Mandatsgeschäftsführung 228
Mandatsträger 79, 84, 85
Mandatsträgerabgabe 204
Mandelson, Peter 166
Marke 45, 143, 159
Markenzeichen 118
Marketing 5, 6, 55, 56, 57, 85, 98, 102, 105,
108, 120, 134, 135, 142, 143, 144, 145, 147,
148, 149, 171, 184, 185, 204, 223, 248, 265,
280, 285, 287, 288, 289
Markt 27, 37, 47, 49, 51, 56, 143, 144, 160,
170, 172, 214, 215, 216, 217, 229, 251, 258,
266, 290
Medien 7, 33, 36, 37, 41, 51, 52, 56, 57, 62, 66,
84, 85, 88, 97, 98, 99, 100, 105, 106, 107,
109, 111, 112, 113, 114, 118, 119, 124, 129,
135, 136, 137, 139, 140, 141, 145, 146, 147,
154, 156, 157, 158, 159, 162, 163, 164, 165,
167, 175, 210, 211, 217, 223, 231, 232, 233,
238, 240, 247, 252, 254, 262, 265, 266, 270,
271, 280, 281, 287, 288, 290
Medienbeobachtung 5, 32, 33, 36, 39, 135, 289
Medienresonanzanalyse 5, 33, 36, 37, 39
Mehrheit 58, 65, 67, 72, 74, 75, 80, 82, 85, 91,
92, 96, 115, 177, 209, 229, 258
Meinung 28, 48, 72, 94, 132, 133, 134, 170,
193
Meinungsforschung 5, 27, 32, 35, 37, 45, 46,
47, 48, 57, 144, 277

Merkel, Angela 153
Messung 19, 20, 56, 140
Minderheit 68, 141, 177, 178, 209
Minister 71, 92, 93, 94
Ministerialbürokratie 31
Ministerium 39, 40, 66, 67, 76, 92, 93, 94, 95,
166, 177, 179, 181, 212, 216, 232, 233, 252,
287, 288, 290
Mitarbeiter 7, 11, 13, 21, 31, 33, 54, 66, 67, 78,
81, 82, 104, 119, 122, 123, 149, 152, 158,
159, 170, 180, 186, 187, 194, 197, 201, 202,
222, 228, 230, 238, 240, 241, 242, 248, 250,
262, 264, 271, 281, 287, 289, 290, 291
Mitglieder 7, 60, 65, 72, 74, 78, 79, 83, 84, 104,
110, 119, 123, 127, 147, 149, 173, 174, 178,
184, 185, 186, 189, 190, 198, 201, 204, 209,
210, 211, 221, 226, 227, 228, 229, 236, 250,
262, 285
Mitgliedsbeitrag 204, 229
Mobilisierung 5, 41, 44, 56, 59, 116, 119, 123,
124, 125, 128, 145, 147, 168, 186, 188, 195,
198, 202
Moderator 28, 70
Modernisierung 78, 188, 240, 259
Monitoring 5, 31, 39, 40, 45, 113, 164, 171,
213, 224, 243, 285
Monopol 145, 215, 220, 224, 251
Moral 158, 168, 201, 243, 244, 245, 249
Moralisierung 107, 161, 163
Morris, Dick 166
Motivation 47, 58, 84, 85, 137, 147, 199, 201

N

Nachhaltigkeit 169, 220, 221, 222, 223, 233
Nachrichtenzyklus 119, 147
Nalebuff, Barry 279
Negativkampagne 5, 127, 128, 129, 131, 132,
163, 244
Neopluralismus 226
Netzinfrastrukturbereich 215
Netzwerk 6, 31, 41, 43, 44, 54, 64, 70, 83, 87,
95, 97, 102, 103, 110, 125, 176, 196, 197,
198, 199, 217, 224, 250, 254, 261, 264, 279,
285
Netzwerkanalyse 197, 199
Newsletter 39, 136, 146, 174, 187, 258
NGO (Non-Governmental Organization) 6, 82,
116, 200, 201, 202, 209, 211, 214, 256, 265
Nicht-Regierungsorganisation 112, 123, 127,
164, 192, 211, 238, 247, 277
Noelle-Neumann, Elisabeth 51, 133, 134
Non-Profit-Organisation 127, 262, 266
Normen 42, 46, 63, 105, 163, 229, 231, 232,
234, 242, 244, 247, 267

Nutzen 16, 18, 89, 96, 162, 189, 226, 237, 248,
    249, 251, 256


O

OECD 254
öffentliche Meinung 27, 31, 78, 110, 112, 113,
    132, 133, 154
Öffentliche Meinung 5, 18, 51, 99, 132, 133,
    134, 286, 289
Öffentlichkeit 65, 68, 98, 108, 112, 113, 114,
    119, 123, 127, 128, 134, 135, 136, 137, 138,
    139, 144, 147, 148, 154, 156, 158, 165, 171,
    173, 178, 190, 194, 195, 201, 210, 219, 243,
    254, 260, 270, 271, 274, 280, 281, 285, 286
Öffentlichkeitsarbeit 38, 66, 120, 127, 134,
    136, 144, 148, 154, 155, 167, 169, 175, 200,
    202, 223, 263, 264, 287, 288
Official Giving 237
Online 5, 29, 32, 36, 134, 135, 136, 145, 146,
    157, 170, 184, 204, 240
Opportunitätskosten 113
Opposition 32, 65, 66, 68, 71, 129, 177
Oppositionsfraktion 65, 67, 68
Organisation 7, 8, 64, 262
Organisationskommunikation 85, 148
Österreich 78, 252
Özdemir, Cem 253


P

Paradox 18, 19, 279
Parlament 35, 40, 41, 65, 68, 69, 73, 95, 130,
    156, 177, 181, 182, 212, 233, 246, 285, 287,
    289
Parlamentarischer Abend 31, 104
Partei 10, 29, 33, 35, 41, 44, 53, 57, 58, 59, 64,
    65, 66, 67, 69, 77, 78, 79, 80, 81, 82, 83, 84,
    85, 93, 104, 108, 115, 116, 117, 118, 123,
    129, 131, 132, 136, 139, 140, 142, 143, 145,
    146, 147, 149, 155, 156, 163, 166, 168, 173,
    183, 184, 185, 187, 188, 192, 203, 204, 205,
    206, 207, 208, 210, 226, 233, 243, 252, 257,
    276, 285, 290
Parteienfinanzierung 5, 77, 78, 79, 81, 202,
    208, 212
Parteimanagement 5, 81, 82, 84, 85
Parteitag 35, 84, 85, 106, 208
Parteizentrale 80, 81
Partikularinteresse 183, 217
Partizipation 8
Personal 57, 85, 89, 93, 104, 117, 200, 201,
    202, 217, 228, 256, 257, 291
Personalisierung 5, 32, 84, 105, 107, 116, 136,
    163, 164, 168, 258

Persuasion 100, 148
Petition 192
Petitionen 71, 124, 187
Philanthropie 235, 237, 242
Plakate 21, 59, 131, 145
Plakatwerbung 144, 145, 147
Planspiel 6, 17, 122, 255, 256
Planung 32, 34, 39, 52, 59, 64, 96, 102, 107,
    170, 184, 194, 200, 220, 256, 258, 270, 271,
    289
Platon 244
Plenum 68, 71, 73, 177, 181
Pluralismus 98, 227, 251, 252, 286
Pluralismusforschung 210, 226
Podiumsdiskussion 175
Policy 5, 19, 23, 24, 25, 26, 40, 41, 42, 43, 44,
    86, 114, 197, 198, 267, 268, 269, 274, 275,
    276, 289, 291
Policy Cycle 5, 40, 41, 42
Polifikfeldanalyse 5
Polis 106, 152, 245, 280
Political Consultants 132, 259, 262, 265
Politics 40, 43, 81, 169, 188, 262, 268, 274,
    275, 276
Politikberatung 6, 10, 17, 64, 97, 120, 176, 213,
    261, 273, 274, 276, 280, 281, 284, 285, 286,
    289
Politiker 7, 33, 64, 90, 91, 94, 96, 98, 112, 129,
    131, 137, 138, 141, 143, 152, 165, 166, 188,
    203, 207, 208, 218, 231, 243, 244, 246, 258,
    262, 263, 264, 285
Politikerberatung 285, 286
Politikfeld 43, 180, 215, 267, 268, 269, 274,
    285
Politikfeldanalyse 12, 17, 40, 42, 44, 86, 197,
    198, 267, 289, 290
Politikforschung 24, 279, 280
Politikmanagement 5, 7, 9, 64, 69, 166, 214,
    259, 262
Politikwissenschaft 40, 42, 81, 257, 258, 268,
    269, 278, 289, 290, 291
Politische Kommunikation 5, 9, 98, 157, 263
Polity 40, 268
Popularität 18
Positionspapier 174, 182
Post 109, 174, 215, 216, 217, 243, 251, 267
Pragmatismus 286
Praktiker 7, 8
Pressekonferenz 35
Pressesprecher 97, 119, 149, 154, 165, 166, 287
Pressure Group 124
Prestige 259
Print 36, 103, 145, 147, 170
Privatisierung 86, 87, 90, 91, 215, 216, 217,
    247

Product Stewardship 222
Professional School 260, 267
Professionalisierung 6, 11, 19, 78, 85, 149, 165,
    166, 185, 190, 194, 231, 258, 259, 260, 261,
    262, 267
Professionalismus 259, 261
Professionalität 123, 148, 185, 204, 230, 259,
    261
Profitabilität 57, 160
Prognose 140, 144
Propaganda 165, 183, 272
Protokoll 106
Psychologie 5, 18, 19, 97, 120, 139, 140, 141,
    142, 199, 287
Public Affairs 5, 6, 7, 9, 10, 13, 15, 27, 29, 30,
    31, 32, 39, 45, 51, 55, 81, 92, 99, 102, 109,
    111, 112, 136, 150, 151, 152, 162, 171, 172,
    180, 182, 188, 194, 195, 196, 197, 198, 203,
    209, 217, 219, 220, 221, 224, 231, 234, 256,
    259, 262, 263, 264, 265, 266, 267, 268, 269,
    271, 277, 287, 288, 289, 291
Public Interest Group 91, 208, 209, 210, 211,
    225
Public Policy 6, 17, 44, 198, 243, 251, 263,
    267, 268, 269, 280, 288
Public Relations 6, 7, 22, 38, 39, 104, 109, 118,
    119, 120, 121, 124, 134, 135, 136, 145, 146,
    147, 148, 149, 150, 152, 155, 165, 169, 171,
    172, 175, 177, 201, 208, 209, 211, 222, 230,
    248, 253, 261, 262, 263, 276, 277, 280, 287,
    288, 289
Public-Private Partnership 5, 88, 203, 254
Publikum 85, 99, 100, 105, 106, 107, 131, 132,
    150, 153, 167


Q

Qualifikation 60, 104, 130, 195, 201, 230, 260,
    264, 279
Qualifizierung 122, 251
Qualität 15, 17, 21, 45, 48, 49, 51, 52, 54, 120,
    138, 160, 175, 202, 231, 233, 250, 259, 267


R

Rationalität 18, 83, 84, 276, 277
Rechenschaftsbericht 206
Recherche 5, 9, 12, 17, 22, 32, 33, 34, 36, 51,
    52, 53, 54, 62, 104, 109, 110, 111, 117, 149,
    254
Recht 6, 42, 72, 114, 165, 166, 196, 203, 205,
    211, 212, 213, 214, 227, 231, 236, 248, 260,
    266, 290
Rechtsanwalt 148, 213, 214, 215, 231, 260,
    261, 263, 267, 288

Rechtsform 205, 215, 219, 227
Recycling 222
Redaktion 36, 111, 252, 289
Rede 6, 33, 35, 85, 90, 95, 103, 130, 150, 151,
    152, 153, 154, 170, 174, 285, 287
Redenschreiben 6, 150, 152, 153
Redenschreiber 150, 151, 152, 153, 287
redistributive Politik 43
Redlichkeit 237
Reese, Matthew 55
Referentenentwurf 76, 182
Reform 42, 43, 150, 252, 265
Regieren 70, 86, 94, 97, 154, 157, 168, 212, 258
Regierung 40, 41, 66, 72, 73, 89, 92, 94, 95,
    104, 112, 128, 133, 155, 156, 157, 168, 216,
    252, 256, 257, 258, 281, 285
Regierungserklärung 150, 154, 156, 157
Regierungsfraktion 65, 67, 68
Regierungskommunikation 6, 115, 148, 154,
    155
Regierungsverfahren 5, 72, 92, 93, 179
regulative Politik 43
Regulatory Affairs 6, 196, 214, 263
Regulierung 96, 163, 214, 215, 217, 221, 231,
    247, 265
Regulierungsbehörde 216, 222, 232, 265
Regulierungsmanagement 6, 163, 214, 217,
    218, 231, 256
Rekrutierung 82, 260, 264, 285
Rentenpolitik 43
Repräsentanzen 10, 219, 224, 280
Repräsentation 75, 98, 106, 190
Reputation 6, 133, 158, 159, 160, 161, 164,
    237, 248
Reservoir of goodwill 237
Residenzpflicht 224
Respekt 8
responsives Element 154
Ressort 96, 155, 181
Rhetorik 148, 151, 152, 165
Richtlinie 179, 181, 239, 242, 247
Risiko 14, 16, 18, 29, 96, 113, 114, 129, 130,
    131, 132, 143, 154, 160, 161, 162, 219, 277,
    278
Risikomanagement 111
Rousseau, Jean-Jacques 133
Rove, Karl 168
Rückkopplung 41, 87, 106
Rückschaufehler 140, 142
Rürup, Bert 44, 285


S

Sachverständigenrat 285
Sachverständiger 81, 91, 177, 178, 179, 197,

205, 286
Sampling 49
Satire 131
Scanning 31, 113
Scharnhorst, Gerhard von 255
Scharping, Rudolf 253
Schatzmeister 79, 203, 207
Scheinwerfereffekt 100
Schendelen, Rinus van 15, 183, 195, 224, 264, 267
Schopenhauer, Arthur 165, 166
Schröder, Gerhard 166
schwache Signale 30, 31, 114
Schweden 193, 252, 289
Schweiz 193, 254, 289
Selbstkontrolle 250, 260
Selbstregulierung 87, 226
Selektion 41
Shareholder-Value 163, 247
Sicherheit 11, 14, 15, 106, 108, 124, 138, 160, 161, 231, 232, 242
Simulation 17, 122, 255, 256
Skandal 6, 33, 41, 54, 104, 162, 163, 164, 165, 203, 233, 244, 246, 247
Skandalierung 128, 162, 163, 165
Skandalon 162
Society of European Affairs Professionals 284
Software 17
Sokrates 133, 264
Sonderumlage 229
Sophisten 165
soziale Bewegungen 189, 190, 200, 209, 210
Sozialmarketing 183, 185
Sozialpolitik 42, 87, 226, 280, 290
Sozialrechte 236
Soziologische Gruppen 65
Spende 78, 104, 109, 183, 195, 202, 203, 204, 205, 206, 212, 225, 254
Spenden 78, 79, 90, 183, 184, 185, 192, 201, 203, 204, 205, 206, 207, 208, 211, 222, 229, 236, 272, 282
Spendenbrief 184
Spender 116, 184, 185, 204, 206, 207
Spezialisierung 67, 103, 121, 258
Spiele (Spieltheorie) 97, 278
Spieltheorie 17, 276, 277, 278, 279
Spin 6, 119, 165, 166
Sponsoring 90, 103, 104, 120, 149, 167, 170, 184, 185, 201, 208, 229, 237, 265, 271, 272
Sport 170, 173, 183, 191, 225, 288
Spot (TV, Radio) 103, 116, 117, 144, 145, 146, 147
Staat 8
Stakeholder 6, 13, 14, 15, 16, 29, 30, 31, 32, 39, 40, 45, 69, 91, 95, 111, 112, 121, 122, 123,

158, 159, 160, 165, 167, 170, 171, 172, 186, 197, 199, 214, 217, 220, 223, 230, 237, 238, 241, 243, 248, 255, 263, 269, 270, 271, 272, 277
Standards 8
Stellungnahme 72, 76, 130
Steuerung 5, 9, 13, 15, 64, 69, 70, 86, 87, 88, 92, 95, 113, 119, 120, 136, 155, 160, 200, 245, 248, 258, 271, 273, 290
Stichprobe 48, 49, 50, 207
Stiftung 79, 81, 84, 90, 92, 101, 184, 185, 202, 205, 210, 221, 233, 236, 267, 280, 291
Stil 55, 84, 96, 118, 168, 265
Strategie 6, 10, 16, 17, 29, 34, 45, 55, 56, 57, 58, 80, 81, 117, 124, 127, 132, 137, 155, 160, 172, 182, 203, 213, 220, 222, 234, 237, 273, 274, 275, 276, 277, 281
Strategiebildung 273, 274
Strategiefähigkeit 18, 222, 223, 273, 276, 279
Strategieplanung 32
Strategische Allianz 284
Strategische Spiele 6, 17, 276
Streik 123, 125, 186
Strohmann 206, 207
Stückelung (Spende) 206
Studenten 7
Sustainability 220, 221, 238, 242, 287, 290
Symbol 83, 105, 106, 129, 156, 167, 168, 169, 286
Symbolische Politik 6, 105, 166, 167, 168, 169
Syndikalismus 251

T

Talkshow 84, 106, 107
Targeting 5, 54, 55, 56, 57, 58, 59, 60, 146
Tarifflucht 227
Tarifparteien 227, 251
Tarifvertrag 125
Technokratie 44, 286
Technologie 84, 89, 95, 98, 162, 197, 222, 223, 240, 252, 261, 287, 288
Telefonaktion 59, 146, 187
Telefonumfragen 48, 49
Telekom 215
Telekommunikation 89, 215, 216, 217, 288
Telemarketing 146, 231
Termindienst 40
Theater 107, 183
Themen 12, 13, 14, 16, 22, 27, 28, 29, 31, 32, 34, 37, 41, 45, 46, 47, 52, 53, 56, 58, 66, 67, 70, 71, 91, 96, 99, 100, 103, 104, 107, 108, 109, 111, 113, 118, 119, 120, 125, 128, 129, 130, 132, 136, 144, 145, 148, 151, 152, 160, 161, 163, 164, 166, 168, 171, 178, 180, 186,

**300**

194, 200, 203, 211, 219, 220, 221, 224, 230,
235, 240, 254, 256, 257, 270, 287
Themenkarriere 53, 112, 281
Theorie 44, 49, 63, 88, 99, 100, 157, 188, 197,
210, 248, 269, 277
Think Tank 6, 10, 209, 279, 280, 281
Tradition 70, 83, 106, 108, 133, 155, 182, 188,
210, 213, 249
Transparency International 209, 247, 254
Transparenz 8, 18, 98, 107, 108, 164, 174, 185,
192, 199, 201, 202, 212, 213, 239
Trittbrettfahrer 210, 226
Trivialisierung 107, 128

U

Umfeldanalyse 5, 13, 15, 171
Umwelt 6, 13, 23, 42, 86, 87, 99, 133, 140, 143,
161, 162, 181, 183, 184, 209, 210, 220, 221,
222, 223, 225, 232, 241, 242, 248, 257, 265,
272, 273, 275, 276, 288
UN (Vereinte Nationen) 247, 254
Unilever 222
Unternehmen 35
Unternehmensethik 249, 250, 291
Unternehmenskommunikation 6, 103, 121,
136, 157, 169, 170, 171, 172, 235, 264, 271,
287, 288
Unternehmensrepräsentanz 6, 176, 223, 264
Unternehmensverfassung 238, 250
Unternehmerethik 249
Unterschriftensammlung 124, 187
Untersuchungsausschuss 71
Urnenmodell 49
USA 14, 25, 32, 44, 52, 55, 56, 58, 78, 99, 109,
110, 111, 118, 127, 141, 142, 146, 148, 156,
165, 166, 182, 183, 184, 186, 192, 213, 250,
259, 262, 263, 265, 280, 281, 287, 288

V

Verantwortung 8, 90, 129, 148, 152, 155, 160,
171, 176, 222, 235, 241, 242, 243, 244, 246,
249, 250, 265
Verantwortungsethik 245
Verantwortungsrhetorik 249
Verband 6, 13, 29, 34, 35, 39, 41, 55, 76, 91,
94, 127, 145, 146, 149, 150, 151, 152, 156,
162, 167, 172, 173, 174, 175, 176, 177, 178,
179, 182, 183, 185, 186, 190, 191, 193, 194,
195, 202, 204, 211, 212, 213, 214, 217, 218,
219, 224, 225, 226, 227, 228, 229, 230, 232,
233, 250, 251, 252, 266, 277, 285, 290
Verbände 7, 262
Verbändegesetz 212

Verbraucher 143, 172, 189, 191, 220, 221, 230,
231, 232, 233, 247, 248
Verbraucherschutz 209, 232, 233, 265
Verbraucherzentrale 233
Verbraucherzentralen 232, 233
Vereinigungsfreiheit 227
Verfassung 8
Verhaltenskodex 181, 193, 213, 222, 231, 239,
249, 260, 283
Verhaltensregeln 43, 192, 207, 234, 247, 282,
283, 284
Verhandlung 10, 68, 124, 128, 184, 277
Vermittlung 7, 262
Vermittlungsausschuss 68, 74, 75, 77, 277
Vermittlungsverfahren 74, 75
Versammlungsfreiheit 236, 242
Verteilungsgerechtigkeit 237
Vertrauen 69, 92, 96, 98, 149, 155, 156, 160,
162, 172, 174, 198, 254, 258, 259, 266
Verunglimpfung 128, 163
Verwaltung 40, 41, 64, 91, 92, 94, 95, 96, 97,
179, 195, 196, 200, 209, 221, 229, 254, 257,
258, 285, 289
Verwaltungspolitik 5, 41, 94, 95
Verwaltungswissenschaft 96, 197
Virtú 245
Visualisierung 127
Vorentwurf 93
Vorstand 65, 67, 81, 91, 222, 224, 229, 239,
250, 264, 266, 289, 290

W

Wadenbeißer 166
Wahl 50, 54, 65, 71, 82, 101, 105, 106, 117,
118, 128, 129, 133, 140, 145, 206, 234, 258,
281
Wahlbeteiligung 57, 58, 59, 128, 140
Wähler 55, 56, 59, 66, 79, 117, 119, 129, 137,
141, 144, 157, 186, 206, 212, 243, 252, 270
Wahlgeografie 55, 57, 58
Wahlkampf 32, 35, 55, 58, 59, 78, 81, 82, 116,
118, 119, 120, 125, 127, 129, 131, 142, 144,
145, 146, 147, 166, 195, 204, 207, 208, 233,
259, 262, 276, 285
Wahlkampfabkommen 284
Wahlkampfteam 34
Wahlkampfzentrale 33
Wahlkreis 57, 58, 60, 66, 71, 192
Wahlkreisanalyse 56, 58
Wahltag 59, 123, 125, 129
Wahlwerbung 145, 146, 147
Wahrheit 34, 162, 165
Warentest (Stiftung) 232, 233
Wargame (Planspiel) 122, 255

Washington 27, 60, 109, 147, 188, 192, 228, 266, 267, 288
Watchdog 109
Weber, Max 83, 245, 257, 264
Weiterbildung 9, 10, 17, 104, 149, 185, 233, 242, 259, 260, 267, 277, 288
Weltbank 69, 247, 253
Werbung 6, 103, 115, 117, 118, 119, 120, 144, 146, 147, 148, 149, 155, 158, 159, 167, 195, 231, 232, 233, 248, 265
Werte 63, 82, 85, 105, 114, 141, 151, 158, 163, 234, 240, 247, 249
Wertschöpfung 10, 218, 234, 237, 242, 248
Wesselmann 145
Westerwelle, Guido 169
Wettbewerb 8, 81, 96, 98, 105, 129, 176, 184, 202, 216, 217, 223, 247, 251, 277, 280
Wettbewerbsfähigkeit 237
Willensbildung 75, 82, 172, 192, 204, 212, 214, 228, 229
Wirtschaft 7, 262
Wirtschaftsethik 248, 250
Wirtschaftspolitik 43, 90, 203, 251, 265, 266
Wirtschaftsprüfer 203, 207, 231
Wirtschaftswachstum 221, 251

Wissenschaft 41, 48, 51, 84, 191, 218, 225, 235, 236, 240, 245, 259, 260, 263, 276, 280, 286, 290
Wissenschaftler 7
Wissenskoalition 43
Wissensmanagement 5, 18, 60, 61, 62, 63, 291
Wohlfahrtsverband 117, 204, 226, 232, 251
Wohltätigkeit 167, 242
World Wildlife Fund 222
Wowereit, Klaus 168

Z

Zeitplanung 20
Zeitung 109, 110, 139, 145, 163, 288
Zeitungsbeilage 144, 145
Zerfaß, Ansgar 135, 136
Zertifizierung 260
Zielgruppe 21, 38, 47, 48, 54, 57, 103, 104, 114, 115, 117, 118, 119, 135, 145, 149, 157, 170, 173, 200, 204, 229, 253
Zitierrecht 71
ziviler Ungehorsam 124
Zuschuss 78, 80, 201, 209, 232
Zustimmungsgesetz 73, 75

## Public Affairs und Politikmanagement

hrsg. vom Deutschen Institut für Public Affairs (Potsdam/Berlin)

Marco Althaus; Dominik Meier (Hg.)
**Politikberatung: Praxis und Grenzen**

Will Politik beraten sein? Ja, aber nicht immer, nicht überall und nicht durch jeden, der Politikberatung professionell oder als Wissenschaftler anbietet. In der Berliner Republik hat sich die Nachfrage nach Politikberatung gewandelt. Ein klares Indiz hierfür ist die wachsende privatwirtschaftliche Politikberatung. Der Anspruch lautet heute: Zum einen zwischen Politik, Wirtschaft und Öffentlichkeit zu vermitteln; zum anderen die Brücke zwischen Wissenschaft und politischer Praxis zu schlagen. Die deutsche Politikberaterszene sucht international nach Orientierungspunkten und ein neues Selbstverständnis, auch als Profession. Zur Professionalisierung gehört, angeheizt durch Affären und Skandale, die wachsende Debatte um Ethik, Verhaltensregeln, Selbstregulierung und die Grenzen von Lobbying, Spin und Kontaktgeschäft. Denn Politikberater bewegen sich oft auf dem schwierigen Gelände von Interessenkonflikten und geringer demokratischer Kontrolle. Dieser Band dokumentiert zwei Berliner Fachtagungen der Friedrich-Ebert-Stiftung, der Deutschen Gesellschaft für Politikberatung und dem Deutschen Institut für Public Affairs. Zu Wort kommen Praktiker aus dem In- und Ausland. Ihre Analysen werden ergänzt durch eine bisher einmalige Dokumentation internationaler Beispiele für Verhaltensregeln für Politikberater und Politiker.
Bd. 2, 2004, 272 S., 19,90 €, br.,
ISBN 3-8258-8145-8

Irina Michalowitz
**EU Lobbying – Principals, Agents and Targets**
Strategic interest intermediation in EU policy-making

Die Autorin untersucht mithilfe eines Principal-Agent- und Tauschansatzes, ob verallgemeinerbares strategisches Verhalten in europäischem Lobbying existiert, wie es systematisiert werden kann, und welche Auswirkungen es hat. Zunächst enthält die Studie eine Typologie von unterschiedlichen Lobbyisten, ihren Auftraggebern und Lobbyingadressaten, deren Beziehungen vom Tausch von Information und Einfluss bestimmt sind. Diese Beziehungen werden im zweiten Teil anhand einer empirischen Studie der Interessenvertretung in den Bereichen Verkehr und Telekommunikation analysiert, gefolgt von einer Diskussion der Auswirkungen strategischen Lobbyings auf europäische Rechtsetzung.
Bd. 4, 2004, 352 S., 29,90 €, br.,
ISBN 3-8258-7723-x

Markus Karp; Udo Zolleis
**Politisches Marketing**
Eine Einführung in das Politische Marketing mit aktuellen Bezügen aus Wissenschaft und Praxis

Abnehmende ideologische Gegensätze, eine zunehmende Anzahl von Wechselwählern und die steigende Bedeutung von Massenmedien zwingen die politischen Akteure, neue Wege des Dialogs mit der Wählerschaft zu gehen. Das Politische Marketing will dafür ein besseres Marktverständnis entwickeln, um die Anliegen der Bürgerinnen und Bürger genauer erfassen und diesen besser entsprechen zu können. In diesem Sammelband geben die jeweiligen Beiträge aus der Politikberatung, aus der Wissenschaft und aus der Politik eine Einführung in

**LIT** Verlag Münster – Berlin – Hamburg – London – Wien
Grevener Str./Fresnostr. 2 48159 Münster
Tel.: 0251 – 62 03 22 – Fax: 0251 – 23 19 72
e-Mail: vertrieb@lit-verlag.de – http://www.lit-verlag.de

die unterschiedlichen Aspekte des Politischen Marketings aus dem Bereich der Wahlkampfführung, der Politischen Kommunikation und der Politischen Planung.

Bd. 5, 2004, 280 S., 19,90 €, br.,
ISBN 3-8258-7898-8

## Medienpraxis

Marco Althaus (Hg.)
**Kampagne!**
Neue Strategien für Wahlkampf, PR und Lobbying
Moderner Wahlkampf, das ist ein aggressives High-Tech-Geschäft mit hohem Tempo und hohem Risiko für das Politikmanagement. In "Kampagne!" erklären 24 junge Autoren – Medienberater, Meinungsforscher, Marketingexperten, Parteiprofis, Journalisten und Wissenschaftler – die dramatischen Veränderungen politischer Kommunikation. Sie öffnen die Türen zum "War Room" der Wahlkampfzentralen in Deutschland, Österreich, Großbritannien und den USA mit spannenden Fallstudien und klarem Blick auf Faktoren von Sieg und Niederlage. Strategisch denken lernen, Zielgruppen definieren, Themen steuern und Erfolg kontrollieren: "Kampagne!" zeigt, wie die immer knappen politischen Ressourcen Zeit, Talent, Geld und Organisation effektiv eingesetzt werden – und wie Profis Kurzatmigkeit, Krisenkoller und konzeptionslose Schnellschüsse vermeiden. Beim Gerangel um Einfluss und Entscheidungen verknüpfen immer mehr Unternehmen, Verbände, Gewerkschaften und Nonprofit-Organisationen ihr Lobbying mit Kampagnen, die Menschen und Medien für ihre Sache mobilisieren. "Kampagne!" liefert den Marschkompass für ein umfassendes Public Affairs Management in Wirtschaft und drittem Sektor.

Bd. 1, 4. Aufl. 2004, 392 S., 20,90 €, br.,
ISBN 3-8258-5292-x

Marco Althaus; Vito Cecere (Hg.)
**Kampagne! 2**
Neue Strategien für Wahlkampf, PR und Lobbying
Moderner Wahlkampf, das ist ein aggressives High-Tech-Geschäft mit hohem Tempo und hohem Risiko für das Politikmanagement. Der zweite Band nach dem erfolgreichen Handbuch "Kampagne!" spürt erneut den internationalen Trends im Electioneering nach. Marco Althaus und Vito Cecere haben wieder junge Medienberater, Meinungsforscher, Marketingexperten, Parteiprofis, Journalisten und Wissenschaftler zusammengebracht, um Schlaglichter auf die Kampagnenpraxis in Deutschland und im Ausland zu werfen. Im Zentrum: Die Macher des Kanzlerduells 2002, ihre professionellen Teams und Technologien, ihre Strategien zwischen Inszenierung und Mobilisierung. "Kampagne! 2" vermittelt zugleich Praxiswissen für die Strategieentwicklung, modernes Fundraising, Zielgruppen-Targeting, Bildkommunikation, Medientraining und Redenschreiben, Gegnerbeobachtung und Abwehr negativer Taktiken, Online-Kampagnen, für den Umgang mit Demoskopie und den Einsatz des PC in der Budgetplanung und Internet-Präsenz. Dies sichert Kampagnenfähigkeit auch für Wirtschaftsverbände, Gewerkschaften und Nonprofit-Organisationen, die in der neuen Welt der Public Affairs hart um politische Aufmerksamkeit konkurrieren.

Bd. 3, 2. Aufl. 2003, 464 S., 19,90 €, br.,
ISBN 3-8258-5995-9

**LIT** Verlag Münster – Berlin – Hamburg – London – Wien
Grevener Str./Fresnostr. 2 48159 Münster
Tel.: 0251 – 62 032 22 – Fax: 0251 – 23 19 72
e-Mail: vertrieb@lit-verlag.de – http://www.lit-verlag.de